Entgeltflexibilisierung zur Arbeitnehmerbeteiligung

SCHRIFTEN ZUM DEUTSCHEN UND EUROPÄISCHEN ARBEITS- UND SOZIALRECHT

Herausgegeben von Ulrich Preis

Band 31

PL ACADEMIC RESEARCH

Christoph Römer

Entgeltflexibilisierung zur Arbeitnehmerbeteiligung

PL ACADEMIC RESEARCH

Bibliografische Information der Deutschen Nationalbibliothek
Die Deutsche Nationalbibliothek verzeichnet diese Publikation in der Deutschen Nationalbibliografie; detaillierte bibliografische Daten sind im Internet über http://dnb.d-nb.de abrufbar.

Zugl.: Köln, Uni., Diss., 2014

Umschlagabbildung:
Siegel der rechtswissenschaftlichen Fakultät der Universität zu Köln.
Abdruck mit freundlicher Genehmigung der Universität zu Köln.

Umschlaggestaltung:
© Olaf Gloeckler, Atelier Platen, Friedberg.

D 38
ISSN 1861-4582
ISBN 978-3-631-65599-3 (Print)
E-ISBN 978-3-653-04823-0 (E-Book)
DOI 10.3726/ 978-3-653-04823-0

PL Academic Research ist ein Imprint der Peter Lang GmbH.

Peter Lang – Frankfurt am Main · Bern · Bruxelles · New York · Oxford · Warszawa · Wien

Diese Publikation wurde begutachtet.

www.peterlang.com

Vorwort

An dieser Stelle danke ich allen Personen, die mich bei der Entstehung der vorliegenden Arbeit auf vielfältige Weise unterstützt haben.

Herrn Professor Dr. Dr. h.c. Ulrich Preis danke ich für die engagierte Betreuung dieser Arbeit. Seine wertvollen Anregungen und seine jederzeitige Erreichbarkeit haben mir die Bearbeitung des Themas wesentlich erleichtert.

Frau Professor Dr. Barbara Dauner-Lieb danke ich für die freundliche Übernahme des Korreferats.

Mein besonderer Dank gilt meinen Eltern für den großen Rückhalt während des gesamten Promotionsverfahrens.

Köln, im September 2014

Inhaltsverzeichnis

A. Einleitung ... 15
I. Der Befund: Vergleichsweise geringe Verbreitung materieller Arbeitnehmerbeteiligung in Deutschland ... 19
II. Der Gang der Untersuchung: Arbeitnehmerbeteiligung durch Entgeltflexibilisierung auf Unternehmensebene ... 23

B. Die rechtlichen Rahmenbedingungen der Arbeitnehmerbeteiligung im internationalen Vergleich ... 27
I. Gegenstand der materiellen Arbeitnehmerbeteiligung ... 27
1. Begriff der materiellen Arbeitnehmerbeteiligung ... 27
a. Erfolgsbeteiligung ... 28
b. Kapitalbeteiligung ... 31
2. Qualifikation als Arbeitsentgelt ... 32
a. Erfolgsbeteiligungen ... 33
b. Kapitalbeteiligungen ... 35
3. Abgrenzung der Erfolgsbeteiligung zu Änderungsvorbehalten ... 35
4. Ergebnis ... 36
II. Die staatliche Förderung der Arbeitnehmerbeteiligung ... 37
1. Überblick über die Fördermaßnahmen ... 37
2. Bewertung der derzeitigen Förderung ... 39
a. Nachteile der Kapitalbeteiligung im Allgemeinen ... 40
b. Konkrete Nachteile der Fördermaßnahmen ... 42
III. Ursachen des geringen Verbreitungsgrades der Arbeitnehmerbeteiligung in Deutschland ... 44
1. Das „deutsche Modell" im internationalen Vergleich ... 45
a. Arbeitnehmerbeteiligung in Frankreich ... 45
b. Arbeitnehmerbeteiligung in Großbritannien ... 51
c. Arbeitnehmerbeteiligung in den Vereinigten Staaten ... 54
2. Einflüsse auf die Verbreitung der Arbeitnehmerbeteiligung in Deutschland ... 57

C. Verfassungsrechtliche Implikationen der betrieblichen Entgeltflexibilisierung und der Arbeitnehmerbeteiligung 63
I. Die Normsetzungsbefugnis der Tarifvertragsparteien 64
1. Die Normativität des Tarifvertrags 64
a. Die Koalitionsfreiheit als Doppelgrundrecht 64
aa. Der persönliche Schutzbereich des Artikels 9 III 1 GG 65
bb. Das Verhältnis der kollektiven zur individuellen Koalitionsfreiheit 69
b. Der Schutzbereich der kollektiven Koalitionsfreiheit 73
aa. Der Koalitionsbegriff des Artikels 9 III GG 73
1) Die Freiwilligkeit des Zusammenschlusses 73
2) Die Überbetrieblichkeit von Koalitionen – Voraussetzung ihrer Unabhängigkeit? 75
3) Verfassungsrechtliche Grundlagen der Betriebsautonomie 80
a) Keine Gewährleistung durch Artikel 9 III GG 80
b) Keine ausschließlich privatautonome Legitimation 81
aa) Betriebsvereinbarungen als verbandliches Satzungsrecht 82
bb) Die „vertragsakzessorische“ Deutung 83
cc) Ergebnis 84
c) Betriebliche Rechtsetzung und Sozialstaatsprinzip 85
d) Die staatliche Anerkennung der Normwirkung betrieblicher Regelungen 85
e) Zwischenergebnis 87
4) Ergebnis 88
bb. Die Normsetzungsbefugnis als Teil der verfassungsrechtlich geschützten Tarifautonomie 88
1) Artikel 9 III 1 GG als Betätigungsgarantie 88
2) Der Umfang der Betätigungsgarantie im Allgemeinen 94
3) Der Schutz der Tarifautonomie im Besonderen 97
4) Die Normativität des Tarifvertrags als Ausfluss der Tarifautonomie 99
5) Ergebnis 103

2. Die tarifliche Regelbarkeit der Arbeitnehmerbeteiligung 103
a. Allgemeine Grenzen der tariflichen Regelungsmacht 104
b. Die tarifvertragliche Regelbarkeit der Arbeitnehmerbeteiligung 105
aa. Erfolgsbeteiligung 105
bb. Kapitalbeteiligung 106
c. Tarifvertragliche Ermächtigungsnormen zur substitutiven Arbeitnehmererfolgsbeteiligung 111
d. Beispiel für eine Ermächtigung der Betriebsparteien zur erfolgsbezogenen Teilvariabilisierung des Arbeitsentgelts 112
3. Ergebnis 113
II. Das Günstigkeitsprinzip 113
1. Verfassungsrechtliche Grundlagen des Günstigkeitsprinzips 114
a. Die Teilhabe des Günstigkeitsprinzips am Schutzbereich des Artikels 9 III 1 GG 115
aa. Günstigkeitsprinzip und Institutsgarantie 115
bb. Günstigkeitsprinzip als Innenschranke der kollektiven Koalitionsfreiheit 117
cc. Günstigkeitsprinzip und negative Koalitionsfreiheit 121
b. Das Günstigkeitsprinzip im Spannungsfeld zwischen Koalitionsfreiheit und individueller Privatautonomie 121
aa. Abgrenzung zwischen Eingriff und Ausgestaltung 122
1) Die grundsätzliche Differenzierung zwischen sach- und normgeprägten Gewährleistungen 124
2) Die Wahrung des objektiv-rechtlichen Gehalts 129
3) Der Eingriffscharakter gesetzlicher Öffnungsklauseln 132
bb. Verfassungsrechtliche Anforderungen an Eingriffe in die Tarifautonomie 133
1) Die Beschränkbarkeit der Koalitionsfreiheit durch kollidierende Grundrechte und sonstige Rechtsgüter mit Verfassungsrang 133
2) Die Ablehnung einer Grundrechtsbindung und gerichtlich überprüfbaren Gemeinwohlverpflichtung der Koalitionen 135
3) Die Institutsgarantie eines „Tarifvertragssystems im Sinne des modernen Arbeitsrechts“ 140

4) Verhältnismäßigkeitsgrundsatz und Wesensgehaltsgarantie ... 146
cc. Die Abwägung der Koalitionsfreiheit mit kollidierenden Rechtsgütern mit Verfassungsrang ... 149
1) Günstigkeitsprinzip und Berufsfreiheit ... 150
2) Günstigkeitsprinzip und Leistungsprinzip ... 151
3) Günstigkeitsprinzip und Sozialstaatsprinzip ... 152
c. Ergebnis ... 153
2. Konsequenzen für die Auslegung des Günstigkeitsprinzips ... 154
a. Die Ablehnung eines allein quantitativen Günstigkeitsvergleichs ... 154
b. Bedenken gegen einen grundsätzlichen Vorrang freiwilliger arbeitsvertraglicher Abweichungen im geltenden Tarifvertragsrecht ... 157
c. Schwierigkeiten bei der Feststellung individueller Selbstbestimmung im Einzelfall ... 158
d. Bestätigung eines weiten Verständnisses des Günstigkeitsprinzips durch dessen historische Entwicklung ... 159
e. Ergebnis ... 161
III. Der Tarifvorbehalt ... 162

D. Regelungen zur betrieblichen Arbeitnehmerbeteiligung innerhalb des bestehenden Tarifvertragssystems ... 165

I. Regelungsmodelle betrieblicher Arbeitnehmerbeteiligung ... 165
1. Betriebsvereinbarungen zur Arbeitnehmerbeteiligung ... 165
a. Die Reichweite des Tarifvorbehalts ... 166
aa. Tarifvorbehalt und Günstigkeitsprinzip ... 167
bb. Tarifvorbehalt und Regelungsbefugnis in sozialen Angelegenheiten ... 168
b. Die begrenzte Regelungsbefugnis des Betriebsrats gemäß §§ 87 I, 88 BetrVG ... 171
aa. Mitbestimmung über die Auszahlung des Arbeitsentgelts, § 87 I Nr. 4 BetrVG ... 171
bb. Mitbestimmung über Sozialeinrichtungen, § 87 I Nr. 8 BetrVG ... 172

cc. Mitbestimmung über die Lohngestaltung, § 87 I Nr. 10 BetrVG ... 175
1) Der Entgeltcharakter der Beteiligung ... 175
2) Entlohnungsgrundsätze und -methoden ... 176
3) Kollektiver Tatbestand ... 179
4) Beachtung gesellschaftsrechtlicher Schutzvorschriften ... 179
5) Verhältnis des Mitbestimmungsrechts zu tariflichen Regelungen ... 180
dd. Mitbestimmung über leistungsbezogene Entlohnungen, § 87 I Nr. 11 BetrVG ... 181
ee. Mitbestimmung über Maßnahmen der Vermögensbildung, § 88 Nr. 3 BetrVG ... 182
1) Arbeitnehmerkapitalbeteiligung als Maßnahme der Vermögensbildung ... 183
2) Zur Sperrwirkung von Tarifverträgen ... 184
3) Zwischenergebnis ... 184
ff. Ergebnis ... 185
c. Die Annahme einer umfassenden Regelungsbefugnis der Betriebsparteien ... 185
aa. Die Entscheidung des Bundesarbeitsgerichts zum „Leber-Rüthers-Kompromiss“ ... 186
bb. Keine „Friktionen“ bei der Verknüpfung der tarifvertraglichen mit der betrieblichen Rechtsetzung ... 188
cc. Die Beachtung des Tarifvorbehalts ... 190
d. Die Grenzen der betrieblichen Regelungsbefugnis gemäß § 75 BetrVG ... 191
e. Ergebnis ... 193
2. Arbeitsvertragliche Regelungen zur Arbeitnehmerbeteiligung ... 194
a. Betriebseinheitliche Regelung durch gleichlautende Einzelverträge ... 194
b. Inhaltskontrolle ... 196
aa. Vereinbarungen zur Arbeitnehmerbeteiligung in Allgemeinen Geschäftsbedingungen ... 196
1) Keine Inhaltskontrolle anhand von Tarifverträgen und sonstigen Kollektivvereinbarungen ... 197

2) Die Überprüfbarkeit vertraglich in Bezug genommener Tarifnormen ... 197
3) Der Schutz des Arbeitnehmers vor intransparenten und unangemessen benachteiligenden Beteiligungsklauseln ... 198
4) Folgen der Unwirksamkeit Allgemeiner Geschäftsbedingungen ... 201
bb. Die Zulässigkeit arbeitsvertraglicher Lohnverwendungsabreden ... 202
cc. Prozentuale Untergrenzen der Mindestentgelte ... 203
1) Individualabreden zur Erfolgsbeteiligung ... 203
2) Erfolgsbeteiligungen in Allgemeinen Geschäftsbedingungen ... 206
a) Die Rechtsprechung zur Teilflexibilisierung des Arbeitsentgeltes im Rahmen von Änderungsvorbehalten ... 206
b) Die Rechtsprechung zu Provisionen und echten Leistungszulagen ... 209
3) Ergebnis ... 210
dd. Die Befristung der Entgeltflexibilisierung ... 211
ee. Die Wahl der Bezugsgröße ... 214
ff. Bestandsklauseln ... 215
c. Die Abweichung von Betriebsvereinbarungen zur Arbeitnehmerbeteiligung ... 217
3. Ergebnis ... 218
II. Die Günstigkeit arbeitsvertraglicher Regelungen zur Arbeitnehmerbeteiligung ... 219
1. Anwendbarkeit des Günstigkeitsprinzips im Verhältnis zwischen Arbeits- und Tarifvertrag ... 220
2. Methoden zur Bestimmung der Günstigkeit arbeitsvertraglicher Regelungen ... 222
a. Vergleichsgegenstand ... 222
b. Vergleichsinteresse ... 229
c. Vergleichsperspektive ... 232
d. Vergleichszeitpunkt ... 236
3. Kriterien zur Bestimmung der Günstigkeit materieller Arbeitnehmerbeteiligung ... 237
a. Substitutive Arbeitnehmerbeteiligung als „ambivalente“ Vereinbarung ... 237

b. Günstigkeit durch Einräumung eines Wahlrechts für den Arbeitnehmer ... 239
c. Prozentuale Lohnuntergrenzen in Erfolgsbeteiligungsmodellen ... 243
d. Befristung der Entgeltflexibilisierung ... 245
e. Berücksichtigung der Tariflohnentwicklung während der Laufzeit ... 246
f. Mehrheitliche Zustimmung der Belegschaft ... 247
4. Die Behandlung von Zweifelsfällen ... 249
a. Zweifel hinsichtlich der Günstigkeit ... 250
b. Gleichwertigkeit der arbeitsvertraglichen und tariflichen Regelungen ... 250
5. Ergebnis ... 251
6. Beispiel für eine Vereinbarung zur substitutiven Arbeitnehmererfolgsbeteiligung ... 252
III. Die Zuständigkeit der Arbeitsgerichte für Rechtsstreitigkeiten im Zusammenhang mit der Arbeitnehmerbeteiligung ... 253
1. Klagen im Zusammenhang mit der Gewährung einer Erfolgs- bzw. Kapitalbeteiligung ... 253
2. Klagen im Zusammenhang mit Erträgen aus einem bestehenden Beteiligungsverhältnis ... 254

E. Die Verfassungsmäßigkeit gesetzlicher Änderungen zur Erleichterung substitutiver Arbeitnehmererfolgsbeteiligung ... 257

I. Gegenstand der Reformvorschläge ... 258
1. Die wichtigsten Gesetzentwürfe ... 260
2. Die rechtspolitische Diskussion ... 262
3. Relevanz für die substitutive Arbeitnehmerbeteiligung ... 263
II. Die Verfassungsmäßigkeit einer gesetzlichen Definition des Günstigkeitsbegriffs ... 264
1. Betroffene Grundrechtspositionen ... 266
a. Grundrechtspositionen der Tarifvertragsparteien ... 266
b. Grundrechtspositionen der Arbeitnehmer ... 271
2. Eigener Gesetzesvorschlag ... 272
III. Die Verfassungswidrigkeit einer Einschränkung des Tarifvorbehalts ... 275

1. Grundsätzliche Bedenken gegen eine Einschränkung des Tarifvorbehaltes 276
2. Die Einschränkung des Tarifvorbehaltes zur Ermöglichung substitutiver Arbeitnehmerbeteiligung..... 281
3. Bedenken gegen die Einführung substitutiver Arbeitnehmerbeteiligung ohne Zustimmung der betroffenen Arbeitnehmer..... 282
IV. Ergebnis 283

F. Zusammenfassung in Thesenform 285

G. Literaturverzeichnis..... 293

A. Einleitung

Erste Instrumente der Arbeitnehmerbeteiligung im deutschsprachigen Raum reichen bis in das 18. Jahrhundert zurück.[1] Seit Beginn der Weimarer Republik wird die Teilhabe der Arbeitnehmer an Kapital bzw. Erfolg (Gewinn) der Arbeit gebenden Unternehmen - mit gewissen Unterbrechungen - immer wieder thematisiert.[2] Ein jüngeres prominentes Beispiel ist die Diskussion über eine umfangreichere Arbeitnehmerkapitalbeteiligung im Rahmen der Sanierungsbemühungen bei Opel/Vauxhall. Durch Senkungen des Vergütungsniveaus sollte General Motors jährlich 265 Millionen Euro einsparen und die Arbeitnehmer im Gegenzug in Höhe von 10% am Grundkapital der neu zu gründenden Opel AG beteiligen.[3] Nach der vorerst gescheiterten Übernahme der Continental AG wurde eine Mitarbeiterbeteiligung auch innerhalb der hoch verschuldeten Schaeffler-Gruppe diskutiert.[4] Seit dem Jahre 2010 steht schließlich den Mitarbeitern der Deutschen Bank weltweit die Teilnahme an einem Aktienkaufplan offen.[5]

Auf europäischer Ebene wird seit Ende der 1980er Jahre intensiv für eine „produktivitätsorientierte Lohnpolitik" geworben.[6] Unter ihrem früheren Präsidenten Jacques Delors sprach sich die Kommission für eine Ergänzung moderater Lohnerhöhungen durch eine finanzielle Beteiligung der Arbeitnehmer am Unternehmenserfolg aus. Der Europäische Rat empfahl im Jahre 1992 den Mitgliedsstaaten die Förderung der Erfolgs- und Kapitalbeteiligung.[7] Diese

1 Tzschentke, Mitarbeiterbeteiligung und deren Besteuerung, S. 63 m.w.N.; Wagner, Mitarbeiterbeteiligung in Deutschland - ein Überblick, NJW 2003, 3081.

2 Wagner, Renaissance der Mitarbeiterbeteiligung, BB Beilage 1995 Nr. 7, S. 2.

3 http://www.dowjones.de/site/2009/12/opelfranz-gm-prinzipiell-für-kapitalbeteiligung-der-mitarbeiter.html.

4 Vgl. Bellmann/Möller, IAB-Kurzbericht 17/2011, S. 3.

5 „Welche Aktien liegen näher als die des Arbeitgebers?", FAZ-Beilage „Mitarbeiterbeteiligung" vom 13.09.2012, S. V6.

6 Vgl. Mitteilung der Kommission über das Aktionsprogramm hinsichtlich der Umsetzung der Grundrechtecharta der Gemeinschaft (KOM 89, 569) vom 29.11.1989.

7 92/443/EWG, ABl.EG, L 245 vom 26.08.1992, S. 53ff.

Empfehlung fand schließlich Eingang in die Lissabon-Strategie[8]. Heute sind in den „alten“ 15 EU-Mitgliedsstaaten ca. 19% der in der Privatwirtschaft beschäftigten Arbeitnehmer am Erfolg oder Kapital ihres Arbeit gebenden Unternehmens beteiligt.[9] Dagegen ist die Arbeitnehmerbeteiligung in den „neuen“ EU-Mitgliedsstaaten wenig verbreitet.[10] Die Arbeitnehmerkapitalbeteiligung spielte dort immerhin bei der Privatisierung (unverkäuflicher) Staatsbetriebe vereinzelt eine Rolle.[11]

Seit dem Jahr 1991 verfasste die Kommission unter dem Namen PEPPER (Promotion of Employee Participation in Profits and Enterprise Results) bislang 4 Berichte zu Fragen der materiellen Arbeitnehmerbeteiligung und verglich deren Rahmenbedingungen in den Mitgliedsstaaten.[12] Seither sollen sich europaweit politische Bemühungen um eine größere Verbreitung der Arbeitnehmerbeteiligung beobachten lassen.[13]

Die beschäftigungssichernde bzw. –fördernde Funktion materieller Mitarbeiterbeteiligung[14] spielt in der politischen Debatte in Deutschland – anders als in den übrigen EU-Mitgliedsstaaten – eine nur untergeordnete Rolle. Das Thema Arbeitnehmerbeteiligung wird hierzulande vor allem unter vermögens- und verteilungspolitischen Aspekten erörtert.[15] Dabei werden die unterschiedlichen Beteiligungsmodelle regelmäßig pauschal unter dem Begriff „Investivlohn“ zusammengefasst, obwohl die investive Mittelverwendung noch nichts über deren Aufbringung und die Art des Beteiligungsmodells aussagt.[16]

---

8 Vgl. Zusammenfassung zum Lissabon-Treffen des Europäischen Rates vom 23./24.03.2000.

9 Bericht Nr. A5-0150/2003 des Ausschusses für Arbeit und Soziales des Europäischen Parlaments über die Mitteilung der KOM über „Rahmenbedingungen für die Förderung der finanziellen Beteiligung der Arbeitnehmer“.

10 Lowitzsch, Mitarbeiterbeteiligung für ein neues soziales Europa, S. 1, 2

11 Lowitzsch, S. 2.

12 Der PEPPER IV-Bericht aus dem Jahr 2008 bot erstmals einen Gesamtüberblick der Mitarbeiterbeteiligung in allen Mitgliedsstaaten und Beitrittskandidaten. Vgl. Kuhn, „Europa setzt auf ESOP“, FAZ-Beilage „Mitarbeiterbeteiligung“ vom 13.09.2012, S. V3.

13 Volz, Mitarbeiterbeteiligung in Europa, Japan, USA, S. 3.

14 Dieser Begriff wird in der vorliegenden Arbeit als Synonym für den Begriff „Arbeitnehmerbeteiligung“ verwendet.

15 Entsprechend ihrer vermögenspolitischen Zielrichtung ist die Arbeitnehmerbeteiligung hauptsächlich im „Fünften Vermögensbildungsgesetz“ vom 04.03.1994 geregelt. Vgl. Thüsing, BB 2009, Beilage 1, S. 6 ff.

16 Vgl. B I.

Während die politischen Lager im Grundsatz darin übereinstimmen, dass die Vorzüge materieller Arbeitnehmerbeteiligung in Deutschland nicht hinreichend genutzt werden, besteht Uneinigkeit über die favorisierten Beteiligungsmodelle und deren staatliche Förderung.[17] Den vorerst letzten Anlauf zur Stärkung der Kapitalbeteiligung der Arbeitnehmer unternahm die CDU-CSU/SPD-Koalition im Jahr 2009 mit dem „Mitarbeiterkapitalbeteiligungsgesetz"[18], das auf eine Initiative des damaligen Bundespräsidenten Prof. Dr. Horst Köhler zur Jahreswende 2005/2006 zurückging. Der Bundespräsident hatte angeregt, durch die Zahlung von Investivlöhnen die Beteiligung der Belegschaften an Erfolg und Kapital der Arbeit gebenden Unternehmen zu erweitern, „um die Beschäftigten an den Vorteilen der Globalisierung teilhaben zu lassen"[19]. Wissenschaft[20] und Praxis[21] bezweifeln allerdings gleichermaßen, dass der Gesetzgeber diesem Anliegen bislang gerecht geworden ist.

Die Sozialpartner vertreten zur Mitarbeiterbeteiligung weitgehend unterschiedliche Positionen. Einigkeit besteht immerhin insoweit, dass eine stärkere Kapitalbeteiligung mehrheitlich abgelehnt wird - wenngleich aus unterschiedlichen Erwägungen.[22] Im Übrigen hegen weder die Arbeitgeberverbände, noch die Gewerkschaften prinzipielle Einwände gegen eine Ausweitung der Arbeitnehmererfolgsbeteiligung, wobei die Beteiligung aus Sicht der Arbeitgeber freiwillig bleiben muss.[23] Spätestens auf dem DGB-Bundeskongress 1996 wurde deutlich, dass auch die DGB-Gewerkschaften ihre ursprüngliche kategorische Ablehnung der Erfolgs- und Kapitalbeteiligung zugunsten der „Forderung nach einer gerechteren Beteiligung der Arbeitnehmer am Produktivvermögen"[24] aufgegeben haben.

Die Arbeitgeberverbände sehen in der Arbeitnehmerbeteiligung ein „lohnpolitisches Instrument", das zur Flexibilisierung und Dezentralisierung des als zu unbeweglich empfundenen tarifvertraglichen Entgeltsystems beitragen soll.[25] Erfolgsbeteiligungen sind aus Sicht der Arbeitgeber ein wichtiger Bestandteil

---

17 Stracke/ Martins, Mitarbeiterbeteiligung und Investivlohn, S. 63.

18 Mitarbeiterkapitalbeteiligungsgesetz vom 07.03.2009, in Kraft getreten am 01.04.2009, BGBl. I 2009, S. 451 ff.

19 Bundespräsidialamt, 2005.

20 Vgl. Thüsing, BB 2009, Beilage Nr. 1, 6 ff.

21 www.arbeitgeber.de

22 Stracke/ Martins, S. 75.

23 Stracke/ Martins, S. 75.

24 DGB, Grundsatzprogramm des Deutschen Gewerkschaftsbundes 1996.

25 Stracke/Martins, S. 76.

eines „gut austarierten und atmenden Flächentarifvertrags“[26]. Demgemäß treten die Verbände für eine Variabilisierung bestehender Entgeltkomponenten, wie z.B. Bonus-, Prämien- und Sonderzahlungen ein.[27] Abgelehnt werden überbetriebliche Mitarbeiterbeteiligungsfonds, die sich aufgrund ihres Volumens umfangreich an Unternehmen beteiligen und dadurch maßgeblichen Einfluss auf deren Geschäftspolitik nehmen könnten. Viele Arbeitgeber fürchten die gesellschaftsrechtlichen Mitsprache- und Kontrollrechte, die mit einer Kapitalbeteiligung einhergehen können, übersehen dabei aber, dass eine Kapitalbeteiligung nicht zwangsläufig zur Beteiligung der Arbeitnehmer an den Unternehmerentscheidungen führt.[28] Der Arbeitgeber kann der Gefahr einer Verzögerung oder Blockade von Entscheidungsprozessen und einer Veröffentlichung von Betriebsinterna – je nach der vertraglichen Ausgestaltung der Kapitalbeteiligung – etwa durch die Ausgabe stimmrechtsloser Aktien oder durch die Zwischenschaltung einer Beteiligungsgesellschaft, deren Geschäftsführung seiner Kontrolle untersteht, begegnen.[29]

Die Arbeitgeber verfolgen mit Arbeitnehmerbeteiligungsmodellen vor allem personalwirtschaftliche Ziele und wollen eine größere Betriebstreue und eine bessere Motivation ihrer Mitarbeiter erzielen.[30] Arbeitnehmerbeteiligung dient zudem der Produktivitätssteigerung.[31] Empirischen Studien aus den USA und Europa zufolge sind die Zusammenhänge zwischen materieller Arbeitnehmerbeteiligung und der Produktivität der Unternehmen tatsächlich häufig positiv.[32]

Gemeinsame Grundhaltung der großen Gewerkschaften in Deutschland ist dagegen, dass die Arbeitnehmerbeteiligung nur additiv, d.h. zusätzlich zu den tarifvertraglich festgelegten Entgelten gewährt werden darf.[33] Die Mitarbeiterkapitalbeteiligung dürfe nicht in Konkurrenz zur Tarifpolitik treten.[34] Zudem

---

26 Astheimer, in: FAZ online vom 20.03.2012, „Boni für das Volk“.

27 Stracke/ Martins, S. 76.

28 Zu den Kontrollmöglichkeiten der Belegschaften in den USA und in Frankreich: Pérotin, Employee Participation in Profit and ownership, S. 8.

29 Lowitzsch, S. 100.

30 Schanz, NZA 2000, 626; Stracke/ Martins, S. 27 m.w.N.

31 Schanz, NZA 2000, 626; Tzschentke, S. 35, 43ff.

32 Backes-Gellner/Kay/Schröer/Wolff, Mitarbeiterbeteiligung; Blum, Produktivitäts- und Beschäftsigungseffekte der Mitarbeiterbeteiligung, in: Wirtschaft im Wandel 2006, 274 ff.

33 Stracke/ Martins, S. 118.

34 Stellungnahme des DGB zum Regierungsentwurf des Mitarbeiterkapitalbeteiligungsgesetzes, abrufbar unter: http://www.dgb.de/themen/themen_a_z/abisz_doks/g/gewinn.htm/?showdesc=1.

befürchten die Gewerkschaften häufig, durch die mit der Kapitalbeteiligung einhergehende gesellschaftsrechtliche Mitbestimmung der Arbeitnehmer an Bedeutung zu verlieren, da die Arbeitnehmer als Kapitaleigner aufgrund einer stärkeren Verhandlungsposition ihre Interessen häufiger selbst wahrnehmen könnten.[35] In empirischen Untersuchungen konnte eine negative Korrelation zwischen der Kapitalbeteiligung und der Stärke der Gewerkschaften in den Betrieben allerdings nicht festgestellt werden.[36] Einzelne Gewerkschaften, wie etwa die IG BCE, scheinen immerhin bei Verhandlungen über weitere Lohnerhöhungen zu einer umfangreicheren Variabilisierung der Entgeltsteigerung bereit.[37] Aber auch der IG Metall fällt es zunehmend schwer, die unterschiedlichen Vorstellungen ihrer Bezirke in Einklang zu bringen und eine gemeinsame Lohnforderung zu erheben.[38]

I. Der Befund: Vergleichsweise geringe Verbreitung materieller Arbeitnehmerbeteiligung in Deutschland

Trotz ihrer langen Tradition ist die Mitarbeiterbeteiligung in Deutschland im Vergleich zu anderen westlichen Industriestaaten nur unterdurchschnittlich verbreitet.[39] Zwar beteiligten im Jahr 2010 ca. 83% der börsennotierten Unternehmen hierzulande ihre Mitarbeiter am Kapital.[40] Das Institut für Arbeitsmarkt- und Berufsforschung der Bundesagentur für Arbeit (IAB) beziffert allerdings für das Jahr 2009 den Anteil der Unternehmen mit einer Erfolgsbeteiligung auf lediglich 9% und der Unternehmen mit einer Kapitalbeteiligung auf lediglich 3%.[41] Aktienkaufprogramme für Mitarbeiter gab es im Jahre 2011 nur in ca. 2% der Unternehmen.[42] Damit bleibt die Verbreitung in Deutschland deutlich hinter dem Durchschnitt der 15 „alten" EU-Mitgliedsstaaten von 19%[43] zurück. Gegenüber dem Jahr 2001 hat sich die Verbreitung der

35 Lowitzsch, S. 107.

36 Pendleton/Robinson/Wilson, Does employee ownership weaken trade unions?, Bd. 16, S. 577ff.

37 IG BCE, Tarifpolitischer Grundsatzantrag des 2. Ordentlichen Gewerkschaftskongresses, 2001.

38 Astheimer, in: FAZ online vom 20.03.2012, „Boni für das Volk".

39 Schanz, NZA 2000, 626; Schmidt, Steuerliche Förderung riskanter Kapitalanlagen, BB Beilage 2009 Nr. 1, S. 23.

40 von Rosen, „Auf niedrigem Niveau", FAZ 09.06.2011, S. B8.

41 Bellmann/Möller, IAB-Kurzbericht Nr. 17/2011, S. 3.

42 Graf, „Boni fürs Volk", Spiegel-Online vom 04.04.2013.

43 Lowitzsch, S. 1.

Mitarbeiterbeteiligung hierzulande kaum verändert.[44] Allerdings wächst der Anteil der variablen Vergütungskomponenten[45] an der Gesamtvergütung, wobei Unternehmen, die variable Vergütungssysteme nutzen, immer häufiger alle Beschäftigtengruppen einbeziehen und die variable Vergütung nicht nur auf Führungskräfte beschränken.[46]

Größere Unternehmen nutzen tendenziell häufiger Systeme der Erfolgs- und Kapitalbeteiligung.[47] Am stärksten verbreitet ist die Mitarbeiterbeteiligung in den Wirtschaftszweigen Information und Kommunikation (Gewinnbeteiligung: 31%) sowie Finanz- und Versicherungsdienstleistungen (Gewinnbeteiligung: 24%/Kapitalbeteiligung: 4%).[48]

Durch die vergleichsweise geringe Verbreitung der Mitarbeiterbeteiligung in Deutschland bleiben vielfältige Chancen ungenutzt.[49] Zwar fehlen bislang umfassende empirische Daten zu den genauen Auswirkungen der Arbeitnehmerbeteiligung im deutschsprachigen Raum.[50] Die Wissenschaft geht aber in der Theorie überwiegend von positiven arbeitsmarkt-, verteilungs- und rentenpolitischen Effekten aus.[51] So würden Umsatz- und Ertragseinbußen in konjunkturell schlechteren Zeiten durch automatisch sinkende Erfolgsbeteiligungen abgemildert.[52] Auf kostspielige Personalabbaumaßnahmen könnte teilweise verzichtet werden.[53] Die Arbeitskosten würden auch während der Laufzeit von Tarifverträgen sinken, so dass der Beschäftigungsabbau begrenzt werden könnte. Auf Tarifverträge zur Standortsicherung sowie Sanierungstarifverträge, die nicht selten mit langwierigen und schwierigen Verhandlungen verbunden sind, und deren Geeignetheit zur kurzfristigen Senkung der Arbeitskosten daher in Zweifel gezogen wird,[54] könnte teilweise verzichtet werden, da die Löhne automatisch angepasst würden. In einer Umfrage des Arbeitgeberverbandes Gesamtmetall aus dem Jahr 2006 gaben 67% der befragten

44 Bellmann/Möller, IAB-Kurzbericht Nr. 17/2011, S. 3.
45 Hierzu zählen auch leistungsabhängige Vergütungskomponenten, die nach der hier vertretenen Definition keine Arbeitnehmerbeteiligung darstellen (vgl. B I 1).
46 www.spiegel.de/karriere/berufsleben/0,1518,druck-746994,00.html.
47 Bellmann/Möller, IAB-Kurzbericht Nr. 17/2011, S. 3.
48 Bellmann/Möller, IAB-Kurzbericht Nr. 17/2011, S. 4.
49 Roggemann, ZRP 2011, 49.
50 Stracke/ Martins, S. 30.
51 Sinn, Kapitalbeteiligung und Lohndifferenzierung, 822ff.
52 Gerlach, Beschäftigungsförderung, S. 314; Weitzman, Economic Journal 93/83, S. 763ff.
53 Otto/Walk, BB 2010, 373.
54 Wagner, S. 133.

Arbeitgeber an, der Abschluss von Standortsicherungsverträgen nehme zu viel Zeit in Anspruch.[55]

Durch eine Reinvestition bestimmter Lohnbestandteile in dem Arbeit gebenden Unternehmen könnten die Mitarbeiter einen finanziellen Beitrag bei beschäftigungssichernden Restrukturierungen leisten. Substitutive Arbeitnehmerkapitalbeteiligung erlaube eine nachhaltige Senkung der Arbeitskosten und könne einen Anreiz für Unternehmen schaffen, auf Arbeitsplatzverlagerungen ins Ausland zu verzichten.[56] So könnten geringere Barlöhne an die Arbeitnehmer gezahlt werden, wenn im Umfang der gesparten Lohnzahlungen Beteiligungsrechte an den Arbeit gebenden Unternehmen eingeräumt würden. Umgekehrt würde sich das Arbeitsentgelt unabhängig von Tarifabschlüssen bei günstiger Unternehmensentwicklung erhöhen. Die Arbeitnehmer würden früher am Unternehmenserfolg beteiligt.[57]

Einzelne Studien belegen, dass sich durch die Arbeitnehmerbeteiligung die Bereitschaft zu technologischen und arbeitssparenden Veränderungen, die Interessenidentifikation mit dem Arbeit gebenden Unternehmen sowie das Kostenbewusstsein der Mitarbeiter steigern lassen.[58] Teamwork und Zusammengehörigkeitsgefühl werden gestärkt.[59] Auch im Wettbewerb der Arbeitgeber um die innovativsten und leistungsstärksten Belegschaften kommt der Mitarbeiterbeteiligung Bedeutung zu. Darüber hinaus spielt die Kapitalbeteiligung bei der Regelung der Unternehmensnachfolge eine Rolle.[60]

Betriebe mit Erfolgsbeteiligungsmodellen zeichnen sich häufig durch die folgenden Eigenschaften aus: Zunächst besteht ein Zusammenhang zwischen Ertragssituation und Beteiligung. Je besser der Betrieb seine Lage einschätzt, desto wahrscheinlicher ist das Bestehen eines Mitarbeiterbeteiligungsmodells.[61] Dieser Zusammenhang scheint der These vieler Gewerkschaften, dass Arbeitgeber substitutive Erfolgsbeteiligungsmodelle vor allem zur Reduzierung ihrer Personalkosten nutzten und ihre „Gewinne klein rechneten“[62], zu widersprechen.

---

55 Wagner, S. 133 m.w.N.

56 Sinn, S. 9 ff.

57 Wie vor.

58 Brink, Mitarbeiterbeteiligung – Ein Weg zu höherer Produktivität, IAB 2001; zitiert nach: Wagner, NJW 2003, 3081, 3085; Pendleton/Wilson/Wright, The Perception and Effects of Share Ownership, Bd. 36, S. 1.

59 Lowitzsch, S. 105.

60 Tzschentke, S. 35.

61 IAB Kurzbericht, Ausgabe Nr. 13/06 vom 05.09.2006, S. 1, 2.

62 http://www.dgb.de/themen/themen_a_z/abisz_doks/g/gewinn.htm/?showdesc=1.

Zudem ist in Betrieben mit hohen Anteilen qualifizierter Beschäftigter die Verbreitung von Mitarbeiterbeteiligungsmodellen grundsätzlich höher, da sich qualifizierte Arbeitnehmer aus Sicht der Arbeitgeber durch Beteiligungsmodelle stärker an das Unternehmen binden lassen, als durch die alleinige Zahlung höherer Löhne und Gehälter.[63]

Nicht selten erfolgt eine Beteiligung der Arbeitnehmer am Unternehmenskapital – je nach dem Umfang der Kapitalbeteiligung – zur Kapitalbeschaffung. Insbesondere in Krisenzeiten besteht bei Unternehmen Bedarf an liquiditätsverbessernden und bilanzoptimierenden Maßnahmen.[64] Im Zuge der Finanzkrise wurde daher erwogen, die Umwandlung von bis zu 12.000 € Barlohn in Kapitalbeteiligungen am Arbeit gebenden Unternehmen steuerlich zu fördern.[65] Die Gesetzespläne wurden allerdings nach der Bundestagswahl 2009 nicht weiter verfolgt.

Auch bei Ausgründungen („spin offs") erhalten die betroffenen Arbeitnehmer häufig die Möglichkeit, sich am Kapital der neu gegründeten Gesellschaft zu beteiligen, wodurch sich die Transaktionskosten verringern lassen.[66] Durch die Eigenkapitalbeteiligung der Mitarbeiter verbessert sich die Kapitalstruktur der Unternehmen, wodurch deren Zugang zu investitionsfördernden Krediten erleichtert werden kann.[67] Zudem „stabilisieren" Belegschaftsaktionäre häufig die Aktionärsstruktur.[68]

Schließlich bieten sich langfristige Kapitalbeteiligungsprogramme in kleinen und mittelständischen Unternehmen zur Regelung der Unternehmensnachfolge an[69] – ein Vorteil, dessen praktische Bedeutung weiter steigen dürfte: Bundesweit wird in ca. 71.000 Unternehmen pro Jahr ein Nachfolger für die Unternehmensleitung gesucht.[70] In einer Mitteilung aus dem Jahr 2006 ging die EU-Kommission davon aus, dass sich innerhalb von 10 Jahren 1/3 der Unternehmer europaweit aus der Unternehmensleitung zurückziehen würde, wobei der Anteil in Familienunternehmen noch höher ausfiele.[71]

---

63 IAB Kurzbericht, Ausgabe Nr. 13/06, S. 2, 5.

64 Kutsch/Kersting, BB 2011, 373.

65 Pressemitteilung des BMF vom 09.09.2009, Mitarbeiterbeteiligung: Faire Gegenleistung in Zeiten der Krise.

66 Wagner, BB 2000, 43.

67 Lowitzsch, S. 12; von Rosen, „Auf niedrigem Niveau", FAZ 09.06.2011, S. B8.

68 Von Rosen, „Auf niedrigem Niveau", FAZ 09.06.2011, S. B8.

69 Roggemann, ZRP 2011, 49, 50.

70 Wagner, Kapitalbeteiligung von Mitarbeitern und Führungskräften, S. 49, 142ff.

71 Mitteilung der Kommission vom 14.03.2006 zur „Umsetzung des Lissabon-Programms der Gemeinschaft für Wachstum und Beschäftigung, Unternehmensübertragung – Kontinuität durch Neuanfang".

Für die Arbeitnehmer stehen nach Aussage von Betriebsräten die Vermögensbildung und – im Rahmen von Kapitalbeteiligungsmodellen – die Altersvorsorge im Vordergrund. Größeren Informations- und Mitspracherechten in den Unternehmen kommt – wohl nicht zuletzt vor dem Hintergrund der im internationalen Vergleich weitreichenden gesetzlichen Mitbestimmung in Deutschland – eine geringere Bedeutung zu.[72]

Im Ergebnis sprechen zahlreiche Vorteile für eine größere Verbreitung materieller Arbeitnehmerbeteiligung in Deutschland.

II. Der Gang der Untersuchung: Arbeitnehmerbeteiligung durch Entgeltflexibilisierung auf Unternehmensebene[73]

Vor dem Hintergrund der geringen Verbreitung tarifvertraglicher Regelungen zur Entgeltflexibilisierung[74] wird in der vorliegenden Arbeit untersucht, ob und inwieweit in Abweichung von Tarifnormen Erfolgs- bzw. Kapitalbeteiligungsmodelle auf Betriebs- oder Unternehmensebene eingeführt werden können. Da die Beteiligungsmodelle der rechtlichen und wirtschaftlichen Situation des jeweiligen Arbeit gebenden Unternehmens Rechnung tragen müssen, dürften sich die Modalitäten der Arbeitnehmerbeteiligung unmittelbar mit den Arbeitgebern grundsätzlich am Praxisgerechtesten aushandeln lassen.[75]

Soweit ein Teil des bisherigen erfolgsunabhängigen Arbeitsentgelts im Rahmen eines substitutiven Beteiligungsmodells flexibilisiert werden soll, kollidiert die Teilflexibilisierung der Vergütung mit der Normativität des Tarifvertrags. Ein Schwerpunkt der Untersuchung liegt daher in der Günstigkeitsbeurteilung substitutiver Arbeitnehmerbeteiligung. Konkret stellt sich die Frage, ob sich durch die Chance auf eine übertarifliche Gesamtvergütung eine untertarifliche Mindestvergütung kompensieren lässt. Kann die Substitution eines feststehenden tariflichen Entgeltbestandteils durch eine erfolgsbezogene Vergütungskomponente sogar günstiger i.S.d. § 4 III 2. Alt. TVG sein? Die Antwort steht und fällt mit der Definition des Günstigkeitsbegriffs. So würde ein allein quantitatives Verständnis[76]

---

72 Stracke/ Martins, S. 29 m.w.N.

73 Um die Übersichtlichkeit der Darstellung nicht zu gefährden, wird nicht zwischen den Begriffen „Betrieb“, „Unternehmen“ und „Konzern“ differenziert, sondern pauschal von der Unternehmensebene gesprochen.

74 Vgl. B III 2.

75 Vgl. B III 2.

76 Vgl. Deinert, in: Däubler, § 4 Rn. 635; Wank, in: Wiedemann, TVG, § 4 Rn. 433.

in beiderseits tarifgebundenen Arbeitsverhältnissen substitutive Erfolgsbeteiligungsmodelle generell ausschließen.

Die Auslegung und Anwendung des Günstigkeitsprinzips haben sich an dessen verfassungsrechtlichen Grundlagen zu orientieren. Die Tarifautonomie und die Arbeitsvertragsfreiheit müssen in einen angemessenen Ausgleich gebracht werden. Der Auslegung des arbeitsrechtlichen Günstigkeitsbegriffs wird daher ein Überblick über die kollidierenden Grundrechtspositionen vorangestellt.

Nach der Definition des Günstigkeitsbegriffs sollen zunächst abstrakte Methoden zur Bestimmung der Günstigkeit einer einzelvertraglichen Vereinbarung aufgezeigt werden. In einem weiteren Schritt werden konkrete Indizien für die Günstigkeit flexibilisierter Arbeitsentgelte entwickelt.

Wie jede Einzelfallabwägung ist die Günstigkeitsbeurteilung mit erheblichen Unsicherheiten verbunden. Daher soll untersucht werden, ob der Gesetzgeber in verfassungsrechtlich zulässiger Weise abstrakte Kriterien für die Günstigkeit der substitutiven Arbeitnehmerbeteiligung aufstellen oder ein Modell der Arbeitnehmerbeteiligung in Abweichung von Tarifnormen und unabhängig von dessen Günstigkeit zulassen kann.

Die grundsätzliche Zuweisung des Wirtschaftsrisikos an den Arbeitgeber als „wesentlicher Gerechtigkeitsgedanke des Arbeitsrechts“[77] setzt der Flexibilisierung der Vergütung – unabhängig von einer etwaigen Tarifbindung der Arbeitsvertragsparteien – Grenzen. Dies veranschaulicht nicht zuletzt die Rechtsprechung des Bundesarbeitsgerichts zur Wirksamkeit von Änderungsvorbehalten in Allgemeinen Geschäftsbedingungen.[78] Das Arbeitsverhältnis soll dem Arbeitnehmer ein dauerhaftes Auskommen sichern und zu einer längerfristigen Lebensplanung beitragen.[79] Darüber hinaus darf die Entgeltflexibilisierung nicht zu einer sittenwidrigen Höhe der Vergütung führen.[80] Daher soll der Frage nach den allgemeinen Zulässigkeitsgrenzen der Flexibilisierung des Arbeitsentgelts in nicht tarifgebundenen Arbeitsverhältnissen nachgegangen werden.

Arbeitgeber, die ein betriebliches Beteiligungsmodell implementieren möchten, das nicht nur Führungskräften offen stehen soll, sind an einer möglichst hohen Partizipationsquote innerhalb der Belegschaft interessiert. Andernfalls wird sich der finanzielle und administrative Aufwand regelmäßig nicht „rechnen“. Unterhalb des Tarifvertrags kommen in der Normenhierarchie grundsätzlich

77 Preis, Individualarbeitsrecht, S. 571.

78 BAG 12.01.2005 – 5 AZR 364/04; 11.10.2006 – 5 AZR 721/05; 19.12.2006 – 9 AZR 294/06.

79 Preis/ Lindemann, NZA 2006, 632, 638.

80 Vgl. BAG 16.05.2012 – 5 AZR 268/11.

zwei rechtliche Gestaltungsformen betrieblicher Arbeitnehmerbeteiligung in Betracht: Zum Einen bietet es sich aus Arbeitgebersicht an, mithilfe von Regelungsabreden bzw. durch Gesamtzusagen die arbeitsvertragliche Vereinbarung einer erfolgsbezogenen Vergütungskomponente zu erleichtern. Zum Anderen könnte die betriebseinheitliche Geltung des Beteiligungsmodells durch den Abschluss von Betriebsvereinbarungen erleichtert werden. Untersucht wird daher die Reichweite der betrieblichen Regelungsbefugnisse im Bereich der Arbeitnehmerbeteiligung. Insbesondere stellt sich die Frage, ob und inwieweit Regelungen zur Arbeitnehmerbeteiligung der erzwingbaren Mitbestimmung des § 87 I BetrVG unterliegen – mit der Folge, dass selbst bei Tarifüblichkeit Beteiligungsmodelle einer Regelung durch Betriebsvereinbarung zugänglich wären. Soweit die regelungsbedürftigen Fragen der Arbeitnehmerbeteiligung den erzwingbaren Mitbestimmungsrechten des § 87 I BetrVG nicht zugeordnet werden können, wird der Frage nach der Regelbarkeit der Arbeitnehmerbeteiligung im Rahmen einer freiwilligen Betriebsvereinbarung nach § 88 BetrVG nachgegangen. Damit einher geht die Frage der umfassenden Regelungskompetenz der Betriebsparteien, die das Bundesarbeitsgericht in ständiger Rechtsprechung annimmt.[81]

Abschließend wird untersucht, ob und ggf. inwieweit der Tarifvorbehalt in verfassungsrechtlich zulässiger Weise gesetzlich eingeschränkt werden könnte, um umfassende Regelungen zur (substitutiven) Arbeitnehmerbeteiligung durch Betriebsvereinbarung zuzulassen.

In einem positiven wirtschaftlichen Umfeld steigt die Bereitschaft der Arbeitgeber, ihre Beschäftigten an dem Unternehmenserfolg zu beteiligen, wenn sich die aus diesen Beteiligungen resultierenden finanziellen Belastungen bei einer Verschlechterung der Wirtschaftslage wieder verringern. Somit könnte die Flexibilisierung von Vergütungsbestandteilen langfristig zu einer insgesamt höheren Vergütung führen.

Gegenüber Bonuszahlungen „nach Gutsherrenart“[82] bietet eine vertraglich vereinbarte, längerfristige Entgeltflexibilisierung den Vorteil größerer Transparenz: Die Berechnungsmodalitäten des flexiblen Entgeltbestandteils werden im Voraus vertraglich vereinbart. Die Arbeitnehmer erfahren frühzeitig, inwieweit sie von einem bestimmten Unternehmenserfolg innerhalb des jeweiligen

81 BAG, 18.08.1987 – 1 ABR 80/85 und 1 ABR 30/86; 07.11.1989 – GS 3/85; 09.04.1991 – 1 AZR 406/90; 11.07.2000 – 1 AZR 551/99; 12.12.2006 – 1 AZR 96/06; 07.06.2011 – 1 AZR 807/09.

82 Astheimer, in: FAZ online vom 20.03.2012, „Boni für das Volk“ zu der Bonuszahlung des VW-Konzerns in Höhe von 7.500 € für das Geschäftsjahr 2011/2012.

Bezugszeitraums profitieren können. Für die Arbeitgeber bietet die Entgeltflexibilisierung den Vorteil, dass sich die Arbeitskosten bei Umsatz- bzw. Gewinneinbußen automatisch reduzieren. Insbesondere im Mittelstand steigt daher die Nachfrage nach transparenten Modellen zur Erfolgs- bzw. Kapitalbeteiligung der Arbeitnehmer.[83]

83 Astheimer, in: FAZ online vom 20.03.2012, „Boni für das Volk".

B. Die rechtlichen Rahmenbedingungen der Arbeitnehmerbeteiligung im internationalen Vergleich

Bevor Rechtsfragen im Zusammenhang mit der Arbeitnehmerbeteiligung erörtert werden können, muss zunächst der Begriff der Arbeitnehmerbeteiligung – auch mit Blick auf begriffliche Ungenauigkeiten in der öffentlichen Debatte[84] – definiert werden.

Die Ursachen des geringen Verbreitungsgrads materieller Arbeitnehmerbeteiligung in Deutschland lassen sich leichter nachvollziehen, wenn ein Vergleich mit Ländern, in denen sich Beteiligungsprogramme größerer Verbreitung erfreuen, gezogen wird. Der Untersuchung soll daher eine Bestandsaufnahme über die Mitarbeiterbeteiligung in Frankreich, Großbritannien und den Vereinigten Staaten vorangestellt werden. Während in Frankreich die Erfolgsbeteiligung weit verbreitet ist, nutzen die Arbeitnehmer in Großbritannien und den USA vor allem Modelle der Kapitalbeteiligung.

I. Gegenstand der materiellen Arbeitnehmerbeteiligung

Häufig wird die rechtspolitische Diskussion über die Arbeitnehmerbeteiligung pauschal unter dem Begriff „Investivlohn“[85] geführt. Der Begriff Investivlohn bedeutet, dass die Arbeitnehmer einen Bestandteil ihres Arbeitsentgelts im Unternehmen belassen bzw. sich per Gehaltsumwandlung als Beteiligung gewähren lassen (Investivlohn ohne oder mit Barlohnumwandlung).[86] Die investive Verwendung eines Entgeltbestandteils im Arbeit gebenden Unternehmen stellt allerdings nur eine Form der Mittelverwendung dar und sagt noch nichts über die Mittelherkunft aus. Eine Debatte über Investivlöhne[87] greift daher zu kurz.

1. Begriff der materiellen Arbeitnehmerbeteiligung

Als materielle Arbeitnehmerbeteiligung wird die vertragliche Beteiligung der Arbeitnehmer am Kapital bzw. am Erfolg des Arbeit gebenden Unternehmens bzw.

---

84 Vgl. A.
85 Vgl. A.
86 Wagner, Rechtliche Fragen des Investivlohns, BB Beilage 1998 Nr. 41, S. 2.
87 Vgl. A.

eines Unternehmensteils bezeichnet.[88] Da sich der Unternehmenserfolg nicht immer am Gewinn orientiert, hat sich der Begriff „Erfolgsbeteiligung" eingebürgert.[89]

Durch die den Arbeitnehmern erwachsenden finanziellen Vorteile unterscheidet sich die materielle von der immateriellen Beteiligung, die Arbeitnehmern Kontroll- und Mitspracherechte im Unternehmen einräumt.[90] Arbeitnehmerbeteiligung basiert – im Gegensatz zu variablen Vergütungsmodellen für Führungskräfte – auf einem kollektiven Schema, das grundsätzlich für alle Arbeitnehmer oder Arbeitnehmergruppen gilt.

a. *Erfolgsbeteiligung*

Bei einer Erfolgsbeteiligung („profit sharing") erhalten die Arbeitnehmer neben ihren feststehenden Löhnen und Gehältern variable Entgeltbestandteile, die sich in Abhängigkeit des Erfolgs des gesamten Unternehmens oder eines Unternehmensteils, nicht aber – wie bei Leistungsbeteiligungen bzw. Zielvereinbarungen[91] – ihres individuellen Arbeitserfolgs bemessen. Der Erfolg des Unternehmens wird dabei entweder anhand von kennzahlorientierten (internen) oder aktienkursorientierten (externen) Größen bestimmt.[92] Der Verteilungsschlüssel zwischen Arbeitnehmern und Eigentümern richtet sich nach den spezifischen Verhältnissen der einzelnen Unternehmen.

Die Erfolgsbeteiligung sollte – so die Theorie[93] – dazu beitragen, die „richtige" Entlohnung der Arbeitnehmer zu finden: Erweise sich der feststehende Lohnbestandteil im Verhältnis zum Unternehmenserfolg als zu niedrig, würden die Arbeitnehmer nachvergütet. Umgekehrt sollte eine zu hohe Vergütung nachträglich auch teilweise wegfallen können, um das Unternehmen nicht finanziell zu überfordern und seinen Bestand langfristig zu sichern.[94] Das unternehmerische Risiko wird durch die Erfolgsbeteiligung somit teilweise auf die Arbeitnehmer übertragen.

Eine verbreitete Form der Erfolgsbeteiligung ist die vor allem an Führungskräfte von Kapitalgesellschaften gezahlte Tantieme, die sich nach dem „Reingewinn" des Unternehmens bemisst.[95] Auch andere Arten der Erfolgsbeteiligung

---

88 Kay & Backes-Gellner, Materielle Mitarbeiterbeteiligung in mittelständischen Unternehmen IGA 2004, 52 (2), 130-146.
89 Tzschentke, S. 9.
90 Stracke/ Martins, S. 11; Tzschentke, S. 8.
91 Preis, in: ErfKomm, § 611 BGB Rn. 504.
92 Tzschentke, S. 8.
93 Weitzman, Compensation Systems, S. 763ff.
94 Tzschentke, S. 11.
95 Preis, in: ErfKomm, § 611 BGB Rn. 494.

werden mithilfe des „Unternehmensgewinns" als Erfolgsmaßstab berechnet. Zu differenzieren ist dabei zwischen dem Handels- und dem Steuerbilanzgewinn. Der Handelsbilanzgewinn ist Bemessungsgrundlage für die Ausschüttung an die Eigentümer und wird daher nicht selten auch für die Berechnung der Arbeitnehmerbeteiligung genutzt.[96] Der handelsbilanzielle Gewinn eröffnet dem Arbeitgeber allerdings größere Bewertungsspielräume als der Steuerbilanzgewinn. Entsprechend größer ist aus Arbeitnehmersicht die Gefahr einer Unterbewertung des Unternehmensgewinns zur Vermeidung einer Gewinnausschüttung. Das Vertrauen der Arbeitnehmer in den von der Finanzverwaltung kontrollierten Steuerbilanzgewinn wird regelmäßig größer sein.[97]

Seltener als eine Erfolgsbeteiligung ist in der Praxis ein ertragsorientierter Erfolgsindikator.[98] Gegen eine Bruttoertragsbeteiligung spricht, dass Umsatzanteile auch dann an die Arbeitnehmer verteilt werden müssten, wenn das Unternehmen keine Umsatzrendite mehr erwirtschaftet.[99] Nimmt man den Nettoertrag in Bezug, läuft die Ertragsbeteiligung auf eine Gewinnbeteiligung hinaus.

Als Erfolgsindikator können auch kapitalmarktorientierte Kennziffern verwendet werden: In börsennotierten Aktiengesellschaften orientiert sich etwa der flexible Entgeltbestandteil nicht selten an der Aktienkursentwicklung (phantom stocks).[100] Die Arbeitnehmer werden wie Aktionäre gestellt, die zum jeweiligen Stichtag Aktien des Arbeit gebenden Unternehmens erworben haben und seither ggf. von der positiven Kursentwicklung profitieren.

Im Bereich der Managemententlohnung wurden in jüngerer Zeit neue eigenkapitalorientierte Kennzahlen entwickelt, die den Beschäftigten durch eine Begrenzung der Bewertungsspielräume vor einer willkürlichen Beeinflussung der Erfolgsindikatoren schützen sollen, ohne die Substanz des Unternehmens zu beeinträchtigen.[101]

Da für die arbeitsrechtliche Betrachtung der Mitarbeiterbeteiligung die genaue Methode der Erfolgsberechnung von nachrangiger Bedeutung ist, soll nur der folgende – in der Praxis am meisten verbreitete – Bewertungsmaßstab kurz erläutert werden: Es handelt sich um den CFROI (Cash Flow Return on Investment), bei dem die Rendite des Cash Flows in dem Gesamtunternehmen oder

96 Tzschentke, S. 13.
97 Schneider/Zander, Erfolgs- und Kapitalbeteiligung der Mitarbeiter in Klein- und Mittelbetrieben, S. 69.
98 Tzschentke, S. 14.
99 Tzschentke, S. 14.
100 Kutsch/Kersting, BB 2011, 373, 375.
101 Tzschentke, S. 15.

einem Unternehmensteil berechnet wird.[102] Übersteigt der interne Zins die von Eigen- und Fremdkapitalgebern im Durchschnitt verlangte Kapitalverzinsung, werden die Mitarbeiter an der Differenz beteiligt.[103] Die Zinsdifferenz ist nach diesem Modell Ausdruck des Unternehmenserfolgs.

Die Erfolgsbeteiligungen können – etwa durch die Angabe des Erfolgsindikators und Verteilungsschlüssels im Arbeitsvertrag – unbefristet vereinbart oder – wie in dem der Entscheidung des Bundesarbeitsgerichts vom 12.12.2007[104] zugrunde liegenden Sachverhalt – als zielabhängige Boni im Nachhinein für einzelne Bezugszeiträume gesondert festgelegt werden. Dabei setzt eine Qualifikation zielabhängiger Boni als Erfolgsbeteiligung nach der hier vertretenen Definition voraus, dass sich der Bonus am Erfolg einer größeren Einheit, wie dem Betrieb oder einem Betriebsteil orientiert, und der Erfolg von dem einzelnen Arbeitnehmer nicht messbar beeinflusst werden kann.

Grundsätzlich kommen zwei Arten der nachträglichen Festlegung der Boni in Betracht: Zum Einen können die Ziele, bei deren Erreichen der Bonusanspruch entsteht, von den Parteien für die einzelnen Bezugszeiträume vereinbart werden.[105] Zum Anderen kann sich der Arbeitgeber im Arbeitsvertrag das Recht vorbehalten, die Bonusziele für die jeweiligen Bezugszeiträume einseitig festzulegen.[106] Die Ausübung seines Direktionsrechts muss dann allerdings gemäß § 315 III BGB billigem Ermessen entsprechen und ist gerichtlich überprüfbar.[107] Die dynamische Inbezugnahme einseitig vom Arbeitgeber aufgestellter und im Laufe des Arbeitsverhältnisses angepasster „Bonuspläne“ billigt die Rechtsprechung allerdings nur unter denselben Voraussetzungen wie Widerrufsvorbehalte.[108]

Im Ergebnis erfassen die Begriffe „Arbeitnehmer-“ bzw. „Mitarbeitererfolgsbeteiligung“ alle Entlohnungsmodelle, bei denen neben einem feststehenden Lohn bzw. Gehalt ein variabler Entgeltbestandteil gezahlt wird, der mit einem den Unternehmenserfolg im jeweiligen Bezugszeitraum dokumentierenden Erfolgsindikator verbunden ist.[109]

102 Tzschentke, S. 16 m.w.N.
103 Deimel, Shareholder Value-Kennzahlen, S. 507.
104 BAG 12.12.2007 - 10 AZR 97/07, NZA 2008, 409ff.
105 BAG 12.12.2007 - 10 AZR 97/07, NZA 2008, 409, 411.
106 Lembke, NJW 2010, 321, 325.
107 Vgl. BAG 12.12.2007 - 10 AZR 97/07, NZA 2008, 409, 411.
108 BAG 11.02.2009 - 10 AZR 222/08, NZA 2009, 428ff.
109 Schneider/Zander, Erfolgs- und Kapitalbeteiligung der Mitarbeiter in Klein- und Mittelbetrieben, S. 20.

b. *Kapitalbeteiligung*

Arbeitnehmerbeteiligung in Gestalt einer Kapitalbeteiligung setzt dagegen eine vermögensrechtliche Beziehung zwischen dem Arbeitnehmer und dem Arbeit gebenden bzw. einem mit diesem verbundenen Unternehmen in Form einer Eigen- oder Fremdkapitalbeteiligung voraus, wobei die Beteiligung auch durch eine zwischengeschaltete Beteiligungsgesellschaft vermittelt werden kann.[110] Dabei können die angelegten Mittel entweder durch die Arbeitnehmer – etwa durch eine teilweise Umwandlung des bislang gewährten Arbeitsentgelts gemäß § 107 II 1 GewO – oder durch den Arbeitgeber aufgebracht werden. Der durch die Einräumung von Vorzugskonditionen für den Erwerb von Belegschaftaktien verursachte niedrigere Erlös kann oftmals dadurch kompensiert werden, dass die mit der Ausgabe neuer Aktien am Kapitalmarkt normalerweise verbundenen Kosten teilweise wegfallen.[111]

Überbetriebliche bzw. außerbetriebliche Kapitalanlagen stellen mangels spezifischer vermögensrechtlicher Beziehung zwischen den Arbeitsvertragsparteien keine Arbeitnehmerbeteiligung nach der hier vertretenen Definition dar, auch wenn Mitarbeiterbeteiligungsfonds immer wieder Teil der rechtspolitischen Diskussion über die Arbeitnehmerbeteiligung sind – so auch vor Verabschiedung des Mitarbeiterkapitalbeteiligungsgesetzes.[112]

Nicht jede Form der Kapitalbeteiligung ist für alle Mitarbeiter gleichermaßen geeignet. So dürfte eine Beteiligung als OHG-Gesellschafter oder Komplementär einer KG bereits wegen der unbeschränkten Haftung nur selten in Betracht kommen.[113] Die Beteiligung als GmbH-Gesellschafter erscheint wegen der beschränkten Fungibilität auch für Führungskräfte in der Regel wenig geeignet. Für eine Beteiligung der Belegschaft empfehlen sich Mitarbeiterzertifikate als Fremdkapitalbeteiligung oder – je nach der Rechtsform des Arbeit gebenden Unternehmens – Aktien, Genossenschaftsanteile oder Kommanditbeteiligungen als Eigenkapitalbeteiligungen. Praxisgerechte, rechtsformunabhängige Beteiligungen sind darüber hinaus etwa stille Beteiligungen[114], Genussrechte oder – in verbriefter Form – Genussscheine[115], die Mischformen zwischen Fremd- und Eigenkapitalbeteiligungen (Mezzanine) darstellen. Mezzanine bieten erhebliche vertragliche Gestaltungsspielräume

---

110 Tzschentke, S. 17.

111 Schanz, NZA 2000, 626, 628.

112 vgl. SPD-Konzept zum „Deutschlandfonds für Arbeitnehmerinnen und Arbeitnehmer", SPD-Parteivorstand und Bundestagsfraktion, 2007.

113 Schneider/Zander, Erfolgs- und Kapitalbeteiligung, S. 149

114 Vgl. Blaurock, Handbuch der stillen Gesellschaft.

115 Tzschentke, S. 94.

bezüglich des Kapitalcharakters und der Kontroll- und Mitspracherechte. Sie lassen sich handelsbilanziell als Eigenkapital konstruieren, ohne den gesellschafts- und steuerrechtlichen Fremdkapitalcharakter zu verlieren.[116] Bundesweit sind mehr als 500 Tausend Arbeitnehmer allein durch stille Beteiligungen, Genussrechte sowie Darlehen an den Arbeit gebenden Unternehmen „beteiligt".[117]

Zur Verringerung des Insolvenzrisikos kann der Aktienerwerb im Rahmen eines Optionsplans „gestreckt" werden: Die Unternehmen gewähren ihren Mitarbeitern Optionen für einen späteren Aktienerwerb (stock options), die zu einem zur Zeit der Gewährung feststehenden Basispreis ausgeübt werden. Bei positiver Kursentwicklung „gewinnen" die Mitarbeiter den Differenzbetrag zwischen Markt- und Basispreis. Gemäß § 193 Abs. 2 Nr. 4 AktG müssen zwischen Optionseinräumung und –ausübung mindestens vier Jahre liegen.

Für die beteiligten Mitarbeiter entsteht infolge der Kapitalbeteiligung neben dem Arbeitsverhältnis eine gesellschafts- bzw. vermögensrechtliche Rechtsbeziehung.[118]

Schließlich können Erfolgs- und Kapitalbeteiligungen – wie bereits dargestellt[119] – dadurch kombiniert werden, dass ein im Rahmen einer Gewinnbeteiligung variabilisierter Entgeltbestandteil in das Arbeit gebende Unternehmen reinvestiert wird (investive Erfolgsbeteiligung).[120] Ein Beispiel für eine fremdkapitalbasierte Erfolgsbeteiligung ist ein partiarisches Darlehen, bei dem das Unternehmen seinem Mitarbeiter bzw. Darlehensgeber einen erfolgsabhängigen Zins zahlt.[121] Dadurch lässt sich die Lenkungswirkung der Fremdkapitalbeteiligung für das Arbeitsverhalten und die Motivation der Mitarbeiter weiter steigern.

2. Qualifikation als Arbeitsentgelt

Für die weitere arbeitsrechtliche Untersuchung ist vorab zu klären, ob Erfolgs- bzw. Kapitalbeteiligungen Entgeltcharakter haben,[122] und ob sie als Entgelt im engeren oder im weiteren Sinne anzusehen sind.[123] Bedeutsam ist die rechtliche

---

116 Info-Leitfaden zum Mitarbeiterkapitalbeteiligungsgesetz, BDA, S. 8; Kutsch/Kersting, BB 2011, 373, 377; Tzschentke, S. 23.

117 Info-Leitfaden, S. 2.

118 Thüsing, in: HWK, § 611 BGB Rn. 128ff.

119 Vgl. A.

120 BAG 28.11.1989 – 3 AZR 118/88, BAGE 63, 267ff.; Drukarczyk, Theorie und Politik der Finanzierung, S. 15; Wagner, BB Beilage 1998 Nr. 41, S. 2.

121 Kutsch/Kersting, BB 2011, 373, 375; Schanz, NZA 2000, 626, 627.

122 Vgl. Böker, Grundlagen der Arbeitnehmerkapitalbeteiligung 2004, S. 90.

123 Vgl. Preis, in: ErfKomm, § 611 BGB Rn. 527.

Qualifikation der Arbeitnehmerbeteiligung insbesondere für deren Regelbarkeit durch Tarifvertrag oder Betriebsvereinbarung sowie für die Zulässigkeitsgrenzen der arbeitsvertraglichen Entgeltflexibilisierung. Die Anwendbarkeit des Tarifvorbehaltes und der betrieblichen Mitbestimmungsrechte sowie die Geltung des Gleichbehandlungsgrundsatzes hängen von der Qualifikation der Arbeitnehmerbeteiligung als Arbeitsentgelt ab.

a. Erfolgsbeteiligungen

Unter den Begriff „Arbeitsentgelt" fallen alle vom Arbeitgeber an den Arbeitnehmer mit Rücksicht auf das bestehende Arbeitsverhältnis gewährten Geld- oder Sachzuwendungen.[124]

Obwohl die Arbeitnehmer durch die Zahlung der Erfolgsbeteiligungen oftmals stärker an das Unternehmen gebunden werden sollen, handelt es sich um einen variablen Bestandteil des Arbeitsentgelts. Teilweise wird zwar der Entgeltcharakter der Erfolgsbeteiligung bestritten.[125] Die besseren Argumente sprechen aber für eine Qualifikation als Arbeitsentgelt: Durch die Beteiligung am Unternehmenserfolg soll – selbst wenn der Arbeitgeber mit der Beteiligung personal- bzw. betriebswirtschaftliche Ziele verfolgt –[126] auch geleistete Arbeit vergütet werden. Erfolgsbeteiligungen haben daher Entgeltcharakter.

Zu differenzieren ist zwischen Arbeitsentgelt im engeren und im weiteren Sinne:[127] Wird mit der Leistung des Arbeitgebers die Arbeitsleistung vergütet, handelt es sich um Entgelt im engeren Sinne, das im arbeitsvertraglichen Synallagma steht.[128] Als Entgelt im weiteren Sinne wird dagegen die Gesamtheit der aus Anlass des Arbeitsverhältnisses geleisteten Geld- oder Sachzuwendungen bezeichnet, die über die periodische Abgeltung der Arbeitsleistung hinausgehen und außerhalb des Gegenseitigkeitsverhältnisses stehen.[129] Darunter fallen insbesondere Sonderzuwendungen, mit denen die Betriebstreue des Arbeitnehmer honoriert werden soll.[130]

---

124 Vgl. Preis, in: ErfKomm, § 611 BGB Rn. 389ff.

125 Schneider/ Zander, Erfolgs- und Kapitalbeteiligungen, S. 115.

126 Vgl. A I.

127 Vgl. Preis, in: ErfKomm, § 611 BRB Rn. 527.

128 BAG 18.01.2012 - 10 AZR 612/10, EzA-SD 2012, Nr. 9, 7 ff.; 07.09.2004 - 9 AZR 631/03, NZA 2005, 941, 942; Lembke, NJW 2010, 257, 259.

129 BAG 07.09.2004 - 9 AZR 631/03, NZA 2005, 941; Lembke, in: HWK, § 107 GewO Rn. 8.

130 BAG 18.01.2012 - 10 AZR 667/12, ZIP 2012, 1093 ff.; Preis, in: ErfKomm, § 611 BGB Rn. 534e.

Die rechtliche Qualifikation eines Entgeltbestandteils hängt nicht allein von dessen Bezeichnung, sondern von dem Inhalt der Zusage und – soweit feststellbar – von der aus den vertraglichen Vereinbarungen folgenden Zweckbestimmung ab;[131] auch die Höhe der Sonderzuwendung kann für deren Qualifikation relevant sein.[132]

Über die Qualifikation erfolgsbezogener Vergütungsbestandteile als Arbeitsentgelt im engeren oder im weiteren Sinne entscheidet die Beeinflussbarkeit des Erfolgsindikators durch den jeweiligen Arbeitnehmer bzw. dessen Ergebnisverantwortlichkeit.[133] Wenn der „Bonus" – wie bei der Erfolgsbeteiligung – an den Erfolg größerer Einheiten anknüpft, so dass der einzelne Arbeitnehmer den Erfolg nicht messbar beeinflussen kann, liegt Entgelt im weiteren Sinne vor.[134] Leistungsorientierte Vergütungsbestandteile dagegen sind Entgelt im engeren Sinne und stehen im arbeitsvertraglichen Synallagma.[135]

Soweit man mit dem 10. Senat des Bundesarbeitsgerichts nicht mehr zwischen Arbeitsentgelt im engeren und im weiteren Sinne differenziert,[136] sondern unter Verweis auf § 4a EFZG zwischen „laufendem Arbeitsentgelt" und „Sonderleistungen" unterscheidet,[137] handelt es sich bei Erfolgsbeteiligungen nach der hier vertretenen Definition[138] um Sonderleistungen.

Sonderleistungen werden zusätzlich zum laufenden Arbeitsentgelt gewährt und kommen nur zu bestimmten Terminen zur Auszahlung, da sie nicht in jedem Abrechnungszeitraum gemäß § 614 S. 2 BGB fällig werden.[139] Sonderleistungen haben prinzipiell Entgeltcharakter.[140]

Da die Erfolgsbeteiligung regelmäßig nach Abschluss des jeweiligen Geschäftsjahres gezahlt und – soweit der handelsbilanzielle Gewinn als Erfolgsindikator gewählt wurde – regelmäßig mit der Feststellung der Bilanz fällig wird,[141]

---

131 BAG 12.10.2010, NZA 2011, 695.

132 BAG 18.01.2012 - 10 AZR 612/10, EzA-SD 2012, Nr. 9, 7 ff.; 26.09.2007 - 10 AZR 569/06, NZA 2007, 1424, 1425.

133 Lembke, BB 2001, 1469, 1471.

134 BAG 08.09.1998 - 9 AZR 273/97, NZA 1999, 824; Lembke, NJW 2010, 257, 259; Ricken, NZA 1999, 236, 238.

135 BAG 21.02.1974 - 5 AZR 302/73, BB 1974, 695; Lembke, BB 2001, 1469, 1471.

136 BAG 01.04.2009 - 10 AZR 393/08; NZA 2008, 1173ff.

137 Kritisch: Lembke, NJW 2010, 257, 260.

138 Vgl. B I 1 a.

139 Zur Definition der Sondervergütungen: Preis, in: ErfKomm, § 611 BGB Rn. 527.

140 BAG 23.10.2002 - 10 AZR 48/02, AP BGB § 611 Gratifikation Nr. 243; 30.07.2008 - 10 AZR 606/07, NZA 2008, 1173, 1178; Lembke, NJW 2010, 257, 262.

141 Krause, in: MüHdb ArbR, § 58 Rn. 48; Schaub, § 76 Rn. 65.

handelt es sich um eine Sondervergütung. Auf den Entgeltcharakter der Erfolgsbeteiligung hat dies nach der Rechtsprechung jedoch keinen Einfluss.

b. Kapitalbeteiligungen

Bei der Qualifikation der Arbeitnehmerkapitalbeteiligung muss zwischen Mittelaufbringung und -verwendung differenziert werden. Die arbeitgeberseitig gewährten Leistungen zur Kapitalaufbringung sind als Arbeitsentgelt zu qualifizieren.[142] Die Gewährung der Beteiligung ist eine in den Grenzen des § 107 II 5 GewO zulässige Vergütung aus Anlass des Arbeitsverhältnisses. Auch Aktienoptionen haben Entgeltcharakter.[143] Wenn die Optionen eine vergleichsweise geringe fixe Vergütung ergänzen, können sie als Entgelt im engeren Sinne zu qualifizieren sein.[144]

Dagegen ist das durch die Kapitalbeteiligung begründete Beteiligungsverhältnis als solches nicht arbeitsrechtlicher Natur.

3. Abgrenzung der Erfolgsbeteiligung zu Änderungsvorbehalten

Verbreiteter als Modelle der Erfolgsbeteiligung sind in Deutschland Änderungsvorbehalte und einseitige Leistungsbestimmungsrechte,[145] die es dem Arbeitgeber ermöglichen, einen Teil der Vergütung erfolgsbezogen zu gestalten. In tarifgebundenen Arbeitsverhältnissen müssen diese flexibel gestalteten Vergütungskomponenten – soweit sie nicht bereits tarifvertraglich geregelt sind – additiv, d.h. zusätzlich zum Tariflohn gewährt werden.[146] Eine Unterschreitung des Tariflohns hat grundsätzlich die Unwirksamkeit des Änderungsvorbehaltes zur Folge. Darüber hinaus entschied das Bundesarbeitsgericht, dass Arbeitnehmer durch widerruflich gestaltete Entgeltbestandteile, die mehr als 25% bzw. – wenn nicht das Gegenseitigkeitsverhältnis betroffen ist – 30% der Gesamtvergütung betragen, gemäß § 307 Abs. 1 BGB unangemessen benachteiligt werden.[147]

Der wesentliche Unterschied zwischen einem Änderungsvorbehalt und einer Erfolgsbeteiligung besteht darin, dass es bei Änderungsvorbehalten und

142 Böker, S. 111.

143 BAG 28.05.2008 – 10 AZR 351/07, NZA 2008, 1066ff.; Preis, in: ErfKomm, § 611 BGB Rn. 505a.

144 Krause, in: MüHdb ArbR, § 58 Rn. 60.

145 Vgl. Preis/Lindemann, NZA 2006, 632.

146 BAG 18. 3. 09 – 10 AZR 289/08, NZA 09, 535.

147 BAG 12.01.2005 – 5 AZR 364/04; 11.10.2006 – 5 AZR 721/05; 19.12.2006 – 9 AZR 294/06.

Leistungsbestimmungsrechten einer zusätzlichen Handlung des Arbeitgebers zur Anpassung der Vergütung bedarf. Durch die Vereinbarung einer Erfolgsbeteiligung orientiert sich der flexible Entgeltbestandteil dagegen automatisch am Unternehmenserfolg – regelmäßig nach einer zuvor vereinbarten Berechnungsmethode. Den Arbeitnehmern bietet die Erfolgsbeteiligung daher den Vorteil größerer Transparenz, auch wenn die Rechtsprechung als Wirksamkeitsvoraussetzung des Widerrufsvorbehaltes nunmehr die Vereinbarung eines Widerrufsgrundes zumindest „der Richtung nach" verlangt.[148]

Durch die Prüfung der Änderungsvorbehalte am Maßstab der §§ 307 ff. BGB haben sich die Wirksamkeitsvoraussetzungen gegenüber der früheren Rechtsprechung[149] erhöht. Freiwilligkeitsvorbehalte für laufendes Arbeitsentgelt wurden grundsätzlich für unwirksam erklärt;[150] insbesondere verstößt es gegen das Transparenzgebot des § 307 I 2 BGB, sich einerseits zur Zahlung eines Entgeltbestandteils zu verpflichten, aber die Entstehung eines Rechtsanspruchs des Arbeitnehmers auf die versprochene Leistung durch die Einfügung eines Freiwilligkeitsvorbehaltes auszuschließen.[151] Die weite Verbreitung von Änderungsvorbehalten im Vergleich zu Erfolgsbeteiligungsmodellen lässt sich daher nicht mehr auf die Großzügigkeit der Rechtsprechung hinsichtlich der Wirksamkeitsvoraussetzungen von Änderungsvorbehalten zurückführen.

4. Ergebnis

Nach der hier vertretenen Ansicht definiert sich Arbeitnehmerbeteiligung als eine Beteiligung am Erfolg bzw. am Kapital des Arbeit gebenden Unternehmens – letztere gegebenenfalls mithilfe einer Beteiligungsgesellschaft. Erfolgsbeteiligungen, die am Jahresende zur Auszahlung kommen, sind Sondervergütungen. Da die Ergebnisverantwortlichkeit des Arbeitnehmers für den Erfolgsindikator nicht messbar ist, handelt sich bei Erfolgsbeteiligungen nach der hier vertretenen Definition um Entgelt im weiteren Sinn.

Auch die Gewährung einer Kapitalbeteiligung hat Entgeltcharakter. Durch die Anlage entsteht jedoch zusätzlich eine vermögensrechtliche Beziehung

148 BAG 12.01.2005 – 5 AZR 364/04; 11.10.2006 – 5 AZR 721/05; 19.12.2006 – 9 AZR 294/06.

149 Z.B. BAG 12.12.1984 – 7 AZR 509/83, NZA 1985, 321ff.; 13.05.1987 – 5 AZR 125/86, NZA 1988, 95f.

150 BAG 25.04.2007 – 5 AZR 627/06, NZA 2007, 853ff.

151 BAG 30.07.2008 – 10 AZR 606/07, NZA 2008, 1173ff.

zwischen dem Arbeitnehmer und dem Arbeitgeber bzw. der Beteiligungsgesellschaft, die nicht arbeitsrechtlicher Natur ist.

Von anderen Formen der Entgeltflexibilisierung unterscheidet sich die Arbeitnehmerbeteiligung vor allem durch die im Voraus genau festgelegte Berechnung des flexiblen Entgeltbestandteils. Einer Leistungsbestimmungshandlung des Arbeitgebers bedarf es nicht.

II. Die staatliche Förderung der Arbeitnehmerbeteiligung

Die staatliche Förderung der Vermögensbildung von Arbeitnehmern in Deutschland betraf ursprünglich nicht Produktivkapitalbeteiligungen.[152] Noch heute konzentriert sich die Förderung nicht auf die Mitarbeiterbeteiligung. Die Kapitalanlage der Arbeitnehmer wird erst seit dem 1. Vermögensbeteiligungsgesetz vom Dezember 1983[153] gefördert. Die zunächst auf Aktienbeteiligungen beschränkte Förderung wurde durch das 2. Vermögensbeteiligungsgesetz[154] auf Anteile an Unternehmensbeteiligungs- bzw. Kapitalanlagegesellschaften ausgeweitet, die GmbH-Beteiligungen und stille Beteiligungen an nicht emissionsfähigen KMU[155] hielten. Der Gesetzgeber beschränkte sich auf die Gewährung von Zuschüssen und Steuervergünstigungen, während die Entscheidung über die Implementierung von Beteiligungsmodellen bei den Unternehmen und Tarifparteien liegt.[156] Eine staatliche Förderung der Arbeitnehmererfolgsbeteiligung existiert dagegen nicht. Entsprechende Geldleistungen müssen als „normaler Arbeitslohn“ vollständig versteuert werden.

1. Überblick über die Fördermaßnahmen

Die staatliche Förderung lässt sich als „duales Fördersystem“ beschreiben: Zum Einen gewährt der Staat nach Maßgabe des Vermögensbildungsgesetzes Zuschüsse zur Vermögensbildung der Arbeitnehmer. Zum Anderen sind geldwerte Vorteile aus der vergünstigten Überlassung von Kapitalanteilen in begrenztem

---

152 Vgl. 1. VermBG v. 12.7.1961 BGBl. I, S. 909ff. und 2. VermBG v. 1.7.1965 BGBl. I, S. 585ff.

153 Gesetz zur Förderung der Vermögensbildung der Arbeitnehmer durch Kapitalbeteiligungen vom 22.12.1983, BGBl. 1983, S. 1592ff., Inkrafttreten am 1.1.1984.

154 Zweites Gesetz zur Förderung der Vermögensbildung der Arbeitnehmer durch Kapitalbeteiligungen vom 19.12.1986, BGBl. I 1986, S. 2595ff.

155 Kleine und mittelständische Unternehmen.

156 Zur Reichweite der Regelungsbefugnis: vgl. C I 2.

Umfang nicht steuerpflichtig. Die Steuerbefreiung kann mit der Arbeitnehmersparzulage kombiniert werden.[157]

Derzeit werden Kapitalanlagen der Arbeitnehmer als eine Variante der Vermögensbildung im Rahmen des 5. Vermögensbildungsgesetzes durch die Arbeitnehmersparzulage gefördert. Für vermögenswirksame Leistungen, also Geldleistungen, die der Arbeitgeber gemäß § 2 VermBG für den Arbeitnehmer anlegt, wird bei Einhaltung einer Mindesthaltefrist von sieben Jahren ein aufgeschobener Zuschuss gewährt. Förderungsfähig sind direkte oder indirekte Kapitalbeteiligungen am Arbeit gebenden Unternehmen, eine direkte Beteiligung an einem Drittunternehmen oder eine indirekte, überbetriebliche Beteiligung an einer Unternehmensbeteiligungs- bzw. Kapitalanlagegesellschaft sowie einem Investmentfonds.[158] Darüber hinaus wird das Bausparen gefördert.

Kapitalbeteiligungen am Arbeit gebenden Unternehmen, wie z.B. Mitarbeiterdarlehen, die durch die Arbeitnehmer-Sparzulage gefördert werden, sind gemäß § 2 Abs. 5a 5. VermBG insolvenzgeschützt.

Der Arbeitnehmer hat einen Anspruch auf Abschluss eines Vertrags über die vermögenswirksame Anlage des Arbeitsentgelts, das unvermindert steuer- und beitragspflichtig ist. Viele Tarifverträge sehen vor, dass der Arbeitgeber die vermögenswirksamen Leistungen zusätzlich zum regulären Arbeitsentgelt trägt.[159] Durch das Mitarbeiterkapitalbeteiligungsgesetz wurde die Arbeitnehmersparzulage zuletzt von 18% auf 20% erhöht. Zugleich stieg die Einkommensgrenze für die Gewährung der Zulage von 17.900 € brutto (bzw. 35.800 € brutto bei Verheirateten) auf 20.000 € brutto (40.000 € brutto) bei Verheirateten. Die begünstigten Anlageformen wurden – mit Ausnahme der Anlage in einem Mitarbeiterbeteiligungsfonds – auf Direktbeteiligungsformen beschränkt.

Wird einem Arbeitnehmer eine Beteiligung am Arbeit gebenden Unternehmen verbilligt überlassen, war vor der Gesetzesänderung der geldwerte Vorteil gemäß § 19a EStG bis zu einem Betrag von 135 € pro Jahr steuer- und abgabenfrei, wenn er die Hälfte des tatsächlichen Beteiligungswertes nicht überstieg. Durch das Mitarbeiterkapitalbeteiligungsgesetz[160] wurde der Höchstbetrag gemäß dem neu geschaffenen § 3 Nr. 39 EStG auf 360 € unter Wegfall der Begrenzung auf

157 Lezius, Mitarbeiterbeteiligung als Motor für Deutschlands Familienunternehmen, in: Wirtschaftsdienst 86 (2), S. 85-88.

158 Tzschentke, S. 116.

159 Stracke/ Martins, S. 34.

160 Die bisherige Förderung des § 19a EStG a.F. wurde – vorbehaltlich einer Bestandsschutzregelung für eine Übergangszeit bis einschließlich 2015 – mit Wirkung zum 01.01.2009 aufgehoben.

die Hälfte des Beteiligungswertes erhöht. Gefördert werden grundsätzlich nur noch qualifizierte Vermögensbeteiligungen an dem Arbeit gebenden Unternehmen bzw. – wie der ausdrückliche Verweis auf § 18 AktG klarstellt – anderer konzernangehöriger Unternehmen. Die im Mitarbeiterkapitalbeteiligungsgesetz zunächst vorgesehene weitere Voraussetzung, dass die Vermögensbeteiligung zusätzlich zum geschuldeten Arbeitslohn „freiwillig" geleistet wird,[161] wurde – wohl aufgrund der vielfachen Kritik an dieser Einschränkung[162] – im Jahr 2010 abgeschafft.[163] Die Umwandlung von variablen Erfolgsbeteiligungen in Kapitalbeteiligungen an dem Arbeit gebenden Unternehmen ist damit nicht mehr förderschädlich.[164] Schließlich muss die Vermögensbeteiligung gemäß § 3 Nr. 39 S. 2 b EStG allen Mitarbeitern des Unternehmens offen stehen, die im Zeitpunkt der Bekanntgabe des Angebotes ein Jahr oder länger ununterbrochen in einem gegenwärtigen Dienstverhältnis zum Unternehmen stehen.

Schließlich sollten Kapitalanlagen von Arbeitnehmern gerade in kleinen und mittleren Unternehmen durch die Schaffung überbetrieblicher Mitarbeiterbeteiligungsfonds nach Maßgabe der §§ 90e ff. InvG erleichtert werden. Die Mitarbeiterbeteiligungsfonds sind die einzige überbetriebliche Vermögensbeteiligung, die gemäß §§ 2 I Nr. 1 VermBG, 3 Nr. 39 EStG gefördert wird. Die steuerliche Förderung sonstiger indirekter Vermögensbeteiligungen wurde gestrichen. Bei den Mitarbeiterbeteiligungsfonds handelt es sich allerdings nicht um eine Form der Kapitalbeteiligung nach der hier vertretenen Definition.[165]

Die Fonds dürfen unverbriefte Darlehensforderungen (50%), nicht börsennotierte Unternehmensbeteiligungen und Wertpapiere (25%) sowie Vermögensgegenstände und Liquidität (25%) erwerben. 60% des Investmentvermögens müssen in Unternehmen reinvestiert werden, die ihren Mitarbeitern Vermögensbeteiligungen nach § 3 Nr. 39 EStG freiwillig anbieten, wobei die Anlage in einem solchen Unternehmen maximal 20% des Vermögens ausmachen darf.

2. Bewertung der derzeitigen Förderung

Kennzeichen der beschriebenen Fördermaßnahmen ist deren einseitige Fokussierung auf die Mitarbeiterkapitalbeteiligung. Zu einer größeren Verbreitung der Erfolgsbeteiligung kann die Förderung daher von vornherein nicht beitragen.

161 Breinersdorfer, DStR 2009, 453, 455.

162 Thüsing, BB 2009 Beilage Nr. 1, S. 6f.

163 Gesetz vom 08.04.2010, BGBl. 2010 I, S. 286.

164 Stockum/Bender, BB 2009, 1948, 1950; Kutsch/Kersting, BB 2011, 373.

165 Vgl. B I 1 b.

Kapitalanlagen im Arbeit gebenden Unternehmen sind für die Arbeitnehmer mit gewissen Risiken verbunden. Eine Bewertung der staatlichen Fördermaßnahmen erfordert daher zunächst eine kritische Betrachtung der Kapitalbeteiligung im Allgemeinen.

a. Nachteile der Kapitalbeteiligung im Allgemeinen

Vorbehalte der Arbeitgeber gegen eine Kapitalbeteiligung ihrer Arbeitnehmer werden gelegentlich mit der befürchteten Einflussnahme der Arbeitnehmer auf die Geschäftspolitik durch die Ausübung der mit einer Kapitalbeteiligung einhergehenden Informations- und Mitentscheidungsrechte begründet.[166] Allerdings muss der Arbeitnehmer nicht unmittelbar am Arbeit gebenden Unternehmen beteiligt werden. Die Kapitalbeteiligung kann auch in Gestalt einer obligatorischen bzw. wertpapierrechtlichen Beteiligung erfolgen, wodurch sich die immateriellen Rechte der beteiligten Arbeitnehmer gering halten lassen. So ist die verbreiteteste Form der Kapitalbeteiligung die Belegschaftsaktie. Ungefähr 1,7 Millionen Arbeitnehmer in 713 Unternehmen hielten im Jahr 2010 Belegschaftsaktien.[167] Auch indirekte Beteiligungen durch Beteiligungsgesellschaften sind denkbar.[168]

Auch der bürokratische Aufwand einer Kapitalbeteiligung lässt sich – je nach der Beteiligungsform – begrenzen, so dass Kapitalbeteiligungsprogramme auch in kleineren und mittelständischen Unternehmen realisierbar sind. Direkte Kapitalbeteiligungen bieten sich insbesondere in Aktiengesellschaften (AG, SE) an. Andere Beteiligungsformen, insbesondere Fremdkapitalbeteiligungen, wie z.B. Mitarbeiterdarlehen, lassen sich aber rechtsformunabhängig und mit überschaubarem Aufwand einführen.

Die von den Arbeitgebern angestrebte Motivations- und Leistungssteigerung ihrer Belegschaften[169] dürfte sich allerdings durch Fremdkapitalbeteiligungen bzw. Mezzanine schwieriger erreichen lassen. Zwar wird eigenes Kapital der Mitarbeiter im Unternehmen gebunden. Abgesehen von dem Insolvenzrisiko trägt der beteiligte Arbeitnehmer jedoch kein Kapitalverlustrisiko. Somit ist die Beteiligung nicht unmittelbar mit der wirtschaftlichen Situation des Unternehmens verbunden.[170] Mitsprache- und Mitentscheidungsrechte sind darüber hinaus ausgeschlossen.

---

166 Tofaute, Rückenwind für die Mitarbeiterbeteiligung durch die Tarifpartner, Wirtschaftsdient, 86 (2), 79-84.

167 Info-Leitfaden zum Mitarbeiterkapitalbeteiligungsgesetz des BDA, S. 2.

168 Vgl. A.

169 Vgl. A.

170 Steinle, Die Beteiligung der Mitarbeiter am Arbeit gebenden Unternehmen, S. 34ff.

Eine Motivationssteigerung und betriebswirtschaftliches Denken lassen sich auch kaum durch überbetriebliche Kapitalbeteiligungsmodelle erreichen. Überbetriebliche Beteiligung kann, soweit es sich überhaupt um einen Fall der Arbeitnehmerkapitalbeteiligung handelt, die Identifikation mit dem Arbeit gebenden Unternehmen nicht nennenswert steigern.

Gegen eine größere Verbreitung der Arbeitnehmerkapitalbeteiligung wird vor allem angeführt, dass die Arbeitnehmer durch Anlagen in dem Arbeit gebenden Unternehmen das „doppelte Insolvenzrisiko“[171] trügen.[172] Im Insolvenzfall drohe nicht nur der Arbeitsplatzverlust; auch das investierte Kapital sei an das Unternehmen gebunden. Auch wenn eine betriebsbedingte Beendigung des Arbeitsverhältnisses regelmäßig nicht mit dem Kapitalverlust durch eine Unternehmensinsolvenz einhergehen dürfte,[173] erhöht sich durch eine Konzentration der Kapitalanlage in dem Arbeit gebenden Unternehmen das Ausfallrisiko beträchtlich. Dieses Argument gegen eine größere Verbreitung der Kapitalbeteiligung lässt sich auch nicht mit der pauschalen Behauptung entkräften, dass das Insolvenzrisiko von Unternehmen, an deren Kapital die Arbeitnehmer beteiligt sind, geringer ist.[174]

Die Gewerkschaften stehen einer größeren Verbreitung der Arbeitnehmerkapitalbeteiligung skeptisch gegenüber. Unter Verweis auf die Notwendigkeit einer möglichst breiten Risikostreuung fordern sie stattdessen überbetriebliche Fondslösungen.[175] Ihre Präferenz für überbetriebliche Kapitalanlagen dürfte allerdings auch darauf zurückführen sein, dass sich die Gewerkschaften von der Bündelung des Arbeitnehmerkapitals in Beteiligungsgesellschaften größeren Einfluss auf die Geschäftspolitik der Unternehmen versprechen.

Der Vorteil der Arbeitnehmerkapitalbeteiligung gegenüber überbetrieblichen Lösungen besteht allerdings in den – gegenüber dem Verkehrswert der Beteiligung – häufig vergünstigt überlassenen Anteilen oder Gratisaktien, die einen Vermögensaufbau erleichtern. Oftmals werden kostenlose Optionen, insbesondere Aktienoptionen, gewährt, um den Mitarbeitern später einen gegenüber dem Marktpreis vergünstigten Aktienerwerb zum Basispreis zu ermöglichen.[176]

Die Forderung nach überbetrieblichen Fondslösungen zur Risikostreuung ist nicht zwingend. Auch durch Erfolgsbeteiligungsmodelle werden Arbeitnehmer,

---

171 Roggemann, ZRP 2011, 49, 50.

172 Tzschentke, S. 49.

173 Tzschentke, S. 49.

174 Wagner, Rechtliche Fragen des Investivlohns, BB Beilage 1998 Nr. 11, S. 3.

175 Stracke/ Martins, S. 119; Tzschentke, S. 49.

176 Vgl. Tzschentke, S. 21.

insbesondere bei additiver Gewährung der Erfolgsbeteiligung, in die Lage versetzt, Vermögen durch Kapitalanlagen zu bilden. Da sich bereits mit der Gewährung der Erfolgsbeteiligung die Ziele der Arbeitgeber, die Motivation und Leistung der Mitarbeiter und deren Identifikation mit dem Unternehmen zu steigern, verwirklichen lassen, muss die Kapitalanlage nicht notwendigerweise in dem Arbeit gebenden Unternehmen erfolgen. Die Nutzung der Kapitalbeteiligung erscheint insbesondere für die Altersvorsorge als sehr riskant. Im Gegensatz zu Versorgungszusagen der betrieblichen Altersversorgung sind Arbeitnehmerkapitalbeteiligungen nicht nach Maßgabe des § 7 BetrAVG insolvenzgeschützt. Immerhin kann in der Kapitalbeteiligung eine sinnvolle Ergänzung anderer Anlageformen zur Vermögensbildung liegen. Zur Risikostreuung ist die Auflegung spezifischer Mitarbeiterbeteiligungsfonds nicht erforderlich, da die Mitarbeiter – je nach ihrem individuellen Risikoverhalten – auf herkömmliche Fonds zurückgreifen können.

In der Zusammenschau erscheint eine stärkere Verbreitung sowohl der Erfolgsbeteiligung, als auch – trotz der erläuterten Risiken – der Kapitalbeteiligung von Arbeitnehmern sinnvoll.

b. Konkrete Nachteile der Fördermaßnahmen

Die steuerliche Förderung der Arbeitnehmerbeteiligung ist auf gesetzlich definierte Vermögensbeteiligungen begrenzt. Auch durch das Mitarbeiterkapitalbeteiligungsgesetz wurde die seit langem geforderte Verbindung mit dem Betriebsrentenrecht nicht hergestellt und die Förderung nicht vereinheitlicht.[177] Beklagt werden vor allem die hohen Verwaltungskosten bei Inanspruchnahme der Arbeitnehmersparzulage.[178] Zudem gilt das Vermögensbildungsgesetz als so komplex, dass nur wenigen Experten zugetraut wird, ein Beteiligungsmodell zu konzipieren, das alle auftretende Rechtsfragen berücksichtigt.[179] Daher führen die Unternehmen zunehmend Beteiligungsmodelle unabhängig von der staatlichen Förderung ein.[180]

Die letzte Anhebung der Arbeitnehmersparzulage und der Einkommensgrenzen für deren Bewilligung durch das Mitarbeiterkapitalbeteiligungsgesetz fielen bescheiden aus. Seit der vorangehenden Änderung des

177 Recktenwald, BetrAV 2007, 447, 450.

178 Lüdke/Sistermann/Fischer, Unternehmenssteuerrecht, § 13 Rn. 148; Schrinner, Steuerliche Probleme, S. 30.

179 Loritz/Wagner, Zukunftsperspektiven, S. 23.

180 Harrer, Mitarbeiterbeteiligung, S. 10.

Vermögensbildungsgesetzes stellte die Anhebung im Reallohnvergleich keinen Vorteil dar.[181] Auch wenn die Steuerfreibeträge für den verbilligten bzw. unentgeltlichen Erwerb von Unternehmensanteilen erweitert wurden, dürften die einschränkenden Voraussetzungen der steuerlichen Förderung und die Komplexität des Mitarbeiterkapitalbeteiligungsgesetzes auf viele (insbesondere kleine bzw. mittelständische) Unternehmen abschreckend wirken: Zwar verlangt der Gesetzgeber nicht länger, dass die Beteiligung freiwillig und zusätzlich zum bisher geschuldeten Arbeitslohn gewährt wird. Verbindliche Regelungen über die Überlassung der Beteiligung sind nicht mehr förderschädlich. Ebenso schließt die stetige Überlassung von Unternehmensanteilen, die einen Rechtsanspruch auf die Gewährung der Beteiligung entstehen lässt, die Förderung nicht mehr aus.

Allerdings dürfte das Gebot der unbedingten Gleichbehandlung gemäß § 3 Nr. 39 S. 2 lit. b EStG n.F. Arbeitgeber vermutlich von der steuerlich geförderten Arbeitnehmerbeteiligung abhalten.[182] Unbedingte Gleichbehandlung bedeutet nämlich mehr als ein Diskriminierungsverbot, das bereits aus dem allgemeinen arbeitsrechtlichen Gleichbehandlungsgrundsatz folgt.[183] Unbedingte Gleichbehandlung heißt, dass der Arbeitgeber zwischen einzelnen Beschäftigten bzw. Beschäftigtengruppen auch bei Vorliegen sachlicher Gründe nicht differenzieren darf.[184] Dieses „Gießkannenprinzip“[185] verhindert die gezielte Förderung bestimmter Arbeitnehmer bzw. Arbeitnehmergruppen, an deren Betriebstreue die Arbeitgeber ein besonderes Interesse haben. Beispielsweise müssten Beteiligungen, die Anreize für einen Verbleib im Unternehmen schaffen bzw. die Betriebstreue honorieren sollen, auch Arbeitnehmern, deren Arbeitsverhältnisse bereits gekündigt sind, gewährt werden.

Das Gleichbehandlungsgebot birgt für Arbeitgeber erhebliche Risiken: Nach dem Willen des Gesetzgebers hat der – gegebenenfalls unbeabsichtigte – Ausschluss eines Arbeitnehmers von dem Beteiligungsangebot des Arbeitgebers die Versagung der steuerlichen Privilegierung für die gesamte Belegschaft zur Folge.[186]

Darüber hinaus wird auf die Gefahr der steuerlichen Förderung riskanter Kapitalanlagen durch die Mitarbeitersondervermögen hingewiesen.[187] Da das

181 Thüsing, BB Beilage 2009 Nr. 1, S. 6.
182 Thüsing, BB Beilage 2009 Nr. 1, S. 7.
183 BAG 05.03.1980 - 5 AZR 831/78, DB 1980, 1650.
184 Stockum/Bender, BB 2009, 1948, 1950.
185 Thüsing, BB Beilage 2009 Nr. 1, S. 7.
186 Stockum/Bender, BB 2009, 1948, 1954.
187 Schmidt, BB Beilage 2009 Nr. 1, S. 23 ff.

Vermögen allerdings nur zu 20% in ein Unternehmen investiert werden darf, ist das Kapitalverlustrisiko begrenzt. Dagegen dürfte die Renditeerwartung dadurch sinken, dass die Vermögen zu 60% in Unternehmen investieren müssen, die ihrerseits qualifizierte Vermögensbeteiligungen gewähren. Nicht die Gewährung von Vermögensbeteiligungen an die Arbeitnehmer, sondern der Unternehmenserfolg sollte über die Auswahl der Unternehmen entscheiden, in welche die Sondervermögen investieren. Generell dürften die zahlreichen Vorgaben zur Zusammensetzung der Portfolios durch § 90m InvG die Finanzindustrie von der Auflegung von Mitarbeiterbeteiligungsfonds abhalten.

Von Beginn an wurde bezweifelt, dass durch das Mitarbeiterkapitalbeteiligungsgesetz eine nennenswert „verbesserte Teilhabe der Arbeitnehmer“[188] am Unternehmenserfolg erreicht wird. Bei den Gewerkschaften stieß die Reform überwiegend auf Skepsis. Der DGB hielt die „angestrebte Erhöhung der Anzahl der Arbeitnehmerinnen und Arbeitnehmer mit direkten oder indirekten Beteiligungen an ihren Unternehmen von zwei auf drei Millionen“ für „zu gering, um dem selbstgestellten Anspruch eines fairen Anteils am Erfolg der Unternehmen gerecht zu werden“[189]. Auch die Arbeitgeberseite, die sich seit langem für eine stärkere Förderung der Mitarbeiterbeteiligung ausspricht,[190] bescheinigte der Reform eine nur geringe Impulskraft.[191] Daher erstaunt es nicht, dass das Mitarbeiterkapitalbeteiligungsgesetz bislang nicht zu einer größeren Verbreitung der Arbeitnehmerbeteiligung beitragen konnte.[192]

III. Ursachen des geringen Verbreitungsgrades der Arbeitnehmerbeteiligung in Deutschland

Wie bereits festgestellt, sind sowohl die Erfolgs-, als auch die Kapitalbeteiligung in Deutschland im internationalen Vergleich unterdurchschnittlich verbreitet; die Vorteile der Arbeitnehmerbeteiligung werden demzufolge unzureichend genutzt.[193] Um die Ursachen des geringen Verbreitungsgrades der

---

188 Monatsbericht des BMF September 2008, S. 53.

189 Stellungnahme des DGB zum Regierungsentwurf eines Gesetzes zur steuerlichen Förderung der Mitarbeiterkapitalbeteiligung vom 03.11.2008, S. 3.

190 „Mitarbeiterbeteiligung: Fakten und Positionen“, Stellungnahme des BDA vom 04.04.2007.

191 www.arbeitgeber.de

192 IAB-Kurzbericht Nr. 17/2011, S. 3; Kutsch/Kersting, BB 2011, 373; Süddeutsche Zeitung vom 07.01.2010: Mitarbeiterbeteiligung. Nicht mehr als ein Flop.

193 Vgl. A I.

Mitarbeiterbeteiligung in Deutschland verlässlich ermitteln zu können, soll ein Vergleich zu Ländern gezogen werden, in denen die Erfolgs- bzw. Kapitalbeteiligung wesentlich verbreiteter sind.

1. Das „deutsche Modell" im internationalen Vergleich

Im Folgenden werden die jeweilige Verbreitung und die unterschiedlichen Rahmenbedingungen der Mitarbeiterbeteiligung in Frankreich, Großbritannien und den Vereinigten Staaten näher untersucht.

a. Arbeitnehmerbeteiligung in Frankreich

Teilweise wird behauptet, Frankreich sei das „Mutterland des Partizipationsgedankens"[194], da frühzeitig über Mitarbeiterbeteiligung nachgedacht wurde, und Initiativen zur Mitarbeiterkapital- und -erfolgsbeteiligung unternommen wurden. Die lange Tradition der Mitarbeiterbeteiligung spiegelt sich heute in deren im internationalen Vergleich relativ großen Verbreitung wider: Von einer Gewinnbeteiligung profitieren in Frankreich ca. 82%, eine Kapitalbeteiligung erhalten ca. 20% der Arbeitnehmer.[195] Neben der verbreiteten Beteiligung der Belegschaften kommt der Bedeutung von Beteiligungsprogrammen für Führungskräfte noch größere Bedeutung zu: Ca. 91% der Geschäftsführer international tätiger französischer Unternehmen erhielten im Jahre 1998 einen variablen Vergütungsbestandteil; damals lag der Anteil in Deutschland bei lediglich 37%.[196]

Als erster vielversprechender Versuch der Mitarbeiterkapitalbeteiligung gilt die Einführung der sog. „Arbeiteraktie" bzw. „Kleinaktie" am Ende des 19. Jahrhunderts.[197] Durch die Senkung des Nennbetrags auf 25 Francs sollte den Beschäftigten der Aktienkauf erleichtert werden.[198] Diese Maßnahme brachte allerdings – ebenso wenig wie die spätere Einführung der neuen Rechtsform „société à participation ouvrière" (Arbeiterbeteiligungsgesellschaft), an der die Mitarbeiter durch kapitallose Arbeitsaktien beteiligt werden[199] – den erhofften Erfolg.

Dagegen verhalfen der Mitarbeiterbeteiligung die folgenden, auf Betreiben des Präsidenten Charles de Gaulle eingeführten Beteiligungsformen, welche den

194 Tzschentke, S. 122.
195 Monatsbericht des BMF September 2008, S. 51.
196 Frey, Motivation, S. 79.
197 Tzschentke, S. 123.
198 Tzschentke, S. 123.
199 Gesetz vom 26.04.1917 betreffend die Arbeiterbeteiligungsgesellschaft.

nach dem Zweiten Weltkrieg aufgekommenen „Klassenkampf" durch die Verbindung von Kapital und Arbeit (Association capital-travail) entkräften sollten, zum Durchbruch.[200]

Die im Jahre 1959 eingeführte freiwillige, aber genehmigungspflichtige Erfolgsbeteiligung (intéressement)[201] steht allen Unternehmen, auch öffentlichen Unternehmen ohne Gewinnerzielungsabsicht, unabhängig von deren Rechtsform offen. An dem Beteiligungsmodell muss grundsätzlich die gesamte Belegschaft teilhaben können. Nur Mitarbeiter, deren Unternehmenszugehörigkeit die Dauer von 3 Monaten unterschreitet, dürfen von der Teilhabe ausgenommen werden. Die Erfolgsbeteiligung wird in einem kollektiven Beteiligungsvertrag mit dem Betriebsrat bzw. den betrieblichen Gewerkschaftsvertretern abgeschlossen. Alternativ müssen 2/3 der Belegschaftsmitglieder zustimmen. Die Erfolgsbeteiligung bemisst sich anhand einer Ergebnis-, Leistungs- oder Umsatzgröße und ist auf die Dauer von mindestens 3 Jahren angelegt. Der Gesetzgeber gestattete 1994 die Ausgestaltung des „intéressement" als substitutiven Lohn- bzw. Gehaltsbestandteil, um in wirtschaftlich schwierigen Phasen durch eine automatische Absenkung der Löhne und Gehälter die Beschäftigung zu sichern.[202]

Das „intéressement" wird steuerlich gefördert: Die ausgezahlten Beteiligungen sind u.a. von der Lohnsummensteuer sowie den sonstigen lohn- bzw. gehaltsbezogenen Steuern und Abgaben befreit.[203] Bis zur Hälfte der Beitragsbemessungsgrenze für die Sozialversicherung[204] fällt keine Einkommenssteuer an, wenn die Beteiligungserträge grundsätzlich für mindestens 5 Jahre in einen Unternehmenssparplan investiert werden.[205]

Seit 1967 sind alle Unternehmen mit mehr als 100 Beschäftigten – unabhängig von ihrer Rechtsform – zur Gewährung einer aufgeschobenen Erfolgsbeteiligung („participation") verpflichtet, wenn sie im betreffenden Geschäftsjahr einen bestimmten Mindestgewinn ausweisen.[206] Von der obligatorischen Gewinnbeteiligung profitierten im Jahr 2008 ca. 5,5 Millionen Beschäftigte.[207] Die Ausschüttungen betrugen im Durchschnitt 1.450 € brutto.

---

200 Eichler, Gewinnbeteiligung, S. 68 ff.; Tzschentke, S. 126.

201 Rechtsverordnung Nr. 59-126 vom 07.01.1959, zuletzt geändert durch das Gesetz Nr. 2005-842 vom 26.07.2005.

202 Tzschentke, S. 158.

203 Wickert, Erfolgsbeteiligungssysteme, S. 41.

204 Dies entspricht derzeit 15.534,00 € pro Jahr.

205 Tzschentke, S. 159.

206 Rechtsverordnungen Nr. 67-693 vom 17.08.1967 und Nr. 67-694 vom 17.08.1967.

207 Tzschentke, S.

Im Jahr 1990 wurde die Mindestbeschäftigtenzahl von 100 auf 50 reduziert.[208] Von der verpflichtenden Erfolgsbeteiligung befreit sind nur neu gegründete Unternehmen innerhalb der ersten drei Jahre nach ihrer Gründung. Auch die Einführung der „participation" muss in einem kollektiven Beteiligungsvertrag geregelt werden. Wird innerhalb eines Jahres kein Beteiligungsvertrag geschlossen, muss die Beteiligung entsprechend den gesetzlichen Mindeststandards gewährt werden.

Das der Beteiligung zugrundeliegende Arbeitseinkommen darf maximal das Vierfache der Beitragsbemessungsgrenze betragen.[209] Im Gegensatz zu dem freiwilligen „intéressement" ist der Unternehmensgewinn nach Steuern und Abgaben als Erfolgsindikator vorgeschrieben. Die Beteiligungserträge dürfen nicht ausgezahlt werden, sondern werden entweder betrieblich oder überbetrieblich reinvestiert, wobei auch eine Umwandlung in Belegschaftsaktien möglich ist. Die Beteiligungserträge, die den Mitarbeitern zugewiesen werden, vermindern den steuerpflichtigen Unternehmensgewinn und sind grundsätzlich auch für die Arbeitnehmer von Steuern und Sozialabgaben befreit.[210]

Darüber hinaus wird das Lohnsparen („épargne salariale") seit 1967 steuerlich gefördert.[211] Ende 2003 nahmen ca. 8 Millionen Arbeitnehmer am Lohnsparen teil.[212] Als „Lohnsparen" wird ein der betrieblichen Vermögensbildung ähnliches „kollektives innerbetriebliches Sparsystem"[213] bezeichnet, in dem das Arbeit gebende Unternehmen das Arbeitnehmerkapital gewinnbringend anlegt. Förderungsfähig sind zunächst die von einzelnen Unternehmen aufgestellten Sparpläne mit einer Mindestlaufzeit von fünf Jahren („Plan d'Épargne Entreprise – PEE"). Zur Senkung der Verwaltungskosten können kleine und mittelständische Unternehmen (KMU) gemeinsame Sparpläne auflegen („Plan d'Épargne Interentreprises – PEI"). Schließlich werden Unternehmenssparpläne zur Altersvorsorge, in welchen die eingezahlten Beiträge bis zur Pensionierung der Mitarbeiter gesperrt sind, gefördert (Plan d'Épargne pour la Retraite Collectif – PERCO), wobei auch diese Sparpläne von mehreren KMU gemeinsam angeboten werden können. Soweit die Arbeitnehmer die Beiträge aufbringen, können auch Erträge aus Erfolgsbeteiligungen, d.h. dem „intéressement" sowie der „participation", verwendet werden. Dadurch wurde – anders als in

---

208 Gesetz Nr. 90-1002 vom 07.11.1990.

209 Dies entspricht derzeit 124.272,00 € pro Jahr.

210 La Revue Fiduciaire Nr. 833, 11/1996, S. 71ff.; Lefebvre, Memento Fiscal, S. 1221.

211 Tzschentke, S. 128.

212 Tzschentke, S. 177 m.w.N.

213 Tzschentke, S. 171.

Deutschland – die Mitarbeitererfolgsbeteiligung mit der betrieblichen Altersversorgung verknüpft.

Im Jahre 2001 wurde versucht, die Beteiligung der Mitarbeiter an den nicht auf Aktienbasis verfassten Unternehmen zu erleichtern.[214]

Weniger weitreichend als die staatlichen Maßnahmen zur Erfolgsbeteiligung sind die Maßnahmen zur Kapitalbeteiligung der Arbeitnehmer. Unter dem Begriff „actionnariat salarié" sind die Anlageformen zusammengefasst, denen kollektive Angebote der Unternehmen an ihre Mitarbeiter zum Erwerb von Unternehmensanteilen zugrunde liegen. Seit dem Jahr 1973 wird die Kapitalbeteiligung steuerlich gefördert.[215] In den 1980er Jahren forcierte der Staat die Arbeitnehmerkapitalbeteiligung. Bestimmte Unternehmen wurden verpflichtet, Gratisaktien an ihre Mitarbeiter auszugeben, wobei der Staat für 2/3 des Nennwertes aufkam.[216] Belegschafts- und Management-Buy-Outs wurden erleichtert,[217] und die finanziellen Anreize wurden erhöht.[218] Bei Privatisierungen sind 5% der Aktien durch Vorkaufsrechte für die Belegschaft reserviert, wobei die Arbeitnehmer die Aktien um bis zu 20% unter dem Börsenpreis erwerben können.[219] Der Gesetzgeber befreite darüber hinaus die verbilligte Abgabe von Mitarbeiteraktien, soweit diese in Vermögensbildungspläne eingebracht werden, teilweise von Steuern und Abgaben.[220]

Gefördert wird der Erwerb von Beteiligungen an Aktiengesellschaften und Kommanditgesellschaften auf Aktien, die in den vergangenen drei Jahren Dividenden ausgeschüttet haben. Anreize zum Erwerb der Unternehmensanteile sollen damit auf Unternehmen beschränkt sein, die sich nicht in wirtschaftlichen Schwierigkeiten befinden. Die Unternehmen können alle Aufwendungen im Zusammenhang mit dem Beteiligungsprogramm als Betriebsausgaben geltend machen. Soweit die Arbeitnehmer die Unternehmensanteile durch Entgeltumwandlung erwerben, reduziert sich ihr steuerpflichtiges Gehalt entsprechend – allerdings nur bis maximal 1000 € pro Jahr.[221]

---

214 Gesetz Nr. 2001-152 vom 19.02.2001.

215 Gesetz Nr. 73-1196 vom 27.12.1973. Die Rahmenbedingungen für Arbeitgeber und Arbeitnehmer wurden durch das Gesetz Nr. 2004-1484 vom 30.12.2004 wesentlich verbessert. Seither wird auch die Ausgabe von Gratisaktien gefördert.

216 Gesetz Nr. 80-834 vom 24.10.1980; Dekret Nr. 80-935 vom 26.11.1980.

217 Gesetz Nr. 84-578 vom 09.07.1984.

218 Rechtsverordnung Nr. 86-1134 vom 21.10.1986. Mittlerweile ist die finanzielle Förderung der Managment- und Belegschafts-Buy Outs allerdings ausgelaufen (Tzschentke, S. 133).

219 PEPPER IV-Report, S. 119.

220 Vgl. Körner, BB Beilage 2009 Nr. 1, S. 8, 9.

221 Tzschentke, S. 183.

Darüber hinaus können Kapitalgesellschaften im Rahmen förderfähiger Aktienoptionspläne ihren Arbeitnehmern bzw. einzelnen Mitarbeitergruppen Gesellschaftsanteile überlassen. Die Optionen sind für die Unternehmen von der Lohnsummensteuer befreit. Auch Arbeitnehmern werden Steuervorteile gewährt: Zwar sind Vorteile aus der Optionsbegebung, wie z.B. die kostenlose Optionszuteilung, als Arbeitslohn zu qualifizieren und daher steuer- und sozialversicherungspflichtig; Vorteile aus der Optionsausübung, d.h. die Differenz zwischen Marktwert und Basispreis, sind allerdings unter gewissen Voraussetzungen teilweise von Steuern und Sozialabgaben befreit. Auch Veräußerungsgewinne sind bis zu einem Betrag von 15.000 € steuerfrei.[222]

Im Übrigen wird die Kapitalbeteiligung der Arbeitnehmer durch die Anreize zu den betrieblichen Erfolgsbeteiligungsprogrammen indirekt gefördert, soweit die erworbenen Mittel in Unternehmensanteile der Arbeit gebenden Unternehmen reinvestiert werden.[223]

Im Juli 2011 unternahm die Regierung Fillon die bislang letzte Initiative zur Ausweitung der Erfolgsbeteiligung der Mitarbeiter.[224] Eine neue, in Unternehmen mit mindestens 50 Beschäftigten verpflichtende Erfolgsbeteiligung („prime-dividendes") wurde eingeführt, die auf ca. 4 Millionen Arbeitsverhältnisse Anwendung findet. Unternehmen, die in den vergangenen beiden Jahren höhere Dividenden als im jeweiligen Vorjahr ausgeschüttet haben, müssen den Arbeitnehmern eine Prämie zahlen, die nach Regierungsangaben im ersten Jahr nach Inkrafttreten des Gesetzes durchschnittlich 700 € betragen sollte. Ob dieser Betrag tatsächlich erreicht wurde, steht noch nicht fest.

Höhe und Auszahlungsmodalitäten müssen zwischen Arbeitgebern und Arbeitnehmervertretern grundsätzlich ausgehandelt werden. Kommt keine Einigung zustande, setzen die Arbeitgeber die Beteiligungshöhe allerdings einseitig fest, wobei eine Mindestbeteiligung nicht vorgeschrieben ist. Bis zu einem Höchstbetrag von 1.200 € sind die „Prämien" von den meisten Sozialabgaben befreit.

Sowohl der Arbeitgeberverband MEDEF, als auch die großen Gewerkschaften CGT, CFDT und FO lehnten die Einführung der „prime-dividendes" ab.[225] Während die Arbeitgeber die zusätzlichen Personalkosten kritisierten und von einer erschwerten Refinanzierung insbesondere von mittelständischen Unternehmen

222 Tzschentke, S. 178ff.

223 Tzschentke, S. 178ff.

224 Gesetz Nr. 1011-894 vom 28.07.2011.

225 http://www.lexpress.fr/actualites/2/actualite/medef-et-syndicats-critiques-au-sujet-de-la-prime-dividendes_982818.html.

an den Kapitalmärkten ausgingen, befürchteten die Gewerkschaften, dass die Einführung der Gewinnbeteiligung aufgrund der gestiegenen Personalkosten nicht ohne Auswirkung auf die kommenden Tarifrunden bliebe.

Die Geeignetheit der „prime-dividendes" zur Gewährleistung größerer Verteilungsgerechtigkeit und einer Stärkung der Kaufkraft erscheint – entgegen den Verlautbarungen der damaligen Regierung – bereits aufgrund der Befugnis der Arbeitgeber, die Beteiligung nach einem Scheitern der Verhandlungen mit den Arbeitnehmern einseitig festzusetzen, fragwürdig.

Das Gesetz sieht die Einführung der „prime-dividendes" in allen Unternehmen vor, die in den letzten Jahren steigende Dividenden an die Eigentümer ausgeschüttet haben, und trat rückwirkend zum 01.01.2011 in Kraft. Bei den Ausschüttungen der letzten Jahre konnten die Arbeitgeber daher noch nicht berücksichtigen, dass zusätzlich zu diesen Dividendenausschüttungen Beteiligungen an die Arbeitnehmer zu zahlen wären. Hätten sie um die Einführung der „prime-dividendes" gewusst, hätten sie die Dividenden möglicherweise niedriger bemessen. Daher dürfte die Bereitschaft zur Gewährung höherer Beteiligungen zunächst noch gering sein.

Durch zusätzliche Ausschüttungen an die Arbeitnehmer steigen jedoch die Arbeitskosten, was vor dem Hintergrund der hohen strukturellen Erwerbslosigkeit in Frankreich[226] kritikwürdig erscheint. Im Übrigen bestand für die Einführung einer weiteren Beteiligungsform neben der verpflichtenden Erfolgsbeteiligung kein Bedarf.

Zusammenfassend ist festzustellen, dass der obligatorische Charakter der „participation" in Frankreich die wohl wichtigste Ursache für die im Vergleich zu Deutschland weitaus größeren Verbreitung der Arbeitnehmerbeteiligung in Frankreich ist. Erleichtert wurde die flächendeckende Einführung der Arbeitnehmerbeteiligung durch das dezentrale Tarifvertragssystem. Tarifverhandlungen werden in der Regel von den 1968 eingeführten Gewerkschaftsvertretungen unmittelbar mit den Arbeitgebern, d.h. innerhalb der Unternehmen geführt.[227] Die Arbeitgeber können daher – anders als üblicherweise in dem deutschen Flächentarifvertragssystem – die Beteiligungsprogramme entsprechend der jeweiligen Situation ihrer Unternehmen selbst in Tarifverträgen regeln.

226 Im März 2013 betrug die Erwerbslosenzahl 3,224 Millionen; Zahlen nach France-Info, abrufbar unter: http://www.franceinfo.fr/economie/chomage-la-hausse-va-t-elle-continuer-965697-2013-04-26.

227 Pohl, Mitbestimmung, S. 20.

Die staatliche Förderung der Kapitalbeteiligung dürfte auch mit der im Vergleich zu Deutschland geringeren Mitbestimmung zusammenhängen. Die Befugnisse der betrieblichen Arbeitnehmervertretungen gehen im Wesentlichen nicht über Informations- und Anhörungsrechte hinaus.[228] Die Kapitalbeteiligung soll daher für die Mitarbeiter auch die Funktion erfüllen, eine – wenn auch geringfügige – Mitwirkung an Unternehmensentscheidungen sicherzustellen. Darüber hinaus lässt sich die Kapitalbeteiligung aufgrund der größeren Verbreitung der Kapitalgesellschaftsformen leichter verwirklichen als in Deutschland. Generell wirkt der französische Staat durch die im Vergleich zu Deutschland großzügige finanzielle Förderung der Arbeitnehmerbeteiligung als wichtiger Impulsgeber für deren größere Verbreitung. Durch die Beschränkung der Förderung auf institutionalisierte Beteiligungsformen definiert der Gesetzgeber für die Arbeitnehmerbeteiligung einen engen Rahmen und erhöht dadurch die Wirksamkeit der Fördermaßnahmen.

Die französischen Gewerkschaften haben ihre generell ablehnende Haltung gegenüber der Mitarbeiterbeteiligung mittlerweile aufgegeben. Im Jahr 2002 gründeten sie etwa einen gemeinsamen Ausschuss zur Begutachtung der Beteiligungsformen („comité intersyndical de l'épargne").[229] Durch die aktive Rolle der Gewerkschaften steigt auch die Akzeptanz der Beteiligungsformen bei den Arbeitnehmern.[230]

b. Arbeitnehmerbeteiligung in Großbritannien

In Großbritannien sind die Mitarbeiter überwiegend am Kapital der Arbeit gebenden Unternehmen beteiligt; Erfolgsbeteiligung findet sich dagegen nur vereinzelt. Die staatliche Förderung wurde von den Regierungen Thatcher maßgeblich ausgeweitet.

Das erste heute noch bekannte Erfolgsbeteiligungsmodell wurde im Jahr 1829 eingeführt;[231] die Arbeitnehmer wurden im Jahr 1865 erstmalig am Kapital der Arbeit gebenden Unternehmen beteiligt.[232] Heute ist die Arbeitnehmerkapitalbeteiligung weit verbreitet.

Die steuerliche Förderung der Aktienoptionen verdankten die Arbeitnehmer zunächst nicht den Initiativen der Regierungen, die erst seit 1972 staatliche

228 Tzschentke, S. 138.
229 Informationen unter www.ci-es.fr.
230 Körner, BB 2009 Special Nr. 1, S. 8, 11.
231 Goldschmidt, Gewinnbeteiligung, S. 31.
232 Gilman, Geschäftsgewinn, S. 246ff., 347.

Lenkungsmaßnahmen der Mitarbeiterbeteiligung auf den Weg brachten, sondern der Entwicklung des Gewohnheitsrechts („case law“) Ende der 1960er Jahre.[233] Die heutige steuerliche Förderung der Mitarbeiterbeteiligung ist auf institutionalisierte, teilweise genehmigungspflichtige Beteiligungsformen („employee financial participation schemes approved or registered by the Inland Revenue“) an Kapitalgesellschaften beschränkt.[234]

Im Rahmen des im Jahr 1981 eingeführten Optionsmodells „Savings related Share Option Scheme“, im Volksmund auch unter dem Namen „Safe As You Earn“ (SAYE) bekannt, wird das Lohnsparen staatlich gefördert.[235] In den vergangenen Jahren wurden jeweils ca. 1000 bis 1300 Optionsmodelle genehmigt, an denen pro Jahr zwischen 500.000 und 1.300.000 Arbeitnehmer teilnahmen.[236]

Steuerliche Optionsmodelle müssen allen Mitarbeitern zugänglich sein, sind für die Unternehmen aber freiwillig. Der zertifizierte Sparplan, der eine per Erlass des Finanzministeriums festgelegte Mindestverzinsung beachten muss, wird mit einer Bank oder Bausparkasse für die Dauer von drei, fünf oder sieben Jahren abgeschlossen. Während der Laufzeit werden dem Arbeitnehmer – regelmäßig unentgeltlich – Optionen zugeteilt, die er unter Verwendung des Sparguthabens ausüben kann.[237]

Unternehmen können alle Aufwendungen, die im Zusammenhang mit der Einführung und Durchführung eines Optionsmodells anfallen, als Betriebsausgaben geltend machen, so dass sich die Körperschaftssteuerschuld reduziert.[238]

An vollzeitbeschäftigte Führungskräfte und leitende Angestellte richtet sich das Optionsmodell „Company Share Option Plan“ (CSOP),[239] das auf das 1984 eingeführte „Discretionary Share Option Scheme“ zurückgeht. Dieses Modell sieht vor, dass den Mitarbeitern sukzessive Optionen gewährt werden, deren Basispreis den Marktpreis nur begrenzt unterschreiten darf.[240] Die Unternehmen können die Ausgaben im Zusammenhang mit Einführung und Verwaltung des CSOP als Betriebsausgaben geltend machen; mitunter ist der mit der Optionszuteilung einhergehende geldwerte Vorteil für die Mitarbeiter von Steuern

---

233 Tzschentke, S. 190.
234 Tzschentke, S. 190ff.
235 Tzschentke, S. 233ff.
236 Tzschentke, S. 241.
237 Pett, Share Schemes, S. 13, 50ff.
238 Tzschentke, S. 239.
239 Die Bezeichnung wurde 1995 eingeführt.
240 Tzschentke, S. 244.

und Sozialabgaben befreit.[241] Werden die Optionen zwischen drei und zehn Jahren nach der Optionsgewährung ausgeübt, ist der Ausübungsgewinn nicht steuer- bzw. abgabenpflichtig.[242]

Durch das Beteiligungsmodell „Share Incentive Plan“ (SIP) aus dem Jahr 2000 wird der Aktienerwerb durch die Mitarbeiter gefördert. Der Aktienerwerb muss - vorbehaltlich einer gewissen Mindestzugehörigkeitsdauer - allen Arbeitnehmern offen stehen. Das Unternehmen muss einen Treuhandfonds einrichten, der die Aktien auf Rechnung der Mitarbeiter - gegebenenfalls vergünstigt - erwirbt. Soweit das Unternehmen die Aktien unentgeltlich oder vergünstigt überlassen möchte, muss der Treuhänder eine Dotierung seitens des Unternehmens entgegen nehmen. Die Ausgabe von Gratisaktien ist pro Veranlagungszeitraum auf 3.000 £ beschränkt.[243]

Das Unternehmen kann die Aufwendung im Zusammenhang mit der Ausgabe der Aktien grundsätzlich als Betriebsausgaben bzw. Personalaufwendungen verbuchen.[244] Die Arbeitnehmer müssen im Falle einer unentgeltlichen oder zumindest vergünstigten Überlassung nach fünfjähriger Haltefrist im Treuhandfonds für die erworbenen Aktien weder Steuern, noch Sozialversicherungsbeiträge entrichten. Auch Veräußerungsgewinne müssen dann nicht versteuert werden. Bei Aktien, die unter Verwendung der Kapitalerträge aus Belegschaftsaktien erworben wurden („dividend shares“), beträgt die Mindesthaltefrist nur drei Jahre. Altaktionäre, die ihre Aktien an den Treuhandfonds veräußern, müssen ihren Veräußerungsgewinn dann nicht versteuern, wenn sie die Erlöse in Vermögenswerte investieren, die ihrerseits der Steuer auf Veräußerungsgewinne („Capital Gains Tax“) unterliegen.[245]

Im Jahr 2004/2005 wurden 490 neue Programme genehmigt, durch welche ca. 6.470.000 Mitarbeiter Aktien erwarben.[246]

Schließlich wird die Zuteilung von Aktienoptionen an Führungskräfte kleiner und mittelständischer Unternehmen[247] im Rahmen des Beteiligungsmodells „Enterprise Management Incentive“ (EMI) gefördert. Durch die Kapitalbeteiligung soll die Attraktivität der KMU als Arbeitgeber für hochqualifizierte Mitarbeiter gesteigert werden. Das Optionsvolumen ist

241 Tzschentke, S. 245.
242 Tzschentke, S. 246.
243 Tzschentke, S. 248ff.
244 Tzschentke, S. 256.
245 Tzschentke, S. 256.
246 Tzschentke, S. 261.
247 Die Bilanzsumme der Unternehmen darf 30 Millionen £ nicht überschreiten.

auf 10.000 £ beschränkt. Im Übrigen ist die vertragliche Ausgestaltung des EMI frei.

Unentgeltliche oder vergünstigte Optionen sind zur Zeit ihrer Zuteilung vollständig von Steuern und Sozialabgaben befreit, bei Ausübung – je nach der vertraglichen Ausgestaltung – dagegen nur teilweise.

Wie auch in Frankreich erfüllt die Arbeitnehmerkapitalbeteiligung in Großbritannien neben der Vermögensbildung die Funktion, Arbeitnehmern Mitsprache- und Kontrollrechte in den Unternehmen zu sichern.[248] Da die britische Arbeitsrechtsordnung institutionalisierte Arbeitnehmervertretungen in den Betrieben nicht kennt, sind die Beteiligungsmodelle entweder zwischen den Arbeitsvertragsparteien oder zwischen dem Arbeitgeber und den in den Betrieben vertretenen Gewerkschaften zu verhandeln.

Die Kapitalbeteiligung der Mitarbeiter wird durch die weite Verbreitung der Kapitalgesellschaften erleichtert, deren Anteile grundsätzlich frei handelbar sind. Im Jahre 2005 waren von insgesamt 2.063.685 Unternehmen 1.091.475 in der Rechtsform einer Kapitalgesellschaft („Private Limited Company/Public Limited Company“) verfasst.[249] Zwar betreffen die institutionalisierten Beteiligungsmodelle nur die Beteiligung an Kapitalgesellschaften, auch die Beteiligung an Personengesellschaften wird allerdings durch die liberalen gesellschaftsrechtlichen Vorschriften erleichtert. Für die Kapitalbeteiligung von Führungskräften geeignet sind etwa die Stellung eines „limited partner“ (Kommanditisten) in einer „partnership“ (Kommanditgesellschaft) oder die eines Gesellschafters einer „Private limited Company“ (kleine Aktiengesellschaft). Beide Beteiligungsformen begrenzen die Haftung und bieten hinsichtlich der Übertragbarkeit der Gesellschaftanteile hinreichende Flexibilität.[250]

Ein wesentlicher Nachteil der institutionalisierten Beteiligungsformen besteht allerdings in deren fehlendem Insolvenzschutz. Die beteiligten Arbeitnehmer tragen das Kapitalverlustrisiko.

c. *Arbeitnehmerbeteiligung in den Vereinigten Staaten*

Im Jahr 2006 praktizierten ca. 35 Millionen, d.h. 35% aller in gewinnorientierten Unternehmen („for profit companies“) beschäftigten Arbeitnehmer eine

248 Zum Fehlen einer gesetzlichen Mitbestimmung: Klinkhammer/Welsau, Mitbestimmung, S. 188.

249 Office for National Statistics, UK Business 2005, S. 88ff.

250 Tzschentke, S. 203f.

betriebliche oder überbetriebliche Beteiligungsform – die meisten von ihnen waren am Unternehmenskapital beteiligt.[251]

Die Kapitalanlagen der Arbeitnehmer in den Vereinigten Staaten dienen vor dem Hintergrund der – im Vergleich zu Deutschland – geringen staatlichen Rentenleistungen in erster Linie dem Aufbau einer steuerlich geförderten, privaten Altersvorsorge.[252] Da die Tarifverträge („collective bargaining agreements") in der Regel zwischen einer Gewerkschaft und einem einzelnen Arbeitgeber abgeschlossen werden,[253] lässt sich auch die Kapitalbeteiligung („share based schemes/equity participation") dezentral und mit Rücksicht auf die Situation des jeweiligen Unternehmens regeln. Die Tarifverträge haben innerhalb der Verhandlungseinheiten zudem volle Außenseiterwirkung,[254] so dass alle Arbeitnehmer einer Verhandlungseinheit automatisch Zugang zu dem tarifvertraglich geregelten Beteiligungsprogramm haben.

Nach Schätzungen der OECD sind ungefähr 15% der Arbeitnehmer am Kapital des Arbeit gebenden Unternehmens beteiligt; auch die Erfolgsbeteiligung ist verbreiteter als in Deutschland.[255] Gewinnbeteiligungen, die den Arbeitnehmern umgehend ausgezahlt werden („cash based profit sharing"), sind dagegen selten.[256]

Die Kapitalbeteiligung wird regelmäßig durch einen Treuhandfonds („trust") verwaltet, der die Kapitalanteile des Unternehmens nach den Regeln eines seit 1974 gesetzlich anerkannten[257], auf den Ökonomen Kelso zurückgehenden[258] Sparplans („Employee Stock Ownership Plan" – ESOP) für die Arbeitnehmer erwirbt.[259] Die jährlichen Beitragsleistungen der Arbeitnehmer dürfen höchstens 25% des Bruttojahreslohns bzw. 30.000 $ betragen.

Im Jahr 2007 existierten in den USA ca. 11.000 ESOPs, die für etwa 10 Millionen Arbeitnehmer Unternehmensanteile hielten.[260] Den Unternehmen dienen die Treuhandfonds in erster Linie zur Kapitalbeschaffung; nicht börsennotierte Unternehmen können durch Gründung eines ESOP einen

---

251 Volz, S. 18.
252 Stracke/ Martins, S. 106.
253 Viol, Tarifverträge, S. 99; Wagner, S. 135.
254 Viol, Tarifverträge, S. 99.
255 Stracke/ Martins, S. 106.
256 Stracke/ Martins, S. 106.
257 Employee Retirement Income Security Act von 1974.
258 Wagner, Kapitalbeteiligung für Mitarbeiter und Führungskräften, S. 131f.
259 Lowitzsch, S. 31.
260 Lowitzsch, S. 59.

internen Markt zum Kauf und Verkauf von Unternehmensanteilen schaffen.[261] Der Treuhandfonds wird nämlich normalerweise nicht nur mit Mitteln des Unternehmens finanziert, sondern nimmt Kredite bei Banken auf („leveraged ESOP"), denen das Unternehmen Sicherheiten stellt. Die Erträge aus der Kapitalbeteiligung der Arbeitnehmer werden regelmäßig zur Darlehenstilgung verwendet.

ESOPs werden steuerlich gefördert. Kapitalgesellschaften („c-corporations") müssen z.B. die zur Tilgung der Darlehensschuld durch den Fonds verwendeten Dividenden gemäß § 404 (k) des Steuergesetzbuchs nicht versteuern. Darüber hinaus sind Eigentümer von Kapitalgesellschaften gemäß § 1042 des Steuergesetzbuchs berechtigt, beim Verkauf von mindestens 30% ihrer Anteile an einen ESOP die Veräußerungsgewinne nachgelagert zu besteuern („tax free rollover"). Für Kapitalgesellschaften, die steuerlich als Personengesellschaften behandelt werden („s-corporations") sieht § 1361 des Steuergesetzbuchs vor, dass der Teil der Gewinne, der auf die von dem Treuhandfonds gehaltenen Anteile entfällt, von der Steuer auf Gewinne ohne Bezug zum Kerngeschäft („unrelated business income tax") befreit ist. Diese Steuer wird in der Regel auf Einkünfte eines steuerbegünstigten arbeitgeberfinanzierten Altersvorsorgeplans (qualified employee plan) erhoben.[262]

Unabhängig von diesen steuerlichen Anreizen kann die Einrichtung eines ESOP eine attraktive Alternative zum Verkauf des Unternehmens an Private Equity Funds bzw. strategische Investoren darstellen, da der Alteigentümer nicht zwingend die Kontrolle über das Unternehmen verliert.[263] Im Gegensatz zu ESOPs streben Private Equity Funds in der Regel bereits beim Transaktionsabschluss die Kontrolle über das Unternehmen an, um kurzfristig Restrukturierungen durchführen und ihre Investitionen amortisieren zu können.[264] Dagegen investieren die Mitarbeiter in der Regel langfristig in die Arbeit gebenden Unternehmen.

Neben ESOPs werden Aktienoptionen („stock options") mit drei-bis fünfjährigen Sperrfristen gefördert, denen in der Regel der Marktpreis zur Zeit des Angebotes zugrunde liegt.[265]

Viele Arbeitnehmer beteiligen sich darüber hinaus im Rahmen der sogenannten 401(k)-Pläne an überbetrieblichen Investmentfonds, die von den

---

261 Lowitzsch, S. 33.
262 Lowitzsch, S. 58.
263 Lowitzsch, S. 49, 51.
264 Lowitzsch, S. 51.
265 Volz, S. 18.

Unternehmen aufgelegt und verwaltet werden. Die eingezahlten Mittel dürfen 15% des zu versteuernden Einkommens des jeweiligen Arbeitnehmers nicht überschreiten.

In den vergangenen Jahren kürzten immer mehr Unternehmen die Leistungen der betrieblichen Altersvorsorge; Rentenpläne oder aufgeschobene Erfolgsbeteiligungspläne werden den Belegschaften mittlerweise nur noch selten angeboten.[266] 401 (k)-Pläne und ESOPs sind dagegen häufiger anzutreffen.[267]

2. Einflüsse auf die Verbreitung der Arbeitnehmerbeteiligung in Deutschland

Arbeitnehmerbeteiligung ist in Deutschland im internationalen Vergleich unterdurchschnittlich verbreitet. Die heutige Verbreitung der Kapitalbeteiligung geht im Wesentlichen nicht auf die steuerliche Förderung, sondern auf Initiativen der Wirtschaft zurück. Seit Anfang der 1990er Jahre boten die deutschen Aktiengesellschaften ihren Mitarbeitern in zunehmendem Maße Stock Options an.[268] Die Teilnahme an Aktienoptionspläne stand nicht mehr nur Führungskräften börsennotierter Aktiengesellschaften offen.[269]

Zunächst zeigt der Vergleich mit den Vereinigten Staaten, dass Arbeitnehmerkapitalbeteiligung in Deutschland nicht hauptsächlich der privaten Altersvorsorge dient. Zwar wird die gesetzliche Rentenversicherung langfristig nicht mehr zur Erhaltung des Lebensstandards im Alter ausreichen, sondern nur noch die Funktion einer Grundsicherung erfüllen können. Als kapitalgedeckte Ergänzung dient aber in erster Linie nicht die unmittelbare Beteiligung am Kapital des Arbeit gebenden Unternehmens, sondern die betriebliche Altersvorsorge i.S.d. Betriebsrentengesetzes. Investiert wird vor allem in über- bzw. außerbetriebliche Anlagen. Die Unternehmen sparen durch Pensionsrückstellungen die notwendigen Altersversorgungsleistungen an. Die Pensionsrückstellungen dienen den Unternehmen – wie auch in Ländern mit einer größeren Verbreitung der Arbeitnehmerbeteiligung – als Finanzierungsinstrument, sind aber nicht kapitalmarktorientiert.[270]

Seit Einführung der Entgeltumwandlung ist die Verbreitung betrieblicher Altersvorsorge in Deutschland kontinuierlich gestiegen. Im Jahr 2006 verfügten

---

266 Lowitzsch, S. 60.

267 Lowitzsch, S. 60; Volz, S. 18.

268 Lutter, ZIP 1997, S. 1ff.; Wenger/Knoll, BfUP 1999, 565ff.

269 Tzschentke, S. 84.

270 Tzschentke, S. 275.

bereits 65 Prozent der sozialversicherungspflichtig Beschäftigten (ca. 17 Millionen) über eine Betriebsrentenanwartschaft.[271] Darüber hinaus wächst die Bedeutung der privaten Altersvorsorge i.S.d. Altersvermögensgesetzes („Riester-Rente"). Die Anzahl der abgeschlossenen Verträge stieg auf ca. 15,36 Millionen im Jahre 2012,[272] obwohl die Zulagenförderung begrenzt ist: Der steuermindernde Sonderausgabenabzug gemäß § 10a EStG beträgt grundsätzlich maximal 4% des Erwerbseinkommens bzw. 2.100 € pro Jahr.

Aufgrund des hohen Kapitalverlustrisikos erscheint – jedenfalls aus deutscher Sicht – die Kapitalbeteiligung zur Altersvorsorge ungeeignet. Umgekehrt lässt sich allerdings durch überbetriebliche Anlagen keine der Kapitalbeteiligung vergleichbare Leistungssteigerung und langfristige Bindung der Arbeitnehmer an die Unternehmen erreichen.

Eine wesentliche Ursache der vergleichsweise geringen Verbreitung ist – aus arbeitsrechtlicher Sicht – der niedrige Stellenwert der Mitarbeiterbeteiligung in den Tarifverträgen – sowohl in Form einer Erfolgsbeteiligung, als auch in Form einer Kapitalbeteiligung.[273] Obwohl es den Gewerkschaften zunehmend Schwierigkeiten bereitet, bundesweit einheitliche Lohnforderungen zu stellen,[274] und eine erfolgsbezogene Entgeltflexibilisierung die Möglichkeit einer Anpassung der Tarifabschlüsse an die jeweilige wirtschaftliche Situation der Unternehmen böte, lehnen insbesondere die Gewerkschaften eine Flexibilisierung des Arbeitsentgeltes überwiegend ab.[275]

Das Tarifrecht wird teilweise als für Erfolgsbeteiligungen „zu starr" und für Kapitalbeteiligungen „zu problematisch" empfunden.[276] In Arbeitsrechtsordnungen, in denen die Lohnfindung dezentral, d.h. auf Unternehmens- oder Betriebsebene stattfindet, lassen sich durch direkte Verhandlungen mit den Arbeitgebern leichter Beteiligungsmodelle einführen. Die Gestaltung der Arbeitnehmerbeteiligung muss nämlich den wirtschaftlichen Rahmenbedingungen des jeweiligen Unternehmens Rechnung tragen.[277]

---

271 Bundesministerium für Arbeit und Soziales, zitiert nach: BDA, Entgeltumwandlung für betriebliche Altersvorsorge: Beitragsfreiheit erhalten, Doppelbelastung verhindern, S. 5.

272 http://de.wikipedia.org/wiki/Riesterrente.

273 Roggemann, ZRP 2011, 49, 51; Wagner, Kapitalbeteiligung von Mitarbeitern und Führungskräften, S. 138.

274 Vgl. A.

275 Tzschentke, S. 90.

276 Tzschentke, S. 90, 275.

277 Werner, Probleme, S. 35f.

Angesichts einer Tarifbindung von ca. 63% der Arbeitsverhältnisse in den alten[278] bzw. ca. 54% in den neuen[279] Bundesländern im Jahr 2007 spielt das Tarifrecht für die Verbreitung der Mitarbeiterbeteiligung eine maßgebliche Rolle. Im Jahre 2010 waren Flächentarifverträge, welche die wesentlichen Arbeitsbedingungen regeln, schätzungsweise noch für 60% der Arbeitsverhältnisse innerhalb ihres Geltungsbereichs normativ oder aufgrund arbeitsvertraglicher Inbezugnahme maßgebend.[280]

Die meisten Flächentarifverträge enthalten noch immer keine Regelungen zur Mitarbeiterbeteiligung. Nur im Banken- und Versicherungsgewerbe gestatten Tarifverträge regelmäßig flexible Entgeltbestandteile, die sich nach der individuellen Leistung bzw. einer Teamleistung bemessen.[281] Derartige Vergütungsmodelle zählen allerdings nicht zur Erfolgsbeteiligung nach dem dieser Arbeit zugrunde liegenden Verständnis.[282]

Immerhin wird der Unternehmenserfolg zunehmend bei der Bemessung von Jahressonder- und Einmalzahlungen berücksichtigt: In der Metall- und Elektroindustrie gestatteten die Tarifparteien den Betriebspartnern im Jahr 2006 erstmalig die alleinige Regelung einer erfolgsabhängigen Entgeltfrage: Die Betriebsparteien durften die tariflich vereinbarte Einmalzahlung in Höhe von 310 € in Abhängigkeit von der wirtschaftlichen Situation des jeweiligen Betriebs ganz oder teilweise streichen.[283] Dieses Beispiel einer dezentralen Entgeltregelung veranschaulicht die Zurückhaltung bei der Einführung erfolgsbezogener Vergütungskomponenten in Tarifverträgen.[284]

Die Verbreitung der Mitarbeiterkapitalbeteiligung hängt darüber hinaus von der Mitbestimmungsstruktur im jeweiligen Land ab. Durch die im internationalen Vergleich weitreichende gesetzliche Mitbestimmung können die Arbeitnehmer in Deutschland Mitentscheidungs- und Kontrollrechte in den Unternehmen auch ohne eine Beteiligung an deren Kapital ausüben. Ein wesentliches Motiv für die Kapitalbeteiligung in anderen Ländern mit einer weniger stark ausgeprägten Mitbestimmungskultur kommt daher hierzulande nicht zur Geltung.

---

278 http://www.sozialpolitik-aktuell.de/tl_files/sozialpolitik-aktuell/_Politikfelder/Einkommen-Armut/Datensammlung/PDF-Dateien/abbIII6.pdf.

279 http://www.sozialpolitik-aktuell.de/tl_files/sozialpolitik-aktuell/_Politikfelder/Einkommen-Armut/Datensammlung/PDF-Dateien/abbIII7.pdf.

280 Rebhahn, NZA-Beilage 2011, 64, 65.

281 Benrath, Tarifvertragliche Öffnungsklauseln, S. 155ff.

282 Vgl. B I 1a.

283 Wagner, S. 133 m.w.N.

284 Volz, S. 8.

Teilweise wird davon ausgegangen, dass die weite Verbreitung der Personenhandelsgesellschaften die (Eigen-)Kapitalbeteiligung erschwere. Die Beteiligung an Kapitalgesellschaften, insbesondere die Ausgabe von Belegschaftaktien, lasse sich einfacher gestalten und würde den Interessen der Beteiligten besser gerecht.[285] Die historische Entwicklung in Deutschland scheint diese These zu bestätigen. Auch in Deutschland nahm die Kapitalbeteiligung im 19. Jahrhundert nämlich in den in der Regel als Aktiengesellschaften verfassten Unternehmen der Großindustrie ihren Anfang.[286]

Generell muss die Arbeitnehmerkapitalbeteiligung mehrere Voraussetzungen erfüllen:[287] Erstens muss der Arbeitnehmerstatus – soweit nicht die Beteiligung von Führungskräften, wie beispielsweise des Geschäftsführers einer GmbH in Rede steht – erhalten bleiben. Zweitens darf das Unternehmerrisiko nur in begrenztem Umfang auf den Mitarbeiter übergehen. Drittens muss die Kapitalbeteiligung nach einer Beendigung des Beschäftigungsverhältnisses aufgehoben werden können.[288] Das liberale britische Gesellschaftsrecht scheint die Mitarbeiterkapitalbeteiligung zu begünstigen.

In Deutschland nimmt der Staat aufgrund der vergleichsweise geringfügigen Förderung die Funktion des Impulsgebers für eine größere Verbreitung der Arbeitnehmerbeteiligung kaum wahr. Die Begrenzung der staatlichen Zuschüsse auf die Bezieher niedriger Einkommen vermindert die Lenkungswirkung zusätzlich, da in dieser Einkommensgruppe die Vermögensbildung nicht verbreitet sein kann.

Als erhebliche steuerliche Hürde für die Beteiligung an Kapitalgesellschaften wird die partiell wiedereingeführte Doppelbesteuerung der Gewinne durch das Halbeinkünfteverfahren angesehen.[289] Darüber hinaus sinkt aufgrund der steuerlichen Regelung der Mitunternehmerschaft der Anreiz für die Kapitalbeteiligung erheblich: Für Mitarbeiter, die neben ihrem Lohn bzw. Gehalt eine Vergütung als Personengesellschafter (und damit steuerlich als Mitunternehmer i.S.d. § 15 Abs. 1 Satz 1 Ziffer 2 EStG) beziehen[290], steigt die Steuerbelastung erheblich an. Schließlich wird die Eigenkapital- gegenüber der Fremdkapitalbeteiligung durch die Kapitalertragsbesteuerung benachteiligt.[291]

285 Böhmert, Gewinnbeteiligung, S. 18; Gilman, Geschäftsgewinn, S. 269.
286 Böhmert, S. 31ff.; Gilman, 65ff.
287 Tzschentke, S. 284f.
288 Vgl. Arbeitskreis GmbH-Reform, Thesen, S. 71ff.
289 Tzschentke, S. 297.
290 Loritz, RdA 1998, 260.
291 Tzschentke, S. 304ff.

Bislang stellten die Regierungen in Frankreich und Großbritannien parteiübergreifend eine größere Entschlossenheit bei der Förderung der Mitarbeiterbeteiligung unter Beweis.

Der vergleichsweise geringe Verbreitungsgrad der Arbeitnehmerbeteiligung lässt sich nicht ausschließlich auf rechtliche und soziale Besonderheiten in Deutschland zurückführen, sondern ist auch eine Folge verschiedener Unternehmenskulturen. Daher verwundert es nicht, dass unter den in Deutschland ansässigen Betrieben, die in ausländischem Besitz stehen, Mitarbeiterbeteiligung in allen untersuchten Betriebsgrößenklassen verbreiteter als in Unternehmen deutscher bzw. mehrheitlich deutscher Besitzer ist.[292]

Neben den als harte Faktoren zu bezeichnenden gesetzlichen Rahmenbedingungen hängt die Verbreitung der Mitarbeiterbeteiligung auch von soziokulturellen Einflüssen ab. Als weiche Faktoren gelten etwa das Risikobewusstsein der Arbeitnehmer und die Veränderungsbereitschaft der Arbeitgeber.[293] Ursachen für den geringen Verbreitungsgrad der Mitarbeiterbeteiligung in Deutschland werden teilweise in der Risikoaversion vieler Arbeitnehmer[294] sowie dem Strukturkonservatismus vieler – insbesondere kleiner und mittelständischer – Unternehmen[295] gesehen.

Die größere Verbreitung der Arbeitnehmerkapitalbeteiligung im Vergleich zu Deutschland resultiert neben dem Fehlen eines kapitalstarken staatlichen Rentensystems vor allem aus der umfassenderen steuerlichen Förderung der Kapitalbeteiligung. Die Anlageformen sind nicht insolvenzgeschützt. Dass die Kapitalbeteiligung dessen ungeachtet der Altersversorgung dient, ist Ausdruck eines – im Vergleich zu Deutschland – völlig anderen Risikobewusstseins der Arbeitnehmer in den USA.

Ohne eine erhebliche Erhöhung der Personalkosten wird sich eine größere Verbreitung der materiellen Arbeitnehmerbeteiligung in absehbarer Zeit nur durch eine Umwandlung bestehender Vergütungsbestandteile oder zumindest von Tariflohnerhöhungen im Rahmen substitutiver Beteiligungsprogramme realisieren lassen. Obwohl die Mitarbeiterbeteiligung in Deutschland nicht der Altersvorsorge dient, erscheint eine größere Verbreitung sinnvoll.[296]

---

292 IAB Kurzbericht, Ausgabe Nr. 13/06 vom 05.09.2006, S. 1, 2.

293 Tzschentke, S. 395.

294 Tzschentke, S. 54.

295 Schefceyk, Finanzieren, S. 92.

296 Vgl. A.

Die Verhandlungen über die Einführung und Ausgestaltung von Beteiligungsprogrammen müssten in den Betrieben bzw. Unternehmen geführt werden. Angesichts der ablehnenden Haltung der Tarifvertragsparteien müssten die Arbeitsvertrags- bzw. Betriebsparteien auch in Abweichung von Tarifnormen eine Erfolgs- oder Kapitalbeteiligung vereinbaren können.

C. Verfassungsrechtliche Implikationen der betrieblichen Entgeltflexibilisierung und der Arbeitnehmerbeteiligung

Modelle der betrieblichen Entgeltflexibilisierung zur Arbeitnehmerbeteiligung sind innerhalb des bestehenden Tarifvertragssystems grundsätzlich in zwei Konstellationen denkbar: Entweder gestatten tarifvertragliche Öffnungs- bzw. Delegationsklauseln den Betriebs- oder Arbeitsvertragsparteien, Beteiligungsmodelle zu implementieren, oder die Arbeits- bzw. Betriebsparteien weichen ohne eine solche – in der Praxis seltene[297] – Ermächtigung von Tarifnormen ab bzw. treffen Regelungen, soweit Tarifnormen nicht entgegenstehen.

Die Abweichung von Tarifnormen bedeutet eine Durchbrechung der Normativität des Tarifvertrags und setzt gemäß § 4 III 2. Alt. TVG voraus, dass die abweichende Abmachung „eine Änderung der Regelung zugunsten des Arbeitnehmers" enthält. Da eine größere Verbreitung der Arbeitnehmerbeteiligung nur möglich erscheint, wenn die Erfolgsbeteiligung nicht vollständig „on top" (additive Arbeitnehmerbeteiligung), sondern ein Teil des bisherigen Arbeitsentgelts in Abhängigkeit des Unternehmenserfolgs berechnet wird (substitutive Arbeitnehmerbeteiligung), stellt sich die Frage, ob in tarifgebundenen Arbeitsverhältnissen die Substitution eines feststehenden durch einen variablen Entgeltbestandteil überhaupt günstiger sein kann. Begründet die Chance auf eine übertarifliche Entlohnung die Günstigkeit einer arbeitsvertraglichen Regelung, wenn nur ein untertarifliches Mindestentgelt garantiert wird? Durch ein solches Günstigkeitsverständnis könnte in unzulässiger Weise in die Normsetzungsbefugnis der Tarifparteien eingegriffen werden. Inwieweit die Normsetzungsbefugnis verfassungsrechtlich gewährleistet wird, bedarf daher einer näheren Untersuchung.

Da die Auslegung des Günstigkeitsprinzips von seinen verfassungsrechtlichen Grundlagen abhängt, wird weiterhin untersucht, ob und inwieweit das Günstigkeitsprinzip verfassungsrechtlich gewährleistet ist.

Darüber hinaus stellt sich die Frage, ob und inwieweit den Betriebsparteien gestattet werden kann, ohne tarifvertragliche Ermächtigung betriebliche Arbeitnehmerbeteiligungsmodelle zu regeln. Bedeutet eine umfassende betriebliche Regelung eine Verletzung der Tarifautonomie?

---

297 Vgl. B III 2.

Hinsichtlich all dieser Fragen weist die Untersuchung eine erhebliche Nähe zu der „rechtspolitisch derzeit nicht aktuellen Debatte“[298] über die verfassungsrechtliche Zulässigkeit betrieblicher Bündnisse für Arbeit auf.[299] Daher sollen an der jeweiligen Stelle auch Parallelen gezogen werden.

Für den Fall, dass die Tarifvertragsparteien zukünftig in größerem Umfang Entgeltbestandteile erfolgsabhängig flexibilisieren wollen, stellt sich schließlich die Frage, ob die Unternehmen zur Einführung derartiger variabler Vergütungsformen gezwungen werden dürfen. Die verfassungsrechtliche Untersuchung betrifft daher auch die Frage, wie weit die Regelungsbefugnis der Tarifvertragsparteien hinsichtlich der Arbeitnehmerbeteiligung reicht.

I. Die Normsetzungsbefugnis der Tarifvertragsparteien

Eine Verletzung der Garantie der koalitionsmäßigen Betätigung durch substitutive Arbeitnehmerbeteiligung auf Unternehmens- bzw. Betriebsebene kommt nur dann in Betracht, wenn die unmittelbare und zwingende Geltung von Tarifverträgen von Artikel 9 III 1 GG geschützt wird. Die verfassungsrechtlichen Grundlagen der Tarifautonomie sowie der tariflichen Regelbarkeit der Arbeitnehmerbeteiligung bedürfen daher einer näheren Untersuchung.

1. Die Normativität des Tarifvertrags

a. Die Koalitionsfreiheit als Doppelgrundrecht

Die Koalitionsfreiheit garantiert zunächst das Recht des Einzelnen, sich mit anderen zu einer Koalition zusammenzuschließen, einer bestehenden Koalition beizutreten und – in ihrer negativen Ausprägung – aus ihr auszutreten bzw. ihr fernzubleiben.[300] Artikel 9 III 1 GG begründet damit die Freiheit des Zusammenschlusses mit Anderen und die Freiheit der gemeinsamen Verfolgung der Ziele dieses Zusammenschlusses.[301]

---

298 Dieterich, in: Preis, ErfKomm, Artikel 9 GG Rn. 63.

299 Vgl. Burkiczak, Grundgesetz und Deregulierung des Tarifvertragsrechts; Drohsel, Vereinbarkeit gesetzlicher Öffnungsklauseln mit der Koalitionsfreiheit; Wagner, Betriebliche Bündnisse für Arbeit – Retter der Tarifautonomie?

300 BVerfG 01.03.1979 – 1 BvR 532/77, BVerfGE 50, 290, 367; 15.07.1980 – 1 BvR 24, 74, BVerfGE 55, 7, 21; 17.02.1981 – 2 BvR 384/78, BVerfGE 57, 220, 245; Höfling, in: Sachs, GG, Art. 9 Rn. 65 m.w.N.

301 Preis, Individualarbeitsrecht, S. 193.

aa. Der persönliche Schutzbereich des Artikels 9 III 1 GG

Artikel 9 III 1 GG gewährleistet das Recht, zur Wahrung und Förderung der Arbeits- und Wirtschaftsbedingungen Vereinigungen zu bilden. Seit seinem grundlegenden Urteil[302] im Jahr 1954 sieht das Bundesverfassungsgericht in ständiger Rechtsprechung[303] in Artikel 9 III 1 GG ein Doppelgrundrecht, das nicht nur die Koalitionsmitglieder, sondern darüber hinaus die Koalitionen schützt:

> „Das Grundrecht schützt die Freiheit des Einzelnen, eine derartige Vereinigung zu gründen, ihr beizutreten oder fernzubleiben. Außerdem schützt es die Koalitionen in ihrem Bestand und ihrer organisatorischen Ausgestaltung sowie solche Betätigungen, die darauf gerichtet sind, die Arbeits- und Wirtschaftsbedingungen zu wahren und zu fördern."[304]

Artikel 9 III 1 GG statuiere ein subjektiv-öffentliches Recht sowohl jeder natürlichen Person, als auch der – nicht notwendig nur aus natürlichen Personen gebildeten – Koalitionen selbst.[305] Dies ergebe sich bereits aus der Aufnahme des Vereinigungszwecks in den Wortlaut der Norm.[306] Darüber hinaus verlangten die Grundrechtseffektivität[307] und die historische Entwicklung[308] der von staatlicher Seite lange Zeit besonders heftig bekämpften Koalitionen eine personelle Erweiterung des Schutzbereichs. Dabei garantiere Artikel 9 III GG dem Einzelnen das Recht, an der spezifischen Tätigkeit der

---

302 BVerfG 18.11.1954 – 1 BvR 629/52, BVerfGE 4, 96; 14.04.1964 – 2 BvR 69/02, BVerfGE 17, 319, 333; 01.03.1979 – 1 BvR 532/77, BVerfGE 50, 290, 367; 09.10.1991 – 1 BvR 397/87, BVerfGE 84, 212, 224; 24.04.1996 – 1 BvR 712/86, BVerfGE 94, 268, 282f.

303 BVerfG 14.04.1964 – 2 BvR 69, 02, BVerfGE 17, 319, 333; 30.11.1965 – 2 BvR 54/62, BVerfGE 19, 303, 312; 26.05.1970 – 2 BvR 664/65, BVerfGE 28, 295, 304; 01.03.1979 – 1 BvR 532/77, BVerfGE 50, 290, 367; 15.07.1980 – 1 BvR 24/74, BVerfGE 55, 7, 21; 17.02.1981 – 2 BvR 384/78, BVerfGE 57, 220, 245; 20.10.1981 – 1 BvR 404/78, BVerfGE 58, 233, 246; 26.06.1991 – 1 BvR 779/85, BVerfGE 84, 212, 224; 02.03.1993 – 1 BvR 1213/85, BVerfGE 88, 103, 114; 14.11.1995 – 1 BvR 601/92, BVerfGE 93, 352, 357; 24.04.1996 – 1 BvR 712/86, BVerfGE 94, 268, 282; 27.04.1999 – 1 BvR 2203/93, BVerfGE 100, 271, 282; 03.04.2001 – 1 BvL 32/97, BVerfGE 103, 293, 304.

304 BVerfG 14.11.1995 – 1 BvR 601/92, BVerfGE 93, 352, 361.

305 Burkiczak, S. 142 m.w.N.

306 BVerfG 26.06.1991 – 1 BvR 779/85, BVerfGE 84, 212, 224.

307 Drohsel, S. 41.

308 BVerfG 18.11.1954 – 1 BvR 629/52, BVerfGE 4, 96, 106, 108; 01.03.1979 – 1 BvR 532/77, BVerfGE 50, 290, 367.

Koalition in dem Bereich teilzunehmen, der für die Koalition verfassungsrechtlich geschützt sei.[309]

Auch das Bundesarbeitsgericht[310] sowie die herrschende Literatur[311] sehen neben der individuellen die kollektive Koalitionsfreiheit als von Artikel 9 III GG gewährleistet an. Abweichende Auffassungen, welche den verfassungsrechtlichen Schutz der Koalitionen aus Artikel 9 III GG in Verbindung mit Artikel 2 I GG und Artikel 20 I, 28 I GG herleiten, wurden nur vereinzelt vertreten.[312]

Der Wortlaut des Artikels 9 III 1 GG ist für die Bestimmung des personellen Schutzbereichs wenig aussagekräftig. Der offenen Formulierung lässt sich nicht entnehmen, ob die kollektive Koalitionsfreiheit nach dem Willen des Verfassungsgebers von Artikel 9 III 1 GG unmittelbar geschützt sein soll. Nach einer überzeugenden Literaturansicht macht Artikel 9 III 1 GG „überhaupt keine Grenzziehungen oder Begrenzungsermächtigungen" greifbar.[313]

Wohl deshalb wird die Erstreckung der Koalitionsfreiheit auf die Koalitionen häufig historisch begründet – durch einen Vergleich des Grundgesetzes mit der Weimarer Reichsverfassung. In dem Mitbestimmungsurteil von 1979[314] betonte das Bundesverfassungsgericht die besondere Bedeutung der geschichtlichen Entwicklung für die inhaltliche Konkretisierung des Artikels 9 III 1 GG.[315] Zum besseren Verständnis sollen der Erörterung die maßgeblichen Bestimmungen der Weimarer Reichsverfassung, die Artikel 159, 165 WRV, vorangestellt werden. Artikel 159 WRV lautet:

> „Die Vereinigungsfreiheit zur Wahrung und Förderung der Arbeits- und Wirtschaftsbedingungen ist für jedermann und für alle Berufe gewährleistet. Alle Abreden und Maßnahmen, welche diese Freiheit einzuschränken oder zu behindern suchen, sind rechtswidrig."

Artikel 165 WRV bestimmt:

> „Die Arbeiter und Angestellten sind dazu berufen, gleichberechtigt in Gemeinschaft mit den Unternehmern an der Regelung der Lohn- und Arbeitsbedingungen sowie an der

---

309 BVerfG 30.11.1965 – 2 BvR 54/62, BVerfGE 19, 303, 312; 26.05.1970 – 2 BvR 664/65, BVerfGE 28, 295, 304; 18.12.1974 – 1 BvR 430/65, BVerfGE 38, 281, 303; 27.03.1979 – 2 BvR 1011/78, BVerfGE 51, 77, 87f.

310 BAG 22.09.2009 – 1 AZR 972/08, BAGE 132, 140ff.

311 Battis/Gusy, Staatsrecht, Rn. 430; Däubler, in: Däubler, TVG, Einleitung, Rn. 68; Dieterich, in Preis, ErfKomm, Art. 9, Rn. 30, 38; Jarass, in Jarass/Pieroth, Artikel 9 Rn. 31; Richardi, Münchener Handbuch I, § 9 Rn. 12.

312 Schnorr, RdA 1955, 5.

313 Lerche, Zentralfragen, S. 33.

314 BVerfG 01.03.1979 – 1 BvR 532/77, BVerfGE 50, 290ff.

315 BVerfG 01.03.1979 – 1 BvR 532/77, BVerfGE 50, 290, 366f.

gesamten wirtschaftlichen Entwicklung der produktiven Kräfte mitzuwirken. Die beiderseitigen Organisationen und ihre Vereinbarungen werden anerkannt."

Nach überwiegender Auffassung[316] war Artikel 159 WRV lediglich ein Individualgrundrecht und gewährleistete die ungehinderte Möglichkeit des Einzelnen, einer Vereinigung beizutreten und – in seiner negativen Ausprägung – ihr fernzubleiben. Die Anerkennung der beiderseitigen Organisationen und ihrer Vereinbarungen in Artikel 165 WRV sollte dagegen die Rechte der frei gebildeten Verbände, insbesondere der Gewerkschaften, vor Übergriffen der neu geschaffenen Räte wahren.[317]

Dass Artikel 159 WRV nahezu wortgleich in Artikel 9 III 1, 2 GG übernommen wurde, während Artikel 165 WRV im Grundgesetz keine Entsprechung fand,[318] wird teilweise als Argument gegen eine verfassungsrechtliche Gewährleistung der kollektiven Koalitionsfreiheit angeführt.[319] Das Bundesverfassungsgericht lässt dieses Argument allerdings unter Verweis auf die Entstehungsgeschichte des Grundrechts nicht gelten:

> „Zwar fehlt hier eine dem Artikel 165 Abs. 1 WRV entsprechende ausdrückliche Vorschrift über die Anerkennung der beiderseitigen Organisationen; sie war aber entbehrlich, weil das Grundgesetz unter Berücksichtigung des bestehenden verfassungs- und arbeitsrechtlichen Zustandes in den Ländern von der rechtlichen Anerkennung der Sozialpartner als selbstverständlich ausgehen konnte."[320]

Entscheidend für die Anerkennung der kollektiven Koalitionsfreiheit sei

> „das ausdrückliche Bekenntnis des Grundgesetzes zum sozialen Rechtsstaat (Artikel 20 Abs. 1, 28 Abs. 1 Satz 1 GG)"[321].

Diese fundamentale Wertentscheidung des Verfassungsgebers verbiete es,

> „ein Grundrecht, dessen Ausdehnung auf soziale Gemeinschaften sich bereits in der Weimarer Zeit angebahnt hatte, nunmehr ohne zwingenden Grund in seiner Wirksamkeit auf Einzelpersonen zu beschränken"[322].

---

316 Pieroth, in: FS 50 Jahre BVerfG II, S. 293, 298; Thüsing, EzA Nr. 60 zu Artikel 9 GG, S. 9.

317 Anschütz, Verfassung, Art. 165 WRV, Anm. 3; Giese, Verfassung, Art. 165 WRV, Anm. 2.

318 Vgl. Trappehl/ Lambrich, NJW 1999, 3217, 3218.

319 Burkiczak, S. 42 m.w.N.

320 BVerfG 18.11.1954 – 1 BvR 629/52, BVerfGE 4, 96, 101f.

321 BVerfG 18.11.1954 – 1 BvR 629/52, BVerfGE 4, 96, 101f.

322 BVerfG 18.11.1954 – 1 BvR 629/52, BVerfGE 4, 96, 102.

In der Tat lässt sich der Verzicht auf die Aufnahme einer Entsprechung für Artikel 165 WRV in das Grundgesetz nicht als bewusste Entscheidung des Parlamentarischen Rates gegen eine kollektive Dimension des Artikels 9 III GG interpretieren. Die Entstehungsgeschichte kann nicht als Beleg für den ausschließlich individualrechtlichen Charakter der Koalitionsfreiheit herangezogen werden. Denn in der Weimarer Republik war in Rechtsprechung[323] und Literatur[324] die Bedeutung des Artikels 165 WRV umstritten. Wenn also bei Ausarbeitung des Grundgesetzes nicht feststand, ob Artikel 165 WRV ein Grundrecht der Koalitionen statuiert hatte, bedeutete die Nichtaufnahme dieser Bestimmung in das Grundgesetz auch keine Entscheidung gegen die Anerkennung der kollektiven Grundrechtsberechtigung in der neuen Verfassung.[325]

Als die Beratungen des Parlamentarischen Rates 1948 begannen, waren bereits einige Landesverfassungen in Kraft getreten, welche die Organisationen der Arbeitgeber und Arbeitnehmer sowie ihr Recht zum Abschluss von Gesamtvereinbarungen anerkannten.[326] Daraus könnte sogar geschlossen werden, dass der Verfassungsgeber bei der Schaffung des Artikels 9 III GG die verfassungsrechtliche Gewährleistung der kollektiven Koalitionsfreiheit als selbstverständlich voraussetzte und daher auf eine ausdrückliche Erwähnung verzichtete.[327] Im Grundsatzausschuss des Parlamentarischen Rates wurden jedenfalls nur die negative Koalitionsfreiheit sowie das Streikrecht erörtert.[328]

Wenngleich systematische Bedenken gegen die Auslegung einer Norm des Grundgesetzes anhand von Bestimmungen der Landesverfassungen bestehen, erscheint es nur konsequent, den persönlichen Schutzbereich der Koalitionsfreiheit auf die Koalitionen zu erstrecken. Mit dem Bundesverfassungsgericht ist davon auszugehen, dass Artikel 9 III GG sowohl die Koalitionen als auch die Koalitionsmitglieder schützt.

---

323 RAGE, 12, 63, 73; RGZ 113, 33, 37.

324 Für ein subjektiv-öffentliches Recht der Koalitionen: Dersch, in: Kaskel/Dersch, Arbeitsrecht, S. 317, 319. Für eine Institutsgarantie: Stern, Staatsrecht III/1, S. 848 m.w.N.

325 Drohsel, S. 40f., Henssler, ZfA 1998, 3ff.

326 Burkiczak, S. 40f. m.w.N.

327 Däubler, in: Däubler, TVG, Einleitung Rn. 69; Kempen, in: Kempen/Zachert, TVG, Grundlagen Rn. 75.

328 Vgl. Der Parlamentarische Rat Bd. 5/I, S. 123ff.; Bd. 5/II, S. 685ff.; 939f.; Pieroth, in: FS BVerfG II, S. 293, 294; Matz, in: JöR 1951, 116, 119f.

bb. Das Verhältnis der kollektiven zur individuellen Koalitionsfreiheit

An der Rechtsprechung zur kollektiven Koalitionsfreiheit[329] wird insbesondere in der staatsrechtlichen Literatur[330] kritisiert, dass das Bundesverfassungsgericht systemwidrig nicht auf Artikel 19 III GG zurückgreift, sondern den Grundrechtsschutz unmittelbar aus Artikel 9 III 1 GG herleitet. Die dogmatische Begründung der kollektiven Koalitionsfreiheit ist von praktischer Relevanz: So schließt nur ein unmittelbar auf Artikel 9 III 1 GG gestützter Grundrechtsschutz auch ausländische Koalitionen ein, die nicht zur Gruppe der inländischen juristischen Personen i.S.d. Artikels 19 III GG gehören.[331] Noch wichtiger ist die genaue Herleitung allerdings für das Verhältnis der kollektiven zur individuellen Koalitionsfreiheit.[332] Eine Ableitung der kollektiven aus der individuellen Koalitionsfreiheit würde die Funktion der kollektiven Freiheit auf die Verwirklichung der individuellen Freiheit reduzieren. Den Koalitionen käme dann keine über die Bündelung der Einzelinteressen hinausgehende gesellschaftliche und wirtschaftliche Bedeutung zu. Interpretiert man Artikel 9 III 1 GG dagegen als Doppelgrundrecht, erscheint es konsequent, die Grundrechtsgewährleistungen als gleichwertig anzusehen,[333] so dass im Kollisionsfall der individuellen Koalitionsfreiheit nicht automatisch der Vorrang vor der kollektiven Koalitionsfreiheit gebührte.[334] Beide Gewährleistungen stünden dann selbstständig nebeneinander.[335]

Den Kritikern der Rechtsprechung ist zuzugeben, dass eine Herleitung des Schutzes der kollektiven Koalitionsfreiheit unmittelbar aus Artikel 9 III GG der – auch von Seiten des Bundesverfassungsgerichts[336] vertretenen – generellen Konzeption der Grundrechte aus der Perspektive des Individuums widerspricht. Nach dieser individualistischen Sichtweise ist der Schutz des Kollektivs kein Selbstzweck, sondern dient der Verwirklichung des individuellen Freiheitsrechts.[337] Artikel 9 III GG schütze die Koalition nicht um ihrer selbst,

329 Ständige Rechtsprechung seit BVerfG 18.11.1954 – 1 BvR 629/52, BVerfGE 4, 96, 101f.

330 Höfling, in: Sachs, GG, Art. 9 Rn. 67; Scholz, in: Maunz/Dürig, GG, Art. 9 Rn. 170; Pieroth/Schlink, Grundrechte, Rn. 737; Wiese, ZfA 2008, 317, 322ff.

331 Vgl. Burkiczak, S. 144 m.w.N.

332 Vgl. Burkiczak, S. 150.

333 Burkiczak, S. 150f.; Schmidt, in: FS Mallmann, S. 243.

334 A.A.: Löwisch/Rieble, in: Richardi/Wlotzke, Münch Handb., § 243 Rn. 83.

335 Säcker/Oetker, Tarifautonomie, S. 50f.

336 BVerfG 02.05.1967 – 1 BvR 578/63, BVerfGE 21, 362, 369; 01.03.1979 – 1 BvR 532/7750, BVerfGE 290, 337; 08.07.1982 – 2 BvR 1187/80, BVerfGE 61, 82, 100f.; 31.10.1984 – 1 BvR 35/82, BVerfGE 68, 193, 205.

337 BVerfG02.05.1967 – 1 BvR 578/63, BVerfGE 21, 362, 369; 08.07.1982 – 2 BvR 1187/80, BVerfGE 61, 82, 101; 31.10.1984 – 1 BvR 35/82, BVerfGE 68, 193, 205f.

sondern um ihrer Mitglieder willen.[338] Demgemäß müsste die kollektive Freiheit gemäß Artikel 19 III GG aus der individuellen Freiheit abgeleitet werden. Anders als die Artikel 6, 21 GG nenne Artikel 9 III GG nicht ausdrücklich ein Kollektiv.[339] Dass die Ausübung der individuellen Koalitionsfreiheit notwendigerweise auf die Betätigung mit anderen und damit auf kollektives Handeln angewiesen ist,[340] und die Wahrnehmung der individuellen Koalitionsfreiheit ohne die Gewährleistung der kollektiven Koalitionsfreiheit möglicherweise wirkungslos bliebe,[341] begründe noch nicht die Doppelnatur des Artikels 9 III GG. Das kollektive Freiheitsrecht könne auch dann die Verwirklichung des individuellen Freiheitsrechts sicherstellen, wenn es nicht die gleiche Ursprünglichkeit aufweise.[342]

Gegen eine Ableitung der kollektiven aus der individuellen Koalitionsfreiheit spricht eine rechtstatsächliche Feststellung, die für das Verständnis eines die Verfassungswirklichkeit widerspiegelnden „entwicklungs- bzw. zukunftsoffenen Grundrechtes“[343] nicht außer Betracht bleiben kann: Die Betätigung der Koalitionen, insbesondere die private Rechtsetzung, lässt sich nicht vollständig auf einen Willensentschluss des einzelnen Koalitionsmitglieds zurückführen. Der freiwillige Beitritt kann beispielsweise die Geltung des konkreten Inhalts eines Tarifvertrags, dessen Normwirkung sich das Koalitionsmitglied unterwirft, nicht begründen. Die Interessen der Koalitionen und ihrer Mitglieder müssen auch nicht immer übereinstimmen. Darüber hinaus ist für viele nicht tarifgebundene Arbeitnehmer der Inhalt von Tarifverträgen auch dann maßgebend, wenn sie nicht Mitglied der tarifvertragsschließenden Gewerkschaft sind. Tarifgebundene Arbeitgeber nehmen nämlich in der Regel die Tarifverträge, soweit sie in ihren Betrieben nicht normativ gelten, einzelvertraglich in Bezug. Daher wird vertreten, dass sich die Normwirkung nur unter Rückgriff auf die Tarifautonomie gemäß Artikel 9 III GG rechtfertigen lasse. Die willentliche Unterwerfung des Individuums unter den kollektiven Willen der Tarifparteien sei angesichts der weitreichenden Regelungsbefugnisse der Koalitionen und deren Charakter als

338 Löwisch/Rieble, in: Münchener Handbuch zum Arbeitsrecht, Bd. 3, § 244 Rn. 9.

339 Burkiczak, S. 146; Drohsel, S. 28.

340 Drohsel, S. 29.

341 Säcker, Koalitionsfreiheit, S. 37.

342 Säcker, Koalitionsfreiheit, S. 37.

343 Bayreuther, Tarifautonomie, S. 13f.; Dietlein, in: Stern, Staatsrecht IV/1, § 112 V 3 a, S. 2049; Höfling, in: Sachs, Artikel 9 Rn. 55, 88; Scholz, in: Maunz/Dürig, Artikel 9 Rn. 259.

Massenorganisation eine bloße Fiktion und tauge daher nicht als Begründungsansatz für die Normativität des Tarifvertrags.[344]

Anders sieht dies die Lehre von der mitgliedschaftlichen Legitimation[345] bzw. mandatarische Theorie[346], die allein auf den Koalitionsbeitritt als maßgebliche Willensäußerung abstellt. Mit dieser unterwerfe sich das Koalitionsmitglied freiwillig den tarifvertraglichen Regelungen. Anhänger der Lehre von der mitgliedschaftlichen Legitimation versagen den Koalitionen eine über die Bündelung individueller Interessen hinausgehende Betätigung.[347] Die Beeinträchtigung der individuellen Privatautonomie durch die Normativität der Tarifverträge ließe sich nur mit dem Bedürfnis des Einzelnen nach Wiederherstellung der Vertragsparität durch den Zusammenschluss mit anderen rechtfertigen. Sinn und Zweck der Koalitionen liege in der größeren Durchsetzungskraft bei der Verhandlung der Arbeits- und Wirtschaftsbedingungen. Weder ein „koalitionsspezifisches"[348] Grundrecht, noch eine daraus folgende eigenständige Rechtsstellung der Koalitionen wird anerkannt. Die kollektive Koalitionsfreiheit wird in den Dienst des einzelnen Koalitionsmitglieds gestellt.

Die mitgliedschaftliche Lehre kann nicht überzeugen. Durch seinen freiwilligen Beitritt unterwirft sich das Koalitionsmitglied den tarifvertraglichen Bestimmungen auch für den Fall, dass ihm diese unangemessen bzw. unzumutbar erscheinen. Aus Gründen der Effizienz der tarifautonomen Betätigung wird dem Tarifvertrag in seinem normativen Teil Rechtswirkung für die nicht am Vertragsschluss beteiligten Koalitionsmitglieder beigemessen, wobei die Tarifvertragsparteien beim Abschluss des Tarifvertrags – anders als bei der bürgerlich-rechtlichen Stellvertretung – im eigenen Namen handeln.[349] Das Tarifvertragsgesetz entzieht demgemäß den normunterworfenen Arbeitsvertragsparteien grundsätzlich die Befugnis, sich durch gesonderte Vereinbarung von den Wirkungen des Tarifvertrags zu lösen. Sie bleiben gemäß §§ 4 I, 3 I TVG bis zum Ende des Tarifvertrags zwingend gebunden, wobei der Umfang der Bindung und der Beendigungstatbestand allein von den Tarifparteien bestimmt werden.

---

344 Löwer, in: v. Münch/Kunig, GG-Kommentar, Bd. 1, 2000, Art. 9 Rd. 80; Waltermann, in: FS Söllner, S. 1251, 1269 ff.

345 BAG 25.02.1998 – 7 AZR 641/96, BB 1998, 1372; Dieterich, in: FS Schaub, S. 117, 121 ff.; Picker, NZA 2002, 761, 768.

346 Zöllner, RdA 1962, 453ff., 459; 1964, 446.

347 Burkiczak, S. 144 ff.; Picker, NZA 2002, 761, 765; Rieble, ZfA 2000, 5, 22.

348 Benrath, Tarifvertragliche Öffnungsklauseln, S. 42.

349 Vgl. Benrath, S. 39; a.A. Picker, in: FS 50 Jahre BAG, S. 795, 825f.

Auch der historische Zusammenhang spricht gegen die Lehre von der mitgliedschaftlichen Legitimation.[350] Der Wortlaut des Artikels 9 III GG knüpft offensichtlich an Artikel 159 WRV an, so dass auch dessen Auslegung für die Bestimmung des Gewährleistungsgehaltes des heutigen Verfassungstextes herangezogen werden kann. Unter Geltung der Weimarer Reichsverfassung ging die Rechtswissenschaft davon aus, dass die Koalitionen bei der Erfüllung ihrer von Artikel 165 WRV näher definierten Aufgaben selbst verfassungsrechtlich geschützt würden.[351] Dies spricht für eine unmittelbare Teilhabe der Koalitionen am Gewährleistungsgehalt des Artikels 9 III 1 GG. Dass die grundgesetzliche Verfassungsordnung der Anerkennung kollektiver privater Autonomieträger generell entgegen steht, lässt sich nicht belegen. Die pluralistische Konzeption der grundgesetzlichen Werteordnung erfordert es gerade nicht, nur den Staat und das Individuum als Autonomieträger anzuerkennen. Demgemäß geht das Bundesverfassungsgericht davon aus, dass mit der Gewährleistung des Artikels 9 III GG nicht nur die Freiheit des Einzelnen, sich mit anderen zu Koalitionen zusammenzuschließen, sondern auch die Freiheit der Koalition, als eigenständige gesellschaftliche Kraft innerhalb ihres Autonomiebereichs zu wirken, geschützt wird.[352] Nicht jedes kollektive Handeln kann auf eine privatautonome Willensäußerung des beitretenden Koalitionsmitglieds zurückgeführt werden. Durch kollektives Handeln kann die individuelle Privatautonomie auch beeinträchtigt werden. Derartige Beeinträchtigungen ließen sich mithilfe des Artikels 9 III GG rechtfertigen, wenn auch die Koalitionen Grundrechtsträger sind.

Im Ergebnis löst der Koalitionsbeitritt zwar die Normwirkung des Tarifvertrags aus, kann sie allerdings nicht allein begründen. Die kollektive Koalitionsfreiheit lässt sich nicht auf die Verwirklichung der individuellen Koalitionsfreiheit reduzieren. Dies spricht gegen eine Herleitung der kollektiven aus der individuellen Koalitionsfreiheit gemäß Artikel 19 III GG. Die Doppelnatur des Artikels 9 III GG lässt sich auf das Bekenntnis des Verfassungsgebers zum sozialen Rechtsstaat in den Artikeln 20 I, 28 I GG zurückführen.[353] Den Tarifparteien wird – im Gegensatz zu den Vereinigungen nach Artikel 9 I GG – eine soziale Ordnungsfunktion zugeschrieben, welche über die Bündelung der

---

350 Waltermann, ZfA 2000, 53, 71 m.w.N.

351 Burkiczak, S. 35ff.

352 BVerfG 26.06.1991 – 1 BvR 779/85, BVerfGE 84, 212, 224.

353 BVerfG 01.03.1979 – 1 BvR 532/77, BVerfGE 4, 96, 102; Däubler, in. Däubler, TVG, Einleitung, Rn. 69.

Einzelinteressen hinausgeht.[354] Die Besonderheiten der Tarifautonomie lassen es als gerechtfertigt erscheinen, die Gewährleistung der Koalitionsfreiheit unmittelbar auf die Koalitionen zu erstrecken. Mit dem Bundesverfassungsgericht ist daher von der Doppelnatur des Artikels 9 III 1 GG auszugehen. Die individuelle und die kollektive Koalitionsfreiheit stehen daher grundsätzlich selbstständig und gleichrangig nebeneinander.

b. Der Schutzbereich der kollektiven Koalitionsfreiheit

aa. Der Koalitionsbegriff des Artikels 9 III GG

Das Bundesverfassungsgericht versteht unter Koalitionen „Organisationen, die die Interessen ihrer Mitglieder als Arbeitnehmer bzw. Arbeitgeber im Hinblick auf die Gestaltung der Löhne und Arbeitsbedingungen unter Ausschluss rein wirtschaftlicher und rein politischer Zwecke vertreten"[355]. Verfassungsrechtlichen Schutz genießen nach der Rechtsprechung allerdings nur Vereinigungen, die freiwillig gebildet wurden, über ein gewisses Maß an zeitlicher und organisatorischer Stabilität verfügen sowie gegnerfrei und gegnerunabhängig sind.[356] Dagegen hängt die Anerkennung einer Vereinigung als Koalition nicht von deren sozialer Mächtigkeit[357] und Kampfbereitschaft[358] ab.[359]

1) Die Freiwilligkeit des Zusammenschlusses

Die Anerkennung einer Vereinigung als Koalition setzt vor allem die Freiheit ihrer Gründung voraus.[360] Das Bundesverfassungsgericht betonte bereits in der ersten wichtigen Entscheidung zur Koalitionsfreiheit, dass die Funktionsfähigkeit des Tarifvertragssystems die Freiwilligkeit des Zusammenschlusses bedinge:

> „Wenn also die in Artikel 9 Abs. 3 GG garantierte Koalitionsfreiheit nicht ihres historisch gewordenen Sinns beraubt werden soll, so muss im Grundrecht des Artikels 9 Abs. 3 GG ein verfassungsrechtlich geschützter Kernbereich auch in der Richtung liegen, dass ein Tarifvertragssystem im Sinne des modernen Arbeitsrechts staatlicherseits überhaupt

---

354 BVerfG 18.11.954 - 1 BvR 629/52, BVerfGE 4, 96, 107; 06.05.1964 - 1 BvR 79/62, BVerfGE 18, 18, 28; Franzen, in: Preis, ErfKomm, § 1 TVG Rn. 41.

355 Bergmann, in: Hömig, GG, Art. 9 Rn. 12.

356 BVerfG 01.03.1979 - 1 BvR 532/77, BVerfGE 50, 290, 368, 373f.

357 BAG 14.12.2010 - 1 ABR 19/10, NZA 2011, 289 ff.; 05.10.2010 - 1 ABR 88/09, NJW 2011, 1386ff.; 28.03.2006 - 1 ABR 88/09, NZA 2006, 1112ff.; Höfling, in: Sachs, Artikel 9 Rn. 58; RdA 1999, 182f.

358 BVerfG 06.05.1964 - 1 BvR 79/62, BVerfGE 18, 18, 30.

359 Höfling, in: Sachs, Artikel 9 Rn. 58.

360 Scholz, in: Maunz/ Dürig, Art. 9 Rn. 213.

> bereitzustellen ist, und dass die Partner dieser Tarifverträge notwendig frei gebildete Koalitionen sind."[361]

Im Gegensatz zu den Betriebsparteien, deren Zuständigkeit sich - wie etwa § 75 I BetrVG zum Ausdruck bringt - durch Gesetz auf alle betriebsangehörigen Arbeitnehmer erstreckt, erfüllen die Koalitionen das Kriterium der Freiwilligkeit des Zusammenschlusses. Koalitionen, die mit dem Ziel der tarifautonomen Betätigung gebildet werden, handeln grundsätzlich als Mitgliederorganisationen.[362]

Die Nähe der Tarifautonomie zur individuellen Privatautonomie folgt bereits aus dem Wortlaut des Artikels 9 III GG, der „jedermann" das Recht garantiert, Mitglied einer Koalition zu sein. Soweit ihre personelle Grundlage betrachtet wird, ist die Koalition daher die Summe ihrer Mitglieder.[363] Es muss grundsätzlich dem einzelnen Arbeitnehmer bzw. Arbeitgeber vorbehalten sein zu entscheiden, ob er - entweder auf sich allein gestellt - seine individuelle Privatautonomie zur Geltung bringt, oder sich eines kollektiven Regelungssystems bedient. Der Staat darf diese Entscheidungsfreiheit nicht beeinträchtigen. Die negative Koalitionsfreiheit gewährleistet damit die Wahlfreiheit zwischen individueller und kollektiver Privatautonomie und setzt sowohl staatlichen Eingriffen, als auch dem Handeln der Koalitionen Grenzen. Die personelle Reichweite der koalitionsmäßigen Betätigung muss grundsätzlich auf den Kreis der freiwilligen Koalitionsmitglieder beschränkt bleiben. In der Entscheidung zur Aussperrung definierte das Bundesverfassungsgericht den Kernbereich der Koalitionsfreiheit dahingehend, dass die Koalitionsfreiheit

> „ein gesetzlich geregeltes Tarifvertragssystem, dessen Partner frei gebildete Koalitionen im Sinne des Artikels 9 III 1 GG sein"

müssten, gewährleiste.[364] Auch die einfach-gesetzliche Ausgestaltung der Koalitionsfreiheit basiert auf dem Prinzip der Mitgliederbezogenheit: Von Sonderfällen, wie z.B. der Allgemeinverbindlichkeit gemäß § 5 TVG, abgesehen ist die personelle Reichweite der Tarifautonomie als wichtigste Ausprägung der Koalitionsfreiheit[365] gemäß § 3 I TVG auf die Koalitionsmitglieder beschränkt.

---

361 BVerfG 18.11.1954 - 1 BvR 629/52, BVerfGE 4, 96, 106; 01.03.1979 - 1 BvR 532/77, BVerfGE 50, 290ff.

362 Söllner/Waltermann, Grundriss, 2003, Rn. 205.

363 Benrath, S. 34.

364 BVerfG 20.10.1981 - 1 BvR 404/78, BVerfGE 58, 233, 247f.

365 Vgl. C I 1 b bb 3).

2) Die Überbetrieblichkeit von Koalitionen – Voraussetzung ihrer Unabhängigkeit?

Tarifverträge werden regelmäßig von überbetrieblich organisierten Tarifparteien geschlossen. Dieser Befund schließt allerdings nicht aus, dass sich auch die Arbeitgeber und die Arbeitnehmervertreter in den Betrieben, wenn sie von bestehenden Tarifverträgen im Rahmen substitutiver Arbeitnehmerbeteiligung abweichen wollen, ihrerseits auf die Koalitionsfreiheit berufen können. Fraglich ist daher, ob die Überbetrieblichkeit des Zusammenschlusses konstitutives Element des verfassungsrechtlichen Koalitionsbegriffs ist.

Unter „Betrieb" wird in diesem Zusammenhang nicht nur der Betrieb im herkömmlichen Sinn verstanden.[366] Somit bedeutet „Überbetrieblichkeit", dass die betreffende Vereinigung über ein – regelmäßig aus mehreren Betrieben bestehendes – Unternehmen hinaus organisiert ist.[367] Unter einem „Unternehmen" im verfassungsrechtlichen Sinn wird dabei eine organisatorische Einheit verstanden, mit der ein Unternehmer in der Regel wirtschaftliche Ziele zu erreichen versucht.[368]

Nach der Rechtsprechung ist die Überbetrieblichkeit eine Voraussetzung für die Gegnerunabhängigkeit einer Vereinigung und damit für ihre Anerkennung als verfassungsrechtlich geschützte Koalition i.S.d. Artikels 9 III 1 GG.[369] Im Zusammenhang mit der Tariffähigkeit von Arbeitnehmervereinigungen bekräftigte das Bundesarbeitsgericht das materielle Verständnis des Begriffs der Gegnerunabhängigkeit:

> „Die erforderliche Gegnerunabhängigkeit fehlt, wenn die Abhängigkeit vom sozialen Gegenspieler in der Struktur der Arbeitnehmervereinigung angelegt und verstetigt, und die eigenständige Interessenwahrnehmung der Tarifvertragspartei durch personelle Verflechtungen, auf organisatorischem Weg oder durch wesentliche finanzielle Zuwendungen ernsthaft gefährdet ist."[370]
>
> [Der] „Mitwirkung am Zustandekommen eines angemessenen, sozial befriedenden Interessenausgleichs" [könne eine Arbeitnehmervereinigung] „nur sachgerecht nachkommen, wenn sie auf die Arbeitgeberseite zumindest so viel Druck ausüben kann, dass

---

366 Vgl. Drohsel, S. 127f.

367 Bauer, in: Dreier, Artikel 9 Rn. 78.

368 Zöllner/Loritz, Arbeitsrecht, § 44 II 2.

369 BVerfG 18.11.1954 – 1 BvR 629/52, BVerfGE 4, 96, 106f.; 06.05.1964 – 1 BvR 79/62, BVerfGE 18, 1, 28; 01.03.1979 – 1 BvR 532/77, BVerfGE 50, 290, 367f.; 20.10.1981 – 1 BvR 404/78, BVerfGE 58, 233, 247; BAG 26.03.1977 – 5 AZR 51/76, NJW 1977, 1551; 15.03.1977 – 1 ABR 16/75, JZ 1977, 470, 471; 13.11.1985 – 4 AZR 234/84, NZA 1986, 332, Hanau, RdA 1993, 1, 5.

370 BAG 05.10.2010 – 1 ABR 88/09; NZA 2011, 300ff.

> diese sich veranlasst sieht, sich auf Verhandlungen über tarifvertraglich regelbare Arbeitsbedingungen einzulassen“[371].

Nach dem Bundesarbeitsgericht verlangt ein funktionierendes Tarifvertragssystem „annähernd gleichgewichtige Verhandlungschancen der sozialen Gegenspieler“[372]. Es müsse gewährleistet werden,

> „dass nicht eine Tarifvertragspartei der anderen von vornherein ihren Willen aufzwingen kann“[373].

Zwischen den Tarifvertragsparteien müsse materielle Parität, d.h. „eine Situation faktischen Gleichgewichts“[374], bestehen.

Die Voraussetzungen der Anerkennung einer Interessenvertretung als Koalition sind allerdings weiter gefasst als die Voraussetzungen, unter denen von der Tariffähigkeit dieser Koalitionen ausgegangen werden kann.[375]

In der Literatur werden unterschiedliche Ansichten zu dem Erfordernis der Überbetrieblichkeit einer Koalition vertreten: Teilweise wird die Überbetrieblichkeit für ein notwendiges Kriterium gehalten.[376] Nach anderer Ansicht handelt es sich lediglich um ein Indiz für die Gegnerunabhängigkeit einer Koalition.[377] Eine vermittelnde Ansicht geht bereits dann von einer verfassungsrechtlich geschützten Koalition aus, wenn der Beitritt zu der Satzung auch Angehörigen anderer Betriebe offen steht, d.h. die Vereinigung zumindest auf Überbetrieblichkeit angelegt ist.[378] Dass die Vereinigung tatsächlich nur in einem Betrieb bestünde, stünde ihrer Qualifikation als verfassungsrechtlich geschützte Koalition dann nicht entgegen.

Eine am Wortlaut des Artikels 9 III 1 GG orientierte Auslegung kann das Erfordernis der Überbetrieblichkeit nicht begründen. Die Formulierung „für alle Berufe“ bedeutet nicht, dass nur berufsmäßige und nicht auch nach Betrieben organisierte Vereinigungen geschützt werden sollen.[379] Die Formulierung

---

371 BAG 28.03.2006 – 1 ABR 58/04, BAGE 117, 308.

372 BAG 10.06.1980 – 1 AZR 822/79, BAGE 33, 140, 162f.

373 BAG 21.04.1971 – GS 1/68, BAGE 23, 292, 308.

374 Jarass, in: Jarass/Pieroth, Art. 9 Rn. 47.

375 Vgl. Höfling, in: Sachs, Art. 9 Rn. 58ff.

376 Kannengießer, in: Schmidt-Bleibtreu/Klein, Art. 9 Rn. 22; Pieroth/Schlink, Grundrechte, Rn. 734; Scholz, in: Maunz/Dürig, Art. 9 Rn. 12.

377 Bauer, in: Dreier, Artikel 9 Rn. 78; Dieterich, in: ErfKomm, Artikel 9 Rn. 25; Höfling, in: Sachs, Artikel 9 Rn. 57; Jarass, in: Jarass/Pieroth, Artikel 9 Rn. 24; Oetker, in: Wiedemann, TVG, § 2 Rn. 347.

378 Löwisch, ZfA 1970, 295, 315f.

379 Schnorr, RdA 1955, 6ff.

entspricht der Fassung des Artikels 159 WRV, der wortgleich in das Grundgesetz übernommen wurde.[380] Durch die Formulierung „für alle Berufe" sollte 1919 der Schutzbereich der Koalitionsfreiheit auch auf Vereinigungen nicht-gewerblicher Arbeitnehmer erstreckt werden, die zuvor – anders als die gewerblichen und die im Bergbau beschäftigten Arbeitnehmer – nicht von §§ 152, 153 RGewO erfasst wurden.[381]

Bereits unter Geltung des Artikels 159 WRV war umstritten, ob die Überbetrieblichkeit ein notwendiges Kriterium für die Annahme einer Koalition ist.[382] Durch das Kriterium der Überbetrieblichkeit sollten Gewerkschaften von den sogenannten Werkvereinen abgegrenzt werden, die häufig auf Initiative bzw. mit Unterstützung des Arbeitgebers gegründet worden waren und bei der Durchsetzung der Arbeitnehmerinteressen die nötige Entschlossenheit vermissen ließen.[383] Daher wurde vertreten, dass ein Arbeitnehmerzusammenschluss, der sich aus Arbeitnehmern nur eines Betriebs zusammensetze, nicht unabhängig sein könne.[384] Demgegenüber ermittelte das Reichsarbeitsgericht die Gegnerunabhängigkeit aufgrund einer umfassenden Einzelfallbetrachtung.[385] Die Vorgeschichte des Artikels 9 III 1 GG kann die Frage nach dem Erfordernis der Überbetrieblichkeit mithin nicht beantworten.

Im Jahr 1990 schien der Gesetzgeber durch den „Vertrag über die Schaffung einer Währungs-, Wirtschafts- und Sozialunion"[386] die Überbetrieblichkeit als erforderliches Kriterium einer Koalition festschreiben zu wollen. Unter Art. 17 heißt es:

> „Tariffähige Gewerkschaften und Arbeitgeberverbände müssen frei gebildet, gegnerfrei, auf überbetrieblicher Grundlage organisiert und unabhängig sein sowie das geltende Tarifrecht als für sich verbindlich anerkennen […]."[387]

Das Bundesarbeitsgericht interpretierte den Staatsvertrag in Verbindung mit den Leitsätzen und dem Zustimmungsgesetz des Deutschen Bundestages vom 25.06.1990 als „wesentliche Änderung der Qualität der Kriterien für die Annahme einer Gewerkschaft […], die einer Gesetzesänderung gleichzusetzen

---

380 Drohsel, S. 129.

381 Gusy, Weimarer Reichsverfassung, S. 357; Müller, Gewerkschaftsbegriff, S. 60; Stelling, NZA 1998, 920, 922.

382 Drohsel, S. 135ff.

383 Nipperdey, in: Nipperdey, Art. 159 § 2 II) I) 3).

384 Sitzler, Tariffähigkeit, S. 19.

385 RAGE 2, 299, 303f.; 3, 170, 172f.; 3, 357, 359.

386 Vom 18.05.1990.

387 BGBl. 1990 II, 537, 545.

ist[388]". Durch die Aufnahme des Kriteriums der Überbetrieblichkeit in den Staatsvertrag sah es sich seiner Rechtsprechung bestätigt.[389]

Diese Entscheidung erscheint zweifelhaft. Dass ein Staatsvertrag, der den Rang eines einfachen Gesetzes hat, Auswirkungen auf den Schutzbereich eines Grundrechts hat, lässt sich systematisch kaum begründen.[390] Darüber hinaus beschränkte sich der territoriale Geltungsbereich des Staatsvertrags auf das Gebiet der ehemaligen DDR. Mit deren Beitritt zum Geltungsbereich des Grundgesetzes wurde der Staatsvertrag gemäß Artikel 40 I des Einigungsvertrages[391] gegenstandslos.[392] Eine weiterhin gültige „gesetzlich verbindliche Auslegungsregel"[393] beinhaltet der Staatsvertrag daher nicht. Auch das Bundesarbeitsgericht räumte ein, dass der Staatsvertrag zwar „durch das Zustimmungsgesetz des Bundestags vom 25.06.1990[394] Aufnahme in den Willen des Gesetzgebers gefunden"[395] habe, die darin enthaltenen Auslegungen allerdings nicht materielles Gesetz geworden seien.[396] Somit lässt sich auch anhand der historischen Entwicklung nicht begründen, dass die Überbetrieblichkeit einer Vereinigung konstitutive Bedeutung für ihre Anerkennung als Koalition hat.

Teilweise wird vertreten, dass Formulierungen im Tarifvertragsgesetz Hinweise für die Auslegung des Artikels 9 III 1 GG liefern könnten, da sich der Parlamentarische Rat mit beidem gleichzeitig befasst habe.[397] Dass das Tarifvertragsgesetz von „Gewerkschaften" statt „Vereinigungen von Arbeitnehmern" spricht, wird als Indiz für die Überbetrieblichkeit gewertet.[398] Der Begriff „Gewerkschaft" umfasse – anders als eine „Vereinigung von Arbeitnehmern" –nicht die betrieblich organisierten Werkvereine. Der Verfassungs- bzw. Gesetzgeber habe durch die Verwendung des Begriffs „Gewerkschaft" klargestellt, dass sich die Normen nur auf überbetriebliche Arbeitnehmervertetungen beziehen.[399]

---

388 BAG 06.06.2000 – 1 ABR 21/99, BAGE 95, 47, 57.

389 BAG 06.06.2000 – 1 ABR 21/99, BAGE 95, 47, 56ff.

390 Säcker/Oetker, Tarifautonomie, Grundlagen § 1 Fn. 2.

391 Vertrag vom 30.08.1990 über die Herstellung der Einheit Deutschlands, BGBl. 1990 II, 889, 903.

392 Löwisch/Rieble, TVG, § 2 Rn. 7.

393 Kissel, NZA 1990, 545, 549.

394 BGBl. II, S. 518.

395 BAG 5.10.2010 – 1 ABR 88/09, NZA 2011, 300ff.

396 Vgl. auch BAG 06.06.2000 – 1 ABR 21/99, BAGE 95, 47.

397 Kempen, in: Kempen/Zachert, TVG, Grundlagen Rn. 44.

398 Wiedemann, in: Wiedemann, TVG, § 2 Rn. 350.

399 Vgl. Drohsel, S. 143 m.w.N.

Allerdings könnte der Gesetzgeber durch die Verwendung des Begriffs „Gewerkschaft", der eher dem allgemeinen Sprachgebrauch entspricht, auch lediglich beabsichtigt haben, die Bestimmungen des Tarifvertragsgesetzes „zeitgemäß und lebensnah" zu formulieren.[400] Die Bedeutung dieser Wortwahl darf daher nicht überbewertet werden. Darüber hinaus bestünden selbst dann dogmatische Bedenken gegen die Heranziehung des Tarifvertragsgesetzes als Auslegungshilfe für Artikel 9 III 1 GG, wenn sich der Verfassungsgeber mit dem Tarifvertragsgesetz beschäftigt haben sollte; es handelt sich nämlich um ein einfaches Parlamentsgesetz. Insoweit gilt das zum Staatsvertrag Gesagte.

Das Kriterium der Überbetrieblichkeit lässt sich allerdings mit der Funktion der Tarifautonomie begründen.[401] Die Ordnung des Arbeitslebens mithilfe normativ wirkender Tarifverträge soll Stabilität und sozialen Frieden gewährleisten; Konflikte sollen grundsätzlich außerhalb der Betriebe ausgetragen werden.[402] Die verfassungsrechtliche Anerkennung von Betriebsgewerkschaften liefe dieser Funktion zuwider.

Nach dem Bundesverfassungsgericht setzt

> „die Verwirklichung der von der Verfassung intendierten Ordnung der Arbeits- und Wirtschaftsordnung durch autonome Rechtsnormen" [voraus,] „dass in den Koalitionen eine ausreichende Zahl von Arbeitnehmern und Arbeitgebern zusammengeschlossen ist"[403].

Der These, dass überbetrieblich organisierte Gewerkschaften die „strukturelle Unterlegenheit des Arbeitnehmers"[404] aufgrund ihrer größeren Verhandlungsmacht effektiver ausgleichen können, ist trotz der erheblich gesunkenen Mitgliederzahlen vieler großer Gewerkschaften und des geringen Organisationsgrads der Arbeitnehmer in zahlreichen Branchen und Betrieben grundsätzlich zuzustimmen. Zwar könnten sich die Arbeitnehmer mit Betriebsgewerkschaften möglicherweise leichter identifizieren als mit überbetrieblichen Massenorganisationen, was wiederum zu einem höheren Organisationsgrad und einer stärkeren Verhandlungsmacht der Betriebsgewerkschaften führen könnte. Insbesondere in kleineren Unternehmen wäre die Finanzkraft der Betriebsgewerkschaften

400 Herschel, ZfA 1973, 183, 189.

401 Vgl. Drohsel, S. 145 ff.

402 BVerfG 06.05.1964 – 1 BvR 79/62, BVerfGE 18, 18, 28; Wiedemann, in: Wiedemann, TVG, Einleitung Rn. 20ff.

403 BVerfG 26.05.1970 – 2 BvR 664/65, BVerfGE 28, 295, 304f.

404 BVerfG 26.06.1991 – 1 BvR 779/85, BVerfGE 84, 212, 229; 05.12.1995 – 1 BvR 2011/94, BVerfGE 93, 365, 395; BAG 21.04.1971 – GS 1/68, BAGE 23, 292, 308.

allerdings sehr begrenzt. Dies würde sich negativ auf die Führbarkeit von Arbeitskämpfen und das entsprechende Drohpotential in Verhandlungen mit dem Arbeitgeber auswirken. Gegen die Annahme materieller Parität zwischen einem Arbeitgeber und einer Betriebsgewerkschaft spricht zudem das erhöhte Drohpotential von angekündigten Betriebsschließungen und -verlagerungen sowie Entlassungen.[405] Informationen zur wirtschaftlichen Leistungsfähigkeit des Unternehmens und Vertretbarkeit von Tarifforderungen wären möglicherweise ungleicher verteilt – jedenfalls in Unternehmen, die nicht in den Geltungsbereich der Gesetze über die Unternehmensmitbestimmung fallen und in denen kein Wirtschaftsausschuss besteht. Die Durchsetzung der Tarifautonomie erfordert in der Praxis eine gewisse (überbetriebliche) organisatorische und personelle „Infrastruktur"[406].

Wenngleich überbetriebliche Gewerkschaften nicht notwendigerweise den Vorteil einer effektiveren Durchsetzung der Mitgliederinteressen bieten, erscheinen sie grundsätzlich besser geeignet, die „strukturelle Unterlegenheit der Arbeitnehmer" auszugleichen. Mit der Rechtsprechung[407] ist davon auszugehen, dass nur überbetrieblich organisierte Arbeitnehmervertretungen dem Schutzbereich des Artikels 9 III 1 GG unterfallen. Belegschaften können sich daher – selbst bei einer hinreichenden Stetigkeit und Freiwilligkeit des Zusammenschlusses – nicht zu Betriebsgewerkschaften zusammenschließen.

3) *Verfassungsrechtliche Grundlagen der Betriebsautonomie*

a) *Keine Gewährleistung durch Artikel 9 III GG*

Die Interessenwahrnehmung der Betriebsparteien ist grundsätzlich[408] auf die einzelnen Betriebe beschränkt und steht bereits deshalb nicht unter dem Schutz des Artikels 9 III 1 GG.

Darüber hinaus verdanken die Betriebsparteien – anders als die freiwillig gebildeten Koalitionen – ihre Existenz nicht einem Beitritt ihrer Mitglieder, sondern dem Willen des Gesetzgebers. Zwar bestehen gewisse Ähnlichkeiten der kollektiven Regelungsebenen: Sowohl die Tarifparteien, als auch die Betriebsparteien setzen Normen objektiven Rechts, wenn sie im Rahmen ihrer

---

405 Peter, in: Däubler, TVG, § 2 Rn. 51.

406 Vgl. zur Bedeutung der Mitgliederstärke und organisatorischen Leistungsfähigkeit für die Tariffähigkeit i.S.d. § 2 TVG: BAG 14.12.2010 – 1 ABR 19/10, NZA 2011, 289; 05.10.2010 – 1 ABR 88/09, NZA 2011, 300.

407 S.o.

408 Ausnahmen sind die Zuständigkeit des Gesamtbetriebsrats (§§ 47ff. BetrVG) sowie des Konzernbetriebsrats (§§ 54ff. BetrVG).

jeweiligen sachlichen und personellen Reichweite die nicht am Abschluss der kollektiven Vereinbarung beteiligten Arbeitsvertragsparteien auch für den Fall binden, dass dies nicht ihrem Willen entspricht, oder sie von der Existenz der Norm keine Kenntnis haben.[409] Darüber hinaus können nicht nur Betriebsvereinbarungen die gesamte Belegschaft, d.h. alle betriebsangehörigen Arbeitnehmer unabhängig von deren Mitgliedschaft in einer Gewerkschaft binden. Auch tarifvertragliche Bestimmungen entfalten in manchen Fällen über den Kreis der beiderseitig tarifgebundenen Arbeitsverhältnisse hinaus Wirkung, wie z.B. § 3 II TVG veranschaulicht.[410]

Aus der konkreten Ausgestaltung des Betriebsverfassungs- und Tarifvertragsrechts lassen sich aber nur bedingt Rückschlüsse auf deren verfassungsrechtliche Grundlagen ziehen. Die Normativität von Betriebsvereinbarungen beruht auf einer Entscheidung des Gesetzgebers und nicht des Verfassungsgebers. Dass der Gesetzgeber sowohl in § 4 I TVG als auch in § 77 IV BetrVG die private Rechtssetzung ausdrücklich anerkannt hat, bedeutet noch nicht, dass Tarifverträge und Betriebsvereinbarungen dieselbe verfassungsrechtliche Legitimation besitzen.[411]

b) Keine ausschließlich privatautonome Legitimation

Seit dem Urteil zum Leber-Rüthers-Kompromiss[412] erkennt das Bundesarbeitsgericht den Betriebsparteien eine umfassende, nur durch den Tarifvorbehalt des § 77 III BetrVG gesperrte Regelungsbefugnis zu.[413] An dieser Rechtsprechung wurde insbesondere kritisiert, dass die Betriebsparteien dann durch freiwillige Betriebsvereinbarungen die materiellen Arbeitsbedingungen aller betriebsangehörigen Arbeitnehmer umfassend regeln und selbst in den Kernbereich der Arbeitsverhältnisse „hineinregieren" könnten, ohne dass der Gesetzgeber eine so weitreichende Regelungsbefugnis ausdrücklich angeordnet habe.[414]

Bedenklich erscheint die Annahme einer umfassenden Rechtsetzungsmacht der Betriebsparteien nur für den Fall, dass die Rechtsetzung in die grundrechtlich gewährleistete Privatautonomie der Betriebsangehörigen eingreift und sich

409 Benrath, S. 29 m.w.N.

410 Vgl. C I 1 b aa 1).

411 Vgl. Leinemann, DB 1990, 732, 734 ff.

412 BAG 18.08.1987 - 1 ABR 30/86, BAGE 56, 18ff.

413 Seither ständige Rechtsprechung: BAG 07.11.1989 - GS 3/85, BAGE 63, 211ff.; 09.04.1991 - 1 AZR 260/92, BAGE 72, 40ff; 11.07.2000 - 1 AZR 551/99, BAGE 95, 221ff.; 12.12.2006 - 1 AZR 96/06, BAGE 120, 308ff.

414 Benrath, in: FS Adomeit, S. 63ff.; Tarifvertragliche Öffnungsklauseln, S. 27ff.; Waltermann, RdA 2007, 257, 260ff.

nicht als das Ergebnis selbstbestimmten Handelns der Arbeitsvertragsparteien darstellt. Der Streit um die Reichweite der betrieblichen Regelungsmacht berührt daher die verfassungsrechtlichen Grundlagen der Betriebsautonomie. Es stellt sich die Frage, ob die Betriebsautonomie auf die individuelle Privatautonomie der Arbeitsvertragsparteien rückführbar und durch die Artikel 12 I, 2 I GG gewährleistet ist.

Für den Arbeitgeber sind nur freiwillige Betriebsvereinbarungen privatautonom legitimiert. Im Bereich der notwendigen Mitbestimmung gemäß § 87 I BetrVG kann dagegen eine Regelung durch Anrufung der Einigungsstelle erzwungen werden. Deren Beschluss muss der Arbeitgeber gemäß § 87 II BetrVG gegen sich gelten lassen. Aus Arbeitgebersicht ist die betriebliche Rechtsetzung somit nicht generell privatautonom legitimiert. Für eine privatautonome Legitimation der betrieblichen Rechtsetzung aus Arbeitnehmersicht wurden verschiedene Begründungsmodelle entwickelt, von denen die Wichtigsten im Folgenden kurz dargestellt werden:[415]

aa) Betriebsvereinbarungen als verbandliches Satzungsrecht

Teilweise wird der privatautonome Charakter betrieblicher Rechtsetzung mit einem verbandsrechtlichen Modell begründet.[416] Das durch Zusammenwirken von Arbeitgeber- und Arbeitnehmerseite gemeinschaftlich erreichte Arbeitsergebnis eines Betriebs wird dabei als der Zweck begriffen, dem sich alle Arbeitnehmer durch ihren Eintritt in den Betrieb freiwillig unterordnen.[417] Die Regelungsmacht der Betriebsparteien diene der kollektiven Verwirklichung der Privatautonomie, die sich in dem freiwilligen Eintritt in den Betrieb manifestiert habe.[418]

Der verbandsrechtliche Begründungsansatz kann nicht überzeugen. Obwohl eine enge und ungestörte Zusammenarbeit der Arbeitsvertragsparteien die wirtschaftliche Grundlage des Arbeitsverhältnisses sichert, kann sie eine über das arbeitsvertragliche Gegenseitigkeitsverhältnis hinausgehende „rechtliche Erfolgs- und Risikogemeinschaft“[419] nicht begründen. Sonst könnte jedes Austauschverhältnis in einen „Kooperationsvertrag“[420] umgedeutet werden. In einem Arbeitsverhältnis steht – wie in jedem gegenseitigen Vertragsverhältnis – der

415 Vgl. zum Ganzen: Benrath, S. 55 ff. m.w.N.
416 Ehmann, ZRP 1996, 314, 317.
417 Benrath, S. 61.
418 Zöllner, in: FS 25 Jahre BAG, S. 745, 756.
419 Benrath, S. 62.
420 Benrath, S. 62.

Austausch der synallagmatischen Leistungspflichten, namentlich die Erbringung der Arbeitsleistung im Gegenzug zur Zahlung des Arbeitsentgelts, im Vordergrund.[421] Insoweit verfolgen die Arbeitsvertragsparteien gegenläufige Interessen: Da der Arbeitgeber grundsätzlich an einer möglichst hohen Rentabilität des Betriebs interessiert ist, besteht sein Ziel in der Senkung oder zumindest der Nichterhöhung der Produktions- und Arbeitskosten. Demgegenüber strebt der Arbeitnehmer nach einem höheren Arbeitsentgelt – in der Regel bei möglichst kurzer Arbeitszeit. Ob seine Tätigkeit den zu seiner Beschäftigung erforderlichen finanziellen Aufwand rechtfertigt, ist für seinen Entgeltanspruch zunächst irrelevant, obwohl von der Rentabilität seiner Arbeitsleistung langfristig der Bestand seines Arbeitsplatzes abhängt.[422]

Die Begründung des Arbeitsverhältnisses lässt nicht den Willen der Arbeitsvertragsparteien zum Eintritt in einen „als Rechtsgemeinschaft verstandenen Betriebsverband" schließen.[423] Der Arbeitsvertrag begründet typischerweise nur Pflichten der Arbeitsvertragsparteien untereinander und betrifft nicht ihr Verhältnis zu den übrigen Belegschaftsmitgliedern.[424]

Dies alles spricht gegen einen Verbandscharakter des Arbeitsverhältnisses und der Betriebsverfassung. Das gemeinsame Interesse der Arbeitsvertragsparteien reduziert sich regelmäßig auf die Vertragsdurchführung und den Bestand des Vertragsverhältnisses.[425] Darin liegt kein Spezifikum des Arbeitsverhältnisses. Dass sich der Arbeitnehmer durch die Begründung des Arbeitsverhältnisses freiwillig und bewusst der Regelungsmacht der Betriebsparteien unterwirft, erscheint nicht lebensnah. Oftmals wird der Betriebsrat sogar erst nach der Einstellung gegründet.

bb) Die „vertragsakzessorische" Deutung[426]

Teilweise wird eine ausschließlich privatautonome Legitimation für die betriebliche Rechtsetzung unmittelbar aus dem Arbeitsvertrag hergeleitet, ohne dass dessen synallagmatischer Charakter dadurch in Zweifel gezogen wird.[427] Nach dieser Auffassung ist die Betriebsvereinbarung „vertragsakzessorisch"[428]. Die

421 Richardi, in: FS 50 Jahre BAG, S. 1041, 1047 ff.

422 Benrath, S. 63.

423 Benrath, S. 68.

424 Waltermann, Rechtsetzung durch Betriebsvereinbarung 1996, S. 90.

425 Benrath, S. 62.

426 Vgl. Benrath, S. 69 ff.

427 Reichold, Betriebsverfassung als Sozialprivatrecht 1995, S. 542.

428 Benrath, S. 69.

Weisungsbefugnis des Arbeitgebers bedürfe einer wirksamen Kontrolle durch „Gestaltungsteilhabe", die wegen der Disparität der Arbeitsvertragsparteien auf Arbeitnehmerseite nur kollektiv verwirklicht werden könnte.[429] Der Betriebsrat begrenze lediglich die vertraglich begründete Entscheidungsmacht des Arbeitgebers, so dass gegenüber betriebsangehörigen Arbeitnehmern kein Legitimationsproblem entstehen könne.[430] Die Betriebsvereinbarung wird daher nur formell als innerbetriebliche Rechtsetzung, materiell dagegen als Vertragsrecht angesehen.[431]

Die Annahme, dass die Weisungsbefugnis des Arbeitgebers gemäß § 106 GewO regelmäßig auf dem Willen beider Vertragsparteien beruht,[432] verkennt jedoch die strukturelle Disparität der Arbeitsvertragsparteien und kann daher nicht überzeugen.[433]

cc) Ergebnis

Aus Arbeitnehmersicht ist die Betriebsautonomie nicht privatautonom legitimiert. Betriebsvereinbarungen können nicht als selbstbestimmtes Handeln qualifiziert werden. Die Rechtsetzung durch die Betriebsparteien hat für die regelungsunterworfenen Arbeitnehmer heteronomen Charakter. Die betriebsautonome Rechtssetzung kann die individuelle Privatautonomie beeinträchtigen, auch wenn sie der „gleichberechtigten Teilhabe an den die Arbeitnehmer betreffenden Angelegenheiten"[434] dient und eine Fremdbestimmung durch den Arbeitgeber begrenzen soll.[435] Im Bereich der notwendigen Mitbestimmung handelt auch der Arbeitgeber nicht selbstbestimmt, da der an sich freiwillige Abschluss einer Betriebsvereinbarung insoweit durch einen Spruch der Einigungsstelle ersetzt werden kann.

Tarifvertragssystem und gesetzliche Mitbestimmung unterscheiden sich im Hinblick auf ihre Legitimation daher fundamental: Betriebsvereinbarungen sind nicht das Ergebnis privatautonomer, sondern privatheteronomer Gestaltung.[436]

---

429 Rieble, Arbeitsmarkt und Wettbewerb 1996, Rn. 1418 ff.

430 Rieble, Arbeitsmarkt und Wettbewerb 1996, Rn. 1418 ff.

431 Reichold, S. 545.

432 Waltermann, Rechtsetzung durch Betriebsvereinbarung 1996, S. 91.

433 Birk, Die arbeitsrechtliche Leitungsmacht 1973, 62.

434 BAG 03.12.1991 – GS 2/90, BAGE 69, 134; 18.10.2011 – 1 ABR 25/10, NZA 2012, 392, 396.

435 Aksu, Die Regelungsbefugnis des Betriebsrats 2000, S. 147; Müller-Franken, Die Befugnis, S. 214 ff.

436 Raab, ZfA 2004, 371, 401 m.w.N.

Selbst wenn man – entgegen der mandatarischen Theorie – die tarifvertragliche Normwirkung nicht vollständig auf den freiwilligen Beitritt der Koalition zurückführt,[437] bildet die freiwillige Mitgliedschaft in der Koalition immerhin eine notwendige Bedingung für die Normwirkung des Tarifvertrags. Der Rechtsetzung durch Betriebsvereinbarung liegt dagegen kein „individueller privatautonomer Unterwerfungsakt" des Arbeitnehmers zugrunde.[438]

c) Betriebliche Rechtsetzung und Sozialstaatsprinzip[439]

Da sich die Betriebsautonomie nicht auf die individuelle Privatautonomie der Arbeitsvertragsparteien zurückführen lässt, stellt sich die Frage nach anderen verfassungsrechtlichen Begründungsansätzen. Das Bundesverfassungsgericht versteht die Betriebsautonomie als gesetzliche Konkretisierung des Sozialstaatsprinzips: Durch die Kompetenzzuweisung des Artikels 74 I Nr. 12 GG sei dem Bundesgesetzgeber die objektive Schutzpflicht auferlegt worden, das in den Artikeln 20 I, 28 I GG verankerte Staatsziel in den Betrieben zu verwirklichen. Diese Schutzpflicht ergebe sich aus der Schutzbedürftigkeit der Arbeitnehmer und ihrer Grundrechte aus den Artikeln 1 I, 2 I, 12 I GG.[440] Dieser Begründungsansatz ist in der Literatur[441] überwiegend auf Zustimmung gestoßen.

Selbst wenn man das Sozialstaatsprinzip als staatliches Handlungsgebot ansieht, lässt sich daraus allerdings nicht unmittelbar eine Garantie der Betriebsverfassung in der konkreten Gestalt des geltenden Betriebsverfassungsgesetzes herleiten.[442] Mit welchen konkreten Regelungen der Gesetzgeber seiner Schutzpflicht entspricht, ist anhand des Sozialstaatsprinzips nicht überprüfbar. Mit dem Bundesverfassungsgericht[443] ist davon auszugehen, dass der Gesetzgeber nicht zur Anerkennung der Mitbestimmung und betrieblichen Rechtsetzung verpflichtet ist. Allerdings kann das Sozialstaatsprinzip zur Legitimation von Grundrechtsbeschränkungen durch die betriebliche Mitbestimmung herangezogen werden.

d) Die staatliche Anerkennung der Normwirkung betrieblicher Regelungen

Die staatliche Anerkennung der betrieblichen Rechtsetzung wird wiederum zumindest durch die grundsätzliche Wertentscheidung des Verfassungsgebers,

---

437 Vgl. C I 1 a bb.

438 Waltermann, RdA 2007, 257, 262.

439 Vgl. Benrath, S. 58 ff.

440 BVerfG 26.05.1970 – 2 BvR 311/67, BVerfGE 28, 314, 324.

441 Müller-Franken, Die Befugnis 1997, S. 132 m.w.N.

442 Benrath, S. 59.

443 BVerfG 01.03.1979 – 1 BvR 532/77, BVerfGE 50, 290ff.

die in den Artikeln 74 I Nr. 12 GG und 20 I GG zum Ausdruck kommt,[444] legitimiert.[445]

Private Rechtsetzung mit Normwirkung für Dritte bedarf der Mitwirkung durch den Gesetzgeber, der allein in einer demokratischen Verfassungsordnung die Befugnis hat, privat gebildete Regeln als objektives Recht mit normativer Wirkung anzuerkennen.[446] § 77 IV BetrVG ordnet die unmittelbare und zwingende Wirkung der Betriebsvereinbarungen an, wobei die möglichen Regelungsinhalte gemäß § 77 III BetrVG i.V.m. §§ 87 I, 88 BetrVG konkretisiert werden.

Welche verfassungsrechtlichen Anforderungen der Gesetzgeber bei der Anerkennung der Rechtsetzung durch Dritte zu beachten hat, hat das Bundesverfassungsgericht in dem „Facharzt-Beschluss"[447] näher ausgeführt. Danach muss der Gesetzgeber die Erteilung der Normsetzungsbefugnis an staatliche oder nichtstaatliche Stellen grundsätzlich mit gewissen inhaltlichen Vorgaben versehen: Der Gesetzgeber dürfe „seine vornehmste Aufgabe nicht anderen Stellen innerhalb oder außerhalb der Staatsorganisation" zur freien Verfügung überlassen". Dies gelte insbesondere für Eingriffe der autonomen Rechtsetzungsorgane in den grundrechtsrelevanten Bereichen. Die Eingriffsintensität müsse umso deutlicher gesetzlich bestimmt sein, je empfindlicher die freie berufliche Betätigung dadurch beeinträchtigt werde.[448]

Der „Facharzt-Beschluss" betraf die Ermächtigung einer Ärztekammer zum Erlass von Facharztordnungen. Streitgegenständlich war damit die Satzung einer Körperschaft des öffentlichen Rechts. Das Bundesverfassungsgericht stellte explizit fest, dass es sich mit Rechtsvorschriften befasst habe, „die von einer dem Staat eingeordneten juristischen Person des öffentlichen Rechts" erlassen worden seien. Daher stellt sich die Frage nach der Übertragbarkeit der vorstehenden Rechtsprechung auf die Normsetzungsbefugnis privater Betriebsparteien.

Die privat-rechtlichen Betriebsparteien setzen ebenso Recht wie die satzungsgebenden, öffentlich-rechtlich verfassten Kammern, auf deren Rechtsvorschriften sich der Facharzt-Beschluss bezieht. Auch die Betriebsparteien bewegen sich dabei „im Rahmen der ihnen gesetzlich verliehenen Wirksamkeit für die ihnen angehörigen und unterworfenen Personen"[449]. Die allgemein

444 Waltermann, RdA 1996, 1129, 1133 m.w.N.
445 Benrath, S. 79 ff.
446 Benrath, S. 80; Kirchhof, Private Rechtsetzung 1987, S. 133 ff.
447 BVerfG 09.05.1972 – 1 BvR 518/62, 308/64, BVerfGE 33, 125ff.
448 BVerfG 09.05.1972 – 1 BvR 518/62, 308/64, BVerfGE 33, 125ff.
449 BVerfG 09.05.1972 – 1 BvR, 518/62, BVerfGE 33, 125 ff.

gehaltene Formulierung des Bundesverfassungsgerichts, dass „jede Ordnung eines Lebensbereichs durch Sätze objektiven Rechts“ auf ein Parlamentsgesetz rückführbar sein müsse, spricht für eine Übertragung der Grundsätze des „Facharzt-Beschlusses“ auf den vorliegenden Fall der Rechtssetzung durch private Dritte. Da die Betriebsparteien im Gegensatz zu den Kammerorganen keiner Staatsaufsicht unterliegen, müssten die Vorgaben des Bundesverfassungsgerichts erst recht gelten, um

> „Gefahren vorzubeugen, die der Freiheit des Einzelnen durch die Macht gesellschaftlicher Gruppen drohten“.[450]

Schließlich macht es aus Sicht des Regelungsunterworfenen im Hinblick auf die Verwirklichung ihrer individuellen Privatautonomie keinen wesensmäßigen Unterschied, ob die vom Gesetzgeber ermöglichte außerparlamentarische Rechtsetzung privatrechtlichen oder öffentlich-rechtlichen Charakter hat. In beiden Fällen wird die individuelle Privatautonomie beeinträchtigt. Von der Übertragbarkeit des „Facharzt-Beschlusses“ auf die betriebliche Rechtsetzung ist somit auszugehen. Der Geltungsgrund der betrieblichen Regelungen liegt in der Anerkennung der privaten Normsetzung durch den Gesetzgeber.

e) Zwischenergebnis

Wenngleich sich die Betriebsautonomie nicht aus Artikel 9 III 1 GG herleiten lässt, wird sie zumindest von der grundgesetzlichen Werteordnung getragen. Die Koalitionsfreiheit verleiht den Koalitionen ein Normsetzungsrecht, aber kein Normsetzungsmonopol.[451] Die Betriebsverfassung wird als Gegenstand der konkurrierenden Gesetzgebung in Artikel 74 I Nr. 12 GG ausdrücklich genannt. In Verbindung mit dem Sozialstaatsprinzip liegt darin eine Wertentscheidung des Verfassungsgebers,[452] wobei ein unmittelbar aus den Grundrechten der Arbeitnehmer oder aus Artikel 74 I Nr. 12 GG abzuleitender Verfassungsauftrag zur Anerkennung der betrieblichen Rechtsetzung jedoch nicht besteht.[453] Die Wertentscheidung kann eine völlige Austauschbarkeit von Tarifvertrag und Betriebsvereinbarung nicht begründen. Die alleinige Rückführbarkeit der tarifvertraglichen Normwirkung auf die verfassungsrechtlich verbürgte Tarifautonomie des Artikels 9 III GG spricht für weitergehende Regelungsbefugnisse der Tarifparteien im Verhältnis zu den Betriebsparteien.

450 Vgl. Benrath, S. 82 m.w.N.

451 BVerfG 24.04.1996 – 1 BvR 712/86, BVerfGE 94, 268, 284; Höfling, JZ 2000, 44, 46.

452 Waltermann, RdA 1996, 1129, 1133 m.w.N.

453 BVerfG 01.03.1979 – 1 BvR 532/77, BVerfGE 50, 290ff.

4) Ergebnis
Artikel 9 III 1 GG schützt als Doppelgrundrecht nicht nur die individuelle, sondern auch die kollektive Koalitionsfreiheit, ohne dass es eines Rückgriffs auf Artikel 19 III GG bedarf. Die Freiwilligkeit des Zusammenschlusses, die Überbetrieblichkeit und die Gegnerunabhängigkeit und -freiheit einer Vereinigung sind Voraussetzungen für deren Anerkennung als durch Artikel 9 III 1 GG geschützte Koalition. Die betriebliche Mitbestimmung und Rechtsetzung wird zwar von der verfassungsrechtlichen Werteordnung getragen, ist aber nicht unmittelbar verfassungsrechtlich geschützt.

bb. Die Normsetzungsbefugnis als Teil der verfassungsrechtlich geschützten Tarifautonomie

1) Artikel 9 III 1 GG als Betätigungsgarantie
Nach der ständigen Rechtsprechung des Bundesverfassungsgerichts[454] schützt Artikel 9 III 1 GG die Koalitionen „in ihrem Bestand, ihrer organisatorischen Ausgestaltung und ihrer Betätigung, soweit diese gerade in der Förderung der Arbeits- und Wirtschaftsbedingungen besteht".[455] Das Bundesverfassungsgericht sieht die Betätigungsfreiheit insoweit als geschützt an, als „diese gerade in der Förderung der Arbeits- und Wirtschaftsbedingungen besteht"[456].

> „Das Grundrecht der Koalitionsfreiheit betrifft nicht nur den Zusammenschluss als solchen, sondern den Zusammenschluss zu einem bestimmten Gesamtzweck, nämlich zu einer aktiven Wahrnehmung der Arbeitgeber- bzw. Arbeitnehmerinteressen."[457]

Die kollektive Koalitionsfreiheit sei nur dann sinnvoll, wenn die Rechtsordnung den Koalitionen die Möglichkeit eröffne, durch spezifisch koalitionsmäßige Betätigungen die in Artikel 9 III 1 GG genannten Zwecke, nämlich die Wahrung und Förderung der Arbeits- und Wirtschaftsbedingungen, zu verfolgen.[458] Das

---

454 BVerfG 14.04.1964 – 2 BvR 69/02, BVerfGE 17, 319, 333; 06.05.1964 – 1 BvR 79/62, BVerfGE 18, 18, 26; 19.10.1966 – 1 BvL 24/65, BVerfGE 20, 312, 319f.; 01.03.1979 – 1 BvR 532/77, BVerfGE 50, 290, 367; 15.07.1980 – 1 BvR 24/74, BVerfGE 55, 7, 21; 17.02.1981 – 2 BvR 384/78, BVerfGE 57, 220, 245; 05.12.1995 – 1 BvR 2011/94, BVerfGE 93, 352, 357; 27.04.1999 – 1 BvR 2203/93, BVerfGE 100, 271, 282; 03.04.2001 – 1 BvL 32/97, BVerfGE 103, 293, 304.

455 BVerfG 26.06.1991 – 1 BvR 779/85, BVerfGE 84, 212, 224.

456 BVerfG 26.06.1991 – 1 BvR 779/85, BVerfGE 84, 212, 224.

457 BVerfG 18.11.1954 – 1 BvR 629/52, BVerfGE 4, 96, 106.

458 BVerfG 14.04.1964 – 2 BvR 69/02, BVerfGE 17, 319, 333; 06.05.1964 – 1 BvR 79/62, BVerfGE 18, 18, 26; 19.10.1966 – 1 BvL 24/65, BVerfGE 20, 312, 319f.; 01.03.1979 – 1 BvR 532/77, BVerfGE 50, 290, 367; 15.07.1980 – 1 BvR 24/74, BVerfGE 55, 7, 21;

Bundesarbeitsgericht hat sich dieser verfassungsgerichtlichen Rechtsprechung im Jahr 1967 angeschlossen.[459]

Auch die herrschende Literatur[460] erstreckt die kollektive Koalitionsfreiheit auf die Betätigungsgarantie: Artikel 9 III 1 GG schütze nicht nur die Existenz, sondern auch die freie Betätigung der Koalitionen. Die Gegenansicht[461], die vor allem in der Nachkriegszeit vertreten wurde und die Betätigungsfreiheit als nicht von Artikel 9 III 1 GG geschützt ansah, konnte sich nicht durchsetzen.

Zuzugeben ist dieser Ansicht immerhin, dass sich der Wortlaut des Artikels 9 III 1 GG nur auf die freie Bildung der Koalitionen bezieht. Zudem könnte Artikel 9 III 2 GG, der die Koalitionsfreiheit beschränkende oder behindernde Abreden und hierauf gerichtete Maßnahmen für nichtig erklärt, als Indiz zu verstehen sein, dass die Betätigungsfreiheit nicht bereits von Artikel 9 IIII 1 GG erfasst wird.[462] Sonst liefe das Verbot beschränkender Abreden und Maßnahmen möglicherweise leer. Diese Indizwirkung darf allerdings nicht überbewertet werden, da keine Einigkeit darüber besteht, ob die kollektive Koalitionsfreiheit Gegenstand der unmittelbaren Drittwirklung des Artikels 9 III 2 GG ist.[463]

Nach dem Bundesverfassungsgericht spricht Artikel 9 III 3 GG für die Teilhabe der Arbeitskampffreiheit an der kollektiven Koalitionsfreiheit.[464] Da die Arbeitskampffreiheit zentraler Bestandteil der koalitionsmäßigen Betätigung sei, könnte sich aus Artikel 9 III 3 GG ein Begründungsansatz für eine Betätigungsgarantie der Koalitionen ergeben.[465] Teilweise wird sogar vertreten, dass sich eine „überzeugende Begründung" dafür, die Betätigungsfreiheit der Koalitionen als Schutzgut dem Artikel 9 III GG zuzuordnen, nur auf dessen Satz 3 stützen lasse.[466]

Gegen die Herleitung einer Betätigungsgarantie aus Artikel 9 III 3 GG wird vorgebracht, dass die Norm erst im Jahr 1968 in Rahmen der Notstandsgesetze

---

17.02.1981 - 2 BvR 384/78, BVerfGE 57, 220, 245; 05.12.1995 - 1 BvR 2011/94, BVerfGE 93, 352, 357.

459 BAG 14.02.1967 - 1 AZR 494/65, BAGE 19, 217, 221.

460 Battis/Gusy, Staatsrecht, Rn. 428; Däubler, in: Däubler, TVG, Einleitung, Rn. 73; Dieterich, AuR 2001, 290; Scholz, in: Maunz/Dürig, Art. 9, Rn. 21.

461 Burkiczak, S. 296ff.; Erdmann, in: FS Sitzler, S. 43, 51; Lenz, Vorbehaltlose Grundrechte, S. 253ff.; Ney, Tarifautonomie, S. 67.

462 Lenz, Vorbehaltlose Grundrechte, S. 257f.

463 Höfling/ Burkiczak, RdA 2004, 268f.

464 BVerfG 26.06.1991 - 1 BvR 779/85, BVerfGE 84, 212, 225.

465 BVerfG 26.06.1991 1 BvR 779/85, BVerfGE 84, 212, 225.

466 Ipsen, Grundrechte, Rn. 662.

in dem Verfassungstext ergänzt worden sei, und das Ziel des verfassungsändernden Gesetzgebers nicht in einer Veränderung des Gewährleistungsgehaltes der kollektiven Koalitionsfreiheit bestanden habe.[467] In der Tat sollte sich – ausweislich der Gesetzesbegründung – an der Beurteilung der Zulässigkeit von Arbeitskämpfen und dem Schutzbereich der Koalitionsfreiheit nichts ändern,[468] sondern lediglich „die Gewährleistung des bisherigen Rechtszustands"[469] unter Notstandsregimen abgesichert werden. Ursprünglich sollten die Arbeitskämpfe in einem neu zu schaffenden Artikel 91 IV GG, d.h. sogar außerhalb des Grundrechtekatalogs geschützt werden.[470] Durch die Aufnahme dieser Regelung in den Grundrechtekatalog sollten Vorbehalte der Gewerkschaften gegen die Notstandsgesetzgebung beseitigt, und die Zustimmung der Sozialdemokraten sichergestellt werden.[471] Daher könnte man annehmen, dass sich aus Artikel 9 III 3 GG und dessen Entstehungsgeschichte keine Hinweise auf die Reichweite der Betätigungsfreiheit ergeben.

Mangels entgegen stehender Anhaltspunkte muss jedoch davon ausgegangen werden, dass der Gesetzgeber unter dem „bisherigen Rechtszustand"[472] die damals herrschende Auffassung über den Gewährleistungsinhalt der kollektiven Koalitionsfreiheit verstand und insbesondere die damalige Rechtsprechung des Bundesverfassungsgerichts berücksichtigte.[473] Dass die Betätigungsfreiheit der Koalitionen von Artikel 9 III 1 GG grundsätzlich geschützt sei, war bereits im Jahr 1968 ständige Rechtsprechung[474] und entsprach der herrschenden Lehre.[475] Somit kann unterstellt werden, dass der verfassungsändernde Gesetzgeber die Teilhabe der Betätigungsfreiheit an der Gewährleistung des Artikels 9 III 1 GG bestätigen wollte.

Gegen den Schutz der Betätigungsfreiheit durch Artikel 9 III GG wird weiterhin ein Vergleich der Koalitionsfreiheit mit der Vereinigungsfreiheit gemäß

---

467 Vgl. C I 1a.

468 Bericht des Rechtsausschusses des Deutschen Bundestags, BT-Drucksache 5/2873, S. 3.

469 BT-Drucksache 5/2873, S. 3.

470 BT-Drucksache 5/2873, S. 21.

471 Burkiczak, S. 46.

472 BT-Drucksache 5/2873, S. 3.

473 Drohsel, S. 38.

474 BVerfG18.11.1954 – 1 BvR 629/52, BVerfGE 4, 96, 101, 106; 14.04.1964 – 2 BvR 69/02, BVerfGE 17, 319, 333; 06.05.1964 – 1 BvR 79/62, BVerfGE 18, 18, 26; 19.10.1966 – 1 BvL 24/65, BVerfGE 20, 312, 319f.; 19.02.1975 – 1 BvR 418/71, BVerfGE 38, 386, 393.

475 Richardi, AöR 1968, 262 m.w.N.

Artikel 9 I GG angeführt.[476] Für die Betätigung der Koalitionen müsse das Gleiche gelten wie für die Betätigung des bürgerlich-rechtlichen bzw. handelsrechtlichen Vereins, „nämlich, dass der einschlägige verfassungsrechtliche Schutz derjenige der allgemeinen Handlungsfreiheit nach Artikel 2 I GG“ sei. Ausnahmen seien „nur für die Betätigungen zu machen, ohne die der gebildeten Koalition eine Existenz gemäß ihrem historisch gewordenen Sinn nicht möglich“ sei. Ein „Leerlauf der Koalitionsbildungsfreiheit“ sei dann „nicht mehr zu befürchten.“[477]

Nach der ständigen Rechtsprechung des Bundesverfassungsgerichts[478] und der herrschenden Literatur[479] schützt auch Artikel 9 I GG nur die innere Betätigung des Vereins sowie den vereinssichernden Außenkontakt der Mitglieder in Form von Mitgliederwerbung und Selbstdarstellung. Einen umfassenderen Schutz erfordere die Vereinigungsfreiheit nicht, da die einzelnen Handlungsweisen durch die jeweils maßgeblichen Grundrechte – ggf. in Verbindung mit Artikel 19 III GG – geschützt seien.[480] Über Artikel 9 I GG sei dem Vereinszweck kein weitergehender Schutz zugewiesen als dem Zweck, den das Individuum durch seine Handlung verfolge.[481] Darin liegt jedoch gerade der Unterschied zu Artikel 9 III 1 GG, welcher den Koalitionen den besonderen Zweck der „Wahrung und Förderung der Arbeits- und Wirtschaftsbedingungen“ zuweist.[482] Nach der Rechtsprechung des Bundesverfassungsgerichts kommt den Koalitionen die Funktion zu, die strukturelle Unterlegenheit der einzelnen Arbeitnehmer durch kollektives Handeln auszugleichen und ein annähernd gleichgewichtiges Aushandeln der Lohn- und Arbeitsbedingungen zu ermöglichen.[483] Die Koalitionen dienen damit der Verwirklichung der Privatautonomie, die Koalitionsmitglieder nicht individuell verwirklichen können. Dieser Funktionszusammenhang rechtfertigt eine im Vergleich zu Artikel 9 I GG weitergehende Schutzwirkung der kollektiven Koalitionsfreiheit.

---

476 Burkiczak, S. 306f.; Reuter, ZfA 1995, 1ff.

477 Reuter, ZfA 1995, 1, 19f.

478 BVerfG 01.03.1979 – 1 BvR 532/77, BVerfGE 50, 290, 354; 14.05.1985 – 1 BvR 449/82, BVerfGE 70, 1, 25; 15.06.1989 – 2 BvL 4/87, BVerfGE 80, 244, 253; 09.10.1991 – 1 BvR 397/87, BVerfGE 84, 372, 378.

479 Bauer, in Dreier: GG I, Art. 9 Rn. 45; Höfling, in: Sachs, GG, Art. 9, Rn. 19.

480 BVerfG 01.07.1980 – 1 BvR 247/75, BVerfGE 54, 237, 251; 14.05.1985 – 1 BvR 449/82, BVerfGE 70, 1, 25; Bauer, in: Dreier, GG I, Art. 9 Rn. 45; Löwer, in: von Münch/Kunig, GG, Art. 9, Rn. 16.

481 BVerfG 14.05.1985 – 1 BvR 449/82, BVerfGE 70, 1, 25; Höfling, in: Sachs, Art. 9 Rn. 19.

482 Drohsel, S. 39f.

483 BVerfG 26.06.1991 – 1 BvR 779/85, BVerfGE 84, 212, 229.

Gegen eine Garantie der koalitionsmäßigen Betätigung werden weiterhin systematische Bedenken angeführt.[484] Würde Artikel 9 III 1 GG auch die Betätigung der Koalitionen schützen, ergäbe die Anordnung der unmittelbaren Drittwirkung gemäß Satz 2 keinen Sinn.[485] Nach Artikel 9 III 2 GG sind „Abreden, die dieses Recht einschränken oder zu behindern suchen, [...] nichtig, hierauf gerichtete Maßnahmen rechtswidrig". Nach der arbeitsgerichtlichen Rechtsprechung erstreckt sich auch Satz 2 auf die kollektive Betätigungsfreiheit.[486] Dies hätte zur Folge, dass Maßnahmen, die für die kollektive Betätigung der Koalitionen von zentraler Bedeutung sind, verboten wären: Im Bereich der Tarifautonomie und des Arbeitskampfes sind nämlich kaum Abreden denkbar, die nicht nach Artikel 9 III 2 GG rechtswidrig wären.[487] Die Freiheit der koalitionsmäßigen Auseinandersetzung würde dadurch neutralisiert.[488]

Meinungen[489], die diesen Konflikt durch eine Einschränkung des Anwendungsbereichs des Satzes 2 zu lösen versuchen, überzeugen nicht. Würde man die Anordnung der unmittelbaren Drittwirkung auf die individuelle Koalitionsfreiheit reduzieren,[490] wäre die kollektive Koalitionsfreiheit umfassender als die individuelle Koalitionsfreiheit geschützt, obwohl sie gerade auch deren Verwirklichung dient.[491] Der scheinbare Widerspruch zwischen den Sätzen 1 und 2 kann allerdings dadurch aufgelöst werden, dass man das Verbot des Satzes 2 nur auf solche Abreden und Maßnahmen bezieht, die darauf gerichtet sind, der Gegenseite das Recht auf die Verwirklichung der Tarifautonomie abzusprechen und gänzlich zu verwehren.[492] Dadurch würde – wenngleich unter Inkaufnahme gewisser Abgrenzungsprobleme – dem Umstand Rechnung getragen, dass die Maßnahmen der sozialen Gegenspieler zwangsläufig darauf gerichtet sind, die Handlung des jeweils Anderen zu beeinflussen und zu beeinträchtigen.

Auch die geschichtliche Entwicklung ist kein Argument gegen die Anerkennung einer Betätigungsgarantie. Zwar fand Artikel 165 WRV, der von der

---

484 Vgl. zum Ganzen: Drohsel, S. 34ff.

485 Höfling/ Burkiczak, RdA 2004, 263, 268.

486 BAG 19.12.1991 – 2 AZR 363/91, BAGE 91, 210, 224; ArbG Frankfurt/Main 28.10.1996 – 1 Ca 6331/96, NZA 1996, 1340, 1341.

487 Lenz, Vorbehaltlose Grundrechte, S. 258.

488 Höfling/Burkiczak, RdA 2004, 263, 269.

489 Höfling/Burkiczak, RdA 2004, 263, 270ff.; Reuter, JuS 1986, 19.

490 Vgl. Vertrag über die Schaffung der Währung-, Wirtschafts- und Sozialunion zwischen der BRD und der DDR vom 18.05.1990, BGBl. 1990 II, S. 545.

491 Drohsel, S. 29.

492 Drohsel, S. 36.

gleichberechtigten „Regelung der Lohn- und Arbeitsbedingungen sowie [...] der gesamten wirtschaftlichen Entwicklung der produktiven Kräfte" mit den Unternehmern spricht, keine Entsprechung im Grundgesetz.[493] Den Beratungen des Parlamentarischen Rates lässt sich allerdings nicht entnehmen, dass der grundsätzliche Schutz der koalitionsmäßigen Betätigung der Koalitionen unter der Geltung des Grundgesetzes durch den Verzicht auf eine an Artikel 165 WRV anknüpfende Regelung entfallen sollte.[494] Der Verfassungsgeber hat die Betätigungsgarantie wohl nicht bedacht.[495]

Das Bundesverfassungsgericht ist der Auffassung, dass die Gewährleistung der Koalitionsfreiheit nur dann einen Sinn ergebe, wenn auch die koalitionsmäßige Betätigung geschützt sei.[496] Dieser Auffassung ist beizupflichten. Tatsächlich würde der Schutzzweck der Koalitionen, die strukturelle Unterlegenheit der Arbeitnehmer durch kollektives Handeln auszugleichen, verfehlt, wenn nicht auch die Aktivitäten, welche die Verwirklichung dieses Schutzzwecks erfordert, verfassungsrechtlich geschützt wären.[497] Dass die Koalitionen – ihre verfassungsrechtlich geschützte freie Gründung vorausgesetzt – aus sich selbst heraus so stark sind, dass sie hinsichtlich ihrer Betätigung nicht des Schutzes des Artikels 9 III 1 GG bedürfen,[498] kann nicht pauschal unterstellt werden. Insbesondere in ihrer Gründungsphase dürften Koalitionen grundsätzlich auf publikumswirksame Handlungen angewiesen sein, um ihre Daseinsberechtigung unter Beweis zu stellen und sich eine hinreichende Mitgliederbasis zu sichern. Wären sie in diesem Stadium nicht vor Verletzungen ihrer Betätigungsfreiheit geschützt, bestünde die Gefahr, dass sie sich nicht behaupten können. Eine Beeinträchtigung ihrer Betätigung bliebe somit nicht ohne Auswirkung auf ihren Bestand.[499] Dieses Beispiel verdeutlicht den engen Zusammenhang zwischen der Gründungs- und der Betätigungsfreiheit der Koalitionen.

Koalitionen müssen sich möglichst ungehindert betätigen können, damit ein Anreiz für die Mitgliedschaft in der Koalition besteht. Eine teleologische Auslegung des Artikels 9 III 1 GG verlangt daher die Ausdehnung des sachlichen Schutzbereichs der kollektiven Koalitionsfreiheit auf die Betätigungsfreiheit. Die

---

493 Vgl. I 1 a aa.

494 Vgl. C I 1 a aa.

495 Ossenbühl/ Cornils, Tarifautonomie, S. 53.

496 BVerfG 14.04.1964 – 2 BvR 69/02, BVerfGE 17, 319, 333; 06.05.1964 – 1 BvR 79/62, BVerfGE 18, 18, 26; 19.10.1966 – 1 BvL 24/65, BVerfGE 20, 312, 319f.

497 So auch Zöllner, AöR 1973, 85.

498 Lenz, Vorbehaltlose Grundrechte, S. 260.

499 Drohsel, S. 42

Betätigungsgarantie folgt – anders als unter Geltung der Weimarer Reichsverfassung – aus der Aufnahme des Vereinigungszwecks in den Schutzbereich des Grundrechts.[500] Zwar normierte der wortgleiche Artikel 159 WRV trotz dieser Formulierung nach herrschender Meinung nur ein Individualgrundrecht.[501] Die Koalitionsfreiheit ist allerdings ein „entwicklungsoffenes Grundrecht"[502], dessen Gewährleistungsgehalt Anpassungen und Erweiterungen aufgrund der rechtstatsächlichen Entwicklung grundsätzlich zugänglich ist. Die Bedeutung des Verfassungstextes kann sich im Laufe der Zeit verändern.

Selbst wenn man „eine Funktions- bzw. Betätigungsgarantie weder im Wortlaut, noch in der Exegese" des Artikels 9 III 1 GG feststellen kann, sollte die Betätigungsgarantie jedenfalls aufgrund ihres engen Funktionszusammenhangs mit der Gründungsfreiheit anerkannt werden.[503]

2) Der Umfang der Betätigungsgarantie im Allgemeinen

Nach früherer Rechtsprechung des Bundesverfassungsgerichts gewährleistete Artikel 9 III 1 GG die Betätigungsfreiheit der Koalitionen nur innerhalb eines „Kernbereichs"[504], der mithilfe eines „Unerlässlichkeitskriteriums"[505], eines „Abwägungskriteriums"[506] oder einer Kombination aus beiden Kriterien[507] bestimmt wurde. Das Bundesverfassungsgericht nahm – wohl vor dem Hintergrund der vorbehaltlosen Gewährleistung des Artikels 9 III 1 GG – somit bereits auf der Ebene des Schutzbereichs Beschränkungen vor, die sich erst aus einer Abwägung mit anderen verfassungsrechtlich geschützten Rechtsgütern ergeben. Es sollten lediglich Betätigungen geschützt sein, die „für die Sicherung und Erhaltung einer Koalition unerlässlich" sind[508] oder dem Schutzzweck der Koalitionsfreiheit dienen, es sei denn die Beschränkung sei zum Schutz anderer

---

500 BVerfG 26.06.1991 – 1 BvR 779/85, BVerfGE 84, 212, 224.

501 Vgl. C I 1 a aa.; a.A. Burkiczak, S. 298.

502 Drohsel, S. 145; Höfling, in: Sachs, Artikel 9 Rn. 55.

503 Henssler, ZfA 1998, 1, 3, der allerdings für ein abgestuftes Schutzkonzept plädiert.

504 BVerfG 26.05.1970 – 2 BvR 664/65, BVerfGE 28, 295, 304f.

505 BVerfG 14.04.1964 – 2 BvR 69/02, BVerfGE 17, 319, 333; 30.11.1965 – 2 BvR 54/62, BVerfGE 19, 303, 321; 18.12.1974 – 1 BvR 430/65, BVerfGE 38, 281, 305; 01.03.1979 – 1 BvR 532/77, BVerfGE 50, 290, 369; 20.10.1981 – 1 BvR 404/78, BVerfGE 58, 233, 247; 01.10.1987 – 2 BvR 1178/86, BVerfGE 77, 1, 63.

506 BVerfG 26.05.1970 – 2 BvR 664/65, BVerfGE 28, 295, 306; 17.02.1981 – 2 BvR 384/78, BVerfGE 57, 220, 246.

507 BVerfG 26.05.1970 – 2 BvR 664/65, BVerfGE 28, 295, 306; 17.02.1981 – 2 BvR 384/78, BVerfGE 57, 220, 246.

508 BVerfG 01.10.1987 – 2 BvR 1178/86, BVerfGE 77, 1, 63.

Rechtsgüter erforderlich[509]. Die Erforderlichkeit und Angemessenheit einer Grundrechtsbeschränkung sind aber Bestandteile des Verhältnismäßigkeitsprinzips, dessen Einhaltung grundsätzlich nicht bereits auf der Ebene der Schutzbereichseröffnung geprüft wird.

Neben dieser „dogmatischen Unschärfe"[510] wurde an der Rechtsprechung kritisiert, dass eine Beschränkung des Schutzbereichs auf „unerlässliche" Betätigungen die Koalitionen staatlicher Fremdbestimmung aussetzen würde. Wann eine Betätigung für den Bestand einer Koalition unerlässlich wäre, entschieden nämlich die Gerichte.[511]

Mittlerweile zieht das Bundesverfassungsgericht die Grenzen der Betätigungsfreiheit erheblich weiter und erstreckt den Schutzbereich des Artikels 9 III GG auf alle als koalitionsspezifisch zu bewertenden Tätigkeiten. Dagegen wird die Unerlässlichkeit einer Betätigung als Kriterium für die Beurteilung der Zulässigkeit von Einschränkungen angesehen.[512] Die Aufgabe der früheren Rechtsprechung[513] ist zu begrüßen.

Der Umfang der Betätigungsgarantie hat sich zunächst an dem Wortlaut der Norm zu orientieren, der für eine weites Verständnis des Schutzbereichs spricht.[514] Artikel 9 III 1 GG nennt als Betätigungsfeld der Koalitionen „die Wahrung und Förderung der Arbeits- und Wirtschaftsbedingungen". Der Verfassungsgeber hat dieses Begriffspaar als „blankettartige Umschreibung des Koalitionszwecks" bewusst weit gefasst,[515] da sich das Grundgesetz zu einer offenen Gesellschaftsordnung bekennen sollte, und man keine konkreten verfassungsrechtlichen Grundsätze zur Gestaltung des Wirtschaftslebens normieren wollte.[516] Daher

---

509 BVerfG 17.02.1981 - 2 BvR 384/78, BVerfGE 57, 220, 246.

510 Bauer, in: Dreier, Artikel 9 Rn. 85; Höfling, in: Sachs, Artikel 9 Rn. 72; Scholz, in: Maunz/Dürig, Artikel 9 Rn. 249.

511 Kempen, in: Kempen/Zachert, TVG, Grundlagen, Rn. 113.

512 BVerfG 05.12.1995 - 1 BvR 2011/94, BVerfGE 93, 352, 358ff.; 24.04.1996 - 1 BvR 712/86, BVerfGE 94, 268, 283ff.; 24.02.1999 - 1 BvR 123/93, BVerfGE 100, 214, 221f.; 27.04.1999 - 1 BvR 2203/93, BVerfGE 100, 271, 282; 03.04.2001 - 1 BvL 32/97, BVerfGE 103, 293, 304.

513 Höfling, in: Sachs, Artikel 9 Rn. 75. Das BVerfG spricht dagegen lediglich von einer „Klarstellung" (BVerfG 14.11.1995 - 1 BvR 601/92, BVerfGE 93, 352, 360).

514 Vgl. BVerfG 21.12.1977 - 1 BvL 1/75, BVerfGE 47, 46, 82; 14.07.1981 - 1 BvL 28/77, BVerfGE 57, 361, 388; 09.02.1982 - 1 BvR 799/78, BVerfGE 59, 330, 334; 20.10.1992 - 1 BvR 698/89, BVerfGE 87, 209, 224.

515 Scholz, in: Maunz/ Dürig, GG, Art. 9 Rn. 259.

516 BVerfG 01. 3. 1979 - 1 BvR 532, 77, BVerfGE 50, 290, 322.

musste der Koalitionsfreiheit „ein hohes Maß entwicklungspolitischer Offenheit" zukommen.[517]

Nach der „neuen"[518] Rechtsprechung des Bundesverfassungsgerichts ist das Betätigungsfeld der Koalitionen aber weit zu verstehen: So soll die mittelbare Wirkung eines kollektives Handelns für die Arbeits- und Wirtschaftsbedingungen für eine Zuordnung genügen und daher verfassungsrechtlichen Schutz genießen.[519]

Die herrschende Literatur[520] sieht in der Einbeziehung der Wirtschaftsbedingungen in das Betätigungsfeld der Koalitionen eine Erweiterung gegenüber der Formulierung „Lohn- und Arbeitsbedingungen" des früheren § 152 RGewO. Überwiegend wird das Begriffspaar „Arbeits- und Wirtschaftsbedingungen" als Einheit begriffen.[521] Beide bildeten eine „funktionale Einheit der sozialen und wirtschaftlichen Belange des Arbeitslebens"[522]. Dieser Ansicht scheint auch das Bundesverfassungsgericht zu sein, das von einer „autonomen bzw. sinnvollen Ordnung des Arbeitslebens" spricht.[523] Dadurch wird das Betätigungsfeld der Koalitionen nicht auf rein arbeitsrechtliche Fragen, d.h. die Regelung materieller Arbeitsbedingungen beschränkt.[524] Anders als in Artikel 74 I Nr. 12 GG spricht der Verfassungsgeber in Artikel 9 III 1 GG gerade nicht von „Arbeitsrecht".

Allerdings sollen die Koalitionen kein „allgemeinpolitisches Mandat" wahrnehmen.[525] Auf rein unternehmerische Fragen darf die Betätigungsgarantie nicht erstreckt werden.[526] Dies folge aus dem Gebot praktischer Konkordanz der Koalitionsfreiheit mit der durch Artikel 12 I GG geschützten Unternehmerfreiheit.[527]

---

517 BVerfG 16.03.1971 - 1 BvR 52/66, BVerfGE 30, 292, 317 ff.

518 Das BVerfG spricht lediglich von einer „Klarstellung" (BVerfG 14.11.1995 - 1 BvR 601/92, BVerfGE 93, 352, 360).

519 BVerfG 26.05.1970 - 2 BvR 664/65, BVerfGE 28, 295, 305; zustimmend: Säcker/Oetker, Tarifautonomie, S. 45.

520 Friese, Koalitionsfreiheit, S. 241; Löwer, in: von Münch/Kunig, Art. 9 Rn. 69.

521 Löwer, in: von Münch/Kunig, Art. 9 Rn. 72; Scholz, in: Maunz/Dürig, Art. 9 Rn. 257.

522 Dieterich, RdA 2002, 1, 9; Kempen, in: Kempen/Zachert, TVG, Grundlagen Rn. 108; Wiedemann, FS Riesenfeld, S. 301, 302.

523 BVerfG 18.11.1954 - 1 BvR 629/52, BVerfGE 4, 96, 107; 19.10.1966 - 1 BvL 24, 65, BVerfGE 20, 312, 317; 24.05.1977 - 2 BvL 11/74, BVerfGE 44, 322, 341ff.; 01.03.1979 - 1 BvR 532/77, BVerfGE 50, 290, 372; 20.10.1981 - 1 BvR 404/78, BVerfGE 58, 233, 247.

524 Säcker/Oetker, Tarifautonomie, S. 53.

525 Höfling, in: Sachs, Artikel 9 Rn. 54ff.; Säcker/Oetker, Tarifautonomie, S. 50f.

526 Dieterich, RdA 2002, 1, 9.

527 Hanau/Thüsing, ZTR 2001, 1, 3ff.; Wiedemann, in Wiedemann, TVG, Einleitung Rn. 98ff.

Wenngleich eine abschließende Definition des Begriffspaars der Arbeits- und Wirtschaftsbedingungen nicht möglich erscheint, kann der Bedeutungsgehalt wie folgt umrissen werden: Der Begriff „Arbeitsbedingungen" betrifft das Arbeitsverhältnis als solches, während der Begriff „Wirtschaftsbedingungen" darüber hinaus Fragen wirtschafts- und sozialpolitischen Charakters umfasst, die mit dem Arbeitsverhältnis in Zusammenhang stehen.[528]

3) Der Schutz der Tarifautonomie im Besonderen

Unter Tarifautonomie wird allgemein die Befugnis zum Abschluss von Tarifverträgen verstanden.[529] Tarifautonomie bedeutet somit Tarifvertragsfreiheit.[530]

> „Tarifverträge sind schriftliche Verträge zwischen einer oder mehreren Gewerkschaften auf der einen und einem oder mehreren Arbeitgebern auf der anderen Seite, in welchen die arbeitsrechtlichen Pflichten und Rechte der Tarifvertragsparteien geregelt und Normen über Abschluss, Inhalt und Beendigung von Arbeitsverhältnissen sowie über betriebliche, betriebsverfassungsrechtliche und gemeinsame Einrichtungen betreffende Fragen festgesetzt werden."[531]

Die Tarifautonomie umfasst somit insbesondere die Regelung des Arbeitsentgelts und die sonstigen materiellen Arbeitsbedingungen.[532]

Nach der ständigen Rechtsprechung des Bundesverfassungsgerichts erstreckt sich die von Artikel 9 III 1 GG geschützte Betätigungsgarantie auf die Tarifautonomie.[533] Der Abschluss von Tarifverträgen für alle bei den Gewerkschaften organisierten Arbeitnehmer sei ein zentraler Bestandteil der gewerkschaftlichen Koalitionsfreiheit.[534]

Dieser Rechtsprechung folgt die herrschende Literatur,[535] nach der die kollektive Koalitionsfreiheit dem Abschluss von Tarifverträgen zur Regelung von

---

528 Höfling, in: Sachs, Art. 9 Rn. 54; Säcker/Oetker, Tarifautonomie, S. 30ff.

529 BVerfG 10.01.1995 – 1 BvF 1/90, BVerfGE 92, 26, 38; 03.04.2001 – 1 BvL 32/97, BVerfGE 103, 293, 304; Gneiting, in: Umbach/Clemens, Art. 9 Rn. 112.

530 BAGE 87, 1, 4; 88, 118, 123; 88, 162, 168; 95, 277, 285; Dieterich, in: FS Wiedemann, S. 229, 242, 246.

531 Hueck/Nipperdey, Arbeitsrecht II/1, S. 202f.

532 BVerfG 27.04.1999 – 1 BvR 2203/93, BVerfGE 100, 271, 282; 03.04.2001 – 1 BvL 32/97, BVerfGE 103, 293, 304.

533 BVerfG 18.11.1954 – 1 BvR 629/52, BVerfGE 4, 96, 106; 06.05.1964 – 1 BvR 79/62, BVerfGE 18, 18, 28; 26.06.1991 – 1 BvR 779/85, BVerfGE 84, 212, 224; 27.04.1999 – 1 BvR 2203/93, BVerfGE 100, 271, 282; 03.04.2001 – 1 BvL 32/97, BVerfGE 103, 293, 304.

534 BVerfG 04.07.1995 – 1 BvF 2/86, BVerfGE 92, 365, 394.

535 Battis/Gusy, Staatsrecht, Rn. 430; Bauer, in: Dreier, Art. 9 Rn. 82.

Löhnen und Gehältern sowie sonstigen Arbeitsbedingungen dient.[536] Der Tarifautonomie wird auch eine Verteilungsfunktion beigemessen:[537] Durch die Schaffung eines einheitlichen Lohngefüges trage die Tarifautonomie zu größerer Lohngerechtigkeit bei und stelle sicher, dass die Arbeitnehmer insgesamt bei der Einkommensverteilung angemessen berücksichtigt werden.[538]

Tarifautonomie bedeutet eine grundsätzlich autonome, d.h. staatsfreie Gestaltung der Arbeits- und Wirtschaftsbedingungen durch die Koalitionen. Nach dem Bundesverfassungsgericht ist dem Staat eine Einflussnahme auf den Abschluss von Tarifverträgen grundsätzlich verwehrt.[539] Die Tarifautonomie schütze einen Freiraum, „in dem Arbeitnehmer und Arbeitgeber ihre Interessensgegensätze in eigener Verantwortung austragen können“[540]. Der Staat habe sich einer Einflussnahme auf die Wahrnehmung der Mitgliederinteressen durch die Koalitionen zu enthalten.[541] Das Bundesverfassungsgericht entschied:

> „Die aus der Koalitionsfreiheit entspringende Tarifautonomie verfolgt den im öffentlichen Interesse liegenden Zweck, in dem von der staatlichen Rechtsetzung frei gelassenen Raum das Arbeitsleben im Einzelnen durch Tarifverträge sinnvoll zu ordnen, insbesondere die Höhe der Arbeitsvergütung für die verschiedenen Berufstätigkeiten festzulegen, und so letztlich die Gemeinschaft sozial zu befrieden.“[542]

Die historische Erfahrung zeige, dass die Ergebnisse der ausgetragenen Konflikte sowohl den widerstreitenden Partikularinteressen, als auch dem Gemeinwohl eher gerecht würden, als staatliches Handeln in diesem Bereich.[543] Im Vergleich zu dem Gesetzgeber könnten die Tarifvertragsparteien aufgrund ihrer unmittelbaren Betroffenheit sachnäher und praxisgerechter aushandeln,

> „was ihrem beiderseitigen Interesse und dem gemeinsamen Interesse entspricht“[544]. „Auf diese Weise [ließen sich] eher Ergebnisse erzielen, die den Interesen der widerstreitenden Gruppen und dem Gemeinwohl gerecht werden, als bei einer staatlichen Schlichtung“.[545]

---

536 Bauer, in: Dreier, Artikel 9 Rn. 83.

537 Wiedemann, in: Wiedemann, TVG, Einleitung Rn. 27.

538 Wiedemann, in: Wiedemann, TVG, Einleitung Rn. 7ff.

539 BVerfG 03.04.2001 – 1 BvL 32/97, BVerfGE 103, 293, 304.

540 BVerfG 02.03.1993 – 1 BvR 1213/85, BVerfGE 88, 103 ff.

541 BVerfG 18.12.1974 – 1 BvR 430/65, BVerfGE 38, 281, 306.

542 BVerfG 06.05.1964 – 1 BvR 79/62, BVerfGE 18, 18, 28.

543 BVerfG 27.02.1973 – 2 BvL 27/69, BVerfGE 34, 307, 316f.; 24.05.1977 – 2 BvL 11/74, BVerfGE 44, 322, 340; 02.03.1993 – 1 BvR 1213/85, BVerfGE 88, 103, 114f.

544 BVerfG 27.02.1973 – 2 BvL 27/69, BVerfGE 34, 307, 316.

545 BVerfG 02.03.1993 – 1 BvR 1213/85, BVerfGE 88, 103, 114f.; 27.02.1973 – 2 BvL 27/69, BVerfGE 34, 307, 314.

Auch in der Wahl ihrer Mittel seien die Koalitionen weitgehend frei.[546]

Wenn es der Staat den Koalitionen überlässt, das Arbeitsleben zu regulieren und sozial zu ordnen, müssen die Koalitionen über geeignete Regelungsinstrumente verfügen. Ohne den Abschluss von Tarifverträgen könnten sie die ihnen zugewiesene soziale Ordnungs- und Verteilungsfunktion nicht wirksam erfüllen. Der „Ausgleich der strukturellen Unterlegenheit des Arbeitnehmers“[547] erfordert eine kollektive Interessenwahrnehmung durch die Gewerkschaften. Die eingeschränkte staatliche Regulierung der Arbeits- und Wirtschaftsbedingungen bedingt somit die verfassungsrechtliche Gewährleistung der Tarifautonomie. Die Befugnis zum Abschluss von Tarifverträgen ist elementarer Bestandteil der kollektiven Koalitionsfreiheit.

Allerdings folgert das Bundesverfassungsgericht aus der Existenz der staatlichen Gesetzgebungskompetenzen für das Recht der Wirtschaft (Art. 74 I Nr. 11 GG) sowie das Recht der Arbeit (Art. 74 I Nr. 12 GG), dass Artikel 9 III GG den Tarifvertragsparteien nur „ein Normsetzungsrecht und kein Normsetzungsmonopol“ verleihe.[548] Die Koalitionen verfügten über einen Regelungsvorrang,[549] hinter welchem die subsidiäre Regelungszuständigkeit des Staates bei der Regelung der Arbeits- und Wirtschaftsbedingungen zurücktrete. Staatliche Regelungen im Regelungsbereich der Tarifverträge werden dadurch aber nicht ausgeschlossen.

Darüber hinaus ist dem Staat die Anerkennung der Regelungsbefugnisse privater Dritter, wie der Betriebsparteien, nicht generell verwehrt.[550]

4) Die Normativität des Tarifvertrags als Ausfluss der Tarifautonomie

§ 4 I 1 TVG bestimmt, dass

> „die Rechtsnormen des Tarifvertrags, die den Inhalt, den Abschluss oder die Beendigung von Arbeitsverhältnissen ordnen, [...] unmittelbar und zwingend zwischen den beiderseits Tarifgebundenen, die unter den Geltungsbereich des Tarifvertrags fallen“,

gelten. Somit bedeutet Normativität, dass die betreffenden Bestimmungen unmittelbar und zwingend gelten,[551] wobei die unmittelbare und die zwingende

546 BVerfG 06.02.2007 – 1 BvR 978/05, ZTR 2007, 185, 187.

547 BVerfG 01.12.2010 – 1 BvR 2593/09, NZA 2011, 60, 61; 23.11.2006 – 1 BvR 1909/06, NJW 2007, 286, 287f.; 26.06.1991 – 1 BvR 779/85, BVerfGE 84, 212, 229.

548 BVerfG 24.40.1996 – 1 BvR 712/86, BVerfGE 94, 268, 284; 03.04.2001 – 1 BvL 32/97, BVerfGE 103, 293, 306.

549 Dieterich, RdA 2002, 1, 11.

550 Vgl. C I 1 b aa 3 d).

551 Wank, in: Wiedemann, TVG, § 4 Rn. 300.

Wirkung nicht zusammenfallen müssen, wie z.B. die isolierte Fortdauer der unmittelbaren Wirkung während der Nachwirkungsphase gemäß Artikel 4 V TVG veranschaulicht. Die unmittelbare Geltung hat zur Folge, dass die betreffende Tarifnorm automatisch Gegenstand des Arbeitsvertrages wird.[552] Dagegen führt die zwingende Wirkung zur Unwirksamkeit tarifwidriger Inhalte von Arbeitsverhältnissen.[553] Zu unterscheiden sind die zwingend und unmittelbar wirkenden Tarifnormen damit von schuldrechtlichen Regelungen, welche nur die Tarifparteien binden.[554]

Die Normativität von Tarifverträgen, die durch die betriebliche Entgeltflexibilisierung konterkariert werden könnte, ist Bestandteil der grundrechtlich geschützten Tarifautonomie.[555] Nach dem Bundesverfassungsgericht haben die Koalitionen einen „Status, der über den der in Artikel 9 I GG genannten Vereinigungen hinausgeht: Nur ihnen stehe es zu, in Tarifverträgen durch Rechtsnormen Inhalt, Abschluss und Beendigung von Arbeitsverhältnissen sowie betriebliche und betriebsverfassungsrechtliche Fragen zu ordnen"[556]. Die Koalitionen seien „im Rahmen ihres durch Artikel 9 III GG gewährleisteten Status insbesondere berechtigt, zur Erreichung der verfassungsmäßig geschützten Zwecke in Tarifverträgen „Rechtsnormen mit bindender Wirkung"[557] für ihre Mitglieder zu vereinbaren. Der Abschluss von Tarifverträgen sei darauf gerichtet, „die strukturelle Unterlegenheit des einzelnen Arbeitnehmers beim Abschluss von Arbeitsverträgen durch kollektives Handeln auszugleichen"[558].

Das Bundesverwaltungsgericht[559] und Teile der Literatur[560] haben aus der Schutzfunktion der tarifvertraglichen Normwirklung sogar gefolgert, dass Artikel 9 III GG den Vorrang der kollektiven vor der individuellen Privatautonomie konstituiere. Wie dieser Vorrang auszugestalten sei, bleibe dem einfachen Gesetzesrecht vorbehalten. Nicht alle Merkmale des überkommenen Tarifvertragsbegriffs wären daher unter den Schutz des Artikel 9 III GG gestellt. Insbesondere

---

552 Franzen, in: ErfKomm, § 4 TVG Rn. 1.

553 Franzen, in: ErfKomm, § 4 TVG Rn. 2, 3.

554 Friedrich, in: Hümmerich/Boecken/Düwell, TVG, § 1 Rn. 13.

555 Zur domatischen Begründung: vgl. C II 1 b aa.

556 BVerfG 24.05.1977 – 2 BvL 11/74, BVerfGE 44, 322ff.

557 BVerfG 15.07.1980 – 1 BvR 24/74, BVerfGE 55, 7, 23.

558 BVerfG 01.12.2010 – 1 BvR 2593/09, NZA 2011, 60, 61; 23.11.2006 – 1 BvR 1909/06, NJW 2007, 286, 287f.; 26.06.1991 – 1 BvR 779/85, BVerfGE 84, 212, 229.

559 BVerwG 13.03.1964 – VII C 87.60, BVerwGE 18, 135ff.

560 Papier, RdA 1989, 137, 141.

das Günstigkeitsprinzip würde nicht an der verfassungsrechtlich garantierten Tarifautonomie partizipieren. Darauf muss an dieser Stelle noch nicht näher eingegangen werden.[561]

Das Bundesarbeitsgericht versteht das Handeln der Koalitionen als „kollektiv ausgeübte Privatautonomie“[562]. Die Ordnung des Arbeitslebens durch den Abschluss von Tarifverträgen diene der sozialen Befriedung der Gesellschaft.[563] Kollektives Handeln solle den Arbeitnehmern einen gewissen sozialen Standard ermöglichen, der ihnen sonst verwehrt bliebe.[564] Für die Arbeitgeber sollten Stabilität und Schutz vor sozialen Unruhen erreicht werden.[565] Konflikte über die Arbeits- und Wirtschaftsbedingungen sollten außerhalb der Betriebe ausgetragen werden.

Nach dem Bundesarbeitsgericht können die Koalitionen

> „mit der Möglichkeit, Wirtschafts- und Arbeitsbedingungen autonom zu gestalten, [...] durch frei vereinbarte Regelungen Mindestarbeitsbedingungen bestimmen, die für tarifunterworfene Arbeitsverhältnisse normative Wirkung entfalten“[566].

Dabei betont das Bundesarbeitsgericht die privatautonome Legitimation der Normsetzungsbefugnis:

> „Der Inhalt und die gesetzlich angeordnete Wirkungsweise des Tarifvertrags erlangen Legitimation durch die freie Entscheidung der Arbeitnehmer und Arbeitgeber, Mitglied einer Koalition zu werden bzw. als Arbeitgeber-Tarifvertragspartei selbst den Tarifvertrag abzuschließen.“[567]
>
> „Der Abschluss von Tarifverträgen und die damit bewirkte Normsetzung ist kollektiv ausgeübte Privatautonomie. [...] Die Wirkung der Abschluss-, Inhalts- und Beendigungsnormen eines Tarifvertrags auf das einzelne, ihm unterworfene Arbeitsverhältnis entspricht dabei der einer externen Norm, die nach § 4 Abs. 1 TVG zwingend und unmittelbar als Mindestarbeitsbedingung (§ 4 Abs. 3 TVG) für diejenigen Arbeitnehmer gilt, die der tarifschließenden Gewerkschaft angehören und deren Arbeitsverhältnis vom Geltungsbereich des Tarifvertrages erfasst ist.“[568]

---

561 Vgl. C I 1.

562 BAG 07.07.2010 – 4 AZR 549/08, NZA 2010, 1068ff.

563 BVerfG 06.05.1964 – 1 BvR 79/62, BVerfGE 18, 18, 26; Battis/Gusy, Staatsrecht Rn. 431; Wiedemann, in: Wiedemann, TVG, Einleitung Rn. 20ff.

564 Vgl. Drohsel, S. 102.

565 Natzel, NZA 2005, 904.

566 BAG 23.03.2011 – 4 AZR 366/09. NZA 2011, 920ff.

567 BAG 23.03.2011 – 4 AZR 366/09, NZA 2011, 920ff.

568 BAG 23.03.2011 – 4 AZR 366/09. NZA 2011, 920ff.

Auch nach der herrschenden Literatur[569] gewährleistet Artikel 9 III GG die Unabdingbarkeit der Tarifverträge. Teilweise wird zwar die verfassungsrechtliche Gewährleistung der tarifvertraglichen Ordnungsfunktion in Abrede gestellt,[570] da das überlieferte Tarifvertragssystem insoweit nicht mehr „grosso modo realitätsgerecht“[571] sei. Auch nach dieser Ansicht lässt sich aber die Normwirkung der Tarifverträge zumindest mit der Schutzfunktion des Tarifvertragssystems begründen.[572]

Der herrschenden Meinung ist zuzustimmen. Es wäre inkonsequent, wenn man dem Einzelnen zwar das Recht einräumen würde, die Koalitionen durch den eigenen Beitritt zu unterstützen und sich mit anderen innerhalb der Koalition zu betätigen, einem Koalitionsmitglied jedoch nicht grundsätzlich garantierte, an dem Ergebnis dieser koalitionsmäßigen Betätigung unmittelbar teilzuhaben. Die individuelle Teilhabe an den Ergebnissen der Ausübung der Kollektivmacht muss daher unter dem Schutz des Artikels 9 III GG stehen; andernfalls bliebe die Koalitionsfreiheit unvollständig. Zwar sind Beeinträchtigungen der individuellen durch die kollektive Koalitionsfreiheit nicht ausgeschlossen; eine Kollision beider Gewährleistungen kann aber auf der Rechtfertigungsebene gelöst werden.

Artikel 9 III GG gewährleistet die Tarifautonomie zwar „ganz allgemein“ und „nicht die besondere Ausprägung, die das Tarifvertragssystem in dem zur Zeit des Inkrafttretens des Grundgesetzes geltenden Tarifvertragsgesetz erhalten hat“[573]. Die Wiederherstellung der Vertragsparität durch kollektives Handeln lässt sich jedoch nur durch die Normativität des Tarifvertrags erreichen.

Bedenken gegen die Normwirkung ergeben sich auch nicht aus der privaten Rechtsnatur der Tarifverträge. Zwar sind sowohl die Tarifvertragsparteien, als auch die von ihnen geschlossenen Tarifverträge dem Privatrecht zuzuordnen.[574] Mithilfe der Delegations-[575] bzw. Sanktionstheorie[576] lässt sich allerdings

---

569 Deinert, in: Däubler, TVG, § 4 Rn. 532; Dieterich, in: ErfKomm, Artikel 9 GG Rn. 60; Friese, Kollektive Koalitionsfreiheit, S. 218 ff., 246 f. m.w.N.; Gamillscheg, KollArbR I, § 7 II 1b; Kempen, in: Kempen/Zachert, TVG, Grundlagen Rn. 149.

570 Reuter, ZfA 1995, 1, 19f.

571 Isensee, Tarifautonomie, S. 159, 170f.

572 Reuter, ZfA 1995, 1, 39, 87.

573 BVerfG 19.10.1966 - 1 BvL 24/65, BVerfGE 20, 312, 317.

574 BVerfG 27.02.1973 - 2 BvL 27/69, BVerfGE 34, 307; Giesen, Tarifvertragliche Rechtsgestaltung, S. 134 ff.; Thüsing, in: Wiedemann, TVG, § 1 Rn. 13.

575 BAG 15.01.1955 - 1 AZR 305/54, BAGE 1, 258, 264; 23.03.1957 - 1 AZR 326/56, BAGE 4, 240, 251; Lieb/Jacobs, Arbeitsrecht, Rn. 468f.

576 Scholz, in: Maunz/Dürig, Artikel 9 Rn. 301.

die private Rechtsetzungskompetenz mit den freiheitlichen und demokratischen Prinzipien des Grundgesetzes in Einklang bringen.[577] Durch die staatliche Anerkennung privater Regelungsmacht wird auch der freiheitlichen Konzeption der Verfassung Rechnung getragen.[578] Der Einzelne soll seine eigenen Angelegenheiten autonom regeln und verantworten können. Dazu gehört gemäß Artikel 9 III GG auch das Recht, gemeinsam mit Anderen die Arbeits- und Wirtschaftsbedingungen zu gestalten.[579] Die staatliche Anerkennung der Normqualität von tarifvertraglichen Bestimmungen stellt sicher, dass die Koalitionsmitglieder an dem Verhandlungsergebnis partizipieren.

Allerdings verlangt Artikel 9 III GG, dass nur sozial mächtigen Koalitionen die tarifpolitische Betätigung gestattet wird.[580] Koalitionen, die nicht sozial mächtig sind, könnten nämlich von dem jeweiligen Sozialpartner instrumentalisiert werden, um mithilfe der tarifvertraglichen Normwirkung einseitig die Arbeits- und Wirtschaftsbedingungen der tarifgebundenen Arbeitnehmer zu bestimmen. Die Schutzfunktion des Tarifvertrags würde dadurch ad absurdum geführt. Dieser Streit muss an dieser Stelle aber nicht entschieden werden.

Im Ergebnis wird die tarifvertragliche Normsetzung unmittelbar verfassungsrechtlich geschützt.

5) Ergebnis

Artikel 9 III 1 GG schützt in seiner kollektiven Dimension die Gründung und Betätigung frei gebildeter, gegnerfreier und -unabhängiger, überbetrieblicher Koalitionen. Zentraler Gewährleistungsgehalt sind die Tarifautonomie und – als deren besondere Ausprägung – die tarifvertragliche Normwirkung. Insbesondere durch substitutive Beteiligungsmodelle, durch die ein tariflicher Entgeltbestandteil erfolgsabhängig gestaltet bzw. die Arbeitsleistung teilweise mit einer Kapitalbeteiligung vergütet wird, würde somit die Koalitionsfreiheit betroffen.

2. Die tarifliche Regelbarkeit der Arbeitnehmerbeteiligung

Die Koalitionsfreiheit wird auch betroffen, wenn die Koalitionen selbst ein Beteiligungsmodell einführen möchten. Dann stellt sich die Frage nach dem Umfang der tariflichen Regelungsmacht in Fragen der Arbeitnehmerbeteiligung. Können die Tarifvertragsparteien die Einführung von Erfolgs- bzw.

---

577 Waltermann, ZfA 2000, 53, 78; vgl. C I 1b bb 5.

578 Picker, NZA 2002, 761, 763.

579 Benrath, S. 33.

580 Ulber, RdA 2011, 353ff.

Kapitalbeteiligungsmodellen in den Unternehmen erzwingen? Dürfen die Arbeitsvertrags- oder Betriebsparteien ermächtigt werden, Regelungen zur betrieblichen Arbeitnehmerbeteiligung zu treffen?[581]

a. Allgemeine Grenzen der tariflichen Regelungsmacht

Artikel 9 III GG statuiert eine Betätigungsgarantie der Koalitionen im Bereich der Arbeits- und Wirtschaftsbedingungen.[582] Ob und inwieweit die Erfolgs- bzw. Kapitalbeteiligung der Arbeitnehmer Gegenstand dieser Betätigungsgarantie ist, wird im Folgenden näher untersucht.

Die bewusst weitreichende Formulierung der „Arbeits- und Wirtschaftsbedingungen" weist über das einzelne tarifvertraglich erfasste Arbeitsverhältnis und die Interessen der jeweiligen Arbeitsvertragsparteien hinaus.[583] Der von den Tarifvertragsparteien gestaltete Rechtsraum hat einen gesamtgesellschaftlichen bzw. –volkswirtschaftlichen Bezug.[584] Auch der Rechtsprechung lässt sich nicht entnehmen, dass die Tarifautonomie allein auf das Regelungsziel eines eng verstandenen Arbeitnehmerschutzes zu reduzieren ist.[585] Das Bundesverfassungsgericht weist den Koalitionen die Aufgabe zu, Löhne und sonstige Arbeitsbedingungen in einem von staatlicher Rechtsordnung frei gehaltenen Raum eigenverantwortlich und umfassend im Interesse einer „sinnvollen Ordnung des Arbeitslebens"[586] zu regeln.

Teilweise wird vertreten, dass die Koalitionen daran gehindert seien, arbeitsmarktpolitische Ziele zu verfolgen.[587] Dem hat sich die herrschende Lehre[588] jedoch zu Recht nicht angeschlossen. Die Effektivität des Grundrechtsschutzes gebietet es, die Koalitionen überall dort verfassungsrechtlich geschützt tätig werden zu lassen, wo dies zur Wiederherstellung der individuell nicht zu erreichenden Verhandlungsparität zwischen Arbeitnehmer und Arbeitgeber erforderlich ist.[589]

---

581 Vgl. zum Ganzen: Benrath, S. 104 ff.

582 Vgl. C I 1 b bb 2).

583 Vgl. C I 1 b bb 2).

584 Benrath, S. 45.

585 Säcker/Oetker, Tarifautonomie, S. 45.

586 BVerfG 24.05.1977 – 2 BvL 11/74, BVerfGE 44, 322; 01.03.1979 – 1 BvR 532/77, BVerfGE 50, 290ff.; BVerfG 04.07.1995 – 1 BvF 2/86, BVerfGE 92, 365, 411; 14.11.1995 – 1 BvR 601/92, BVerfGE 93, 352, 361.

587 Blomeyer, NZA 1996, 337, 346; Picker, NZA 2002, 761, 769; Rieble, NZA 2000, 5, 26.

588 Z.B. Waltermann, ZfA 2000, 51, 80; Wiedemann, in: Wiedemann, TVG, Einl. Rn. 86.

589 Böker, S. 122.

Dem Begriff der „Wirtschaftsbedingungen" kommt allerdings keine selbstständige Bedeutung zu.[590] Die Koalitionen haben keine umfassende Regelungskompetenz bezüglich unternehmenspolitischer Maßnahmen.[591] Die Erstreckung des Zuständigkeitsbereichs auf das Begriffspaar der „Arbeits- und Wirtschaftsbedingungen" führt nur dazu, dass die Regelungskompetenz Arbeitsbedingungen in einem weiten Sinn umfasst, selbst wenn dadurch mittelbar die Unternehmenspolitik beeinflusst wird.[592] Auswirkungen auf die Unternehmenspolitik stehen einer tarifvertraglichen Regelung dann nicht entgegen, wenn ein innerer Zusammenhang zwischen der Regelung unternehmenspolitischer Maßnahmen und den Ordnungsbedürfnissen bei der Erbringung abhängiger Arbeit besteht.[593]

Im Ergebnis umfasst die Regelungsmacht der Koalitionen die Gesamtheit der Bedingungen, unter denen abhängige Arbeit geleistet wird.[594] Die Koalitionen sind nicht auf die Regelung der Arbeitsbedingungen im Sinne des individuellen Arbeitsrechts beschränkt,[595] sondern verfügen über weitergehende Ordnungs- und Regelungsbefugnisse, die sich auf die Wirtschaftsordnung auswirken können, soweit für die entsprechenden Regelungen ein arbeitsrechtliches Ordnungsbedürfnis besteht.[596]

b. Die tarifvertragliche Regelbarkeit der Arbeitnehmerbeteiligung

Die Grenzen der tarifvertraglichen Regelungsmacht in Fragen der materiellen Arbeitnehmerbeteiligung[597] wurden von der Rechtsprechung, soweit ersichtlich, bislang nicht geklärt. Hinsichtlich der Regelbarkeit der Arbeitnehmerbeteiligung im Tarifvertrag muss zwischen Kapital - und Erfolgsbeteiligungsmodellen differenziert werden.

aa. Erfolgsbeteiligung

Eine Beteiligung der Arbeitnehmer am Unternehmenserfolg hat Entgeltcharakter[598] und gehört damit zum typischen Regelungsgegenstand von

590 Scholz, in: Maunz/Dürig, Artikel 9 Rn. 256.

591 So aber Däubler, in: Däubler, TVG, Einleitung Rn. 1096 ff.

592 Scholz, in: Maunz/Dürig, Art. 9 Rn. 257.

593 Waas, BB 2009Beilage Nr. 1, S. 27, 28.

594 Söllner, NZA 1996, 897, 898 f.

595 Scholz, in: Maunz/Dürig, Art. 9 Rn. 257.

596 Waas, BB 2009 Special Arbeitsrecht, S. 27, 28.

597 Zur immateriellen Arbeitnehmerbeteiligung: Vgl. BVerfG 01.03.1979 - 1 BvR 532/77, BVerfGE 50, 290ff.

598 Vgl. B I 2 a.

Tarifverträgen.[599] Grenzen der Regelungsmacht können sich allenfalls daraus ergeben, dass durch die Wahl der Bezugsgröße oder des Verteilungsschlüssels unverhältnismäßige Beteiligungen an die Arbeitnehmer ausgeschüttet werden sollen, die nicht den Erfolg des Unternehmens widerspiegeln, sondern aus der Substanz finanziert werden müssen.[600] Eine Verletzung des Artikels 14 I 1 GG ist jedenfalls dann anzunehmen, wenn das Unternehmen durch die Höhe einer ökonomisch nicht mehr zumutbaren Beteiligung in seinem Bestand gefährdet wird.

Beschränkungen der durch Artikel 14 I 2 GG geschützten Nutzungsgarantie stellen dagegen in der Regel keinen Eingriff in das Grundrecht auf Eigentum dar.[601] Eine Verletzung der Nutzungsgarantie kommt allerdings in Betracht, wenn der Arbeitgeber zur Ausschüttung des gesamten Gewinns bzw. Ertrags an die Arbeitnehmer verpflichtet würde, da das Eigentum dadurch seine Privatnützigkeit einbüßte.[602]

Grenzen der Regelungsbefugnis ergeben sich schließlich daraus, dass das Arbeitsentgelt nicht so weitgehend flexibilisiert werden darf, dass es seine Funktion als stetige wirtschaftliche Lebensgrundlage der Arbeitnehmer verliert.[603]

Dass die Tarifvertragsparteien Erfolgsbeteiligungen grundsätzlich normativ regeln dürfen, bedeutet allerdings noch nicht, dass Erfolgsbeteiligungsmodelle in Tarifverträgen praktikabel geregelt werden können.[604] Die konkrete Ausgestaltung des Beteiligungsmodells muss der Situation des jeweiligen Unternehmens Rechnung tragen und mit dem einzelnen Arbeitgeber verhandelt werden. In Flächentarifverträgen lassen sich sinnvollerweise nur Rahmenregelungen vereinbaren.[605]

bb. Kapitalbeteiligung

Die Regelung der Arbeitnehmerkapitalbeteiligung hat unmittelbare Auswirkungen auf die Kapitalstruktur des Unternehmensträgers und berührt – anders als eine Erfolgsbeteiligung – generell die Freiheit des Eigentums bzw. des Rechts am eingerichteten und ausgeübten Gewerbebetrieb gemäß Artikel 14 I GG. Daher

---

599 Franzen, in: Preis, ErfKomm, § 1 TVG Rn. 41.

600 Waas, BB 2009 Beilage Nr. 1, S. 27, 28.

601 Papier, in: Maunz/Dürig, Art. 14 Rn. 173.

602 Waas, BB 2009 Beilage Nr. 1, S. 27, 29.

603 vgl. Preis, in: Preis, ErfKomm, BGB, § 611 Rn. 449.

604 Gegen abschließende tarifvertragliche Regelungen: Wagner, BB 1997, 150, 155; Winter, in: Däubler, TVG, § 1 Rn. 311.

605 Winter, in: Däubler, TVG, § 1 Rn. 411.

stellt sich die Frage, ob normative Regelungen, durch welche die Arbeitgeber verpflichtet werden, den Arbeitnehmern Unternehmensanteile zu überlassen oder die Überlassung zumindest anzubieten, verfassungswidrig wären. Dass – soweit ersichtlich – Tarifverträge, welche die Einführung einer Kapitalbeteiligung regeln, bislang noch nicht zustande gekommen sind,[606] stellt den Sinn dieser rechtlichen Untersuchung nicht in Frage. Es ist nämlich nicht ausgeschlossen, dass die Tarifvertragsparteien in bestimmten Branchen zukünftig häufiger eine Kapitalbeteiligung der Arbeitnehmer anstreben.

Zu unterscheiden ist die Frage der tarifvertraglichen Regelbarkeit der Arbeitnehmerkapitalbeteiligung zunächst von der Befugnis der Tarifparteien zur Regelung der investiven Verwendung von Lohnbestandteilen außerhalb des Arbeit gebenden Unternehmens. Die Tarifvertragsparteien können zum Beispiel die Verwendung vermögenswirksamer Leistungen auf bestimmte Beteiligungen oder das Bausparen konzentrieren, sofern die Arbeitnehmer zwischen diesen Anlagearten frei wählen können.[607] Bei überbetrieblichen Anlagen handelt es sich allerdings nicht um Kapitalbeteiligung nach der hier vertretenen Definition[608].

Gegen eine tarifvertragliche Regelbarkeit von Kapitalbeteiligungsmodellen könnte sprechen, dass die Arbeitnehmerkapitalbeteiligung, auch wenn die Überlassung der Unternehmensanteile selbst Entgeltcharakter hat,[609] die Begründung eines nicht arbeitsrechtlichen Beteiligungsverhältnisses voraussetzt. In der Literatur wird vertreten, dass in Kapitalbeteiligungsmodellen auch die Frage der Mittelverwendung geregelt werden müsse, und den Tarifparteien für solche gesellschafts- und schuldrechtlichen Fragen die Zuständigkeit fehlte.[610] Die Begründung einer Gesellschafterstellung oder der Abschluss schuldrechtlicher Verträge gehöre zum verfassungsrechtlich geschützten Individualbereich.[611] Damit sei die Kapitalbeteiligung einer Regelung durch Tarifvertrag insgesamt nicht zugänglich.

Nach anderer Ansicht kann zumindest die arbeitsrechtliche Seite eines Kapitalbeteiligungsmodells durch Tarifvertrag geregelt werden.[612] Tarifverträge mit investitionsgebundenen Leistungsversprechen seien auch dann rechtmäßig,

---

606 Wiedemann, in: Wiedemann, TVG, § 1 Rn. 424.

607 Wiedemann, in: Wiedemann, TVG, § 1 Rn. 417.

608 Vgl. B I 1 b.

609 Vgl. B I 2 b.

610 Loritz, in: FS Kissel, S. 687, 694f.; Wagner, BB 1997, 150, 151.

611 Röder, NZA 1987, 799, 805.

612 Litzig, in: Kittner/Zwanziger, § 59 Rn. 59; Wagner, BB 1997, 150, 151; Winter, in: Däubler, TVG, § 1 Rn. 412.

wenn die Kapitalanlage im Arbeit gebenden Unternehmen erfolgen solle.[613] Vorgeschlagen wird zum Beispiel, die Tariflohnerhöhung in eine investiv zu verwendende Komponente und einen feststehenden Lohnbestandteil, der als Barlohn zur sofortigen Auszahlung gelangt, zu splitten.[614]

Da den Tarifvertragsparteien eine Regelungskompetenz auch im Bereich der „Wirtschaftsbedingungen" zuerkannt wird,[615] erscheint es wenig überzeugend, die Grenzen dieser Regelungskompetenz entsprechend der Abgrenzung der Rechtsgebiete „Arbeitsrecht" und „Gesellschaftsrecht" zu ziehen. Stattdessen sollte – nach den allgemeinen Grundsätzen der Abwägung kollidierender Rechtsgüter – geprüft werden, wann die Garantie des Eigentums, die Freiheit der wirtschaftlichen Betätigung sowie die Arbeitsvertragsfreiheit durch tarifvertragliche Regelungen so weitgehend beeinträchtigt werden, dass nicht mehr von einem verhältnismäßigen und somit verfassungsgemäßen Ausgleich gesprochen werden kann.

Zunächst dürften tarifvertragliche Regelungen, durch welche die Arbeitnehmer zu einer Kapitalbeteiligung gezwungen werden, generell gegen die Berufsausübungsfreiheit des Artikels 12 I GG verstoßen.[616] Da das Arbeitsentgelt der Deckung des Lebensbedarfs dient, müssen die Arbeitnehmer grundsätzlich verlangen können, dass ihnen das Entgelt ausgezahlt und nicht in die Unternehmen reinvestiert wird. In Tarifverträgen wäre aus Arbeitnehmersicht allenfalls die Einräumung eines Wahlrechts zwischen einem investiven Lohnbestandteil und der Barauszahlung nach Maßgabe der §§ 262ff. BGB denkbar.

Tarifvertragliche Verpflichtungen zur Beteiligung der Arbeitnehmer am Gesellschaftskapital dürften darüber hinaus das von Artikel 14 I GG geschützte, gesellschafts- bzw. mitgliedschaftsrechtlich vermittelte Anteilseigentum verletzen.[617] Zum Einen würde durch eine tarifvertragliche Verpflichtung zur Überlassung von Unternehmensanteilen an die Arbeitnehmer, soweit dafür das Gesellschaftskapital erhöht werden muss, das bereits bestehende Anteilseigentum „verwässert". Dadurch würden auch die Erträge aus der Kapitalbeteiligung der bisherigen Anteilseigentümer vermindert (Betroffenheit des gesellschaftsrechtlichen Elements). Zum Anderen würden die Arbeitnehmer je nach der Natur der Kapitalanteile Mitbestimmungsrechte erhalten, welche die Anteilsrechte

---

613 Vgl. Waas, BB 2009 Beilage Nr. 1, S. 27, 28f. m.w.N.

614 Winter, in: Däubler, TVG, § 1 Rn. 413 m.w.N.

615 Vgl. C I 2 a.

616 Wiedemann, in: Wiedemann, TVG, Einl. Rn. 457.

617 BVerfG 01.03.1979 – 1 BvR 532/77, BVerfGE 50, 290, 344; Papier, in: Maunz/Dürig, Art. 14 Rn. 195.

der bisherigen Eigentümer schmälern (Betroffenheit des mitgliedschaftsrechtlichen Elements).[618]

Hinsichtlich des mitgliedschaftsrechtlichen Elements wird vertreten, dass durch die Kapitalbeteiligung der Arbeitnehmer die Leitungsbefugnisse der bisherigen Anteilseigentümer ein gewisses „verfassungsrechtlich gebotenes Minimum" nicht unterschreiten dürften; im Übrigen sei eine Beschränkung der Mitgliedschaftsrechte verfassungsrechtlich zulässig.[619]

In dem Mitbestimmungsurteil zog das Bundesverfassungsgericht die Zulässigkeitsgrenze dort, wo die Anteilsrechte „qualitativ beschränkt" werden, und das Anteilseigentum dadurch in seiner Substanz verändert wird.[620] Dazu genüge die Möglichkeit des Überstimmtwerdens der Anteilseigentümer durch die Arbeitnehmer nicht.[621] Die Grundsätze des Mitbestimmungsurteils sind auf den Fall einer kapitalmäßigen Beteiligung der Mitarbeiter allerdings nicht ohne Weiteres übertragbar: Der Eingriff in Artikel 14 I GG geht vorliegend nicht von dem Gesetzgeber, sondern von privaten Rechtssubjekten aus. Auch die Eingriffsintensität ist nicht vergleichbar: Wenn die Arbeitnehmer die aufgrund ihrer Kapitalbeteiligung bestehenden Mitgliedschaftsrechte ausüben, handeln sie nicht mehr nur als Arbeitnehmer, sondern genießen als Eigentümer weitergehende Einflussmöglichkeiten. Je nach dem Umfang ihrer Beteiligung verfolgen sie möglicherweise sogar dieselben Interessen wie die bisherigen Eigentümer. Darüber hinaus würde es ihnen die Höhe der Kapitalbeteiligung nur in den seltensten Fällen erlauben, die übrigen Anteilseigentümer zu überstimmen, d.h. Arbeitnehmerinteressen gegen deren Willen durchzusetzen.

Der Umfang der Beschränkung von Mitgliedschaftsrechten der bisherigen Eigentümer richtet sich maßgeblich nach der Rechtsform des Unternehmensträgers und dem Umfang der beabsichtigten Kapitalbeteiligung. Die Verhältnismäßigkeit lässt sich daher nicht pauschal beurteilen. Eine Verletzung des mitgliedschaftsrechtlichen Elements des Anteilseigentums kann nicht generell ausgeschlossen werden.

Am häufigsten werden die Mitarbeiter durch Belegschaftaktien am Kapital des Arbeit gebenden Unternehmens beteiligt. Verglichen mit der Gesellschafterstellung in anderen Rechtsformen sind die Mitbestimmungsrechte der Aktionäre begrenzt. Zumindest in Aktiengesellschaften dürfte eine erhebliche

---

618 Waas, BB 2009 Beilage Nr. 1, S. 27, 29.

619 Waas, BB 2009 Beilage Nr. 1, S. 27, 29.

620 BVerfG 01.03.1979 – 1 BvR 532/77, BVerfGE 50, 290, 345f.

621 BVerfG 01.03.1979 – 1 BvR 532/77, BVerfGE 50, 290, 343ff.

Beeinträchtigung der Mitbestimmungsrechte der Altaktionäre daher regelmäßig nicht zu befürchten sein.

Hinsichtlich des gesellschaftsrechtlichen Elements des Anteilseigentums wird vertreten, dass den bisherigen Eigentümern nicht „der wesentliche Teil der Erträge“[622] entzogen werden dürfe. Andernfalls würde trotz der erhöhten Sozialbindung des Anteilseigentums[623] unverhältnismäßig in dessen Nutzungsgarantie eingegriffen. Wann von der „Wesentlichkeit“ eines Anteils an den Unternehmenserträgen ausgegangen werden kann, wird allerdings nicht näher ausgeführt. In größeren Unternehmen mit einem höheren Gesellschaftskapital dürfte nach dieser Auffassung aufgrund der verhältnismäßig geringen Höhe der Arbeitnehmerbeteiligung regelmäßig nicht von einem unverhältnismäßiger Eingriff in die Nutzungsgarantie auszugehen sein.

Die Entscheidung über die Kapitalstruktur des Unternehmens muss allerdings als elementarer Bestandteil der Unternehmerfreiheit dem Zugriff der Tarifvertragsparteien entzogen bleiben.[624] Die Freiheiten des Unternehmensträgers „im intrapersonellen oder binnenstrukturellen Bereich [dürfen nicht] obsolet“ gemacht werden.[625] Die Unternehmen müssen frei entscheiden können, ob und inwieweit sie die Arbeitnehmer beteiligen. Weder eine Verpflichtung der Arbeitgeber zur Kapitalbeteiligung, noch die Modalitäten einer freiwilligen Kapitalbeteiligung können in Tarifverträgen normativ geregelt werden. Darüber hinaus entziehen sich Regelungen zur Ausschüttung und Verwendung von Erträgen aus einem bereits bestehenden Beteiligungsverhältnis der tariflichen Regelungsmacht, da kein Zusammenhang mit der der Gestaltung der Arbeitsrechtsbeziehungen besteht.

Dies hindert einen Arbeitgeber, der selbst Tarifpartei ist, jedoch nicht daran, sich selbst in einem Tarifvertrag zur Gewährung einer Kapitalbeteiligung zu verpflichten. Seine Verpflichtung folgt dann nicht aus dem normativen, sondern aus dem schuldrechtlichen Teil des Tarifvertrags. Ein Anspruch des Arbeitnehmers gegen den Arbeitgeber auf Beteiligung am Produktivvermögen kann sich dann nach den Grundsätzen des Vertrags zugunsten Dritter ergeben, wenn man der Verpflichtung des Arbeitgebers – je nach der Formulierung der tariflichen Bestimmung – den Charakter eines Leistungsversprechens i.S.d. § 328 I BGB zuerkennt.

622 Waas, BB 2009 Beilage Nr. 1, S. 27, 29.
623 BVerfG 01.03.1979 – 1 BvR 532/77, BVerfGE 50, 290, 291 (Leitsatz Nr. 4).
624 Loritz, ZfA 1998, S. 543, 565.
625 Papier, in: Maunz/Dürig, Artikel 14 Rn. 502.

c. *Tarifvertragliche Ermächtigungsnormen zur substitutiven Arbeitnehmererfolgsbeteiligung*

Wenn die Tarifvertragsparteien die Betriebsparteien zur Einführung einer Erfolgsbeteiligung durch die Substitution eines tariflichen Entgeltbestandteils ermächtigen, stellt sich die Frage nach den Grenzen dieser Kompetenzübertragung. Regelungsbefugnisse können grundsätzlich im Wege tarifvertraglicher Delegations- oder Öffnungsklauseln übertragen werden. Delegation bedeutet, dass der Delegant seine eigene Rechtsmacht auf den Delegatar überträgt, damit dieser die übertragenen Kompetenzen in eigenem Namen ausüben kann.[626] Tarifvertragliche Öffnungsklauseln ermächtigen die Betriebs- bzw. Arbeitsvertragsparteien dagegen, von einer bestehenden tariflichen Regelung, die gemäß §§ 77 III 1 BetrVG, 4 III TVG zwingend und unmittelbar gelten würde, abzuweichen.[627]

Nach dem Bundesarbeitsgericht dürfen materielle Arbeitsbedingungen nicht in größerem Umfang auf die Betriebsparteien verlagert werden.[628] In dem Urteil zum Leber-Rüthers-Kompromiss setzte sich das Bundesarbeitsgericht mit der Übertragung der Regelungsbefugnis über die individuelle wöchentliche Arbeitszeit näher auseinander und entschied:

> „Die Tarifvertragsparteien bestimmen nach wie vor darüber, ob und in welchem Umfang sie ergänzende Betriebsvereinbarungen zu ihren tariflichen Regelungen zulassen (§ 77 Abs. 3 Satz 2 BetrVG). Sie entscheiden darüber, in welchem Umfange sie auf die normative Wirkung, die von einem Tarifvertrag ausgeht, verzichten. Sie können materielle Arbeitsbedingungen schaffen und abweichende Betriebsvereinbarungen zulassen. Sie können aber auch betriebliche Normen schaffen, damit diese durch Betriebsvereinbarung ausgefüllt werden."

Dabei umriss das Bundesarbeitsgericht die Grenzen der Übertragung von Regelungsbefugnissen wie folgt:

> „Es mag Fälle geben, in denen Tarifvertragsparteien die einem Tarifvertrag immanenten Grenzen der Regelungsbefugnis durch Verzicht auf inhaltliche Gestaltung des Arbeitsverhältnisses überschreiten. Werden materielle Arbeitsbedingungen in größerem Umfang nicht durch den Tarifvertrag selbst geregelt, wird die Regelungsbefugnis vielmehr auf die Parteien eines Betriebs verlagert, ist dies mit erheblichen Gefahren für die Tarifautonomie verbunden."

Wann von einer Überschreitung der Befugnis zur Ermächtigung der Betriebsparteien auszugehen ist, konkretisierte das Bundearbeitsgericht allerdings nicht

---

626 Vgl. Benrath, S. 31f.

627 Richardi, Kollektivvertragliche Arbeitszeitregelung, ZfA 2/1990, 211, 223.

628 BAG 18.08.1987 – 1 ABR 30/86, BAGE 56, 18ff.; vgl. auch Kissel NZA 1986, 73, 77ff.

weiter, da es die Grenzen in dem zu entscheidenden Fall „unter keinem rechtlichen Gesichtspunkt [für] überschritten" hielt.

Die Befugnis der Tarifvertragsparteien zur Übertragung von Regelungskompetenzen kann nur so weit reichen wie die Regelungskompetenzen selbst. Für die Kapitalbeteiligung ist die Frage daher nicht virulent. Bei Rahmenregelungen zur (substitutiven) Arbeitnehmererfolgsbeteiligung steht nicht die völlige Übertragung der Regelungsbefugnis in Entgeltfragen in Rede. Lediglich ein – regelmäßig geringer – Bestandteil des Arbeitsentgelts soll erfolgsabhängig gestaltet werden können – gegebenenfalls unter Beachtung tarifvertraglicher Vorgaben zur Berechnung des Erfolgsindikators bzw. des Verteilungsschlüssels, so dass den Betriebsparteien nur noch die Entscheidung über das „ob" der Erfolgsbeteiligung obliegt. Eine Ermächtigung der Betriebsparteien zur Regelung eines Erfolgsbeteiligungssystems erscheint somit unbedenklich.

d. *Beispiel für eine Ermächtigung der Betriebsparteien zur erfolgsbezogenen Teilvariabilisierung des Arbeitsentgelts*

Auf Initiative der Arbeitgeber des privaten Bankgewerbes wurden die Betriebsparteien in dem „Tarifvertrag zur leistungs- und/oder erfolgsorientierten variablen Vergütung" (LEV-TV)[629] ermächtigt, die Jahrestarifgehälter durch betriebliche Regelungen teilweise zu variabilisieren.[630] Gemäß § 2 Ziff. 1 LEV-TV richtet sich die Höhe der variablen Vergütung nach „individuellen und/oder teambezogenen Leistungs- und/oder Erfolgskriterien". Der LEV-TV enthält Rahmenvorgaben für die Dotierung und Verteilung des für die variable Vergütung zu verwendenden Budgets. Darüber hinaus ermöglicht § 10 Nr. 4 des „Manteltarifvertrags für das private Bankgewerbe und die öffentlichen Banken" (MTV)[631] den Betriebsparteien, betriebliche Regelungen über eine erfolgsbezogene Variabilisierung der Jahressonderzahlung zu vereinbaren.

Die Betriebsparteien regeln in beiden Fällen – jenseits der Gegenstände der betrieblichen Mitbestimmung gemäß §§ 87, 88 BetrVG[632] – unmittelbar die Höhe des Arbeitsentgelts.[633]

---

629 „Tarifvertrag zur leistungs- und/oder erfolgsorientierten variablen Vergütung" in der Fassung vom 01.09.2006.

630 Vgl. Benrath, S. 13.

631 „Manteltarifvertrag für das private Bankgewerbe und die öffentlichen Banken" vom 22.04.2009.

632 Vgl. D I 1 b.

633 Zur Erstreckung einer tarifvertraglichen Vergütungsordnung auf nicht beidseitig tarifgebundene Arbeitsverhältnisse: BAG 18.10.2011 – 1 ABR 25/10, NZA 2012, 392 ff.

3. Ergebnis

Die Normsetzungsprärogative der Tarifparteien ist Gegenstand der von Artikel 9 III 1 GG geschützten Betätigungsgarantie. Die Tarifnorm wird durch betriebliche Arbeitnehmerbeteiligungsmodelle beeinträchtigt, soweit das Tarifentgelt in Abhängigkeit des Unternehmenserfolgs variabilisiert oder – anstelle einer Barzahlung – in das Unternehmen reinvestiert werden soll.

Grundsätzlich erstreckt sich die Regelungsbefugnis der Tarifvertragsparteien auf die Erfolgsbeteiligung, deren Einführung in den Unternehmen und Betrieben somit erzwungen werden kann. Arbeitnehmerkapitalbeteiligung lässt sich dagegen grundsätzlich nicht normativ regeln. Die Entscheidung über die Investition des Arbeitsentgelts in das Arbeit gebende Unternehmen betrifft dessen Kapitalstruktur und ist der Regelung durch Tarifvertrag entzogen. Dessen ungeachtet kann sich ein Arbeitgeber, der gemäß § 2 I TVG selbst Tarifvertragspartei ist, zur Gewährung einer Kapitalbeteiligung an die Arbeitnehmer verpflichten, wobei die Beteiligung für die Arbeitnehmer freiwillig bleiben muss.

Tarifvertragliche Delegations- und Öffnungsklauseln zur Arbeitnehmererfolgsbeteiligung sind zulässig, sofern die Betriebsparteien nicht in größerem Umfang zur Regelung des Arbeitsentgelts ermächtigt werden; dieser Vorbehalt besteht bei einer Ermächtigung der Arbeitsvertragsparteien natürlich nicht.

II. Das Günstigkeitsprinzip

Arbeitsvertragliche Regelungen zur Arbeitnehmerbeteiligung weichen von Tarifnormen zum Arbeitsentgelt ab und durchbrechen die Normwirkung von Tarifverträgen, soweit die Tarifvertragsparteien Abweichungen nicht gestatten. Innerhalb des bestehenden Tarifvertragssystems ist eine Abweichung – mangels tarifvertraglicher Ermächtigungsnormen – nur in den Grenzen des Günstigkeitsprinzips gemäß § 4 III 2. Alt. TVG zulässig. Sollen im Rahmen eines substitutiven Beteiligungsmodells ein bisher feststehender Entgeltbestandteil oder eine Tariferhöhung teilweise variabel gestaltet, oder ein Teil des Arbeitsentgelts nicht bar ausgezahlt, sondern in das Arbeit gebende Unternehmen reinvestiert werden, stellt sich die Frage, ob diese Substitution günstiger sein kann.

Die Auslegung des Günstigkeitsbegriffs richtet sich nach dessen verfassungsrechtlichen Grundlagen, die im Folgenden näher untersucht werden sollen: Zunächst wird geprüft, ob dem Günstigkeitsprinzip selbst Verfassungsrang zukommt bzw. das Günstigkeitsprinzip zumindest eine Konkretisierung des verfassungsmäßigen Ausgleichs zwischen der Tarifautonomie und kollidierenden Grundrechtspositionen darstellt. Danach werden die Konsequenzen für die Auslegung des Günstigkeitsprinzips – ohne bereits eine konkrete Günstigkeitsbeurteilung substitutiver Arbeitnehmerbeteiligung vorzunehmen –[634] allgemein erörtert.

1. Verfassungsrechtliche Grundlagen des Günstigkeitsprinzips

§ 4 III 2. Alt. TVG gestattet eine Durchbrechung der Normativität von Tarifverträgen, wenn und soweit abweichende Abmachungen „eine Änderung der Regelungen zugunsten des Arbeitnehmers enthalten". Aus Sicht des Sachverständigenrates[635] ist das Günstigkeitsprinzip grundsätzlich

> „eine sinnvolle Regelung, es räumt dem Tarifgebundenen das Recht ein, von der kollektiven Lösung abzuweichen, und stellt das Interesse des Einzelnen über die Kollektivlösung"[636].

Der Arbeitgeber erhält dadurch die Möglichkeit, Arbeitskräfte, an deren Beschäftigung er ein besonderes Interesse hat, durch das Versprechen besserer als der tariflichen Leistungen zu gewinnen; der Arbeitnehmer kann seine besonderen Kenntnisse und Fähigkeiten günstiger verkaufen.[637]

Ob und inwieweit das Günstigkeitsprinzip verfassungsrechtlich garantiert ist, wird in Rechtsprechung[638] und Literatur[639] nicht einheitlich beurteilt. Teilweise wird dem Günstigkeitsprinzip der Verfassungsrang abgesprochen. Zu dem verfassungsrechtlich geschützten Kernbereich der Koalitionsfreiheit gehört nach dem Bundesverwaltungsgericht[640] und Teilen der Literatur[641] zwar die Unabdingbarkeitswirkung des Tarifvertrags, nicht aber das Günstigkeitsprinzip.[642]

634 Zur Auslegung des Günstigkeitsbegriffs: Vgl. D II.

635 Sachverständigenrat zur Begutachtung der gesamtwirtschaftlichen Entwicklung.

636 Sachverständigenrat, Jahresgutachten 2001/2002, S. 234 Ziffer 416.

637 Löwisch/Rieble, in: MünchArbR, § 272 Rn. 5.

638 BVerwG 13.03.1964 – VII C 87.60, BVerwGE 18, 135, 139; BAG 16.09.1986 – GS 1/82, AP Nr. 17 zu § 77 BetrVG 1972.

639 Dieterich, in: Preis, ErfKomm, Artikel 9 GG Rn. 63; Löwisch/Rieble, TVG, Grundlagen Rn. 40.

640 BVerwG 13.03.1964 – VII C 87.60, BVerwGE 18, 135, 139.

641 Deinert, in: Däubler, TVG, § 4 Rn. 585; Dieterich, in: ErfKomm, Art. 9 GG Rn. 63; Kempen/ Zachert, TVG, § 4 Rn. 163f.; Richardi, RdA 1983, 201, 216; Scholz, in: Maunz/Dürig, GG, Artikel 9 Rn. 273.

642 BVerwG 13.03.1964 – VII C 87.60, BVerwGE 18, 135, 139.

Demgegenüber leiten andere Teile der Literatur[643] und das Bundesarbeitsgericht[644] das Günstigkeitsprinzip unmittelbar aus der Verfassung her.

a. *Die Teilhabe des Günstigkeitsprinzips am Schutzbereich des Artikels 9 III 1 GG*

In Betracht kommt zunächst eine Herleitung unmittelbar aus Artikel 9 III 1 GG. Nach dem Bundesverfassungsgericht verlangt Artikel 9 III 1 GG ein staatlicherseits bereitzustellendes Tarifvertragssystem „im Sinne des modernen Arbeitsrechts“[645]. Daraus folgern Teile der Literatur[646], dass sich Artikel 9 III 1 GG auf den überkommenen Tarifvertragsbegriff, wie er zur Zeit des Inkrafttretens des Grundgesetzes gegolten habe, beziehe. Neben der Unabdingbarkeit von Tarifverträgen gehöre dazu auch das Günstigkeitsprinzip.

Ein statisches Verständnis des Schutzbereichs entspricht jedoch nicht der Rechtsprechung des Bundesverfassungsgerichts: Artikel 9 III 1 GG schütze die Tarifautonomie „ganz allgemein“ und nicht im Sinne der besonderen Ausprägung, die das Tarifvertragssystem durch das bei Inkrafttreten des Grundgesetzes geltende Tarifvertragsrecht erhalten habe.[647]

aa. Günstigkeitsprinzip und Institutsgarantie

Daran anknüpfend könnte man mit einer Ansicht[648] allerdings argumentieren, dass zu einem „funktionsfähigen Tarifvertragssystem“[649] im Sinne der Institutsgarantie des Artikels 9 III GG das Günstigkeitsprinzip gehört.

Unter einer Institutsgarantie ist eine privatrechtliche Einrichtungsgarantie zu verstehen,[650] die den Freiheitsschutz des unterstützten Grundrechts vervollständigt.[651] Institutsgarantien schützen die betreffenden Institutionen allerdings nicht vor jeder Veränderung.[652] Nur „gewisse typische Merkmale, wie sie sich in

---

643 Belling, Das Günstigkeitsprinzip, S. 64 ff.; Bengelsdorf, ZfA 1990, 563, 590; Buchner, DB 1989, 1185, 1186.

644 BAG 16.09.1986 - GS 1/82, AP Nr. 17 zu § 77 BetrVG 1972.

645 BVerfG 18.11.1954 - 1 BvR 629/52, BVerfGE 4, 96, 104.

646 Hueck/Nipperdey, Grundriss des Arbeitsrechts, § 46 II, S. 202f.; Arbeitsrecht, Bd. II/1, § 30 I 3, S. 573.

647 BVerfG 01.03.1979 - 1 BvR 532/77, BVerfGE 50, 290, 367f.

648 Wendt, Der Günstigkeitsvergleich, S. 15.

649 BVerfGE 01.03.1979 - 1 BvR 532/77, BVerfGE 50, 290ff.

650 Schmitt, Grundrechte, S. 181, 213, 215f.; kritisch: Stern, Staatsrecht III/1, S. 781.

651 Kemper, Koalitionsfreiheit, S. 21 m.w.N.

652 Stern, Staatsrecht III/1, S. 855.

der geschichtlichen Entwicklung als charakteristisch und wesentlich herausgebildet haben", sind einer Beseitigung durch den Gesetzgeber entzogen.[653] Uneingeschränkten Bestandsschutz genießt nur ein absolut geschützter Kernbereich,[654] den der Gesetzgeber weder abschaffen noch aushöhlen darf.[655]

Für eine Teilhabe des Günstigkeitsprinzips an der Institutsgarantie könnte zunächst die historische Entwicklung sprechen. Das Günstigkeitsprinzip ist nicht nur ein elementarer Bestandteil des heute maßgebenden Tarifvertragsbegriffs, sondern historisch gewachsen.[656] Das Bundesverfassungsgericht hat allerdings den Einfluss der historischen Entwicklung auf die Prinzipien des Tarifvertragssystems bislang – soweit ersichtlich – nicht konkretisiert.[657]

Die Pflicht des Gesetzgebers zur „Bereitstellung eines modernen Tarifvertragssystems" verlangt, die Grundrechtseffektivität unter Berücksichtigung der rechtstatsächlichen Entwicklungen ständig zu überprüfen und das Tarifvertragssystem gegebenenfalls anzupassen.[658] Bei der Koalitionsfreiheit handelt es sich um ein „entwicklungsoffenes Grundrecht".[659] Daraus könnte man folgern, dass aus Artikel 9 III 1 GG für den Gesetzgeber die Pflicht erwächst, der wachsenden Heterogenität der Arbeitnehmerschaft durch ein „atmendes" Tarifvertragsrecht zu begegnen; das Bedürfnis nach flexiblen Einzelfalllösungen steigt.[660] Da Tarifverträge in der Regel von Massenorganisationen geschlossen werden, die einer Vielzahl unterschiedlicher Interessen berücksichtigen müssen, können Partikularinteressen nur bedingt berücksichtigt werden. Nur durch eine (begrenzte) Abweichungsbefugnis der Arbeitsvertragsparteien – so könnte man argumentieren – lässt sich die hinreichende Akzeptanz nicht nur der konkreten Tarifvertragsinhalte, sondern der tarifvertraglichen Normwirkung als solcher gewährleisten. Die Funktion des Günstigkeitsprinzips läge somit darin, die notwendige Flexibilität innerhalb des bestehenden Tarifvertragssystems zu schaffen, damit sich die Koalitionen auch zukünftig – gestützt auf eine hinreichende Mitgliederbasis – grundrechtseffektiv betätigen können.

Teilweise wird der Charakter des Günstigkeitsprinzips als Institutsgarantie daraus hergeleitet, dass Artikel 9 III GG den Gesetzgeber zur Bereitstellung eines in

653 Stern, in: Isensee/Kirchhof, Handbuch, Band V, § 109 Rn. 54.
654 Vgl. Burkiczak, S. 199.
655 Stern, Staatsrecht III/1, S. 855.
656 Kannengießer, in: Schmidt-Bleibtreu/Klein, GG, Artikel 9 Rn. 12c.
657 BVerfG 19.10.1966 – 1 BvL 24/65, BVerfGE 20, 312, 317; 01.03.1979 – 1 BvR 532/77, BVerfGE 50, 290, 369.
658 BVerfG 18.11.1954 – 1 BvR 629/52, BVerfGE 4, 96, 104.
659 BVerfG 16.03.1971 – 1 BvR 52/66, BVerfGE 30, 292, 317 ff.
660 Wendt, S. 15.

erster Linie Individualinteressen dienenden Tarifvertragssystems verpflichte.[661] Bei selbstbestimmten Entscheidungen, von denen im Falle des Aushandelns günstigerer Arbeitsbedingungen ausgegangen werden könne, bedürfe der Arbeitnehmer nicht des Schutzes des Tarifvertrags. Der Schutzzweck des Artikels 9 III 1 GG verlange nach der Bereitstellung eines Tarifvertragssystems, das den einzelnen Arbeitnehmer vor Fremdbestimmung sowohl durch den eigenen Vertragspartner, als auch durch den Verband schütze.[662] Auch dies spreche für eine Teilhabe des Günstigkeitsprinzips an der Institutsgarantie des Artikels 9 III 1 GG.

Gegen eine Interpretation des Günstigkeitsprinzips als Teil einer Institutsgarantie bestehen jedoch Bedenken. Wenn Artikel 9 III 1 GG den Staat zur Bereitstellung eines funktionierenden Tarifvertragssystems „im Sinne des modernen Arbeitsrechts" verpflichtet, hat der Gesetzgeber ein grundrechtseffektives Tarifvertragssystem zu schaffen, das die Funktionsfähigkeit der Tarifautonomie gewährleistet. Da das Günstigkeitsprinzip die kollektive Regelungsmacht der Tarifvertragsparteien gerade begrenzt, kann es nicht Teil einer Institutsgarantie der kollektiven Koalitionsfreiheit sein. Zur Verwirklichung der Tarifautonomie durch die Tarifvertragsparteien ist das Günstigkeitsprinzip entbehrlich.

Auch die individuelle Koalitionsfreiheit erstreckt sich nicht auf das Günstigkeitsprinzip, da sie zwar – in ihrer negativen Ausprägung – das Recht des Einzelnen, einer Koalition fernzubleiben bzw. sie zu verlassen, schützt.[663] Hat sich ein Koalitionsmitglied der Normwirkung des Tarifvertrags allerdings durch seinen Koalitionsbeitritt unterworfen, kann es nicht unter Berufung auf Artikel 9 III 1 GG eine Begrenzung der tarifvertraglichen Regelungsbefugnisse einfordern. Die individuelle Vertragsfreiheit des Koalitionsmitglieds wird nicht durch Artikel 9 III 1 GG, sondern durch Artikel 12 I GG geschützt.[664]

Somit ist das Günstigkeitsprinzip nicht Teil der Institutsgarantie des Artikels 9 III 1 GG.

bb. Günstigkeitsprinzip als Innenschranke der kollektiven Koalitionsfreiheit

Teilweise wird angenommen, dass die fehlende Teilhabe des Günstigkeitsprinzips an der Institutsgarantie des Artikels 9 III GG auch seine Herleitung als Innenschranke der Tarifautonomie ausschließe.[665] Die Grenzziehung zwischen individueller und

661 Belling, S. 69 ff.

662 Belling, S. 69ff.

663 Vgl. C I 1 a. aa.

664 Höfling/Burkiczak, NJW 2005, 469, 472.

665 Schmidt, Das Günstigkeitsprinzip, S. 67; a.A. Belling, S. 64ff.; Kehr, S. 57, 68.

kollektiver Privatautonomie verlaufe nicht notwendig entsprechend ihrer einfachgesetzlichen Ausgestaltung gemäß § 4 III 2. Alt. TVG. Der Arbeitnehmer unterwerfe sich mit dem Beitritt zur Koalition freiwillig der verbindlichen Geltung der Tarifnormen, so dass sich aus dem Schutzzweck des Artikels 9 III GG nicht das Erfordernis einer Begrenzung der kollektiven Regelungsbefugnis ergebe.[666]

Nach anderer Auffassung[667] soll durch die Festlegung der Tarifvertragsparteien auf die „Förderung der Arbeits- und Wirtschaftsbedingungen" die Koalitionsfreiheit auf die ihr immanente Zweckbestimmung begrenzt werden. Bereits aus dem Wortlaut des Artikels 9 III 1 GG folge, dass eine individualvertragliche Verbesserung immer dann rechtlich ermöglicht werden müsse, wenn sie tatsächlich möglich sei. Diese Auffassung versucht, dem potenziellen Konflikt zwischen individueller und kollektiver Privatautonomie Rechnung zu tragen, indem sie die Bindungswirkung der tariflichen Regelungen für das einzelne Koalitionsmitglied begrenzt. Die Freiwilligkeit des Beitritts zu den Koalitionen schließe nicht aus, dass es zu Konflikten der Koalitionsfreiheit und der Handlungsfreiheit des Einzelnen kommt.[668] Zwar werde im normativen Teil von Tarifverträgen ein „gebündelter Ausdruck individueller Selbstbestimmung"[669] gesehen. Jedoch sei der Gegensatz zwischen individueller Arbeitsvertragsfreiheit und tarifvertraglichem Kollektivzwang „prinzipieller Natur".[670] Artikel 9 III GG statuiere zwar in negativer Hinsicht das Recht Koalitionen fernzubleiben bzw. aus ihnen auszutreten.[671] Solange der Einzelne jedoch auf die kollektive Interessendurchsetzung angewiesen sei, liege in dieser Gewährleistung kein hinreichendes Druckmittel gegenüber dem Verband. Das Günstigkeitsprinzip könne insoweit als inhaltliches Korrektiv gegenüber dem Verbandswillen fungieren, als „Schutz vor dem Beschützer"[672].

Dieser Ansicht ist zuzugeben, dass die Regelungsmacht der Koalitionen grundsätzlich begrenzbar sein muss, und dass der Durchsetzung der individuellen Privatautonomie grundsätzlich der Vorrang gebührt. Die Freiwilligkeit des Beitritts könnte nur dann eine Beeinträchtigung der individuellen Privatautonomie des Koalitionsmitglieds ausschließen, wenn sich der Beitretende zur Zeit des Beitritts bereits bewusst ist, wie weitreichend er sich durch die Mitgliedschaft in der Koalition dem Kollektivwillen unterwirft. Dies dürfte meist nicht der Fall

666 Bieback, ZfA 1979, 453, 477.
667 Belling, S. 69 ff.
668 Vgl. C I 1 d.
669 Zachert, DB 1990, 986, 987.
670 Schliemann, NZA 2003, 122, 128.
671 Vgl. I 1 a aa.
672 Joost, ZfA 1984, 173, 175.

sein. Aufgrund der typischen Motivation des Arbeitnehmers, die in der Überwindung seiner strukturellen Schwächeposition liegt, wird der Beitritt regelmäßig nur auf den Willen schließen lassen, dass der Vorrang des Kollektivwillens insoweit gelten soll, als sich der beitretende Arbeitnehmer nicht selbst zu einer gerechten Vertragsgestaltung imstande sieht.[673] Dagegen kann nicht pauschal eingewendet werden, dass das Verhältnis der Koalitions- und Vertragsfreiheit grundsätzlich nicht als Antagonismus verstanden werden darf.[674] Es ist nämlich nicht ausgeschlossen, dass die Koalitionen Ziele verfolgen und Regelungen treffen, denen die Koalitionsmitglieder nicht zustimmen.

Sinn und Zweck der Koalitionsfreiheit bestehen darin, dem Arbeitnehmer die Überwindung seiner „strukturellen Unterlegenheit" gegenüber dem Arbeitgeber zu ermöglichen.[675] Die kollektive Interessendurchsetzung dient der „Organisation gesellschaftlicher Selbsthilfe im Arbeitsleben"[676]. Soweit aber keine Disparität zwischen den Arbeitsvertragsparteien besteht, bedarf der Arbeitnehmer nicht des Schutzes der kollektiven Interessendurchsetzung. Beim Aushandeln von für den Arbeitnehmer günstigeren Arbeitsbedingungen ist dies der Fall.

Der Schutzzweck der Tarifautonomie und die freiheitliche Grundentscheidung der Verfassung"[677] sprechen für eine Herleitung des Günstigkeitsprinzips unmittelbar aus Artikel 9 III GG. Angesichts der herausragenden Bedeutung des Individuums in der Werteordnung des Grundgesetzes dürfte sich ein Vorrang der kollektiven Privatautonomie nur insoweit rechtfertigen lassen, als die Disparität der Arbeitsvertragsparteien eine kollektive Interessendurchsetzung erfordert.

Daraus folgt aber noch nicht die Notwendigkeit einer unmittelbaren Teilhabe des Günstigkeitsprinzips am Gewährleistungsgehalt des Artikels 9 III GG. Das potenzielle Spannungsverhältnis zwischen Tarifautonomie und individueller Privatautonomie lässt sich auch nach allgemeinen Regeln durch eine Abwägung zwischen den kollidierenden Grundrechtspositionen lösen. Darüber hinaus erschöpft sich der Schutzzweck der kollektiven Koalitionsfreiheit nach h.M. nicht in dem Schutz des einzelnen Arbeitnehmers.[678] Die Koalitionsfreiheit dient auch

673 Wendt, S. 18.

674 So aber: Dieterich, in: ErfKomm, Art. 9 GG Rn. 63, 77.

675 BVerfG 01.12.2010 – 1 BvR 2593/09, NZA 2011, 60, 61; 23.11.2006 – 1 BvR 1909/06, NJW 2007, 286, 287f.; 26.06.1991 – 1 BvR 779/85, BVerfGE 84, 212, 229; 04.07.1995 – 1 BvF 2/86, BVerfGE 92, 365, 395; BAG 21.03.1971 – GS 1/68, BAGE 23, 292, 308.

676 Scholz, Koalitionsfreiheit als Verfassungsproblem, S. 43.

677 Gröschner, in Dreier, GG, Art. 20 Rn. 28.

678 Vgl. C I 1 a.

dem Schutz der Arbeitnehmerschaft insgesamt. Für die Erfüllung dieser kollektiven Schutzfunktion wäre es nicht erforderlich, das Günstigkeitsprinzip in den Schutzbereich des Artikels 9 III GG aufzunehmen. Die Teilhabe des Günstigkeitsprinzips könnte dem Interesse der Arbeitnehmerschaft sogar zuwiderlaufen: Würde bereits der Schutzbereich der Koalitionsfreiheit durch das Günstigkeitsprinzip als zweckimmanente Schranke begrenzt, bestünde die Gefahr, dass die Normativität von Tarifverträgen so weitgehend zurückgedrängt würde, dass eine grundrechtseffektive Betätigung der Koalitionen, die grundsätzlich im Interesse aller Arbeitnehmer liegt, erschwert würde.

Unter Verzicht auf eine genaue dogmatische Herleitung entschied das Bundesarbeitsgericht, dass die Existenz des Günstigkeitsprinzips „eine formelle Schranke der tariflichen Regelungsmacht" bilde. Den Tarifvertragsparteien sei es

> „auch unter dem Gesichtspunkt der Tarifautonomie im Grundsatz verwehrt [...], Arbeitsbedingungen tariflich zu vereinbaren, die eine Verkürzung individualvertraglich begründeter Rechte" [bedeuteten].[679] „Die Möglichkeit, [...] günstigere Arbeitsbedingungen einzelvertraglich zu vereinbaren", könne ein Tarifvertrag „auch für tarifgebundene Arbeitsverhältnisse nicht einschränken".[680]

Dabei stellte das Bundesarbeitsgericht nicht ausdrücklich klar, ob das Günstigkeitsprinzip einer Beeinträchtigung durch die Tarifvertragsparteien nur wegen seiner einfach-gesetzlichen Regelung in § 4 III TVG entzogen oder verfassungsrechtlich gewährleistet ist. Die Aussage, dass

> „die Anwendung des Günstigkeitsprinzips im Einzelfall, etwa bei der tariflichen Vereinbarung von Höchstarbeitszeiten, gegenüber den von den Koalitionen ebenfalls einzubeziehenden Gesichtspunkten der Beschäftigungssicherung des Ausgleichs im Wege der praktischen Konkordanz nach dem Verhältnismäßigkeitsprinzip bedürfen kann"[681],

lässt sich aber dahin interpretieren, dass dem Günstigkeitsprinzip nach Ansicht des Bundesarbeitsgerichts Verfassungsrang zukommt. Nur verfassungsrechtlich geschützte Rechtsgüter müssen nämlich im Wege praktischer Konkordanz in einen verhältnismäßigen Ausgleich gebracht werden.

Wenngleich das Günstigkeitsprinzip nach der Rechtsprechung verfassungsrechtlichen Schutz genießt, kann seine Herleitung als zweckimmanente Innenschranke kollektiver Regelungsbefugnis im Ergebnis nicht überzeugen. Zur Verwirklichung der Tarifautonomie ist die Anerkennung des Günstigkeitsprinzips nicht erforderlich. Auch eine vermittelnde Auffassung, die das

---

679 BAG 18.08.1971 – 4 AZR 342/70, BAGE 23, 399, 404f.

680 BAG 23.03.2011 – 4 AZR 366/09, EzA Artikel 9 GG Nr. 104.

681 BAG 23.03.2011 – 4 AZR 366/09; 25.10.2000 – 4 AZR 438/99, BAGE 96, 168.

Günstigkeitsprinzip nur bei Allgemeinverbindlicherklärungen von Tarifverträgen nach § 5 TVG als unmittelbar von Artikel 9 III GG geschützt betrachtet,[682] ist abzulehnen, da der Verfassungsrang eines Rechtsgutes unabhängig von der Frage seiner potenziellen Beeinträchtigung bestimmt werden muss. Das Günstigkeitsprinzip ist nicht Teil des individuellen und kollektiven Gewährleistungsgehaltes des Artikels 9 III 1 GG.

cc. Günstigkeitsprinzip und negative Koalitionsfreiheit

Eine Herleitung des Günstigkeitsprinzips aus der negativen Koalitionsfreiheit kommt ebenfalls nicht in Betracht. Artikel 9 III GG schützt in seiner negativen Ausprägung nur den freien Austritt bzw. das Fernbleiben aus Koalitionen und erstreckt sich nicht darüber hinaus auf das Innenverhältnis zwischen Koalitionen und Koalitionsmitgliedern.[683]

b. Das Günstigkeitsprinzip im Spannungsfeld zwischen Koalitionsfreiheit und individueller Privatautonomie

Wenn das Günstigkeitsprinzip nicht bereits als von Artikel 9 III 1 GG unmittelbar geschützt angesehen wird, kommt seine Interpretation als verfassungsmäßiger Ausgleich zwischen der Tarifautonomie und kollidierenden Rechtsgütern mit Verfassungsrang, insbesondere der Arbeitsvertragsfreiheit in Betracht. Das Bundesverfassungsgericht betont in ständiger Rechtsprechung, dass dem Gesetzgeber die Befugnis zur Ausgestaltung und „näheren Regelung"[684] der Tarifautonomie zukomme.[685] Damit die grundrechtlich garantierten Freiheiten ausgeübt werden könnten, sei die Schaffung geeigneter Rechtsinstitute und Normenkomplexe erforderlich.[686] Auch das Bundesarbeitsgericht äußerte in dem Burda-Beschluss[687], dass die Koalitionsfreiheit des Artikels 9 III 1 GG der rechtlichen Ausgestaltung bedürfe, und der Gesetzgeber die Tarifautonomie in den Grenzen der Verhältnismäßigkeit einschränken könne. Solange dafür die gesetzlichen Grundlagen fehlten, müsste Artikel 9 III 1 GG so ausgelegt werden,

---

682 Richardi, Kollektivgewalt und Individualwille, S. 367.
683 Vgl. C I 1 a aa.
684 BVerfG 26.05.1970 – 2 BvR 664/65, BVerfGE 28, 295, 306.
685 BVerfG 24.05.1977 – 2 BvL 11/74, BVerfGE 44, 322, 341f.; 17.02.1981 – 2 BvR 384/78, BVerfGE 57, 220, 246; 20.10.1981 – 1 BvR 404/78, BVerfGE 58, 233, 247f.; 02.03.1993 – 1 BvR 1213/85, BVerfGE 88, 103, 114; 10.01.1995 – 1 BvF 1/90, BVerfGE 92, 26, 41; 04.07.1995 – 1 BvF 2/86, BVerfGE 92, 365, 395.
686 BVerfG 01.03.1979 – 1 BvR 532/77, BVerfGE 50, 290, 368.
687 BAG 20.04.1999 – 1 ABR 72/98, BAGE 91, 210, 233.

dass der Vorrang der Tarifautonomie gewahrt werde.[688] Diese Ausführungen, gegen die teilweise grundrechtsdogmatische Bedenken erhoben werden,[689] deuten darauf hin, dass nach dem Bundesarbeitsgericht die konkrete Ausgestaltung des Tarifvertragssystems nicht unmittelbar aus Artikel 9 III 1 GG folgt, sondern Aufgabe des Gesetzgebers ist. In dem Urteil vom 23.03.2011[690] betonte das Bundesarbeitsgericht demgegenüber den bereits in einem früheren Urteil[691] angedeuteten Verfassungsrang des Günstigkeitsprinzips.

Fraglich ist, ob die Abwägung zwischen der Tarifautonomie und der individuellen Arbeitsvertragsfreiheit zwingend durch das Günstigkeitsprinzip erfolgen muss. Dann wäre das Günstigkeitsprinzip unmittelbar verfassungsrechtlich geschützt. Andernfalls könnte der Gesetzgeber die Arbeitsvertragsfreiheit weitergehend beschränken. Umgekehrt ließen sich die Beschränkungen der tarifvertraglichen Normwirkung leichter rechtfertigen, wenn der Gesetzgeber dabei im Rahmen seiner Ausgestaltungsbefugnis handelte.

aa. Abgrenzung zwischen Eingriff und Ausgestaltung

Artikel 9 III 1 GG ist ein zumindest teilweise rechtsgeprägtes und insoweit ausgestaltungsbedürftiges Grundrecht.[692] Ausgestaltungsbedürftige Grundrechte verpflichten den Gesetzgeber zur Ausgestaltung.[693] Nach der Rechtsprechung des Bundesverfassungsgerichts ist der Gesetzgeber zur „Bereitstellung eines Tarifvertragssystems im Sinne des modernen Arbeitsrechts" verpflichtet.[694] Er muss den Koalitionen eine gewisse „normative Infrastruktur"[695] zur Verfügung stellen. Die gesetzgeberische Ausgestaltung der Koalitionsfreiheit ist somit „Verfassungsvollzug"[696].

Dabei stellt sich die Frage nach den Grenzen der gesetzgeberischen Ausgestaltungsbefugnis. Zunächst muss geklärt werden, inwieweit die rechtsgeprägte

688 BAG 20.04.1999 - 1 ABR 72/98, BAGE 91, 210, 233.

689 Höfling/ Burkiczak, NJW 2005, 469, 470.

690 BAG 23.03.2011 - 4 AZR 366/09, NZA 2011, 920ff.

691 BAG 18.08.1971 - 4 AZR 342/70, BAGE 23, 399.

692 Burkiczak, S. 162ff.

693 Kemper, Koalitionsfreiheit; Nierhaus, AöR 1991, 74ff.

694 BVerfG 24.05.1977 - 2 BvL 11/74, BVerfGE 44, 322, 341f.; 17.02.1981 - 2 BvR 384/78, BVerfGE 57, 220, 246; 20.10.1981 - 1 BvR 404/78, BVerfGE 58, 233, 247f.; 02.03.1993 - 1 BvR 1213/85, BVerfGE 88, 103, 114; 10.01.995 - 1 BvF 1/90, 10.01.995 - 1 BvF 1/90, BVerfGE 92, 26, 41; BVerfG 04.07.1995 - 1 BvF 2/86, BVerfGE 92, 365, 394.

695 Höfling, in: Sachs, GG, Artikel 9 Rn. 70.

696 Dieterich, RdA 2002, 1, 9.

Tarifautonomie Ausgestaltungen zugänglich ist, und wann von einem Eingriff ausgegangen werden muss. Aufgrund der vorbehaltlosen Gewährleistung der Koalitionsfreiheit können Eingriffe – nach der allgemeinen Schrankendogmatik[697] nämlich nur durch kollidierende Rechtsgüter mit Verfassungsrang erfolgen. Bedeutung erlangt diese Frage zwar in erster Linie für die Verfassungsmäßigkeit staatlichen Handelns, da bei Ausgestaltungen andere Maßstäbe als bei Eingriffen anzulegen sind.[698] Die traditionelle Schrankendogmatik ist nämlich nur dann anwendbar, wenn einem staatlichen Handeln Eingriffsqualität bescheinigt werden kann.[699] Für die Auslegung des § 4 III TVG ist die Differenzierung zwischen Ausgestaltung und Eingriff allerdings ebenfalls relevant. Würden sich gesetzliche Öffnungsklauseln[700] als Ausgestaltung der koalitionsmäßigen Betätigungsgarantie darstellen, wären möglicherweise auch im bestehenden Tarifvertragsrecht an eine Durchbrechung der tarifvertraglichen Normwirkung durch „günstigere" einzelvertragliche Entgeltregelungen geringere Anforderungen zu stellen.[701] Das Günstigkeitsprinzip könnte ohne verfassungsrechtliche Bedenken extensiv ausgelegt werden.

Eine Abgrenzung von Ausgestaltung und Eingriff erfordert zunächst genaue Begriffsdefinitionen: Die in Rechtsprechung und Literatur vertretenen Definitionen stimmen weitgehend überein. Ausgestaltung bedeutet ein grundrechtlich bedeutsames Handeln, das den negatorischen Schutz des Grundrechts nicht auslöst.[702] Eine Ausgestaltung soll ein Verhalten nicht verwehren, sondern dieses überhaupt erst ermöglichen.[703] Bei Eingriffen ist dagegen der abwehrrechtliche Gehalt des Grundrechts negativ betroffen.[704] Der „moderne Eingriffsbegriff" nimmt bereits einen Eingriff an, wenn den Grundrechtsträgern ein vom Schutzbereich erfasstes Verhalten teilweise oder ganz unmöglich gemacht wird – unabhängig davon, ob die Wirkung final oder unmittelbar eintritt, mit Befehl und Zwang durchsetzbar ist oder der öffentlichen Gewalt zugerechnet werden kann.[705]

697 BVerfG 26.06.1991 – 1 BvR 779/85, BVerfGE 84, 212, 228; 24.04.1996 – 1 BvR 712/86, BVerfGE 94, 268 284; 03.04.2001 – 1 BvL 32/97, BVerfGE 103, 293, 306.

698 Gellermann, Grundrechte, Rn. 54f.; Burkiczak, S. 153.

699 Badura, in: Isensee/Kirchhof, Band VII, § 163 Rn. 10.

700 Zum Begriff der gesetzlichen Öffnungsklausel: Drohsel, S. 17ff.

701 Vgl. Badura, in: Isensee/Kirchhof, Band VII, § 163 Rn. 10; Thüsing, in: FS 50 Jahre BAG, S. 889, 892.

702 Gellermann, Grundrechte, S. 51; Pieroth/Schlink, Grundrechte, S. 209.

703 Hoffmann-Riem, Der Staat, 203, 223f.

704 Drohsel, S. 49.

705 Pieroth/Schlink, Grundrechte, S. 240; Sachs, in: Sachs, Vor Artikel 1 Rn. 84.

Ausgestaltungen und Eingriffe stehen daher im Verhältnis der Exklusivität.[706] „Eine präzise Grenzziehung zwischen normativer Ausgestaltung und Eingriff"[707] bereitet im Rahmen des Artikels 9 III 1 GG allerdings Schwierigkeiten.

1) Die grundsätzliche Differenzierung zwischen sach- und normgeprägten Gewährleistungen

Das Bundesverfassungsgericht erkennt dem Gesetzgeber in ständiger Rechtsprechung die Befugnis zur Ausgestaltung und „näheren Regelung"[708] der Tarifautonomie zu.[709] Damit die grundrechtlich garantierten Freiheiten ausgeübt werden könnten, sei die Schaffung geeigneter Rechtsinstitute und Normenkomplexe erforderlich.[710] Soweit „gewichtige Belange Anderer, auch des Sozialpartners berührt"[711] würden, sei eine Ausgestaltung unerlässlich. Dabei erläuterte das Bundesverfassungsgericht die Gründe für eine gesetzgeberische Ausgestaltungsbefugnis wie folgt:

> „Zum einen erfordert der Umstand, dass beide Tarifvertragsparteien den Schutz von Artikel 9 III GG prinzipiell gleichermaßen genießen, bei seiner Ausübung aber in scharfem Gegensatz zueinander stehen, koordinierende Regelungen, die gewährleisten, dass die aufeinander bezogenen Grundrechtspositionen trotz ihres Gegensatzes nebeneinander bestehen können. Zum anderen macht die Möglichkeit des Einsatzes von Kampfmitteln rechtliche Rahmenbedingungen erforderlich, die sichern, dass Sinn und Zweck dieses Freiheitsrechts sowie seine Einbettung in die verfassungsrechtliche Ordnung gewahrt bleiben."

Wann von einer Ausgestaltung auszugehen ist, führt das Bundesverfassungsgericht allerdings nicht weiter aus. Allgemein gehaltene Formulierungen, dass eine Ausgestaltung vorliege, „soweit das Verhältnis der Tarifvertragsparteien zueinander berührt wird"[712], erleichtern die Rechtsanwendung nicht nennenswert.[713]

---

706 Burkiczak, S. 158 m.w.N.; a.A. Thüsing, FS 50 Jahre BAG, S. 892.

707 Henssler, ZfA 1998, 1, 11.

708 BVerfG 26.05.1970 – 2 BvR 664/65, BVerfGE 28, 295, 306.

709 BVerfG 24.05.1977 – 2 BvL 11/74, BVerfGE 44, 322, 341f.; 17.02.1981 – 2 BvR 384/78, BVerfGE 57, 220, 246; 20.10.1981 – 1 BvR 404/78, BVerfGE 58, 233, 247f.; 02.03.1993 – 1 BvR 1213/85, BVerfGE 88, 103, 114; 10.01.1995 – 1 BvF 1/90, BVerfGE 92, 26, 41; 04.07.1995 – 1 BvF 2/86, BVerfGE 92, 365, 394.

710 BVerfG 01.03.1979 – 1 BvR 532/77, BVerfGE 50, 290, 368.

711 BVerfG 17.02.1981 – 2 BvR 384/78, BVerfGE 57, 220, 246.

712 BVerfG 26.06.1991 – 1 BvR 779/85, BVerfGE 84, 212, 228; 24.04.1996 – 1 BvR 712/86, BVerfGE 94, 268, 284; 02.03.1993 – 1 BvR 1213/85, BVerfGE 88, 103, 115; 04.07.1995 – 1 BvF 2/86, BVerfGE 92, 365, 394.

713 Burkiczak, S. 161.

Daher stellt sich die Frage nach einer praxistauglichen Abgrenzung zwischen Ausgestaltung und Eingriff.

Auch in der Literatur wird die Notwendigkeit einer gesetzgeberischen Ausgestaltung anerkannt: Die Koalitionsfreiheit sei darauf angewiesen, dass das einfache Recht die von Artikel 9 III GG „im Prinzip" garantierten Rechtspositionen ausgestalte.[714] Bei der genauen Regelung der Art und Weise der Koalitionsbetätigung treffe den Staat keine Rechtfertigungslast.[715] Es dürften Zweckmäßigkeitserwägungen angestellt und auch Rechtsgüter ohne Verfassungsrang berücksichtigt werden.[716] Staatliche Regelungen müssten jedoch dem Verhältnismäßigkeitsgrundsatz genügen, d.h. der Regelungszweck dürfe nicht außer Verhältnis zur Koalitionsfreiheit stehen.[717]

Die Abgrenzung zwischen Ausgestaltung und Eingriff ist auch in der Literatur umstritten.[718] Teilweise wird vorgeschlagen, auf die Motive des Gesetzgebers abzustellen:[719] Beschränke der Gesetzgeber die Tarifautonomie, um kollidierenden Rechtsgütern mit Verfassungsrang zur Geltung zu verhelfen, liege ein Eingriff vor. Diene die Regelung dagegen zum Beispiel der Anpassung des Tarifvertragssystems an veränderte Gegebenheiten, handele es sich um eine Ausgestaltung. Kritikwürdig ist an diesem subjektiven Ansatz allerdings, dass die Motive des Gesetzgebers nicht stets von außen erkennbar oder eindeutig sind. Durch die Wahl der Begründung könnte der Gesetzgeber die Anforderungen an seine Regelungen in gewissem Umfang selbst bestimmen.[720] Eine Abgrenzung anhand der Motive des Gesetzgebers würde daher zu erheblicher Rechtsunsicherheit führen und erscheint wenig praktikabel.

Ein anderer Ansatz differenziert danach, ob das von der Regelung betroffene Verhalten als „Betätigung im koalitionsspezifischen Sinn" verstanden werden kann.[721] Nur solche staatlichen Regelungen, welche die Betätigung der Koalitionen in diesem Bereich berührten, seien als Eingriff zu qualifizieren. Wann von einer „koalitionsspezifischen Betätigung" gesprochen werden kann, führt diese Ansicht allerdings nicht weiter aus.

---

714 Belling, S. 60ff.; Richardi, in: Münch Hdb ArbR, § 12 Rn. 30; Wank, in: Wiedemann, § 4 Rn. 395.

715 Gamillscheg, S. 230; Henssler, ZfA 1998, 1, 11 f.

716 Löwisch/Rieble, § 244 Rd. 39.

717 Löwisch/Rieble, § 244 Rd. 42.

718 Vgl. zum Ganzen: Burkiczak, S. 152ff.; Drohsel, S. 48ff. m.w.N.

719 Dieterich, DB 2001, 2398, 2401; RdA 2002, 1, 11f; Thüsing, EzA Nr. 60 zu Art. 9 GG, 9, 15.

720 Vgl. Drohsel, S. 53f.

721 Henssler, ZfA 1998, 1, 11f.

Aufgrund der Abgrenzungsschwierigkeiten zwischen Ausgestaltung und Eingriff wird die Unterscheidung auch generell in Frage gestellt.[722] So würde jede Ausgestaltung die Tarifautonomie begrenzen, und umgekehrt würde jeder Eingriff die Tarifautonomie inhaltlich ausgestalten.[723] Die Grenzen zwischen Ausgestaltung und Eingriff seien fließend.[724] Die Differenzierung sei hinfällig, da auch ausgestaltende Regelungen den Anforderungen an Eingriffe unterliegen würden – mit Ausnahme des für nachkonstitutionelle Eingriffe geltenden Zitiergebotes.[725] Die Abgrenzung zwischen Ausgestaltung und Eingriff sei „ein künstliches Konstrukt"[726], eine strikte Trennung in der Praxis daher nicht durchzuhalten.[727]

Ein praktikablerer Ansatz zur Abgrenzung zwischen Ausgestaltung und Eingriff könnte darin liegen, zwischen natürlichem und normgeprägtem Schutzbereich zu differenzieren.[728] Danach würde ein Eingriff voraussetzen, dass staatliches Handeln den natürlichen bzw. sachgeprägten Schutzbereich eines Grundrechts tangiert. Unter einer Ausgestaltung wäre dagegen die Betroffenheit des normgeprägten Schutzbereichs zu verstehen.[729]

Dieser Ansatz steht und fällt mit der Abgrenzung zwischen natürlichem und rechtsgeprägtem Schutzbereich. Diese Abgrenzung soll daher im Folgenden näher untersucht werden:

Von einem natürlichen Schutzbereich spricht man, wenn Handlungen, die Gegenstand des Schutzbereichs sind, „zur Natur des Einzelnen" gehören und eine rechtliche Anerkennung nicht erfordern; der normative Schutzbereich umfasst dagegen Handlungen, die durch eine rechtliche Gestaltung erst ermöglicht werden.[730] Die Formulierung des Artikels 1 I GG lässt darauf schließen, dass auch der Verfassungsgeber vorstaatliche Freiheiten anerkennt, die gemäß Artikel 1 II GG nicht verliehen werden müssen, sondern die staatliche Gewalt von sich aus binden.[731] „Natürliche Freiheiten werden vom Staat nicht gewährt, sondern von

722 Thüsing, FS 50 Jahre BAG, S. 889, 892; Kahl, AöR 2006, 603.
723 Thüsing, FS 50 Jahre BAG, S. 889, 892.
724 Bayreuther, Tarifautonomie, S. 30.
725 Lübbe-Wolff, Eingriffsabwehrrechte, S. 58ff.
726 Henssler, ZfA 1998, 1, 11.
727 Thüsing, FS 50 Jahre BAG, S. 889, 892.
728 Drohsel, S. 63 ff.; Friese, Koalitionsfreiheit, S. 214; Höfling, in: Sachs, Artikel 9 Rn. 77.
729 Pieroth/Schlink, Grundrechte, Rn. 217.
730 Pieroth/Schlink, Grundrechte, Rn. 209.
731 Lenz, Vorbehaltlose Grundrechte, S. 105.

der Verfassung gewährleistet."[732] Demgegenüber hat für andere rechtsgeprägte Freiheiten, wie z.B. die Eigentumsfreiheit gemäß Artikel 14 I GG, die rechtliche Anerkennung konstitutiven Charakter.

Geht man davon aus, dass eine Differenzierung zwischen „natürlichen" und „normativ geprägten Grundrechten"[733] möglich ist, stellt sich die Frage, inwieweit die kollektive Koalitionsfreiheit ein normativ geprägtes Grundrecht darstellt, das Ausgestaltungen erfordert, und inwieweit es sich um eine natürliche Freiheit handelt, deren abwehrrechtliche Dimension durch Regelungen zum Abschluss von Tarifverträgen betroffen wird. Die Betätigungsgarantie der Koalitionen umfasst einerseits rein tatsächliche Handlungen, wie etwa den Zusammenschluss mit Anderen zu einer Koalition oder die Gestaltung der Binnenorganisation.[734] Normativ geprägt könnte dagegen die Tarifautonomie sein. Fraglich ist, ob die Normativität von Tarifverträgen vorstaatlich existiert (Originärtheorie)[735] oder auf einem Akt staatlicher Anerkennung beruht (Delegations-/Sanktionstheorie)[736]. Nur in letzterem Fall wäre die Normativität des Tarifvertrags Teil der rechtsgeprägten Grundrechtsdimension des Artikels 9 III GG und stünde somit einer Ausgestaltung durch den Gesetzgeber offen.[737]

Die Originärtheorie geht davon aus, dass sich die Normativität aus dem Schutzzweck des Tarifvertrags ergibt. Dafür spreche die historische Entwicklung der Tarifautonomie: Vor ihrer verfassungsrechtlichen Anerkennung in der Weimarer Reichsverfassung 1919[738] bzw. im Grundgesetz 1949 sei die Normwirkung der Tarifverträge gegen den Willen des Staates durchgesetzt worden und damit vorstaatlicher Natur.[739] Gegen die Originärtheorie ist jedoch einzuwenden, dass die Annahme einer vorstaatlichen Normsetzungsbefugnis dem staatlichen Rechtsetzungsmonopol des Grundgesetzes widerspricht.[740] Nur der demokratisch legitimierte Gesetzgeber ist zur Normsetzung befugt,

732 Ipsen, Grundrechte, Rn. 63f.; Koch, Grundrechtsschutz, S. 85.

733 Vgl. Voßkuhle/Kaiser, JuS 2009, 314.

734 Vgl. Drohsel, S. 66.

735 Herschel, in: FS Bogs, S. 130; Radke, in: FS Brenner, S. 139.

736 BVerfG 18.11.954 - 1 BvR 629/52, BVerfGE 4, 96, 108; 06.05.1964 - 1 BvR 79/62, BVerfGE 18, 18, 26; 24.05.1977 - 2 BvL 11/74, BVerfGE 44, 322, 340f.; BAG 15.01.1955 - 1 AZR 305/54, BAGE 1, 258, 264; 23.03.1957 - 1 AZR 326/56, BAGE 4, 240, 251; 10.06.1980 - 1 AZR 822/79, BAGE 33, 140, 149; Bayreuther, Tarifautonomie, S. 173.

737 Vgl. Drohsel, S. 67 ff.

738 Artikel 159, 165 WRV.

739 Kempen, in: Kempen/Zachert, TVG, Grundlagen Rn. 194.

740 Herschel, in: FS Bogs, S. 130f.; Däubler, Mitbestimmung, S. 113ff. m.w.N.

es sei denn er delegiert die Normsetzung in einem bestimmten Lebensbereich an Dritte. Wenn Dritte zur Normsetzung berufen sind, muss dies auf eine Entscheidung des Gesetzgebers zurückgehen. Aufgrund des unpräzisen Wortlauts des Artikels 9 III 1 GG erscheint es fernliegend, in der Grundrechtsnorm selbst die unmittelbare Einräumung einer Rechtsetzungskompetenz bzw. den staatlichen Normgeltungsbefehl zu sehen.[741] Die Annahme einer vorstaatlichen Normsetzungsbefugnis der Tarifparteien steht aber nach dem oben Gesagten im Widerspruch zur verfassungsmäßigen Ordnung und ist daher abzulehnen.

Vorzugswürdig erscheint die Delegations- bzw. Sanktionstheorie, welche die Normsetzungsbefugnis nicht unmittelbar aus der historisch gewachsenen Tarifautonomie herleitet, sondern die einfach-gesetzliche Anerkennung der Normsetzungsbefugnis als erforderlich ansieht.[742] Die genaue Begründung ist von nachrangiger Bedeutung: Für die Qualifikation der Normsetzungsbefugnis als normativer Schutzbereich der Koalitionsfreiheit ist es gleichgültig, ob man mit der Delegationstheorie annimmt, dass der Gesetzgeber mit § 4 TVG eine Rechtsetzungsbefugnis an die Koalitionen delegiert[743] oder den Tarifverträgen – wie es die Sanktionstheorie unterstellt – normative Wirkung verliehen hat[744].

Die verfassungsrechtliche Gewährleistung der Tarifautonomie verpflichtet den Gesetzgeber, einen Normenkomplex zur Verfügung zu stellen, der ihrem objektiv-rechtlichen Gehalt Rechnung trägt.[745] Artikel 9 III 1 GG statuiert hinsichtlich der Bereitstellung eines „Tarifvertragssystems im Sinne des modernen Arbeitsrechts“[746] eine Institutsgarantie.[747] Ob die normative und zwingende

741 Burkiczak, S. 165 m.w.N.

742 BVerfG 18.11.1954 – 1 BvR 629/52, BVerfGE 4, 96, 108; 06.05.1964 – 1 BvR 79/62, BVerfGE 18, 18, 26; 24.05.1977 – 2 BvL 11/74, BVerfGE 44, 322, 340f.; BAG 1^5.01.1955 – 1 AZR 305/54, BAGE 1, 258, 264; 23.03.1957 – 1 AZR 326/56, BAGE 4, 240, 251; 10.06.1980 – 1 AZR 822/79, BAGE 33, 140, 149; Bayreuther, Tarifautonomie, S. 173.

743 BAG 15.01.1955 – 1 AZR 305/54, BAGE 1, 258, 264; 23.03.1957 – 1 AZR 326/56, BAGE 4, 240, 251; Lieb/Jacobs, Arbeitsrecht, Rn. 468f.; Säcker, Gruppenautonomie, S. 267; Waltermann, in: FS Söllner, S. 1251, 1256ff.

744 Kirchhof, Rechtsetzung, S. 153f.; Scholz, in: Maunz/Dürig, Artikel 9 Rn. 301.

745 Drohsel. S. 78.

746 BVerfG 18.11.1954 – 1 BvR 629/52, BVerfGE 4, 96, 106.

747 BVerfG 18.11.1954 – 1 BvR 629/52, BVerfGE 4, 96, 108; Kannengießer, in: Schmidt-Bleibtreu/Klein, Art. 9 Rn. 20; Kemper, Koalitionsfreiheit, S. 94; Wiedemann, in: FS Stahlhacke, S. 680ff.; a.A.: Bayreuther, Tarifautonomie, S. 175. Für eine in der Sache ähnliche „kompetentielle Gewährleistungsdimension“ mit „auxiliärem

Wirkung der Tarifverträge an dieser durch Artikel 9 III 1 GG gewährleisteten Institution „Tarifvertragssystem“ teilhat, ist umstritten.[748]

Nach alledem ist die Tarifautonomie nicht Teil des natürlichen Schutzbereichs der kollektiven Koalitionsfreiheit. Die Koalitionen bedürfen stattdessen der „Bereitstellung einer normativen Infrastruktur“[749] durch den Gesetzgeber und haben als unmittelbar Grundrechtsberechtigte einen entsprechenden leistungsrechtlichen Anspruch.[750] Regelungen, welche die Normativität der Tarifverträge betreffen, sind grundsätzlich als Ausgestaltungen des Artikels 9 III 1 GG anzusehen. Abwehrrechtliche Relevanz käme nur solchen staatlichen Maßnahmen zu, die in die „schon geprägte Substanz des (normgeprägten) Grundrechts einschneiden“[751], d.h. sich auf bereits abgeschlossene Tarifverträge auswirken.[752] Der abwehrrechtliche Gehalt des Artikels 9 III 1 wäre nur dann betroffen, wenn der Gesetzgeber die Normwirkung während der Laufzeit eines Tarifvertrages einschränken würde.[753] Dann bestünde das Interesse der Tarifvertragsparteien nicht in der Gewährleistung abstrakter Normstrukturen, sondern im Schutz konkreter Rechtspositionen vor staatlichen Eingriffen.[754] Hinsichtlich der noch nicht abgeschlossenen Tarifverträge wäre dagegen der abwehrrechtliche Gehalt der Koalitionsfreiheit nicht betroffen, da sich die Koalitionsfreiheit als rechtsgeprägtes, ausgestaltungsbedürftiges Grundrecht darstellt. Auch die Normwirkung der Tarifverträge stünde damit unter dem Vorbehalt gesetzgeberischer Ausgestaltungen.[755]

2) Die Wahrung des objektiv-rechtlichen Gehalts

Die Durchbrechung der tarifvertraglichen Normwirkung durch die Anerkennung des Günstigkeitsprinzips wäre nach dem Bundesverfassungsgericht[756] nur dann von der Ausgestaltungsbefugnis des Gesetzgebers gedeckt, wenn die

---

leistungsrechtlichen Gehalt“: Höfling, in: Sachs, Artikel 9 Rn. 5. Für eine Schutzpflicht: Pieroth, in: FS 50 Jahre BVerfG II, 293, 304f.

748 Dafür: Kemper, in: von Mangoldt/ Klein/ Starck, GG I, Art. 9 Rn. 229; Peters/ Ossenbühl, Übertragung, S. 15. Dagegen: Isensee, Tarifautonomie, S. 159, 170; Scholz, in: Isensee/Kirchhof, Handbuch, Band VI, § 151 Rn. 20, 38.

749 Höfling, in: Sachs, GG, Art. 9 Rn. 70.

750 Höfling/ Burkiczak, NJW 2005, 469, 473.

751 Lerche, in: Isensee/Kirchhof, Handbuch, Band V, § 121 Rn. 45.

752 Höfling, in: Sachs, Art. 9 Rn. 88a, 93c.

753 In diese Richtung: BVerfG 24.04.1996 – 1 BvR 712/86, BVerfGE 94, 268, 284.

754 Burkiczak, S. 171, 253.

755 Höfling, in: Sachs, Art. 9 Rn. 93c.

756 BVerfG 04.07.1995 – 1 BvF 2/86, BVerfGE 92, 365ff.

Normwirkung nicht zum objektiv-rechtlichen Gehalt des Artikels 9 III 1 GG zählte. Andernfalls läge in § 4 III 2. Alt. TVG ein Eingriff in den Schutzbereich der kollektiven Koalitionsfreiheit.[757] Wo die Grenze des objektiv-rechtlichen Gehalts gezogen werden muss, ist allerdings umstritten, da sich der Rechtsprechung des Bundesverfassungsgerichts eine subsumtionsfähige Definition nicht entnehmen lässt. In der Literatur wird der objektiv-rechtliche Gehalt anhand der Kriterien der „Eigenverantwortlichkeit und Staatsfreiheit“[758], der „Parität“[759] sowie der „Funktionsfähigkeit des Tarifvertragssystems“[760] definiert. Teilweise werden die Kriterien kumulativ genannt.[761]

Das Bundesverfassungsgericht beschränkte sich zunächst auf die folgende, allgemein gehaltene Feststellung:

> „Wenn also die in Artikel 9 III GG garantierte Koalitionsfreiheit nicht ihres historisch gewordenen Sinns beraubt werden soll, so muss im Grundrecht des Artikels 9 Abs. 3 GG ein verfassunsgrechtlich geschützter Kernbereich auch in der Richtung liegen, dass ein Tarifvertragssystem im Sinne des modernen Arbeitsrechts staatlicherseits überhaupt bereitzustellen ist [...].“[762]

Dabei zog das Bundesverfassungsgericht die Grenzen der Ausgestaltungsbefugnis entlang eines „Kernbereichs der Koalitionsfreiheit“[763]. Diesen Kernbereich definierte das Gericht als

> „Garantie eines gesetzlich geregelten und geschützten Tarifvertragssystems, dessen Partner frei gebildete Koalitionen im Sinne des Artikels 9 III 1 GG sein müssen“[764].

Die Tarifautonomie verlange, dass die Eigenverantwortlichkeit der Interessenwahrnehmung gewährleistet sei.[765] Die Parität der Tarifpartner dürfe nicht verfälscht werden.[766]

---

757 Vgl. Drohsel, S. 72ff.

758 Bauer, in: Dreier, Artikel 9 Rn. 92; Löwer, in: von Münch/Kunig, Artikel 9 Rn. 58.

759 Jarass, in: Jarass/Pieroth, Artikel 9 Rn. 47.

760 Däubler, in: Däubler, TVG, Einleitung Rn. 128; Henssler, ZfA 1998, 1, 14; a.A. Höfling, in: Sachs, Art. 9 Rn. 134.

761 Mager, Einrichtungsgarantien, S. 245.

762 BVerfG 18.11.1954 – 1 BvR 629//52, BVerfGE 4, 96, 106.

763 BVerfG 24.05.1977 – 2 BvL 11/74, BVerfGE 44, 322, 341f.

764 BVerfG 18.11.954 – 1 BvR 629/52, BVerfGE 4, 96, 108; 18.12.1974 – 1 BvR 430/65, BVerfGE 38, 281, 306; 01.03.1979 – 1 BvR 532/77, BVerfGE 50, 290, 369; 20.10.1981 – 20.10.1981 – 1 BvR 404/78, BVerfGE 58, 233, 247ff.

765 BVerfG 02.03.1993 – 1 BvR 1213/85, BVerfGE 88, 103, 114; 04.07.1995 – 1 BvF 2/86, BVerfGE 92, 365, 394.

766 BVerfG 10.01.1995 – 1 BvF 1/90, BVerfGE 92, 26, 41.

Diese Kernbereichsrechtsprechung wurde teilweise dahingehend interpretiert, dass außerhalb des Kernbereichs die Koalitionsfreiheit beliebig ausgestaltet werden dürfte.[767] In der Folge änderte das Bundesverfassungsgericht die Rechtsprechung aber[768] und verlangt seither, dass auch außerhalb des Kernbereichs bei der Ausgestaltung der Betätigungsfreiheit auf die Koalitionen und ihre Mitglieder Rücksicht genommen werden müsse,[769] wobei es dem Gesetzgeber eine Einschätzungsprärogative zubilligt.[770] Der Grundrechtsschutz umfasse alle koalitionsspezifischen Verhaltensweisen und sei nicht auf den Bereich des Unerlässlichen beschränkt.[771] Im Rahmen der Verhältnismäßigkeitsprüfung käme es allerdings weiterhin auf den Gegenstand der gesetzlichen Regelung an:[772] Der Grundrechtsschutz sei nicht für alle koalitionsmäßigen Betätigungen gleich intensiv.[773]

Das Bundesverfassungsgericht zieht die Grenzen der gesetzgeberischen Ausgestaltungsbefugnis nunmehr entlang eines „objektiven Gehalts"[774] des Artikels 9 III GG:

> „Die Tarifautonomie muss als ein Bereich gewahrt bleiben, in dem die Tarifvertragsparteien ihre Angelegenheiten grundsätzlich selbstverantwortlich und ohne staatliche Einflussnahme regeln können. Ihre Funktionsfähigkeit darf nicht gefährdet werden. Die Koalitionen müssen ihren verfassungsrechtlich anerkannten Zweck, die Arbeits- und Wirtschaftsbedingungen ihrer Mitglieder zu wahren und zu fördern, insbesondere durch den Abschluss von Tarifverträgen erfüllen können. Das Tarifvertragssystem ist darauf angelegt, die strukturelle Unterlegenheit der einzelnen Arbeitnehmer beim Abschluss von Tarifverträgen auszugleichen und damit ein annähernd gleichgewichtiges Aushandeln der Löhne und Arbeitsbedingungen zu ermöglichen. Funktionsfähig ist die Tarifautonomie folglich nur, solange zwischen den Tarifvertragsparteien ein ungefähres Kräftegleichgewicht besteht."[775]

Dieses strukturelle Gleichgewicht hatte der Gesetzgeber zu gewährleisten, wobei er auf „dem Gebiet der Arbeitsmarkt-, Sozial- und Wirtschaftsordnung" über

767 BVerfG 24.02.1999 – 1 BvR 123/93, BVerfGE 100, 214, 222; Löwer, in: von Münch/Kunig, GG, Art. 9 Rn. 59.

768 Während des BVerfG selbst nur von einer Klarstellung sprach, wurde diese „Klarstellung" in der Literatur überwiegend als Rechtsprechungsänderung interprestiert (Vgl. Höfling, in: Sachs, Art. 9 Rn. 73 m.w.N.).

769 BVerfG 14.11.1995 – 1 BvR 601/92, BVerfGE 93, 352, 359.

770 BVerfG 24.04.1996 – 1 BvR 712/86, BVerfGE 94, 268, 287.

771 BVerfG 14.11.1995 – 1 BvR 601/92, BVerfGE 93, 352, 358.

772 BVerfG 24.04.1996 – 1 BvR 712/86, BVerfGE 94, 268, 284.

773 BVerfG 24.04.1996 – 1 BvR 712/86, BVerfGE 94, 268, 284f.

774 BVerfG 04.07.1995 – 1 BvF 2/86, BVerfGE 92, 365, 394.

775 BVerfG 04.07.1995 – 1 BvF 2/86, BVerfGE 92, 365, 394f.

einen besonders weitgehenden „Einschätzungs- und Prognosevorrang“[776] verfüge. Der Gesetzgeber habe ein Tarifvertragssystem zu schaffen, „dessen Partner frei gebildete Koalitionen“[777] sind.

Sieht man die Tarifautonomie als durch Artikel 9 III 1 GG geschützt an, muss man konsequenterweise auch die tarifvertragliche Normwirkung, ohne die der Abschluss von Tarifverträgen seines Sinns beraubt würde, der freien gesetzgeberischen Ausgestaltung entziehen und als Teil des objektiv-rechtlichen Gehalts der kollektiven Koalitionsfreiheit anerkennen. Die Tarifvertragsparteien können ihre Aufgabe Mindestarbeitsbedingungen zu schaffen, ohne die Anerkennung der tarifvertraglichen Normwirkung nicht wirksam erfüllen. Ein funktionsfähiges Tarifvertragssystem, in dem die Normwirkung von Tarifverträgen nicht grundsätzlich anerkannt wird, wird seinem „verfassungsrechtliches Schutzkonzept“ nicht gerecht.[778]

Im Ergebnis gehört die tarifvertragliche Normwirkung zum objektivrechtlichen Gehalt der Koalitionsfreiheit.

3) Der Eingriffscharakter gesetzlicher Öffnungsklauseln

Eine Einschränkung der Normativität von Tarifverträgen würde somit den abwehrrechtlichen Gehalt der Koalitionsfreiheit nachteilig betreffen und hätte Eingriffscharakter.[779] Nach dem „klassischen Eingriffsbegriff“ wird als Eingriff ein „unmittelbar und gezielt durch ein vom Staat verfügtes, erforderlichenfalls zwangsweise durchzusetzendes Ge- oder Verbot“[780] verstanden. Eine gesetzliche Öffnungsklausel ermöglicht den Betriebspartnern bzw. Arbeitsvertragsparteien, unter gewissen Voraussetzungen von Tarifnormen abzuweichen. Die Durchbrechung der Normwirkung erfolgt daher nicht bereits durch die Öffnungsklausel, sondern hängt von der Entscheidung privater Dritter ab. Daher könnte zu bezweifeln sein, dass gesetzliche Öffnungsklauseln den Schutzbereich der Tarifautonomie unmittelbar verkürzen. Im Ergebnis kann dies dahinstehen. Denn nach dem „modernen Eingriffsbegriff“ ist von einem Eingriff auszugehen, wenn den Grundrechtsträgern ein vom Schutzbereich erfasstes Verhalten teilweise

776 BVerfG 10.01.1995 – 1 BvF 1/90, BVerfGE 92, 26, 41; BVerfG 03.04.2001 – 1 BvL 32/97, BVerfGE 103, 293, 307.

777 BVerfG 18.11.1954 – 1 BvR 629/52, BVerfGE 4, 96, 108; 19.10.1966 – 1 BvL 24/65, BVerfGE 20, 312, 317.

778 Dieterich, in: ErfKomm, Artikel 9 Rn. 60.

779 Zu dem Eingriffscharakter im Hinblick auf bereits abgeschlossene Tarifverträge: Burkiczak, S. 253ff.

780 BVerfG 26.06.2002 – 1 BvR 670/91, BVerfGE 105, 279, 300.

oder ganz unmöglich gemacht wird – unabhängig davon, ob die Wirkung final oder unmittelbar eintritt, mit Befehl und Zwang durchsetzbar ist oder der öffentlichen Gewalt zugerechnet werden kann.[781] Damit unterfallen gesetzliche Öffnungsklauseln jedenfalls dem „modernen Eingriffsbegriff".

Auch die rechtliche Anerkennung des Günstigkeitsprinzips hat Eingriffscharakter und muss verfassungsrechtlich gerechtfertigt werden können. Bei der Auslegung des § 4 III 2. Alt. TVG ist dies zu berücksichtigen.

bb. Verfassungsrechtliche Anforderungen an Eingriffe in die Tarifautonomie

Wird durch die Regelung des § 4 III 2. Alt. TVG in den Schutzbereich des Artikels 9 III 1 GG eingegriffen, stellt sich die Frage, unter welchen Voraussetzungen ein solcher Eingriff verfassungsrechtlich zulässig erfolgen kann.

1) Die Beschränkbarkeit der Koalitionsfreiheit durch kollidierende Grundrechte und sonstige Rechtsgüter mit Verfassungsrang

Nach der Rechtsprechung[782] und herrschenden Literatur[783] sind auch vorbehaltlos gewährleistete Grundrechte grundsätzlich durch kollidierende Rechtsgüter beschränkbar, wobei die verfassungsrechtlich geschützten Rechtsgüter anhand einzelner Grundrechtsbestimmungen konkret herausgearbeitet werden müssten.[784] Dann sei ein Ausgleich im Wege praktischer Konkordanz vorzunehmen.[785]

Die Koalitionsfreiheit kann nach dem Bundesverfassungsgericht,

> „obwohl sie ohne Gesetzesvorbehalt gewährleistet ist, jedenfalls zum Schutz von Gemeinwohlbelangen eingeschränkt werden, denen gleichermaßen verfassungsrechtlicher Rang gebührt"[786].

Die Verwendung des Wortes „jedenfalls" legt die Vermutung nahe, dass sogar Rechtsgüter ohne Verfassungsrang prinzipiell als Schranken der Koalitionsfreiheit

---

781 Pieroth/Schlink, Grundrechte, S. 240; Sachs, in: Sachs, Vor Artikel 1 Rn. 84.

782 BVerfG 25.01.1984 – 1 BvR 272/81, BVerfGE 66, 116, 136; BVerwG 18.10.1990 – 3 C 2/88, BVerwGE 87, 37, 45f.; BAG 22.09.2009 – 1 AZR 972/08, BAGE 132, 140 ff.

783 Höfling, in: Sachs, GG, Art. 9 Rn. 128; Lerche, in: Isensee/ Kirchhof, Hb. StaatsR, Band V, § 122, Rn. 47.

784 BVerfG 07.03.1990 – 1 BvR 266/86, BVerfGE 81, 278, 293.

785 Sachs, in: Stern, Staatsrecht III/2, § 81 IV 5 e), S. 563.

786 BVerfG 27.04.1999 – 1 BvR 2203/93, BVerfGE 100, 271, 283; 03.04.2001 – 1 BvL 32/97, BVerfGE 103, 293, 306; 06.02.2007 – 1 BvR 978/05, ZTR 2007, 185 ff.

in Betracht kommen.[787] In seiner früheren Rechtsprechung hatte das Bundesverfassungsgericht Eingriffe in Artikel 9 III GG bereits dann für verfassungsmäßig erklärt, wenn sie

> „zum Schutze anderer [nicht notwendig verfassungsrechtlich geschützter] Rechtsgüter von der Sache her geboten"

sind.[788] Aus dieser „Vorsicht der Wortwahl" wird teilweise abgeleitet,

> „dass die Schranke so fest nicht steht, und dass vergleichbar Artikel 12 GG bereits vernünftige Erwägungen des Gemeinwohls zur Regelung ausreichen können"[789].

Der Gesetzgeber könne

> „um des Gemeinwohls willen die notwendigen Regelungen [...] treffen, selbst wenn sie die Tarifvertragsparteien in ihrer Freiheit beschränken"[790].

Grundsätzlich sieht das Bundesverfassungsgericht die Grenzen vorbehaltlos gewährleisteter Grundrechte in „Verfassungsbestimmungen aller Art" und „nicht nur in den Grundrechten Dritter"[791]. Diese Rechtsgüter müssten gegeneinander abgewogen und in ein Verhältnis praktischer Konkordanz gebracht werden.[792] Wenn Artikel 9 III 1 GG weitergehend als andere vorbehaltlos gewährleistete Grundrechte beschränkbar sein sollte, hätte es wohl eines eindeutigen Hinweises in den zitierten Urteilen bedurft.

Obwohl sich das Bundesverfassungsgericht noch nicht explizit dazu geäußert hat, ist – entgegen der herrschenden Literatur[793] – auch nicht anzunehmen, dass die Schranken der Artikel 9 II GG[794], 5 II GG[795], 2 I GG[796] auf die Koalitionsfreiheit als vorbehaltlos gewährleistetes Grundrecht[797] anwendbar sind. Dies

---

787 Höfling, JZ 2000, 44, 45.

788 BVerfG 26.05.1970 – 2 BvR 664/65, BVerfGE 28, 295, 306; 01.03.1979 – 1 BvR 532/77, BVerfGE 50, 290, 369; 20.10.1981 – 1 BvR 404/78, BVerfGE 58, 233, 247.

789 Thüsing, in: FS 50 Jahre BAG, S. 889, 891f.

790 Rüfner, RdA 1985, 195.

791 BVerfG 07.03.1990 – 1 BvR 266/86, BVerfGE 81, 278, 292.

792 BVerfG 26.05.1970 – 1 BvR 83/69, BVerfGE 28, 243, 261; 24.02.1971 – 1 BvR 435/68, BVerfGE 30, 173, 195f.; 07.03.1990 – 1 BvR 266/86, BVerfGE 81, 278, 293.

793 Höfling, in: Sachs, Art. 9 Rn. 126.

794 Löwer, in: von Münch/Kunig, Artikel 9 Rn. 89; Bauer, in: Dreier, Artikel 9 Rn. 93.

795 Häberle, Wesensgehaltsgarantie, S. 51.

796 Böckenförde, JuS 1966, 363.

797 BVerfG 26.06.1991 – 1 BvR 779/85, BVerfGE 84, 212, 228; 10.01.1995 – 1 BvF 1/90, BVerfGE 92, 26, 41; 24.04.1996 – 1 BvR 712/86, BVerfGE 94, 268, 284; 24.02.1999 – 1 BvR 123/93, BVerfGE 100, 214, 223.

widerspräche der „speziellen Schrankensystematik der Grundrechte"[798] und der systematischen Stellung des Artikels 9 III GG. Somit darf die Tarifautonomie nur aufgrund anderer Rechtsgüter mit Verfassungsrang im Wege praktischer Konkordanz beschränkt werden.[799]

Als verfassungsimmanente Schranke der Tarifautonomie ist insbesondere die durch Artikel 12 I GG geschützte Arbeitsvertragsfreiheit in Betracht zu ziehen.[800] Durch normativ wirkende Tarifverträge werden die Arbeitsvertragsparteien in ihrer Freiheit, die Arbeitsbedingungen selbstbestimmt zu regeln, negativ betroffen, ohne dass die Überlagerung der arbeitsvertraglichen Regelungen durch die Tarifnormen vollständig auf die Freiwilligkeit des Beitritts zu den tarifvertragsschließenden Koalitionen rückführbar wäre.[801] Die staatliche Anerkennung der Normwirkung hat somit eine objektiv berufsregelnde Tendenz.[802]

Aus der Vorbehaltlosigkeit der Koalitionsfreiheit ergibt sich nicht ohne Weiteres eine im Verhältnis zur Arbeitsvertragsfreiheit erhöhte abstrakte Wertigkeit. So betonte das Bundesverfassungsgericht mehrfach die besondere Bedeutung der Berufsfreiheit für die menschliche Selbstbestimmung[803] sowie die Entfaltung der Persönlichkeit[804] und rückte die Berufsfreiheit damit in die Nähe des allgemeinen Persönlichkeitsrechts.[805] Das Bundesarbeitsgericht[806] und das Bundesverwaltungsgericht[807] scheinen diese Auffassung zu teilen.

2) Die Ablehnung einer Grundrechtsbindung und gerichtlich überprüfbaren Gemeinwohlverpflichtung der Koalitionen

Da die Koalitionen – ebenso wie der demokratisch legitimierte Gesetzgeber – Normen objektiven Rechts setzen dürfen, stellt sich die Frage nach ihrer

---

798 BVerfG 16.01.1957 – 1 BvR 253/56, BVerfGE 6, 32, 37; 14.12.1965 – 1 BvR 413/60; BVerfGE 19, 206, 225; 26.05.1993 – 1 BvR 208/93, BVerfGE 89, 1, 13.

799 BAG 20.11.2012 – 1 AZR 179/11, NZA 2013, 448 ff.; 1 AZR 611/11, NZA 2013, 437 ff.

800 Mann, in: Sachs, Artikel 12 Rn. 14, 79, 86.

801 Vgl. C I 1 a bb.

802 Mann, in: Sachs, Art. 12 Rn. 94f.

803 BVerfG 11.06.1958 – 1 BvR 596/56, BVerfGE 7, 377, 403.

804 BVerfG 11.06.1958 – 1 BvR 596/56, BVerfGE 7, 377, 400; 18.06.1980 – 1 BvR 697/77, BVerfGE 54, 301, 313; 08.03.1983 – 1 BvR 1078/80, BVerfGE 63, 266, 286; 05.05.1987 – 1 BvR 981/81, BVerfGE 75, 284, 292; 07.02.1990 – 1 BvR 26/84, BVerfGE 81, 242, 254; 29.10.1997 – 1 BvR 780/87, BVerfGE 97, 12, 25; 03.04.2001 – 1 BvL 32/97, BVerfGE 103, 293, 307.

805 BVerfG 20.03.2001 – 1 BvR 491/96, BVerfGE 103, 172, 182f.

806 BAG 27.02.1985 – GS 1/84, BAGE 48, 122, 138.

807 BVerwG 04.11.1965 – I C 6.63, BVerwGE 22, 286, 288.

Grundrechtsbindung bzw. einer gerichtlich überprüfbaren Gemeinwohlverpflichtung. Daraus könnte möglicherweise eine selbstständige Schranke der Tarifautonomie resultieren. Die Normwirkung von Tarifverträgen lässt sich nämlich – anders als es die Vertreter der Lehre von der mitgliedschaftlichen Legitimation annehmen – nicht stets auf die Freiwilligkeit des Koalitionsbeitritts als Akt individueller Selbstbestimmung zurückführen.[808] Die Interessen der Koalitionsmitglieder und der Koalitionen können kollidieren, so dass sich die Frage stellt, ob die individuelle Freiheitssphäre der Koalitionsmitglieder vor Beeinträchtigungen durch die tarifvertragsschließenden Koalitionen durch Anerkennung einer Grundrechtsbindung geschützt werden kann.

Dass Tarifnormen nicht außerhalb der verfassungsmäßigen Ordnung stehen dürfen, beantwortet noch nicht die Frage nach der Intensität der Grundrechtsbindung der Tarifvertragsparteien. Diese Frage ist umstritten.[809] Im privaten Rechtsverkehr wird die Wirkung der Grundrechte grundsätzlich durch die unmittelbare Grundrechtsbindung des privatrechtlichen Rechtssatzes, der das Verhältnis der Normadressaten untereinander bestimmt, vermittelt.[810] Regelmäßig geht es im privaten Rechtsverkehr nicht um die Begrenzung staatlicher Macht zur Sicherung der Freiheitssphäre der Bürger, sondern um die Herstellung eines verfassungsmäßigen Ausgleichs zwischen deren Partikularinteressen. Die mittelbare Grundrechtsbindung durch die Bindung an die verfassungsmäßigen staatlichen Rechtsnormen hat dabei die Funktion, das „Gleichgewicht der Kräfte" herzustellen und eine „Schieflage des horizontalen Verhältnisses"[811] zu verhindern.[812]

Das Verhältnis zwischen den Koalitionen und den normunterworfenen Koalitionsmitgliedern ist allerdings nicht ausschließlich horizontaler Natur. Zwischen ihnen besteht ein gewisses Machtgefälle. Das Verhältnis zwischen der Koalitions- und der Arbeitsvertragsfreiheit kann im Einzelfall sogar als Antagonismus zu verstehen sein.[813] Zwar erfolgt der Beitritt zu einer Koalition und damit zum Geltungsbereich eines Tarifvertrags aufgrund eines freiwilligen Entschlusses des Koalitionsmitglieds. Die Koalitionen sind allerdings Massenorganisationen, so dass das einzelne Koalitionsmitglied kaum Einfluss auf die

---

808 Vgl. C I 1 a bb.

809 Löwisch/ Rieble, TVG, § 1 Rn. 218 ff. m.w.N.

810 Hanau, Der Grundsatz der Verhältnismäßigkeit, S. 51 ff.; Schwarze, ZfA 2003, 447, 462 f.

811 BVerfG 19.10.1993 – 1 BvR 567/89, BVerfGE 89, 214.

812 Benrath, S. 48.

813 A.A. Dieterich, in: ErfKomm, Artikel 9 GG Rn. 63.

konkret im Tarifvertrag zum Ausdruck kommende innerorganisatorische Willensbildung nehmen kann.[814] Eine vollständige Rückführbarkeit der normativen Geltung auf den freiwilligen Koalitionsbeitritt als Akt privatautonomer Selbstbestimmung muss auch wegen der Reichweite der tariflichen Regelungsbefugnisse ausscheiden.[815] Die Normsetzungsbefugnis vermittelt den Tarifvertragsparteien eine „überschießende Gestaltungsmacht“[816].

Für eine unmittelbare Grundrechtsbindung der Tarifvertragsparteien sprechen neben der Gefahr einer Beeinträchtigung der individuellen Privatautonomie der Koalitionsmitglieder die wirtschaftliche und gesellschaftliche Bedeutung der koalitionsmäßigen Betätigung und der Einfluss der Koalitionen auf weite Bereiche des öffentlichen Lebens.[817]

Gleichwohl reduziert die herrschende Literatur[818] die Grundrechtsbindung der tarifautonomen Rechtssetzung auf den „unverzichtbaren Kern der Grundrechte“[819], dessen Einhaltung der Staat aufgrund seiner Schutzpflicht gegenüber den normunterworfenen Arbeitsvertragsparteien sicherstellen müsse. Begründet wird diese eingeschränkte Grundrechtsbindung mit der Tarifautonomie, die jede im Rahmen einer klassischen Grundrechtsprüfung vorgenommene Inhaltskontrolle als eine Form der „Tarifzensur“ verbiete.[820] Die durch Artikel 9 III GG verbürgte Staatsfreiheit der koalitionsmäßigen Betätigung verwehre es den staatlichen Gerichten, tarifvertragliche Regelungen generell einer inhaltlichen Kontrolle zu unterziehen.[821] Den Individualgrundrechten würde im Falle einer unmittelbaren Grundrechtsbindung der Tarifvertragsparteien generell der Vorrang vor der Tarifautonomie eingeräumt, und das Schutzkonzept der kollektiven Privatautonomie würde ignoriert.[822] Darüber hinaus sind die Tarifvertragsparteien wegen der privaten Rechtsnatur der Tarifverträge nicht Teil der gemäß Artikel 1 III GG grundrechtsgebundenen Staatsgewalt.

Die Rechtsprechung lässt keine einheitliche Linie erkennen. Während sich das Bundesverfassungsgericht bislang nicht explizit zu der Frage der

814 Gamillscheg, AuR 2001, 226, 228; Giesen, Tarifvertragliche Rechtsgestaltung, S. 251.
815 Vgl. B I 1 c.
816 Hanau, Der Grundsatz der Verhältnismäßigkeit, S. 78 ff.
817 Vgl. Burkiczak, S. 127, 265 m.w.N.
818 Burkiczak, RdA 2007, 17, 19; Dieterich, in: ErfKomm, Artikel 9 GG Rn. 79 m.w.N.
819 Dieterich, in: FS Schaub, 1998, 117, 128.
820 Schliemann, ZTR 2000, 198, 203.
821 Wagner, Betriebliche Bündnisse für Arbeit, S. 111.
822 Dieterich, in: ErfKomm, Art. 9 GG Rn. 78.

Grundrechtsbindung der Tarifvertragsparteien äußerte,[823] beantworten die Senate des Bundesarbeitsgerichts die Frage unterschiedlich. Zunächst distanzierte sich der Siebte Senat von der traditionellen Rechtsprechung zur unmittelbaren Grundrechtsbindung, indem er – ohne nähere Begründung – die Verfassungsmäßigkeit einer Tarifnorm nicht im Rahmen der abwehrrechtlichen Dimension, sondern der Schutzpflichtendimension des Artikels 12 I GG diskutierte.[824] Gegen eine unmittelbare Grundrechtsbindung sprach sich auch der Sechste Senat aus.[825] Der Vierte Senat vertrat die Ansicht, dass die Grundrechtsbindung der Tarifvertragsparteien nicht pauschal für alle Grundrechte gleich beurteilt werden könnte.[826] Nach der früheren Auffassung des Dritten Senates waren die Tarifvertragsparteien zwar unmittelbar an den Gleichheitssatz, nicht aber an die Freiheitsgrundrechte gebunden;[827] nunmehr lässt der Dritte Senat die Frage dahinstehen, da sich die Prüfungsmaßstäbe nicht unterschieden.[828]

Mit der herrschenden Meinung ist davon auszugehen, dass die Tarifvertragsparteien als grundrechtsberechtigte, nichtstaatliche Rechtssubjekte nicht unmittelbar an die Grundrechte gebunden sind. Allein eine mittelbare Grundrechtsbindung nach der von dem Bundesverfassungsgericht entwickelten Lehre der grundrechtsbezogenen staatlichen Schutzpflichten[829] kommt in Betracht.[830]

Die Schutzpflichtendimension der Grundrechte zielt im Gegensatz zu der abwehrrechtlichen Dimension auf staatliche Maßnahmen, welche die Grundrechtsträger vor Übergriffen nichtstaatlicher Dritter schützen sollen.[831] Die staatsrechtliche Literatur geht überwiegend davon aus, dass diese „komplementäre Funktion“[832] grundsätzlich bei allen Grundrechten eingreifen kann.[833] Sieht man in Tarifnormen lediglich die Schutzpflichtendimension auslösende Grundrechtsübergriffe, obliegt es in erster Linie dem Gesetzgeber, die kollidierenden

823 BVerfG 21.05.1999 – 1 BvR 726/98, NZA 1999, 878f.

824 BAG 25.02.1998 – 7 AZR 641/96, BAGE 88,118, 123f; 31.07.2002 – 7 AZR 140/01, BAGE 102, 65, 69.

825 BAG 28.06.2001 – 6 AZR 114/00, BAGE 98, 175, 193f.

826 BAG 30.08.2000 – 4 AZR 563/99, BAGE 95, 277, 282.

827 BAG 04.04.2000 – 3 AZR 729/98, NZA 2002, 917, 918.

828 BAG 28.07.2005 – 3 AZR 14/05, NZA 2006, 335, 339.

829 BVerfG 25.02.1975 – 1 BvF 1/74, BVerfGE 39, 1 ff.

830 Benrath, S. 46 ff.

831 Dreier, in: Dreier, Vorbemerkung Rn. 101.

832 Möstl, Grundrechtsbindung, S. 48.

833 Dreier, in: Dreier, Vorbemerkung Rn. 104; Burkiczak, RdA 2007, 17, 18 m.w.N.

Grundrechte in einen angemessenen Ausgleich zu bringen.[834] Die Fachgerichte sind – anders als im Falle einer unmittelbaren Grundrechtsbindung – regelmäßig gehindert, Tarifnormen unmittelbar an den Grundrechten zu messen. Nur wenn der Gesetzgeber Schutzvorkehrungen vollständig unterlässt, oder die Maßnahmen zum Erreichen eines hinreichenden Schutzniveaus offensichtlich ungeeignet oder unzulänglich sind, können die Gerichte Schutzmaßnahmen ergreifen.[835] Aufgrund der Grundrechtsberechtigung der Tarifparteien erscheint nur diese Beschränkung der gerichtlichen Inhaltskontrolle von Tarifverträgen angemessen.

Die teilweise geäußerten Bedenken gegen eine pauschale Erstreckung der Schutzpflichtendimension auf die Gleichheitssätze des Grundgesetzes[836] muss vorliegend nicht vertieft werden, da das Günstigkeitsprinzip das Spannungsfeld zwischen den Freiheitsrechten gemäß den Artikeln 9 III GG und 12 I GG betrifft.

Mit dem Dritten Senat des Bundesarbeitsgerichts[837] ist davon auszugehen, dass die Unterschiede zwischen der unmittelbaren und der mittelbaren Grundrechtsbindung in der Praxis geringer ausfallen, als die verschiedene Prüfungsintensität zunächst vermuten lässt. Selbst bei Annahme einer unmittelbaren Grundrechtsbindung müssten nämlich die Anforderungen an die verfassungsrechtliche Rechtfertigung modifiziert werden: Jedenfalls im Rahmen der Verhältnismäßigkeit des Eingriffs in die Freiheitssphäre der Arbeitsvertragsparteien ist der Verhandlungscharakter des Tarifvertrags zu berücksichtigen. Die Koalitionen können ihre Interessen nur in den Grenzen ihrer Verhandlungsmacht durchsetzen. Im Gegensatz zu dem „neutralen“ Gesetzgeber, der die widerstreitenden Interessen in einen angemessenen, d.h. gerechten Ausgleich bringen muss, besteht die Aufgabe der Koalitionen in erster Linie darin, ihre Partikularinteressen möglichst weitgehend zu verwirklichen.

Fraglich ist, ob sich aus der Gemeinwohlverpflichtung der Koalitionen eine eigenständige Schranke der Koalitionsfreiheit ergibt. In dem Beschluss des Bundesverfassungsgerichts zu den „Arbeitnehmerkammern“[838] heißt es, dass die Gewerkschaften ungeachtet der Interessengerichtetheit ihrer Tätigkeit

---

834 BVerfG 25.02.1975 – 1 BvF 1/74, BVerfGE 39, 1, 44; Dreier, in: Dreier, Vorbemerkung Rn. 103.

835 BVerfG 29.10.1987 – 2 BvR 624/83, BVerfGE 77, 170, 215; 30.11.1988 – 1 BvR 1301/84, BVerfGE 79, 174, 202.

836 Vgl. Burkiczak, RdA 2007, 17, 21.

837 BAG 28.07.2005 – 3 AZR 14/05, NZA 2006, 335, 339.

838 BVerfG 18.12.1974 – 1 BvR 430/65, BVerfGE 38, 281ff.

das „gemeine Wohl“ berücksichtigen müssten.[839] Die Verfassung erwarte eine „sinnvolle Ordnung des Arbeitslebens“.[840] Dabei bleibt unklar, ob diese Gemeinwohlbindung als justiziable Schranke der Koalitionsfreiheit oder nur als Ausdruck einer allgemeinen moralischen bzw. politischen Verantwortung der Gewerkschaften ohne unmittelbare juristische Bedeutung zu verstehen ist.[841] In einem jüngeren Urteil führt das Bundesverfassungsgericht aus, dass „die Koalitionsfreiheit jedenfalls zum Schutz von Gemeinwohlbelangen eingeschränkt werden“ dürfe, „denen gleichermaßen verfassungsrechtlicher Rang“ gebühre.[842]

Jedoch besteht die Gefahr, dass der kaum subsumtionsfähige Begriff „Gemeinwohlverpflichtung“ zum Einfallstor für eigene rechtspolitische Erwägungen genutzt wird.[843] Eine „Gemeinwohlverpflichtung“ der Koalitionen ist kein justiziabler Maßstab für die Zulässigkeit der kollektiven Regelungsmacht.[844] Es handelt sich um einen „wirtschafts- und sozialpolitisch offenen Begriff“[845], dessen Konkretisierung in erster Linie dem Gesetzgeber obliegen sollte. Prüfungsmaßstab der gesetzlichen Regelungen sind die Grundrechte und nicht die Anerkennung einer Gemeinwohlverpflichtung der Koalitionen.

Im Ergebnis ist die Anerkennung einer Gemeinwohlverpflichtung als eigenständige Schranke der Koalitionsfreiheit dogmatisch nicht begründbar. Der Begriff bliebe zu unbestimmt und könnte als Einfallstor für eine mit Artikel 9 III 1 GG nicht zu vereinbarende Tarifzensur genutzt werden.[846]

3) Die Institutsgarantie eines „Tarifvertragssystems im Sinne des modernen Arbeitsrechts“[847]

Teilweise wird in dem „Tarifvertragssystem im Sinne des modernen Arbeitsrechts“, zu dessen Bereitstellung der Gesetzgeber nach der herrschenden

839 BVerfG 18.12.1974 – 1 BvR 430/65, BVerfGE 38, 281, 307.

840 Dieterich, in: Preis, ErfKomm, Art. 9 GG Rn. 80.

841 Schwerdtfeger, Koalitionsfreiheit, S. 40; für eine Interpretation als „politisch-faktische Obliegenheit“: Isensee, Tarifautonomie, S. 159, 179.

842 BVerfG 27.04.1999 – 1 BvR 2203/93, BVerfGE 100, 271, 283; 03.04.2001 – 1 BvL 32/97, BVerfGE 103, 293, 306.

843 Thüsing, in: FS 50 Jahre BAG, S. 889, 892.

844 Söllner, Sonderbeilage NZA 2000/24, 33.

845 Dieterich, in: Preis, ErfKomm, Art. 9 GG Rn. 81.

846 Dieterich, RdA 2002, 1, 10.

847 BVerfG 24.05.1977 – 2 BvL 11/74, BVerfGE 44, 322, 341 f.; 17.02.1981 – 2 BvR 384/78, BVerfGE 57, 220, 246; 20.10.1981 – 1 BvR 404/78, BVerfGE 58, 233, 247 f.;

Meinung[848] verpflichtet ist, eine Institutsgarantie gesehen.[849] Unter einer Institutsgarantie ist eine privatrechtliche Einrichtungsgarantie zu verstehen,[850] die den Freiheitsschutz des unterstützten Grundrechts vervollständigt.[851]

Institutsgarantien schützen die betreffenden Institutionen allerdings nicht umfassend vor jeder Veränderung.[852] Nur „gewisse typische Merkmale, wie sie sich in der geschichtlichen Entwicklung als charakteristisch und wesentlich herausgebildet haben", sind einer Beseitigung durch den Gesetzgeber entzogen.[853] Uneingeschränkten Bestandsschutz genießt nur ein absolut geschützter Kernbereich,[854] den der Gesetzgeber weder abschaffen, noch aushöhlen darf.[855]

Nach der Rechtsprechung des Bundesverfassungsgerichts verpflichtet Artikel 9 III 1 GG den Gesetzgeber zur Bereitstellung eines „Tarifvertragssystems im Sinne des modernen Arbeitsrechts"[856]. Es stellt sich die Frage, ob die Normwirkung der Tarifverträge Teil dieser Institutsgarantie ist.[857] Würde man die unmittelbare und zwingende Wirkung der Tarifverträge als „wesentliches Strukturprinzip"[858] eines modernen Tarifvertragssystems ansehen, wäre die Normwirkung uneingeschränkt geschützt. Jede Einschränkung des § 4 I TVG wäre verfassungswidrig, eine Rechtfertigung generell ausgeschlossen.[859]

Obwohl das Bundesverfassungsgericht die Normativität von Tarifverträgen als elementaren Bestandteil der Tarifautonomie begreift,[860] scheint es deren

---

02.03.1993 - 1 BvR 1213/85, BVerfGE 88, 103, 114; 10.01.1995 - 1 BvF 1/90, BVerfGE 92, 26, 41; BVerfG 04.07.1995 - 1 BvF 2/86, BVerfGE 92, 365, 394.

848 BVerfG 19.10.1966 - 1 BvL 24/65, BVerfGE 20, 312, 317.

849 BVerfG 18.11.1954 - 1 BvR 629/52, BVerfGE 4, 96, 108; Kannengießer, in: Schmidt-Bleibtreu/Klein, Art. 9 Rn. 20; Kemper, Koalitionsfreiheit, S. 94; Wiedemann, in: FS Stahlhacke, S. 680ff.; a.A.: Bayreuther, Tarifautonomie, S. 175. Für eine in der Sache ähnliche „kompetentielle Gewährleistungsdimension" mit „auxiliärem leistungsrechtlichen Gehalt": Höfling, in: Sachs, Artikel 9 Rn. 5. Für eine Schutzpflicht: Pieroth, in: FS 50 Jahre BVerfG II, 293, 304f.

850 Schmitt, Grundrechte, S. 181, 213, 215f.; kritisch: Stern, Staatsrecht III/1, S. 781.

851 Kemper, Koalitionsfreiheit, S. 21 m.w.N.

852 Stern, Staatsrecht III/1, S. 855.

853 Stern, in: Isensee/Kirchhof, Handbuch, Band V, § 109 Rn. 54.

854 Vgl. Burkiczak, S. 199.

855 Stern, Staatsrecht III/1, S. 855.

856 BVerfG 18.11.1954 - 1 BvR 629/52, BVerfGE 4, 96, 104.

857 Dafür: Kemper, Koalitionsfreiheit, S. 15f.

858 Zum Begriff „Strukturprinzip", auch im Zusammenhang mit anderen Grundrechten: Burkiczak, S. 199 m.w.N.

859 Burkiczak, S. 201.

860 Kannengießer, in: Schmidt-Bleibtreu/Klein, GG, Artikel 9 Rn. 12c.

Schutz nicht absolut, d.h. im Sinne einer Institutsgarantie gewährleisten zu wollen. Artikel 9 III GG lasse sich

> „nicht dahingehend auslegen, dass er ein Tarifsystem als ausschließliche Form der Förderung der Arbeits- und Wirtschaftsbedingungen gewährleiste [...]. Als Freiheitsrecht will Artikel 9 Abs. 3 GG in dem von staatlicher Regelung freigelassenen Raum gewährleisten, dass die Beteiligten selbst eigenverantwortlich bestimmen können, wie sie die Arbeits- und Wirtschaftsbedingungen fördern wollen. Dass dies nur im Wege von Tarifverträgen möglich sein sollte, ist nicht zu erkennen, zumal eine solche Lösung auf eine Einschränkung der gewährleisteten Freiheit hinausliefe. Vielmehr kann die sinnvolle Ordnung und Befriedung des Arbeitslebens, um die es Artikel 9 Abs. 3 GG geht, auf verschiedenen Wegen angestrebt werden: Nicht nur durch Gestaltungen, die, wie das Tarifvertragssystem, durch die Grundelemente der Gegensätzlichkeit der Interessen, des Konflikts und des Kampfes bestimmt sind, sondern auch durch solche, die Einigung und Zusammenwirken in den Vordergrund rücken, wenngleich sie Konflikte und deren Austragung nicht ausschließen. Auch der zweite Weg vermag namentlich der Aufgabe der Befriedung gerecht zu werden."[861]

Der Ausschluss des Streikrechts setzt nach dem Bundesarbeitsgericht allerdings voraus, dass

> „Gewerkschaften in dieses Verfahren organisatorisch eingebunden sind und das Verhandlungsergebnis für die Dienstgeberseite als Mindestarbeitsbedingung verbindlich ist."[862]

Nach dem Bundesverfassungsgericht schreibt das Grundgesetz weder vor, „wie die gegensätzlichen Grundrechtspositionen im Einzelnen abzugrenzen sind", noch beinhaltet es eine „Optimierung der Kampfbedingungen"[863] Der Gesetzgeber verfüge über einen „weiten Spielraum zur Ausgestaltung"[864]. Es sei Sache des Gesetzgebers und falle in den Rahmen seiner Gestaltungsfreiheit, die Tragweite der Koalitionsfreiheit dadurch zu bestimmen, dass er die Befugnisse der Koalitionen im Einzelnen ausgestalte und näher regele.[865] Die Gewährleistung der Tarifautonomie gelte ganz allgemein und umfasse nicht die besondere Ausprägung, die das Tarifvertragssystem in dem zur Zeit des Inkrafttretens des Grundgesetzes

861 BVerfG 01.03.1979 – 1 BvR 532/77, BVerfGE 50, 290, 371f.

862 BAG 20.11.2012 – 1 AZR 179/11, NZA 2013, 448 ff.

863 BVerfG 04.07.1995 – 1 BvF 2/86, BVerfGE 92, 365, 394.

864 BVerfG 19.10.1966 – 1 BvL 24/65, BVerfGE 20, 312, 317; 01.03.1979 – 1 BvR 532/77, BVerfGE 50, 290, 369; 17.02.1981 – 2 BvR 384/78, BVerfGE 57, 220, 246; 04.07.1995 – 1 BvF 2/86, BVerfGE 92, 365, 394.

865 BVerfG 26.05.1970 – 2 BvR 664/65, BVerfGE 28, 295, 306; 10.01.995 – 1 BvF 1/90, BVerfGE 92, 26, 41.

geltenden Tarifvertragsgesetz erhalten habe.[866] Denkbar sei etwa ein Tarifvertragssystem, das weniger durch die Gegensätzlichkeit der Interessen, des Konflikts und des Kampfes bestimmt sei, sondern Einigung und Zusammenwirken in den Vordergrund rücke.[867] Derartige Formen einer sinnvollen Ordnung und Befriedung des Arbeitslebens wolle Artikel 9 III GG nicht ausschließen.[868] Der Gesetzgeber könne daher „nicht nur auf die Tarifautonomie, sondern auch auf die Tarifmacht Zugriff nehmen“[869], um die Koalitionsfreiheit an „sich wandelnde wirtschaftliche und soziale Bedingungen anzupassen“[870].

Nicht nur die Reichweite der kollektiven Regelungsbefugnisse, sondern auch die Anerkennung einer Vereinigung als Koalition ist gesetzgeberischen Ausgestaltungen zugänglich: Nach dem Bundesverfassungsgericht

> „ist der Staat zwar verpflichtet, ein Tarifvertragssystem bereitzustellen, aber nicht gehalten, jedwede Koalition zum Abschluss von Tarifverträgen zuzulassen“[871].

Dabei stellt das Bundesverfassungsgericht folgende Anforderungen an das durch den Gesetzgeber bereitzustellende Tarifvertragssystem:

> „Die Tarifautonomie muss als ein Bereich gewahrt bleiben, in dem die Tarifvertragsparteien ihre Angelegenheiten grundsätzlich selbstverantwortlich und ohne staatliche Einflussnahme regeln können. Ihre Funktionsfähigkeit darf nicht gefährdet werden.“[872]

Diese Ausführungen lassen vermuten, dass nicht die Normwirkung als solche den Stellenwert einer durch Artikel 9 III 1 GG vor jeder Veränderung geschützten Einrichtung besitzen soll. Stattdessen lässt sich die Rechtsprechung dahin verstehen, dass das Tarifvertragssystem nur insoweit im Rahmen einer Institutsgarantie absolut geschützt sein soll, als es die Funktionsfähigkeit der Tarifautonomie erfordert. Dabei muss die Parität der Tarifvertragsparteien gewahrt bleiben:

> „Funktionsfähig ist die Tarifautonomie nur, solange zwischen den Tarifvertragsparteien ein ungefähres Kräftegleichgewicht besteht.“[873]

---

866 BVerfG 19.10.1966 – 1 BvL 24/65, BVerfGE 20, 312, 317; 01.03.1979 – 1 BvR 532/77, BVerfGE 50, 290, 369.

867 BVerfG 01.03.1979 – 1 BvR 532/77, BVerfGE 50, 290, 371.

868 BVerfG 01.03.1979 – 1 BvR 532/77, BVerfGE 50, 290, 371.

869 Wagner, S. 85.

870 BVerfG 01.03.1979 – 1 BvR 532/77, BVerfGE 50, 290, 368; 20.10.1981 – 1 BvR 404/78, BVerfGE 58, 233, 247.

871 BAG 05.10.2010 – 1 ABR 88/09, DB 2011, 481; 24.02.1999 – 1 BvR 123/93, BVerfGE 100, 214.

872 BVerfG 04.07.1995 – 1 BvF 2/86, BVerfGE 92, 365, 394f.

873 BVerfG 04.07.1995 – 1 BvF 2/86, BVerfGE 92, 365, 395.

Die Tarifvertragsparteien müssen zur Führung eines Arbeitskampfes imstande sein.[874]

Dem Wortlaut des Artikels 9 III 1 GG lässt sich kein Hinweis auf die Reichweite einer Institutsgarantie entnehmen.[875] Die Entstehungsgeschichte des Artikels 9 III 1 GG spricht nicht für die Teilhabe der tarifvertraglichen Normwirkung an der kollektiven Koalitionsfreiheit: Anders als das Streikrecht war nämlich das Tarifvertragssystem nicht Gegenstand der Beratungen im Parlamentarischen Rat.[876] Mit der rechtlichen Anerkennung der Normwirkung von Tarifverträgen bereits in der TVVO lässt sich zwar ihr prägender Charakter für das deutsche Tarifvertragsrecht, nicht aber ihre verfassungsrechtliche Garantie begründen. Denn „der Umfang der verfassungsrechtlichen Gewährleistung richtet sich nicht nach einfachem Gesetzesrecht."[877] So war bereits in der Weimarer Republik trotz der einfachgesetzlichen Anerkennung der Normwirkung umstritten, ob das Tarifvertragssystem Gegenstand einer Institutsgarantie der Weimarer Reichsverfassung wäre.[878]

Zentrales Argument für den uneingeschränkten Schutz der Normwirkung ist der Schutzzweck der Tarifautonomie: Die Garantie eines Komplexes von Rechtsnormen sei vom Grundgesetz dort gewollt, wo derartige Regelungen zur Verwirklichung des von der Verfassung angestrebten Regelungsziels erforderlich seien.[879] Die unmittelbaren Grundrechtsgewährleistungen würden andernfalls leerlaufen.[880] In einem Tarifvertragssystem, das die normative Wirkung von Tarifverträgen nicht anerkenne, wäre dies der Fall.[881] Die individuelle Koalitionsfreiheit würde ihres Sinnes beraubt, wenn nicht die gebildeten Koalitionen zwingende Tarifverträge abschließen könnten.[882] Die Notwendigkeit normativer Wirkung resultiere aus der Sicherung vor individueller Aushöhlung.[883]

Dieser Ansicht ist zuzugeben, dass ein Tarifvertragssystem, das die strukturelle Unterlegenheit der Arbeitnehmer ausgleicht, ohne die Normwirkung von

874 Drohsel, S. 73.
875 Vgl. Burkiczak, S. 201f.
876 Vgl. C I 1 b. bb. 1).
877 In anderem Zusammenhang: Dieterich, in: FS Wiedemann, S. 229, 231.
878 Stern, Staatsrecht III/1, S. 848 m.w.N.
879 Burkiczak, S. 204 m.w.N.
880 Kemper, Koalitionsfreiheit, S. 15, 95.
881 Vgl. Lambrich, Tarif- und Betriebsautonomie, S. 160.
882 Seifert, Umfang, S. 86.
883 Friese, Koalitionsfreiheit, S. 248; Robert, Vereinbarkeit, S. 27.

Tarifverträgen anzuerkennen, jedenfalls in Deutschland schwer vorstellbar ist.[884] Die Normwirkung ist daher Bestandteil des von dem Gesetzgeber zu beachtenden objektiv-rechtlichen Gehalts der Koalitionsfreiheit.[885]

Teilweise wird in dem System des „Dritten Weges“, das die Kirchen zum Ausgleich der widerstreitenden Interessen mit ihren Arbeitnehmern etabliert haben,[886] ein Beleg für die Verzichtbarkeit der Normwirkung in einem funktionsfähigen Tarifvertragssystem gesehen.[887] Zentraler Bestandteil dieses Systems sind „Arbeitsvertragsrichtlinien“, die von paritätisch besetzten Kommissionen mit qualifizierter Mehrheit beschlossen werden.[888] Die Richtlinien wirken nicht normativ, sondern bedürfen der einzelvertraglichen Inbezugnahme.[889]

Das Bundesarbeitsgericht billigte – unter gewissen Voraussetzungen – den Ausschluss des Streikrechts in dieser dem religiösen Selbstverständnis entsprechenden kollektiven Arbeitsrechtsordnung:

> „Verfügt eine Religionsgemeinschaft über ein am Leitbild der Dienstgemeinschaft ausgerichtetes Arbeitsrechtsregelungsverfahren, bei dem die Dienstnehmerseite und die Dienstgeberseite in einer paritätisch besetzten Kommission die Arbeitsbedingungen der Beschäftigten gemeinsam aushandeln und einen Konflikt durch den neutralen Vorsitzenden einer Schlichtungskommission lösen (sog. Dritter Weg), dürfen Gewerkschaften nicht zum Streik ausrufen.“[890]

Dass der „Dritte Weg“ auf andere Branchen übertragbar ist, und Tarifvertragssysteme, in denen die Normwirkung der Tarifverträge nicht anerkannt wird, ebenso grundrechtseffektiv wirken, hat die Praxis aber bislang nicht bewiesen. Die kirchlichen Arbeitsrechtsordnungen stellen die Bedeutung der tarifvertraglichen Normwirkung als eine „zentrale Funktionsbedingung der Tarifautonomie“[891] nicht in Frage.

Allerdings gefährdet nicht jede sachlich-gegenständlich begrenzte Durchbrechung der Normwirkung die Funktionsfähigkeit des Tarifvertragssystems und die Verwirklichung der kollektiven Privatautonomie der organisierten Arbeitnehmer.

---

884 Henssler, ZfA 1998, 1, 6; a.A. Giesen, Rechtsgestaltung, S. 156; Heinze, in: FS Weinspach, S. 103, 105.

885 Vgl. C II 1 b aa 2).

886 Linck, in: Schaub/ Koch/ Linck, Handbuch des Arbeitsrechts, § 186 Rn. 170f.; 179ff., 219; Ritter, NZA 2005, 447.

887 Burkiczak, S. 210f.

888 Richardi, Münchener Handbuch Arbeitsrecht, § 14, Rn. 2.

889 Linck, in: Schaub/ Koch/ Linck, § 186, Rn. 180.

890 BAG 20.11.2012 – 1 AZR 179/11, NZA 2013, 448 ff.

891 BVerfG 01.03.1979 – 1 BvR 532/77, BVerfGE 50, 290, 370; Däubler, in: TVG, Einleitung Rn. 128, 137; Dieterich, RdA 2002, 1, 4; Hromadka, NJW 2003, 1273, 1276.

Da die Normwirkung die Funktionsfähigkeit des Tarifvertragssystems sicherstellen soll, ließe sich argumentieren, dass sie als unverzichtbarer Bestandteil des vom Bundesverfassungsgericht geforderten modernen Tarifvertragssystems nur insoweit absolut geschützt wird, als dieser Schutz zur Aufrechterhaltung der Funktionsfähigkeit erforderlich ist. Würde man die Normwirkung der Tarifverträge als Teil der Institutsgarantie begreifen, ließe sich selbst das historisch gewachsene Günstigkeitsprinzip gemäß § 4 III 2. Alt. TVG verfassungsrechtlich nur noch schwer legitimieren.

Das Günstigkeitsprinzip veranschaulicht, dass ein Vorrang abweichender Abmachungen im Hinblick auf die Funktionsfähigkeit des Tarifvertragssystems unbedenklich erscheint, soweit sich der Arbeitnehmer nicht in einer Situation struktureller Unterlegenheit befindet, und angenommen werden kann, dass er den abweichenden Vertragsinhalt selbstbestimmt verhandelt. Die abweichenden Abmachungen sind dann Ausdruck seiner Selbstbestimmtheit. Der sozialen Schutzfunktion des Tarifvertrags bedarf der Arbeitnehmer dann nicht. Durch eine inhaltlich begrenzte Durchbrechung der Normwirkung würde das Tarifvertragssystem auch nicht zwingend seiner sozialen Ordnungsfunktion beraubt.

Die Rechtsprechung des Bundesverfassungsgerichts dürfte sich dahingehend interpretieren lassen, dass die Normsetzungsbefugnis der Tarifvertragsparteien zwar grundsätzlich unabänderlicher Teil des gesetzlich bereitzustellenden modernen Tarifvertragssystems ist, die Normwirkung aber nicht uneingeschränkt geschützt wird. Durchbrechungen der tarifvertraglichen Normwirkung würden die Institutsgarantie des Artikels 9 III 1 GG nicht verletzen, soweit dadurch die Tarifautonomie nicht in ihrer Funktionsfähigkeit beeinträchtigt würde. Es müsste allerdings sichergestellt sein, dass durch die Abweichungsbefugnis der Arbeitsvertragsparteien Tarifverträge nicht zum „schwächsten Gestaltungsmittel“[892] degradiert würden. Die Abweichung dürfte nicht dazu führen, dass Tarifverträge nur noch „Richtlinien [...] entwickeln, auf deren Beachtung sich niemand verlassen“[893] kann.

4) Verhältnismäßigkeitsgrundsatz und Wesensgehaltsgarantie

Sowohl Ausgestaltungen als auch Eingriffe in die Tarifautonomie müssen verhältnismäßig, d.h. zur Zweckerreichung geeignet, erforderlich und angemessen sein.[894] Die Beschränkung der Normativität des Tarifvertrags muss in einem angemessenen Verhältnis zu dem verfolgten Zweck stehen.[895]

---

892 Dieterich, in: FS Richardi, S. 124.

893 Dieterich, in: FS Richardi, S. 124.

894 Sachs, Verfassungsrecht, A 10 Rn. 35.

895 Vgl. BVerfG 06.02.1979 – 2 BvL 5/76, BVerfGE 50, 217, 227; 09.05.1989 – 1 BvL 35/86, BVerfGE 80, 103, 107; 10.11.1998 – 1 BvR 2296/96, BVerfGE 99, 202, 212f.

„Je gewichtiger der Schutz ist, den Artikel 9 III GG gewährt, desto schwerwiegender müssen die Gründe sein, die einen Eingriff rechtfertigen sollen."[896]

Im Rahmen der Angemessenheit sind die kollidierenden Rechtsgüter so zu berücksichtigen, dass sie möglichst optimale Wirksamkeit entfalten können.[897] Dabei definiert das Bundesverfassungsgericht die Anforderungen an einen verfassungsmäßigen Ausgleich wie folgt:

„Für Eingriffe in grundrechtlich geschützte Freiheiten ist zu fordern, dass bei einer Gesamtabwägung zwischen der Schwere des Eingriffs und dem Gewicht und der Dringlichkeit der ihn rechtfertigenden Gründe die Grenze der Zumutbarkeit gewahrt bleibt, die Maßnahme also die Betroffenen nicht übermäßig belastet."[898]

Hinsichtlich der Geeignetheit und Erforderlichkeit einer Maßnahme gebührt dem Gesetzgeber nach der Rechtsprechung des Bundesverfassungsgerichts auf den Gebieten der Arbeitsmarkt-, Wirtschafts- und Sozialpolitik ein besonders weitgehender Einschätzungs- und Prognosevorrang.[899] Es sei

„vornehmlich Sache des Gesetzgebers, auf der Grundlage seiner wirtschafts-, arbeitsmarkt- und sozialpolitischen Vorstellungen und Ziele und unter Beachtung der Sachgesetzlichkeiten des betreffenden Sachgebiets zu entscheiden, welche Maßnahmen er im Interesse des Gemeinwohls ergreifen will"[900].

Eine richterliche Korrektur komme nur bei offensichtlich ungeeigneten Maßnahmen in Betracht.[901]

„Dem Gesetzgeber muss [...] zwischen dem verfassungsrechtlich Notwendigen und dem verfassungsrechtlich Zulässigen ein Spielraum bleiben, den er kraft politischer Entscheidung zu gestalten vermag."[902]

Dabei ist mit dem Bundesverfassungsgericht[903] zu verlangen, dass der Gesetzgeber bei der (verhältnismäßigen) Ausgestaltung der Tarifautonomie den

---

896 BVerfG 24.04.1996 - 1 BvR 712/86, BVerfGE 94, 268, 285.

897 Hufen, Staatsrecht II, S. 129.

898 BVerfG 17.10.1990 - 1 BvR 283/85, BVerfGE 83, 1, 19.

899 BVerfG 18.12.1968 - 1 BvL 5/64, BVerfGE 25, 1, 17, 19; 05.03.1974 - 1 BvL 27/72, BVerfGE 37, 1, 20; 01.03.1979 - 1 BvR 532/77, BVerfGE 50, 290, 338; 22.05.1979 - 1 BvL 9/75, BVerfGE 51, 193, 208; 06.10.1987 - 1 BvR 1086/82, BVerfGE 77, 84, 106; 17.11.1992 - 1 BvR 168/89, BVerfGE 87, 363, 383; 27.04.1999 - 1 BvR 2203/93, BVerfGE 100, 271, 286; 03.04.2001 - 1 BvL 32/97, BVerfGE 103, 293, 307.

900 BVerfG 03.04.2001 - 1 BvL 32/97, BVerfGE 103, 293, 307.

901 BVerfG 04.07.1995 - 1 BvF 2/86, BVerfGE 92, 365, 395f.

902 Burkiczak, S. 213.

903 BVerfG 04.07.1995 - 1 BvF 2/86, BVerfGE 92, 365, 294ff.

objektiv-rechtlichen Gehalt des Grundrechts wahrt. Überschreitet der Gesetzgeber diese Grenze, greift er in den Schutzbereich des Artikels 9 III 1 GG ein.

Da den Tarifparteien zwar ein Normsetzungsrecht, aber kein Normsetzungsmonopol zusteht,[904] begegnet es keinen grundsätzlichen Bedenken, wenn der Gesetzgeber Regelungen zum Arbeitsentgelt, die üblicherweise in Tarifnormen getroffen werden, selbst trifft oder an die Betriebs- bzw. Arbeitsvertragsparteien delegiert.[905]

Teilweise wird zwar aus der Bindung des Gesetzgebers an die Grundrechte einschließlich des Grundrechts der Koalitionsfreiheit auf einen grundsätzlichen Vorrang tariflicher Regelungen geschlossen.[906] Die Bindung des Gesetzgebers an die Verfassung verpflichtet ihn jedoch gerade, Regelungen zu treffen, welche die kollidierenden gleichrangigen Rechtsgüter in einen angemessenen Ausgleich bringen. Er muss die Koalitionsfreiheit gegen die kollidierenden verfassungsrechtlich geschützten Rechtsgüter abwägen. Eine Vorrangentscheidung zwischen der Arbeitsvertrags- und Unternehmensfreiheit einerseits und der Tarifautonomie andererseits lässt sich nicht allgemein treffen, sondern muss im Hinblick auf die konkrete Regelung und deren Eingriffsintensität geprüft werden.[907] Wenn es zur Durchsetzung widerstreitender Rechte angemessen ist, in die Tarifautonomie einzugreifen, darf der Gesetzgeber tarifliche auch durch eigene Regelungen ersetzen bzw. ergänzen. Dadurch wird den Koalitionen die ihnen grundsätzlich zukommende „Einschätzungsprärogative“[908] nicht aberkannt.

Das Bundesverfassungsgericht erkennt dem Gesetzgeber die Befugnis zu Eingriffen in die Tarifmacht der Koalitionen insoweit zu, „als dies von der Sache selbst gefordert“ wird.[909] Beschränkungen der Tarifautonomie seien nur insoweit zulässig, als die Tarifautonomie „im Prinzip erhalten und funktionstüchtig“[910] bleibe. Die Koalitionen müssten weiterhin ihren verfassungsrechtlich geschützten Zweck, die Arbeits- und Wirtschaftsbedingungen ihrer Mitglieder zu wahren und zu fördern, erfüllen können; ihre Funktionsfähigkeit dürfe nicht gefährdet

---

904 BVerfG 26.05.1970 – 1 BvR 83/69, BVerfGE 28, 243, 261.

905 A.A. Däubler, in: Däubler, TVG, Einleitung Rn. 136; Dieterich, in: Preis, ErfKomm, Art. 9 GG Rn. 88f.

906 Kempen, in: Kempen/Zachert, TVG, Grundlagen Rn. 127.

907 Sachs, in: Stern, Staatsrecht III/2, § 81 IV 5e), S. 563.

908 Dieterich, in: Preis, ErfKomm, Art. 9 GG Rn. 89.

909 BVerfG 18.11.1954 – 1 BvR 629/52, BVerfGE 4, 96, 106; 19.10.1966 – 1 BvL 24/65, BVerfGE 20, 312, 317.

910 BVerfG 01.03.1979 – 1 BvR 532/77, BVerfGE 50, 290, 373.

werden.[911] Dabei liegt – wie bereits dargestellt –[912] die Grenze für gesetzgeberische Eingriffe in der Garantie eines gesetzlich geschützten Tarifvertragssystems, dessen Partner frei gebildete Koalitionen sind.[913]

Grundsätzlich sei zu berücksichtigen, dass die Tarifvertragsparteien aufgrund ihrer größeren Sachnähe die Arbeitsbedingungen praxisgerechter regeln könnten als der Gesetzgeber selbst.[914] Im vorliegenden Fall einer Durchbrechung der Normwirkung zur Arbeitnehmerbeteiligung steht allerdings nicht das Verhältnis der tariflichen zur gesetzlichen, sondern zur betrieblichen bzw. arbeitsvertraglichen Regelung in Rede. Der Gesetzgeber trifft nicht selbst eine Regelung, sondern ermöglicht den Arbeitsvertragsparteien lediglich eine Abweichung von Tarifnormen zur Variabilisierung eines tariflichen Vergütungsbestandteils. Dabei ist eine arbeitsvertragliche Regelung noch sachnäher als eine Regelung durch Tarifvertrag. Das Argument größerer Sachnähe der Tarifvertragsparteien kann daher im vorliegenden Fall nicht gegen eine extensive Auslegung des Günstigkeitsprinzips angeführt werden.

Zu beachten hat der Gesetzgeber darüber hinaus die Wesensgehaltsgarantie.[915] Gemäß Artikel 19 II GG darf kein Grundrecht in seinem Wesensgehalt angetastet werden. Eindeutige Kriterien zur Bestimmung des Wesensgehalts hat die Rechtsprechung, soweit ersichtlich, bislang nicht entwickelt.[916] Jedenfalls dürfte die Relevanz der Wesensgehaltsgarantie vorliegend begrenzt sein, da sie sich „von vornherein nur auf gewisse grundrechtlich gebotene Mindestbedingungen bezieht“[917]. Durch die Anerkennung des Günstigkeitsprinzips und ggf. durch dessen erweiternde Auslegung würde die Tarifautonomie jedenfalls nicht in ihrem Wesensgehalt betroffen.

cc. Die Abwägung der Koalitionsfreiheit mit kollidierenden Rechtsgütern mit Verfassungsrang

Da Artikel 9 III 1 GG selbst das Günstigkeitsprinzip nicht gewährleistet,[918] stellt sich die Frage nach einer Herleitung aus anderen verfassungsrechtlich geschützten Rechtsgütern.

---

911 BVerfG 04.07.1995 – 1 BvF 2/86, BVerfGE 92, 365, 394f.

912 Vgl. C I 1 b bb 3).

913 BVerfG 18.11.1954 – 1 BvR 629/52, BVerfGE 4, 96, 106.

914 Drohsel, S. 223 m.w.N.

915 BVerfG 06.02.2007 – 1 BvR 978/05, ZTR 2007, 185 ff.

916 Burkiczak, S. 281.

917 Gellermann, Grundrechte, S. 294.

918 Vgl. C II 1 b.

1) Günstigkeitsprinzip und Berufsfreiheit

Nach einer Ansicht ist die Grenze zwischen der Tarifautonomie und den individuellen Grundrechtspositionen der Arbeitsvertragsparteien nicht zwingend anhand des Günstigkeitsprinzips, sondern differenzierter zu ziehen.[919]

Im Arbeitsrecht wird die individuelle Vertragsfreiheit durch Artikel 12 I GG umfassend gewährleistet.[920] Da die inhaltliche Gestaltung des Arbeitsverhältnisses von der Freiheit der Berufsausübung erfasst wird, verdrängt Artikel 12 I GG im Rahmen seines persönlichen Anwendungsbereichs als lex specialis die allgemeine Handlungsfreiheit in ihrer Ausprägung als Vertragsfreiheit gemäß Artikel 2 I GG.[921] Das Günstigkeitsprinzip begrenzt die kollektive Regelungsmacht und dient der optimalen Verwirklichung der individuellen Arbeitsvertragsfreiheit in beiderseitig tarifgebundenen Arbeitsverhältnissen.[922] Es ermöglicht dem Arbeitnehmer, Arbeitsbedingungen mit dem Arbeitgeber selbstständig auszuhandeln, wenn aufgrund einer Betrachtung des Verhandlungsergebnisses ex post festgestellt werden kann, dass der Arbeitnehmer nicht durch eine Störung der Verhandlungsparität zu der Hinnahme ungünstiger Arbeitsbedingungen veranlasst wurde.[923]

Dass das Günstigkeitsprinzip der Verwirklichung eines verhältnismäßigen Ausgleichs zwischen der Tarifautonomie und der individuellen Privatautonomie dient, bedeutet allerdings noch nicht, dass die Grenze zwischen der Normativität des Tarifvertrags und der Arbeitsvertragsfreiheit zwingend durch das Günstigkeitsprinzip bestimmt wird.

Da die inhaltliche Gestaltung des Arbeitsverhältnisses grundsätzlich die Ebene der Berufsausübung berührt, können nach der Rechtsprechung des Bundesverfassungsgerichts Eingriffe in die Berufsfreiheit mit „vernünftigen Erwägungen des Gemeinwohls“[924] gerechtfertigt werden. Daher wird vertreten, dass sich die Arbeitsvertragsfreiheit weitergehend beschränken ließe, als dies zur Gewährleistung eines funktionsfähigen Tarifvertragssystems erforderlich

---

919 Dieterich, in: Preis, ErfKomm, Artikel 9 Rn. 63, 79; Deinert, in: Däubler, § 4 Rn. 585; Gamillscheg KollArbR I, § 18 V 3a, S. 844; a.A. Belling, Das Günstigkeitsprinzip, S. 60ff.; Richardi, in: Münch Handb ArbeitsR, § 12 Rn. 30; Wank, in: Wiedemann, TVG, § 4 Rn. 395.

920 Höfling/ Burkiczak, NJW 2005, 469, 472.

921 Höfling/ Burkiczak, NJW 2005, 469, 472.

922 Martens, Das tarifliche Günstigkeitsprinzip und der Günstigkeitsvergleich, in: FS Zeuner, S. 101, 109.

923 Wendt, S. 20.

924 BVerfG 27.04.1999 – 1 BvR 2203/93, BVerfGE 100, 271, 283.

sei.[925] Daher könne der Gesetzgeber das Günstigkeitsprinzip etwa teilweise zur Disposition der Tarifparteien stellen oder Höchstarbeitsbedingungen einführen, die durch vernünftige Erwägungen des Gemeinwohls gerechtfertigt wären.[926]

Ein Verzicht auf die verfassungsrechtliche Anerkennung des Günstigkeitsprinzips läuft allerdings auf einen generellen Vorrang der kollektiven Koalitionsfreiheit vor der individuellen Vertragsfreiheit hinaus. Angesichts der herausragenden Bedeutung des Individuums in der Werteordnung des Grundgesetzes lässt sich ein solcher Vorrang der kollektiven Privatautonomie kaum begründen. Zumindest ist von einem gleichberechtigten Nebeneinander der kollektiven und der individuellen Privatautonomie auszugehen.[927] Zwischen der Koalitionsfreiheit und der Berufsfreiheit besteht ein Funktionszusammenhang[928], wonach die Tarifautonomie keinen Selbstzweck darstellt, sondern die Funktionsvoraussetzungen für die Verwirklichung der Privatautonomie der strukturell unterlegenen Arbeitnehmer sichern soll.[929] Ohne eine Anerkennung des Günstigkeitsprinzips würde die Arbeitsvertragsfreiheit in ihrem Wesensgehalt angetastet.

Dass Individual- und Kollektivautonomie in Konflikt treten können, wurde bereits festgestellt.[930] Dieser Konflikt lässt sich mithilfe des Günstigkeitsprinzips lösen. Der Günstigkeitsbegriff ist bereits nach dem allgemeinen Sprachgebrauch so weit gefasst, dass sich eine differenzierte Abwägung zwischen der Tarifautonomie und der Vertrags- bzw. Berufsfreiheit mithilfe des Günstigkeitsprinzips sicherstellen lässt. Im Ergebnis ist das Günstigkeitsprinzip - wenn man es nicht auf ein lediglich quantitatives Verständnis reduziert -[931] als Außenschranke der Koalitionsfreiheit verfassungsrechtlich geschützt.

2) Günstigkeitsprinzip und Leistungsprinzip

Darüber hinaus wird das Günstigkeitsprinzip teilweise aus dem Leistungsprinzip hergeleitet.[932] Dieses Prinzip folgt nach teilweise vertretener Ansicht aus Artikel 2 I GG.[933] Die Möglichkeit einer leistungsadäquaten Entlohnung wird als

---

925 Dieterich, in: Preis, ErfKomm, Artikel 9 GG Rn. 63 m.w.N.

926 Kreis, RdA 1961, 97, 99; weitergehend: Papier, RdA 1989, 137, 141.

927 Vgl. C I 1 a bb.

928 Säcker/ Oetker, Grundlagen und Grenzen der Tarifautonomie, S. 252 f.

929 BVerfG 04.07.1995 - 1 BvF 2/86, BVerfGE 92, 365, 394 f.

930 Vgl. C I 1a bb.

931 Vgl. C II 2 a.

932 Wendt, S. 22.

933 Belling, S. 81 ff.

„Konnex der freien Persönlichkeitsentfaltung"[934] angesehen; seine genaue Herleitung kann jedoch im Ergebnis dahin stehen.

Da sich die Tariflöhne an durchschnittlich leistungsstarken Arbeitnehmern orientieren, könnten sich Arbeitgeber gegenüber leistungsstärkeren Arbeitnehmern in Abweichung von bestehenden Tarifverträgen zur Zahlung höherer Vergütungen verpflichten. Von den Gewerkschaften wird nämlich zur Durchsetzung möglichst hoher Lohnabschlüsse eine „solidarische Lohnpolitik"[935] angestrebt, die eine Angleichung der Entgeltgruppen und -stufen mit sich bringt. Eine weite Lohnspreizung soll regelmäßig vermieden werden. Nur unter Berufung auf das Günstigkeitsprinzip ließe sich daher der Leistungsgedanke innerhalb des bestehenden Tarifvertragssystems verwirklichen.

Das Günstigkeitsprinzip kann allerdings nicht auf den verfassungsrechtlich verankerten Leistungsgedanken reduziert werden. Berücksichtigungsfähig sind nämlich nicht nur Leistungsfaktoren des Arbeitnehmers, sondern alle individuellen Umstände des Arbeitsverhältnisses. Besonderer Motive für eine Abweichung von Tarifnormen zugunsten des Arbeitnehmers bedarf es gerade nicht.[936] Eine Herleitung aus dem Leistungsprinzip muss daher ausscheiden.

3) Günstigkeitsprinzip und Sozialstaatsprinzip

Bei der Auslegung des Günstigkeitsprinzips könnte – unabhängig davon, ob es als Innen- oder als Außenschranke der Koalitionsfreiheit verstanden wird – das Sozialstaatsprinzip zu berücksichtigen sein. Versteht man das Günstigkeitsprinzip als Außenschranke der Tarifautonomie, die sich aus einer Abwägung mit der Berufs- bzw. Vertragsfreiheit ergibt, wäre die Wertung der Artikel 20 I, 28 I GG Teil dieser Abwägung. In der Arbeitsmarktpolitik setzt das Sozialstaatsprinzip der Koalitionsfreiheit Grenzen.[937] Unter Berufung auf das Sozialstaatsprinzip lässt sich allerdings eine Beschränkung der Koalitionsfreiheit durch das Günstigkeitsprinzip nicht rechtfertigen. Das Günstigkeitsprinzip führt nicht zur Gewährleistung besserer Arbeitsbedingungen für die sozial schwächeren Arbeitnehmer in ihrer Gesamtheit, sondern erlaubt Abweichungen zugunsten Einzelner.

Das Sozialstaatsprinzip hingegen setzt nach dem Bundesverfassungsgericht auch der individuellen Vertragsfreiheit Grenzen, „soweit es die Verwirklichung

---

934 Tech, Günstigkeitsprinzip und -beurteilung, S. 66.

935 Pfromm, Lohnpolitik, S. 31 ff.

936 Kempen/ Zachert, TVG, § 4 Rn. 163.

937 BVerfG 27.04.1999 – 1 BvR 2203/93, BVerfGE 100, 271, 284; 03.04.2001 – 1 BvL 32/97, BVerfGE 103, 293, 307; Höfling, in: Sachs, Artikel 9 Rn. 133a.

eines Mindestmaßes an Vertragsgerechtigkeit gebietet"[938]. Die Herstellung praktischer Konkordanz könne Einschränkungen der individuellen Vertragsfreiheit dahingehend legitimieren, dass individualvertraglichen Vereinbarungen bei Fehlen der sozialstaatlich gebotenen Vertragsgerechtigkeit die Wirksamkeit zu versagen sei. Das Sozialstaatsprinzip sei auf den „Schutz des Schwächeren"[939] und ein „menschenwürdiges Dasein für alle"[940] gerichtet. Dagegen ermögliche das Günstigkeitsprinzip dem einzelnen Arbeitnehmer gerade die Abweichung von den für alle tarifgebundenen Arbeitsverhältnisse geltenden Mindestarbeitsbedingungen, soweit eine Schutzbedürftigkeit nicht bestehe. Die Schutzrichtung des Günstigkeitsprinzips ist dem grundsätzlich auf die „Angleichung der Lebensverhältnisse"[941] gerichteten Sozialstaatsprinzip entgegen gesetzt. Bei der Abwägung zwischen der Tarifautonomie und der individuellen Privatautonomie muss allerdings die Wertung der Artikel 20 I und 28 I GG berücksichtigt werden.

c. *Ergebnis*

Das Günstigkeitsprinzip ist keine Innenschranke der Koalitionsfreiheit.

> „In dem Spannungsfeld zwischen kollektiver Koalitionsfreiheit, Arbeitsvertragsfreiheit und gerechter sozialstaatlicher Ordnung liegt seine Aufgabe in der Herstellung praktischer Konkordanz."[942]

Insoweit genießt das Günstigkeitsprinzip verfassungsrechtlichen Schutz. Vor dem Hintergrund des Machtgefälles zwischen den Koalitionen und ihren Mitgliedern ist das Günstigkeitsprinzip für die Arbeitsvertragsparteien von zentraler Bedeutung. Es begrenzt die „überschießende Gestaltungsmacht"[943] der Koalitionen, die sich nicht immer vollständig auf einen privatautonomen Entschluss der Arbeitsvertragsparteien zurückführen lässt. Ohne eine Begrenzung der Normativität des Tarifvertrags würde die Arbeitsvertragsfreiheit in ihrem Wesensgehalt angetastet.[944] Die Abweichungsbefugnis von Tarifnormen ist zur Verwirklichung der Arbeitsvertragsfreiheit gerechtfertigt, soweit dadurch nicht die soziale Ordnungsfunktion der Tarifautonomie ausgehebelt wird. Die Koalitionen müssen sich grundrechtseffektiv betätigen können.

---

938 BVerfG 19.10.1993 - 1 BvR 567/89, BVerfGE 89, 214, 232.
939 BVerfG 19.10.1993 - 1 BvR 567/89, BVerfGE 89, 214, 232.
940 BVerfG 29.05.1990 - 1 BvL 20/84, BVerfGE 82, 60, 80.
941 Sachs, in Sachs: Artikel 20 Rn. 47 m.w.N.
942 Belling, S. 69 ff; Löwisch, BB 1991, 59, 60 f.
943 Hanau, Der Grundsatz der Verhältnismäßigkeit, S. 78 ff.
944 Heinze, DB 1996, 729, 730.

Bei der Vereinbarung günstigerer Arbeitsbedingungen im Sinne des § 4 III 2. Alt. TVG sieht sich der Arbeitnehmer keiner arbeitgeberseitigen Fremdbestimmung ausgesetzt, sondern handelt selbstbestimmt. In diesen Fällen fehlender sozialer Schutzbedürftigkeit gewährleistet das Günstigkeitsprinzip den Vorrang der individuellen Privatautonomie vor dem normativen Geltungsanspruch des Tarifvertrags.[945] Im Anwendungsbereich des Günstigkeitsprinzips tritt die Tarifautonomie als subsidiär hinter der individuellen Privatautonomie zurück.

2. Konsequenzen für die Auslegung des Günstigkeitsprinzips

Der Zweck der koalitionsmäßigen Betätigung besteht in erster Linie in der Überwindung der strukturellen Unterlegenheit der Arbeitnehmer und der Wiederherstellung der Vertragsparität zwischen den Arbeitsvertragsparteien.[946] Für die folgende Untersuchung ist vor allem die Frage nach der Gebotenheit eines nur quantitativen Günstigkeitsvergleichs[947] relevant. Im Geltungsbereich von Tarifverträgen sind betriebliche Modelle substitutiver Arbeitnehmerbeteiligung nämlich nur dann zulässig, wenn im Rahmen des Günstigkeitsvergleichs nicht nur die absolute Höhe des garantierten Mindestentgelts und der Tariflohn einander gegenüberzustellen sind, sondern auch die Chance auf die übertarifliche Vergütung in die Vergleichsbetrachtung einfließt.

a. Die Ablehnung eines allein quantitativen Günstigkeitsvergleichs

Eine verfassungskonforme Auslegung des § 4 III 2. Alt. TVG verlangt nach dem oben Gesagten, dass eine individualvertragliche Abweichung von Tarifverträgen, die der Arbeitnehmer selbstbestimmt, d.h. ohne dass der Arbeitgeber unter Ausnutzung des Machtgefälles seinen Willensentschluss beeinträchtigt, herbeiführt, grundsätzlich als eine Abweichung zugunsten des Arbeitnehmers im Sinne des § 4 III TVG anzusehen ist.[948] Da die individuelle und kollektive Koalitionsfreiheit gleichrangig und unmittelbar durch Artikel 9 III 1 GG geschützt werden, darf dieses Günstigkeitsverständnis allerdings nicht so weit gehen, dass die Funktionsfähigkeit des Tarifvertragssystems beeinträchtigt, und die Tarifautonomie „aus den Angeln gehoben" wird.[949] Nicht nur die individuellen Interessen der Arbeitsvertragsparteien,

945 Nebeling/Arntzen, NZA 2011, 1215.

946 Vgl. C I 1 b bb 4).

947 Wank, in: Wiedemann: TVG, § 4 Rn. 433.

948 Heinze, NZA 1991, 329, 332.

949 Deinert, in: Däubler, TVG, § 4 Rn. 649.

sondern die im gesamtstaatlichen Interesse liegende soziale Ordnungsfunktion des Tarifvertragssystems sind zu berücksichtigen. Die Tarifvertragsparteien müssen weiterhin effektiv Mindestarbeitsbedingungen vereinbaren können.

Auch vor diesem Hintergrund kann allerdings ein nur quantitatives Günstigkeitsurteil als zwingende Tatbestandsvoraussetzung des § 4 III 2. Alt. TVG[950] nicht überzeugen. Die Anwendung eines ausschließlich quantitativen Günstigkeitsvergleichs bedeutet vielmehr einen generellen Vorrang der Koalitionsfreiheit vor der Arbeitsvertragsfreiheit in Fällen, in denen trotz nicht feststehender quantitativer Günstigkeit von einer freiwilligen Entscheidung des Arbeitnehmers nicht ausgegangen werden kann.[951]

Die Forderung nach einer quantitativ messbaren Günstigkeit der individualvertraglichen Regelung wird erhoben, um den Arbeitnehmer vor einer fehlerhaften Willensbildung zu schützen. Eine solche inhaltsbezogene Regulierung des Arbeitsvertrags zum Zweck des Arbeitnehmerschutzes ist dem Tarifvertragsgesetz allerdings fremd.[952] Stattdessen soll der Schutz des Arbeitnehmers vor arbeitgeberseitiger Fremdbestimmung durch kollektive Privatautonomie erreicht werden. Deren Ziel besteht nicht in der Durchsetzung bestimmter Vertragsinhalte, sondern der Sicherstellung von Vertragsparität. Das Tarifwesen vermutet die inhaltliche Richtigkeit vertragsparitätischer Regelungen. Die Gewährung eines messbaren „Mehr" durch den Arbeitgeber kann daher nur ein Indiz für eine privatautonome Entscheidung des Arbeitnehmers und die Günstigkeit abweichender Abmachungen in Einzelverträgen darstellen.

Gleichwohl folgt die Rechtsprechung dem quantitativen Günstigkeitsverständnis. Im Zusammenhang mit einer pauschalierten Mehrarbeitsvergütung entschied das Bundesarbeitsgericht:

> „Stellt man jedoch auf den finanziellen Vorteil ab, liegt ebenfalls keine Regelung zugunsten des Klägers vor. Je nach dem Anfall von Mehrarbeit wären günstigere oder ungünstigere Auswirkungen anzunehmen. Eine solche ambivalente Vereinbarung setzt sich gegenüber tariflichen Regelungen nicht durch; denn es ist nicht im Voraus feststellbar, dass sie sich für den Arbeitnehmer vorteilhaft auswirkt."[953]

In dem zu entscheidenden Fall erhielt der tarifgebundene Arbeitnehmer ein monatliches Gehalt, dessen absolute Höhe über dem tariflichen Gehalt lag. Nach dem Arbeitsvertrag war

---

950 Deinert, in: Däubler, § 4 Rn. 635; Wank, in: Wiedemann, TVG, § 4 Rn. 433.

951 Heinze, NZA 1991, 329, 334; Wendt, S. 75.

952 Kehr, S. 138 m.w.N.

953 BAG 17.04.2002 – 5 AZR 644/00, DB 2002, 1455, 1457.

> „das Gehalt so bemessen, dass anfallende Mehrarbeit einschließlich etwaiger Zuschläge hiermit abgegolten ist".

Der Umfang der maximal zu leistenden Mehrarbeit war nicht vereinbart. Je nach dem Umfang der anfallenden Mehrarbeit konnte der tatsächliche Stundenlohn höher oder geringer ausfallen als der tarifliche Stundenlohn. Bei Vertragsschluss stand daher nicht fest, dass der Arbeitnehmer messbar „mehr" erhielt.

Konsequenterweise dürfte das Bundesarbeitsgericht auch im vorliegenden Fall substitutiver Arbeitnehmerbeteiligung, die eine Variabilisierung tariflicher Entgeltbestandteile mit sich brächte, die Günstigkeit der einzelvertraglichen Entgeltregelung ablehnen. Da das Arbeitsentgelt den Tariflohn unterschreiten kann, steht bei Vertragsschluss nicht fest, dass der Arbeitnehmer tatsächlich quantitativ besser gestellt wird. Substitutive Arbeitnehmerbeteiligung wäre in beidseitig tarifgebunden Arbeitsverhältnissen – vorbehaltlich anders lautender tarifvertraglicher Regelungen – generell unzulässig. Das Arbeitsgericht Marburg[954] entschied im Zusammenhang mit einem betrieblichen Bündnis für Arbeit, dass

> „bei normativer Tarifgeltung der monatliche Tariflohn nicht ohne adäquate Gegenleistung gemindert werden [dürfe]. Eine vereinbarte oder in Aussicht gestellte zukünftige Gewinnbeteiligung stellt keine adäquate Gegenleistung dar. Mit der Gewinnbeteiligung soll der Arbeitnehmer vielmehr am unternehmerischen Risiko beteiligt werden, bei gleichzeitigem Lohnverzicht."

Dem allein quantitativen Günstigkeitsverständnis liegt die Vorstellung zugrunde, dass der Arbeitnehmer bei Abschluss des Arbeitsvertrags dem Arbeitgeber wirtschaftlich und intellektuell unterlegen gegenüber tritt[955] und „Verhandlungsfreiheit nur im Kollektiv erreichen"[956] kann. Mit dieser Vorstellung korrespondiert ein enges Verständnis des Günstigkeitsbegriffs: Das Günstigkeitsprinzip soll nur dann eine Abweichung von der jeweiligen Tarifnorm gestatten, wenn für einen objektiven Dritten im Voraus ohne Weiteres feststellbar ist, ob sich die Abweichung zugunsten des Arbeitnehmers auswirkt.

Tatsächlich sind Arbeitnehmer hierzulande immer seltener „beliebig austauschbare Arbeitskraft", sondern qualifizierte Mitarbeiter, die

> „in kreativer Kooperation mit anderen arbeitstechnische Teilzwecke" [verwirklichen]. Es besteht […] auch eine umgekehrte Abhängigkeit der Arbeitgeber von der

954 ArbG Marburg 19.12.2003 – 2 Ca 438/03, BeckRS 2003, 30938678.
955 Söllner, Sonderbeilage zu NZA 24/2000, S. 33; Gamillscheg, Grundrechte, S. 28ff.
956 Dieterich, DB 2001, 2398, 2402; RdA 2002, 1, 2.

Leistungs- und Kooperationsbereitschaft der Arbeitnehmer, die tendenziell faire Arbeitsbedingungen erzwingt."[957]

Diese Abhängigkeit führt zu einer größeren Verhandlungsmacht der Arbeitnehmer, die ein enges Verständnis des Günstigkeitsbegriffs nicht als erforderlich erscheinen lässt.

b. *Bedenken gegen einen grundsätzlichen Vorrang freiwilliger arbeitsvertraglicher Abweichungen im geltenden Tarifvertragsrecht*

Auf der Ebene der einfach-gesetzlichen Ausgestaltung des Günstigkeitsprinzips werden gegen einen generellen Vorrang tatsächlich selbstbestimmter Vertragsgestaltung gegenüber Tarifnormen vor allem systematische Argumente vorgebracht.[958] Würde § 4 III 2. Alt. TVG auch die Vereinbarung untertariflicher Arbeitsbedingungen zulassen, wenn sich die betroffenen Arbeitnehmer freiwillig darauf eingelassen hätten, entfiele der Anwendungsbereich der ersten Alternative. Tarifvertragliche Öffnungsklauseln würden ihre praktische Bedeutung verlieren. Denn jede privatautonome Abweichung von Tarifnormen könnte als günstiger anzusehen sein.

Dass die praktische Bedeutung von Öffnungsklauseln entfiele, wenn man sich von einem streng formalisierten Günstigkeitsverständnis lösen würde, ist jedoch nicht zu befürchten: Während das Günstigkeitsprinzip auf Tatbestandsseite eine tatsächlich selbstbestimmte Entscheidung des Arbeitnehmers voraussetzt, kann eine tarifvertragliche Öffnungsklausel auch abweichende Abmachungen zulassen, denen der Arbeitnehmer nur unter dem Druck des Arbeitgebers zustimmt. Derartige Abweichungen sind weiterreichend. Die beiden Alternativen des § 4 TVG unterscheiden sich daher nicht nur hinsichtlich ihrer Tatbestandsvoraussetzungen, sondern auch auf Rechtsfolgenseite.

Darüber hinaus wird diskutiert, ob ein weites Verständnis des Günstigkeitsprinzips einen Verstoß gegen das Verbot des Verzichts auf entstandene tarifliche Rechte gemäß § 4 IV 1 TVG darstellt.[959] Gegen diese Auffassung bestehen allerdings systematische Bedenken. Während der Verzicht auf entstandene tarifliche Rechte die Aufhebung tariflicher Schutzstandards – unabhängig von der Frage der Günstigkeit der abweichenden Regelung – bedeutet, betrifft der Günstigkeitsvergleich den Geltungsvorrang des Arbeitsvertrags wegen der – nicht

957 Reuter, in: FS Hattenhauer, S. 409, 417.
958 Wank, in: Wiedemann, TVG, § 4 Rn. 443.
959 Bejahend: Joost, ZfA 1984, 173, 178.

notwendig quantitativen – Überschreitung der tariflichen Schutzstandards.[960] Die Auslegung des Günstigkeitsprinzips im Rahmen des § 4 III TVG ist keine Frage des Verzichts auf tarifliche Rechte.

Im Ergebnis darf aufgrund des Günstigkeitsprinzips von Tarifnormen abgewichen werden, soweit die Erfüllung der tarifvertraglichen Schutzfunktion im Einzelfall anderweitig sichergestellt wird, und die arbeitsvertragliche Abweichungsbefugnis die Funktionsfähigkeit der Tarifautonomie nicht gefährdet.

c. Schwierigkeiten bei der Feststellung individueller Selbstbestimmung im Einzelfall[961]

Die Günstigkeit „ambivalenter“[962] Regelungen, die für den Arbeitnehmer sowohl Vorteile, als auch Nachteile bieten, lässt sich nur aufgrund einer – wenn auch typisierten –[963] Einzelfallbetrachtung beurteilen. Löst man sich von einem quantitativen Günstigkeitsvergleich, bereitet die Frage, ob der Arbeitnehmer bei Vertragsschluss tatsächlich individuell selbstbestimmt handelte, oder die Schutzfunktion des Tarifvertrags dessen Geltungsvorrang gebietet, gewisse Schwierigkeiten.

Die Feststellung einer privatautonomen Entscheidung aufgrund einer umfassenden Einzelfallbetrachtung ist allerdings nicht ausgeschlossen. Eine objektivierte Freiwilligkeitskontrolle kennt das Arbeitsrecht auch in anderen Fällen. Das Bundesarbeitsgericht lässt beispielsweise den Wunsch des Arbeitnehmers nach einer Befristung des Arbeitsverhältnisses als Sachgrund i.S.d. § 14 I 1 TzBfG gelten, wobei es diesen Wunsch anhand objektiver Anhaltspunkte überprüft.[964] Seit Inkrafttreten des Teilzeit- und Befristungsgesetzes dürfte § 14 Abs. 1 Satz 2 Nr. 6 TzBfG den Wunsch des Arbeitnehmers nach einer befristeten Beschäftigung als in seiner Person liegenden Grund erfassen.[965]

Dieses Beispiel verdeutlicht, dass ein Anlass zu einer gerichtlichen Wertungskontrolle nicht besteht, soweit die Freiheit der Arbeitnehmerentscheidung gewährleistet erscheint.[966] Der Günstigkeitsbegriff des § 4 III 2. Alt. TVG ist – wie auch andere arbeitsrechtliche Begriffe – ein unbestimmter Rechtsbegriff, dessen

---

960 Moll, DB 1992, 475, 477.

961 Vgl. zum Ganzen: Kehr, S. 166ff.

962 BAG 17.04.2002 – 5 AZR 644/00, DB 2002, 1455, 1457.

963 Rieble/Klumpp, Münch Hdb ArbR, § 183 Rn. 54.

964 BAG 03.10.1984 – 7 AZR 132/83, DB 1985, 2151; 26.04.1985 – 7 AZR 316/84, DB 1985, 2566.

965 Kania, in: Küttner, Personalbuch, § 90 Rn. 42.

966 Kehr, S. 169 m.w.N.

verfassungskonforme Auslegung den Gerichten obliegt. Dazu bedarf es einer umfassenden Würdigung aller Umstände des Einzelfalls.

Die Gefahr einer Beeinträchtigung der privatautonomen Willensbetätigung des Arbeitnehmers wird bei der Günstigkeitskontrolle bereits durch die Beweislastverteilung des § 4 III 2. Alt. TVG vermindert. Eine einzelvertragliche Abweichung wird nämlich nur dann zugelassen, wenn die Voraussetzungen des § 4 III TVG nachweislich erfüllt sind. Die Günstigkeit der abweichenden Abmachung für den Arbeitnehmer muss somit positiv festgestellt werden.

d. Bestätigung eines weiten Verständnisses des Günstigkeitsprinzips durch dessen historische Entwicklung

Durch das Inkrafttreten des Tarifvertragsgesetzes im Jahr 1949 wurde den Tarifparteien die Befugnis genommen, Höchstarbeitsbedingungen zu normieren. Aufgrund des Günstigkeitsprinzips des § 4 III TVG kann seither zugunsten des Arbeitnehmers von Tarifnormen abgewichen werden – auch gegen den Willen der Tarifvertragsparteien.

Zuvor war – abgesehen von dem Zeitraum zwischen dem Inkrafttreten des Arbeitsordnungsgesetzes 1934 und der Lohnstoppverordnung 1938 – das Günstigkeitsprinzip lediglich eine Auslegungsregel für den Willen der Tarifparteien und stand zu deren Disposition.[967] Die Tarifvertragsverordnung vom 23.12.1918 ermächtigte die Tarifparteien zur Normierung von Höchstarbeitsbedingungen.[968] Gemäß § 1 I 2 TVVO konnte das Günstigkeitsprinzip von den Tarifvertragsparteien im Wege von Höchstnormenbeschlüssen[969] ausdrücklich ausgeschlossen werden. Davon machten die Tarifparteien in der Folge häufig Gebrauch.[970]

Die Tarifvertragsverordnung sollte dem Tarifvertrag als soziales Ordnungsinstrument zu einer möglichst stabilen und effektiven Geltung verhelfen. Dafür nahm der damalige Gesetzgeber eine erhebliche Beschränkung der individuellen Vertragsfreiheit durch den Verzicht auf eine Begrenzung der Tarifmacht in Kauf.[971] Der einzelne Arbeitnehmer wurde als strukturell unterlegene Vertragspartei angesehen, die auch gegen sich selbst geschützt werden müsste.[972]

---

967 Wendt, S. 17.

968 Schmidt, Günstigkeitsprinzip, S. 31.

969 Davon zu trennen sind schuldrechtliche Absprachen zwischen den Koalitionen, auf die Koalitionsmitglieder dahingehend einzuwirken, dass günstigere Arbeitsbedingungen einzelvertraglich nicht vereinbart werden. Vgl. Wendt, S. 247.

970 Wendt, S. 4.

971 Belling, S. 37.

972 Heinze, DB 1996, 729, 730.

Mit dieser Sichtweise korrespondierte ein allein an quantitativen Maßstäben orientierter Günstigkeitsvergleich, der den Schutz des Arbeitnehmers durch die tarifvertragliche Normwirkung nur dann für entbehrlich hielt, wenn im Voraus feststand, dass die Arbeitsbedingungen für den Arbeitnehmer objektiv günstiger waren.[973]

Bereits vor Inkrafttreten der Tarifvertragsverordnung durfte nach der herrschenden Literatur von anwendbaren tarifvertraglichen Bestimmungen abgewichen werden, wenn die einzelvertraglichen Regelungen günstiger waren; Tarifverträge sollten grundsätzlich nur „Mindestarbeitsbedingungen" gewährleisten.[974] Insbesondere der Arbeitnehmer, der aufgrund einer überdurchschnittlich hohen Qualifikation und Wertigkeit seiner Arbeitsleistung eine starke eigene Verhandlungsposition innehatte und daher in der Lage war, übertarifliche Vereinbarungen auszuhandeln, sollte eine entsprechende Verwertung dieser Arbeitsleistung erzielen können.[975] Bereits vor der rechtlichen Anerkennung der tarifvertraglichen Normwirkung war dem Arbeitsrecht eine Begrenzung der kollektiven Regelungsmacht entsprechend der Schutzrichtung des Tarifvertrags, die in dem Ausgleich der strukturellen Unterlegenheit des Arbeitnehmers bestand, somit nicht fremd. Soweit zwischen den Arbeitsvertragsparteien Vertragsparität bestand, und der Arbeitnehmer besser gestellt wurde, sollten die Arbeitsbedingungen nicht von den Tarifparteien bestimmt werden. Andererseits war anerkannt, dass die Tarifparteien die Anwendbarkeit des Günstigkeitsprinzips ausschließen durften.[976]

Das heutige Tarifvertragsgesetz stellt das Günstigkeitsprinzip dagegen nicht mehr zur Disposition der Tarifparteien. § 4 III 2. Alt. TVG bestimmt, dass von Tarifverträgen abweichende Abmachungen zulässig sind, soweit sie eine Änderung der Regelungen zugunsten des Arbeitnehmers enthalten. Die individuelle Vertragsfreiheit und die Tarifautonomie stehen nunmehr gleichrangig nebeneinander, wobei die Tarifautonomie entsprechend ihrem Zweck, den Arbeitnehmer vor arbeitgeberseitiger Fremdbestimmung zu schützen, begrenzt wird.[977] Die unter Geltung der Tarifvertragsverordnung gezogene Schlussfolgerung, wonach „das Kollektivprinzip immer an erster Stelle"[978] stünde, lässt sich seither nicht mehr ziehen.

---

973 Vgl. C II 2 a).

974 Sinzheimer, Der korporative Arbeitsnormenvertrag, II. Teil, S. 60, 62.

975 Kehr, S. 17 m.w.N.

976 Kehr, S. 16.

977 Vgl. C II 1 b cc 1).

978 Schmidt, Begriff und Grenzen der Unabdingbarkeit des Tarifvertrags, S. 26.

Die heutige Ausgestaltung des Tarifvertragssystems spricht somit für ein weites Verständnis des Günstigkeitsprinzips, wonach die tarifvertragliche Normwirkung durchbrochen werden kann, selbst wenn im Voraus nicht feststeht, dass der betreffende Arbeitnehmer aufgrund der abweichenden Abmachung tatsächlich „mehr" erhält.

Die Bedeutung des Günstigkeitsprinzips für den Schutz der Vertragsfreiheit des einzelnen Arbeitnehmers hat seit Inkrafttreten des Grundgesetzes zunehmende Bedeutung erlangt.[979] Auch die wachsende Heterogenität der Arbeitnehmerschaft spricht für eine großzügigere Auslegung des Günstigkeitsprinzips. Ein entwicklungsoffenes Tarifvertragssystem „im Sinne des modernen Arbeitsrechts"[980] muss diesen tatsächlichen Veränderungen Rechnung tragen.

Im Ergebnis stützt die historische Entwicklung ein weites Verständnis des Günstigkeitsprinzips.

e. Ergebnis

Der Zweck koalitionsmäßiger Betätigung besteht in der Wiederherstellung der Vertragsparität zwischen den Arbeitsvertragsparteien. Das geltende Tarifvertragsrecht vermutet die inhaltliche Richtigkeit paritätisch ausgehandelter Arbeitsbedingungen. Eine verfassungskonforme Auslegung des Günstigkeitsprinzips verlangt, dass individualvertragliche Abweichungen von Tarifverträgen, die der Arbeitnehmer tatsächlich selbstbestimmt in einer Situation der Vertragsparität mit dem Arbeitgeber herbeiführt, als eine Abweichung zugunsten des Arbeitnehmers im Sinne des § 4 III 2. Alt. TVG angesehen wird, soweit dadurch nicht die Funktionsfähigkeit der Tarifautonomie erschüttert wird. Die quantitative Günstigkeit einer einzelvertraglichen Regelung ist nur ein Indiz für die Freiwilligkeit der Arbeitnehmerentscheidung, so dass ein allein quantitatives Günstigkeitsverständnis keine praktische Konkordanz zwischen der kollektiven Koalitionsfreiheit und der Arbeitsvertragsfreiheit herzustellen vermag. Substitutive Arbeitnehmerbeteiligungsmodelle, die ein nur untertarifliches Mindestentgelt garantieren, allerdings die Chance auf eine übertarifliche Vergütung bieten, sind nicht generell unzulässig.

Eine Substitution feststehender Entgeltbestandteile bzw. Entgelterhöhungen durch Kapital- bzw. Erfolgsbeteiligungen ist somit auch in beidseitig tarifgebundenen Arbeitsverhältnissen nicht ausgeschlossen.

---

979 Vgl. C II 2 d.

980 BVerfG 01.03.1979 – 1 BvR 532/77, BVerfGE 50, 290ff.

III. Der Tarifvorbehalt

Soweit Beteiligungsmodelle durch Betriebsvereinbarung eingeführt werden sollen, stellt sich die Frage nach der Regelungsbefugnis der Betriebsparteien. Durch normativ wirkende Betriebsvereinbarungen, welche für alle betriebsangehörigen Arbeitsverhältnisse gelten, würde die Normsetzungsbefugnis der Tarifparteien besonders schwerwiegend beeinträchtigt, ohne dass sich diese Beeinträchtigung mithilfe der individuellen Privatautonomie rechtfertigen ließe.[981]

Grundsätzlich[982] wird das Verhältnis von Tarifverträgen und Betriebsvereinbarungen durch § 77 III BetrVG bestimmt; das Günstigkeitsprinzip findet nach h.M.[983] insoweit keine Anwendung.

Da § 77 III BetrVG eine konkurrierende Normsetzung auf betrieblicher Ebene verhindern soll,[984] ist der Anwendungsbereich auf Betriebsvereinbarungen beschränkt;[985] Regelungsabreden, welche die Arbeitsverhältnisse nicht unmittelbar normativ gestalten,[986] werden dagegen nicht erfasst.

§ 77 III BetrVG sichert den Tarifparteien eine „Primärzuständigkeit“[987] auf dem Gebiet der Arbeits- und Wirtschaftsbedingungen. Nach allgemeiner Ansicht[988] dient die Norm „der Sicherung der ausgeübten und aktualisierten Tarifautonomie“[989] sowie „der Funktionsfähigkeit der Koalitionen“[990]. Der Tarifvorbehalt soll den Vorrang der auf der Koalitionsfreiheit aufbauenden kollektiven Ordnung der Arbeitsentgelte und sonstigen Arbeitsbedingungen sichern.[991]

---

981 Vgl. C I b aa 3) b).

982 Zur Vorrangtheorie: Vgl. D I 1 a bb.

983 Belling, S. 157ff.; Richardi, in: Richardi, BetrVG, § 77 Rn. 278 m.w.N.

984 BAG 20.04.1999 - 1 ABR 72/98, BAGE 91, 210, 223.

985 BAG 20.04.1999 - 1 ABR 72/98, BAGE 91, 210, 223; Hromadka/Maschmann, ArbeitsR, § 16 Rn. 366; Richardi, in: Richardi, BetrVG, § 77 Rn. 230, 292f.

986 BAG 14.08.2001 - 1 AZR, 744/00, NZA 02, 342; 21.01.2003 - 1 ABR 9/02, NZA 03, 1097.

987 Dieterich/Hanau u.a., RdA 2004, 65, 70.

988 BAG 03.12.1991 - GS 1/90, DB 1991, 2593; Biedenkopf, Grenzen der Tarifautonomie, S. 282; Fitting, BetrVG, § 77 Rn. 67; Kania, in: Preis, ErfKomm, § 77 BetrVG Rn. 41; Wank, RdA 1991, 129, 136; Zwanziger, in: Däubler, TVG, § 4 Rn. 971.

989 BAG 24.02.1987 - 1 ABR 18/85, BAGE 54, 191, 199; 03.12.1991 - GS 2/90, BAGE 69, 134, 146; 24.01.1996 - 1 AZR 597/95, BAGE 82, 89, 94; 20.04.1999 - 1 ABR 72/98, BAGE 91, 210, 244, 255; Däubler, in: Festschrift Wlotzke, S. 269, 273; Gamillscheg, Arbeitsrecht, S. 324; Koch, in: Schaub/Koch/Linck, Handbuch des ArbeitsR, § 231, Rn. 21; Richardi, in: Richardi, BetrVG, § 77 Rn. 244.

990 Koch, in: Schaub/Koch/Linck, Handbuch des ArbeitsR, § 231 Rn. 21.

991 BAG 24.01.1996 - 1 AZR 597/95, BAGE 82, 89, 93; 05.03.1997 - 4 AZR 532/95, BAGE 85, 208, 218; Richardi, in: Richardi, BetrVG, § 77 Rn. 259.

Im Zusammenhang mit den sogenannten „Arbeitnehmerkammern“[992] führte das Bundesverfassungsgericht aus, dass der Staat nicht durch die beliebige Errichtung öffentlich-rechtlicher Körperschaften das freie Verbandswesen unterlaufen und den freien Vereinigungen durch Pflichtmitgliedschaften in parallelen öffentlich-rechtlichen Verbänden die Lebensmöglichkeit nehmen dürfe.[993] Der Übergriff in das gewerkschaftliche Aufgabengebiet durch Errichtung einer Körperschaft mit Zwangsmitgliedschaft würde die Gewerkschaften in ihrem verfassungsmäßig geschützten Recht verletzen.[994] Der in Artikel 9 I, III GG zum Ausdruck kommende Vorrang freier sozialer Gruppenbildung beschränke die grundsätzlich bestehende Freiheit des Staates, nach seinem Ermessen öffentliche Aufgaben durch öffentlich-rechtliche Körperschaften mit Zwangsmitgliedschaften wahrnehmen zu lassen.[995]

Wenngleich die vorgenannte Entscheidung die Errichtung einer öffentlich-rechtlichen Körperschaft betrifft, kann ihre Kernaussage auf das Verhältnis zwischen den Koalitionen und den Betriebsparteien übertragen werden: Obwohl durch die Errichtung einer Zwangskörperschaft die koalitionsspezifische Tätigkeit der frei gebildeten Koalitionen, insbesondere der Abschluss von Tarifverträgen, rechtlich nicht behindert wird, bedeutet es eine Verletzung der Koalitionsfreiheit, „Konkurrenzgewerkschaften“ zu errichten, deren Zwangsmitgliedern dadurch der Anreiz zum Koalitionsbeitritt genommen wird. Im Bereich des gewerkschaftlichen Betätigungsfeldes muss sich der Staat zugunsten der Tarifpartner grundsätzlich jeder Einflussnahme enthalten und darf durch die Errichtung konkurrierender Organisationen die Koalitionen nicht in ihrem Bestand gefährden.[996] Artikel 9 III GG verbietet es daher, die Vereinbarung über Arbeitsentgelte und sonstige Arbeitsbedingungen generell Dritten zu übertragen.

Begründen lässt sich die Sicherstellung einer „Primärzuständigkeit“ der Koalitionen mit der Verwirklichung der kollektiven Privatautonomie sowie der sozialen Schutzfunktion der Betätigungsgarantie: Die auf einen Betrieb oder ein Unternehmen beschränkten Arbeitnehmervereinigungen wären nicht gleichermaßen in der Lage, an einer sinnvollen Ordnung des Arbeitslebens, insbesondere an einer sinnvollen Lohnfindung, teilzunehmen.[997] Im Vergleich

---

992 BVerfG 18.12.1974 – 1 BvR 430/65, BVerfGE 38, 281, 302.
993 BVerfG 18.12.1974 – 1 BvR 430/65, BVerfGE 38, 281, 302.
994 BVerfG 18.12.1974 – 1 BvR 430/65, BVerfGE 38, 281, 302.
995 BVerfG 18.12.1974 – 1 BvR 430/65, BVerfGE 38, 281, 303.
996 BVerfG 18.12.1974 – 1 BvR 430/65, BVerfGE 38, 281, 306.
997 Hanau, RdA 1993, 1, 5.

zu der gesetzlich angeordneten betrieblichen Mitbestimmung „erweist sich die Tarifvertragsfreiheit als die freiheitlichere und damit verfassungsnähere Variante“[998]. § 77 III BetrVG schützt die Gewerkschaften vor „zu Ersatzgewerkschaften aufgewerteten Betriebsräten“[999], die nach der gesetzgeberischen Konzeption zur vertrauensvollen Zusammenarbeit mit dem Arbeitgeber verpflichtet sind und durch konfrontative Lohnverhandlungen gegen § 2 BetrVG verstießen.

Im Ergebnis setzt der Tarifvorbehalt des § 77 BetrVG der betrieblichen Regelungsmacht enge Grenzen. Ob und inwieweit die Regelungsbefugnisse der Betriebsparteien in verfassungsrechtlich zulässigerweise Weise zur Regelung betrieblicher Arbeitnehmerbeteiligungsprogramme erweitert werden können, muss an dieser Stelle noch nicht untersucht werden.[1000]

998 Burkiczak, S. 324; a.A.: Ehmann/Lambrich, NZA 1996, 346, 351f.
999 Wagner, S. 83.
1000 Vgl. E III.

D. Regelungen zur betrieblichen Arbeitnehmerbeteiligung innerhalb des bestehenden Tarifvertragssystems

Nachdem die Reichweite der tarifvertraglichen Regelungsbefugnis in Fragen der materiellen Arbeitnehmerbeteiligung bestimmt, und die grundsätzliche Vereinbarkeit substitutiver Arbeitnehmerbeteiligung mit der Tarifautonomie festgestellt wurden, sollen die rechtlichen Gestaltungsformen der Beteiligungsmodelle und deren Rechtmäßigkeitsvoraussetzungen näher untersucht werden.

I. Regelungsmodelle betrieblicher Arbeitnehmerbeteiligung

Als Regelungsmodelle betrieblicher Arbeitnehmerbeteiligung kommen grundsätzlich der Abschluss einer Betriebsvereinbarung – gegebenenfalls mit unternehmens- oder konzernweiter Geltung –[1001] oder entsprechende Klauseln in den Arbeitsverträgen in Betracht.

1. Betriebsvereinbarungen zur Arbeitnehmerbeteiligung

Die Betriebsvereinbarung erscheint als das aus Arbeitgebersicht vorzugswürdige Regelungsinstrument zur Einführung betrieblicher Beteiligungsmodelle. Durch die Betriebsvereinbarung lässt sich einheitlich, d.h. mit Wirkung für alle Arbeitsverhältnisse innerhalb ihres Geltungsbereichs ein Beteiligungsmodell einführen oder modifizieren. Alternativ müsste der Arbeitgeber mit den einzelnen Arbeitnehmern Änderungsverträge abschließen – ggf. im Rahmen einer Regelungsabrede. Da sich der finanzielle und administrative Aufwand, der mit der Einführung eines Beteiligungsmodells einhergeht, für den Arbeitgeber regelmäßig nur „rechnen" wird, wenn der ganz überwiegende Anteil der Belegschaftsmitglieder daran teilnimmt, könnte eine Minderheit die Einführung des Beteiligungsprogramms faktisch „blockieren".

1001 Die Mitbestimmung ist nicht auf den betrieblichen Bereich begrenzt. Nach den allgemeinen Grundsätzen kommt auch der Abschluss einer Betriebsvereinbarung mit dem Gesamt- bzw. Konzernbetriebsrat in Betracht. Zwecks einfacherer Darstellung wird im Folgenden allerdings allgemein von „Betriebsvereinbarung" gesprochen.

Die Frage der Zulässigkeit von Betriebsvereinbarungen zur materiellen Arbeitnehmerbeteiligung betrifft nicht nur das Verhältnis der kollektiven Regelungsebenen zueinander, sondern auch das Verhältnis der Betriebsvereinbarung zum privatautonom geschlossenen Arbeitsvertrag. Durch normativ wirkende, betriebliche Regelungen zur Arbeitnehmerbeteiligung wird unmittelbar in das Gegenseitigkeitsverhältnis des Arbeitsvertrags eingegriffen, und die Vertragsfreiheit wird beschränkt, ohne dass sich diese Beschränkung – anders als die tarifvertragliche Normwirkung – mithilfe des Artikels 9 III GG rechtfertigen ließe.[1002] Immerhin hält es die Rechtsprechung – in gewissen Grenzen – für zulässig, dass arbeitsvertraglich zugesagte Entgeltbestandteile durch Betriebsvereinbarungen grundsätzlich auch für die einzelnen Arbeitnehmer nachteilig verändert werden, solange sie sich für die Belegschaft insgesamt als nicht ungünstiger darstellen (kollektiver Günstigkeitsvergleich).[1003]

Die Orientierung variabler Entgeltbestandteile am individuell nicht beeinflussbaren Unternehmenserfolg begegnet keinen grundsätzlichen Bedenken.[1004] Prozentuale Grenzwerte für die Teilvariabilisierung des Arbeitsentgelts könnten aufgrund der geringeren Schutzbedürftigkeit der vom Betriebsrat vertretenen Arbeitnehmer sogar niedriger als in Individualverträgen anzusetzen sein. Eine allgemeine Zulässigkeitsgrenze ergibt sich aus § 75 BetrVG: Bei der Schaffung eines betrieblichen Arbeitnehmerbeteiligungsprogramms dürfen die Betriebsparteien – soweit ihre Regelungsbefugnis reicht – nicht sachwidrig Gruppen bilden und Arbeitnehmer grundlos benachteiligen.[1005]

a. Die Reichweite des Tarifvorbehalts

Fraglich ist zunächst, inwieweit die Regelung der Arbeitnehmerbeteiligung durch Betriebsvereinbarungen aufgrund des Tarifvorbehalts gemäß § 77 III BetrVG ausgeschlossen wird. Regelungsabreden, welche die Arbeitsverhältnisse nicht unmittelbar normativ gestalten,[1006] werden dagegen nach allgemeiner Ansicht von dem Tarifvorbehalt nicht erfasst.[1007]

1002 Vgl. C I 1 b aa 3).

1003 Vgl. BAG 16.09.1986 – G 1/82, NZA 1987, 168; 07.11.1989 – GS 3/85, NZA 1990, 816, a.A. Richardi, NZA 1990, 331.

1004 Benrath, S. 18 m.w.N.

1005 Vgl. Ludwig/Rein, NZA 2010, 865, 866.

1006 BAG 14.08.2001 – 1 AZR 744/00, NZA 02, 342; 21.01.2003 – 1 ABR 9/02, NZA 03, 1097.

1007 Vgl. C III.

aa. Tarifvorbehalt und Günstigkeitsprinzip

Umstritten ist, ob der Tarifvorbehalt des § 77 III BetrVG auf Betriebsvereinbarungen Anwendung findet, die für den Arbeitnehmer eine im Vergleich zu der tarifvertraglichen Regelung günstigere Regelung enthalten. Aus Gründen des Arbeitnehmerschutzes kann der Geltungsvorrang des Tarifvertrags in diesen Fällen nicht begründet werden; nach einer Ansicht soll daher § 77 III BetrVG teleologisch zu reduzieren sein.[1008] Weiterhin wird vertreten, dass das Günstigkeitsprinzip den Tarifvorbehalt analog § 4 III 2. Alt. TVG verdränge.[1009]

Die Anwendbarkeit des Günstigkeitsprinzips auf kollektive Regelungen muss bezweifelt werden. § 4 III 2. Alt. TVG eröffnet den Arbeitsvertragsparteien einen Raum privatautonomer Gestaltung, soweit ein Schutzbedürfnis des Arbeitnehmers nicht besteht.[1010] Mithilfe der Durchbrechung der tariflichen Normwirkung wird die Arbeitsvertragsfreiheit verwirklicht.[1011] Dagegen können sich die Betriebsparteien nicht auf die individuelle Privatautonomie berufen, um von Tarifnormen abweichende Regelungen zu erlassen.[1012] Die Anwendung des Günstigkeitsprinzips auf Betriebsvereinbarungen würde die Schutzrichtung des § 4 III 2. Alt. TVG in ihr Gegenteil verkehren:[1013] So könnten die Betriebsparteien unter Berufung auf die kollektive Günstigkeit einer Regelung von Tarifnomen abweichen, die sich für einzelne Arbeitnehmer als ungünstiger darstellen. Das Gesamtinteresse der Belegschaft könnte zum Nachteil der Individualinteressen verwirklicht werden, obwohl das Günstigkeitsprinzip den Geltungsvorrang kollektiver Regelungen zur Durchsetzung von Individualinteressen begrenzt.[1014] Zudem soll durch § 77 IIII BetrVG verhindert werden, dass die Betriebsparteien in Konkurrenz zu den Tarifparteien treten.[1015] Dies würde allerdings geschehen, wenn Betriebsparteien unter Berufung auf das Günstigkeitsprinzip von Tarifnormen abweichende betriebliche Regelungen erlassen dürften. Dass der Gesetzgeber, dem beim Erlass des Betriebsverfassungsgesetzes das Günstigkeitsprinzip bekannt war,[1016] auf

---

1008 Wank, in: Wiedemann, TVG, § 4 Rn. 557 m.w.N.

1009 Blomeyer, NZA 1996, 337, 345.

1010 Kehr, Das Wahlrecht des Arbeitnehmers im Kontext des tarifrechtlichen Günstigkeitsprinzips, S. 168 ff.

1011 Vgl. B II 2 b.

1012 Vgl. C I 1 b aa 3) b).

1013 Richardi, ZfA 1990, 230.

1014 Vgl. C II 1 b cc 1).

1015 Wank, in: Wiedemann, TVG, § 4 Rn. 559.

1016 Wank, in: Wiedemann, TVG, § 4 Rn. 559.

eine Einschränkung des Tarifvorbehalts verzichtet hat, spricht daher gegen die Anwendung des Günstigkeitsprinzips im Verhältnis von Tarifvertrag und Betriebsvereinbarung.

Auch eine teleologische Reduktion des § 77 III 1 BetrVG kann nicht überzeugen, da der Tarifvorbehalt nach allgemeiner Ansicht[1017] nicht in erster Linie dem Arbeitnehmerschutz, sondern „der Sicherung der ausgeübten und aktualisierten Tarifautonomie“[1018] sowie „der Funktionsfähigkeit der Koalitionen“[1019] dient. In deren Interesse soll eine konkurrierende Rechtsetzung in den Betrieben verhindert werden.[1020]

bb. Tarifvorbehalt und Regelungsbefugnis in sozialen Angelegenheiten

Gemäß § 77 III 1 BetrVG können Arbeitsentgelte, die durch Tarifvertrag geregelt sind oder üblicherweise geregelt werden, nicht Gegenstand einer Betriebsvereinbarung sein.

Von „Tarifüblichkeit“ wird bereits bei einmaliger Regelung der Arbeitsbedingungen in einem Tarifvertrag des betreffenden Geltungsbereichs ausgegangen, wenn anzunehmen ist, dass die Arbeitsbedingungen auch künftig wieder geregelt werden.[1021] Zwar steht dies der Vereinbarung betriebsbezogener Zulagen, die an andere tatbestandliche Voraussetzungen anknüpfen, wie z.B. Prämien oder Leistungszulagen, nicht entgegen.[1022] Substitutive Erfolgsbeteiligungen wären jedoch nicht durch Betriebsvereinbarung regelbar. Betriebliche Entgeltflexibilisierung käme gemäß § 77 III 2 BetrVG faktisch nur dann in Betracht, wenn in Tarifverträgen die Abweichung durch derartige betriebliche Regelungen ausdrücklich zugelassen wird. Angesichts der geringen Verbreitung tarifvertraglicher Delegations- bzw. Öffnungsklauseln[1023] hätte die Betriebsvereinbarung als Regelungsinstrument nur marginale Bedeutung.

1017 BAG 03.12.1991 - GS 1/90, DB 1991, 2593; Biedenkopf, Grenzen der Tarifautonomie, S. 282; Fitting, BetrVG, § 77 Rn. 67; Kania, in: Preis, ErfKomm, § 77 BetrVG Rn. 41; Wank, RdA 1991, 129, 136; Zwanziger, in: Däubler, TVG, § 4 Rn. 971.

1018 BAG 24.02.1987 - 1 ABR 18/85, BAGE 54, 191, 199; 03.12.1991 - GS 2/90, BAGE 69, 134, 146; 24.01.1996 - 1 AZR 597/95, BAGE 82, 89, 94; 20.04.1999 - 1 ABR 72/98, BAGE 91, 210, 244, 255; Däubler, in: Festschrift Wlotzke, S. 269, 273; Gamillscheg, Arbeitsrecht, S. 324; Koch, in: Schaub/Koch/Linck, Handbuch des ArbeitsR, § 231 Rn. 21; Richardi, BetrVG, § 77 Rn. 244.

1019 Koch, in: Schaub/Koch/Linck, Handbuch des ArbeitsR, § 231 Rn. 21.

1020 Vgl. C III.

1021 Preis, in: Wlotzke/Preis, BetrVG, § 77 Rn. 73.

1022 BAG 14.11.1974 - 1 ABR 65/73, DB 1975, 420.

1023 Vgl. A I.

Die Anwendbarkeit des § 77 III BetrVG auf Regelungsgegenstände, die den Betriebsparteien gemäß § 87 I BetrVG ausdrücklich zugewiesen sind, ist allerdings umstritten. Nach der Zwei-Schranken-Theorie soll § 77 BetrVG auch auf die Gegenstände der erzwingbaren Mitbestimmung anwendbar sein.[1024] Arbeitsbedingungen, die tariflich geregelt sind oder üblicherweise geregelt werden, sind danach einer Regelung durch Betriebsvereinbarung auch insoweit entzogen, als eine Regelungsbefugnis des Betriebsrats gemäß § 87 I BetrVG grundsätzlich besteht.

Dagegen soll nach der Vorrangtheorie § 87 I BetrVG im Rahmen der erzwingbaren Mitbestimmung den Tarifvorbehalt des § 77 III 1 BetrVG verdrängen.[1025] Betriebsvereinbarungen gemäß § 87 I BetrVG würden dann nur durch gesetzliche sowie tatsächlich bestehende tarifliche Regelungen ausgeschlossen. Auch das Bundesarbeitsgericht vertritt diese Auffassung in ständiger Rechtsprechung.[1026]

Dem Wortlaut beider Vorschriften lässt sich kein Hinweis auf ein Rangverhältnis entnehmen.[1027] Auch der systematische Zusammenhang ist nicht eindeutig. Für die Anwendbarkeit des § 77 III BetrVG im Rahmen der notwendigen Mitbestimmung könnte sprechen, dass andere Vorschriften, wie z.B. § 112 I 4 BetrVG, im Gegensatz zu § 87 I BetrVG einen expliziten Anwendungsausschluss enthalten. Andererseits können nach herrschender Meinung selbst freiwillige Betriebsvereinbarungen nach § 88 Nr. 3 BetrVG bei Tarifüblichkeit erlassen werden, da ohne eine normative Regelung mit Wirkung für alle Arbeitsverhältnisse die Finanzierung des Beteiligungsmodells nicht sichergestellt, und das Mitbestimmungsrecht bei Geltung des Tarifvorbehalts somit erheblich eingeschränkt wäre - auch für außertarifliche Arbeitnehmer.[1028] Damit würde die Regelungsbefugnis der Betriebsparteien in einem Bereich der freiwilligen Mitbestimmung weiterreichen als im Bereich der notwendigen Mitbestimmung. Dies erscheint widersprüchlich.

Da sich auch der Entstehungsgeschichte des Betriebsverfassungsgesetzes keine eindeutigen Hinweise entnehmen lassen,[1029] muss das Verhältnis beider

1024 Richardi, BetrVG, § 77 Rn. 178 ff.

1025 Gast, Tarifautonomie und Normsetzung, S. 39 ff.

1026 BAG 24.02.1987 - 1 ABR 18/85, BAGE 54, 191ff.; 03.12.1991 - GS 1/90, AP Nr. 52 zu § 87 BetrVG BetrVG 1972 Lohngestaltung; 18.10.2011 - 1 ABR 25/10, NZA 2012, 392, 396.

1027 Wank, RdA 1991, 129, 134.

1028 Richardi, BetrVG, § 77 Rn. 29; a.A. Kania, in: ErfKomm, § 88 BetrVG Rn. 6; Wiese/Kreutz/Oetker, GK-BetrVG, § 77 Rn. 138.

1029 Böker, S. 160 m.w.N.

Normen unter Berücksichtigung ihrer verschiedenen Schutzrichtungen bestimmt werden. Während § 77 III BetrVG „die tatsächlich ausgeübte und aktualisierte Tarifautonomie sicherstellt“[1030], lässt sich ein spezifischer Schutz der Tarifautonomie durch § 87 I BetrVG nicht ohne Weiteres feststellen. Die Nennung der gesetzlichen und tariflichen Regelungen in § 87 I BetrVG würde nahe legen, auch gesetzliche Vorschriften als durch § 87 I BetrVG geschützt anzusehen. Der Vorrang des Gesetzes ergibt sich jedoch bereits aus Artikel 20 I GG. Ganz überwiegend wird daher angenommen, dass § 87 I BetrVG dem Arbeitnehmerschutz diene, indem Direktionsrechte des Arbeitgebers begrenzt und einzelvertragliche Vereinbarungen wegen der Vertragsdisparität zurückgedrängt würden.[1031] Würde man den Abschluss von Betriebsvereinbarungen bereits bei Tarifüblichkeit der Regelung im Bereich der erzwingbaren Mitbestimmung mit der Zwei-Schranken-Theorie ausschließen, liefen die Mitbestimmungsrechte des Betriebsrats weitgehend leer. Eine wirksame Eindämmung einseitiger individualrechtlicher Gestaltungsbefugnisse des Arbeitgebers ließe sich bei Tarifüblichkeit nicht erreichen.[1032] Der Arbeitnehmerschutz bliebe somit unvollständig.

Mit der herrschenden Meinung ist davon auszugehen, dass § 77 III BetrVG auf Gegenstände der erzwingbaren Mitbestimmung keine Anwendung findet.[1033] Der Abschluss von Betriebsvereinbarungen als Gestaltungsform materieller Arbeitnehmerbeteiligung könnte somit, soweit eine tarifliche Regelung nicht besteht, grundsätzlich zulässig sein.

Von dem „Bestehen“ einer tariflichen Regelung i.S.d. § 87 I BetrVG ist bereits bei einer Tarifbindung des Arbeitgebers auszugehen, soweit der Betrieb in den sachlichen und räumlichen Geltungsbereich des Tarifvertrags fällt.[1034] Allerdings unterliegen die Arbeitsverhältnisse der außertariflichen Arbeitnehmer der notwendigen Mitbestimmung, da sie dem persönlichen Geltungsbereich des betreffenden Tarifvertrags nicht unterfallen, und eine tarifliche Regelung insoweit nicht besteht.[1035]

1030 Z.B. BAG 22.05.1979 – 1 ABR 45/77, DB 1979, 2183f.

1031 Hoyningen-Huene/ Meier-Krenz, NZA 1987, 793, 798.

1032 Gast, BB 1987, 1249 f.

1033 Edenfeld, DB 2012, 575, 576.

1034 BAG 24.02.1987 – 1 ABR 18/85, BAGE 54, 191ff.; 20.12.1988 – 1 ABR 57/87, BAGE 60, 323ff.; 10.08.1993 – 1 ABR 21/93, DB 1974, 281f.; 18.10.2011 – 1 ABR 25/10, NZA 2012, 392, 396; Preis, Kollektivarbeitsrecht, § 153, S. 581.

1035 BAG 22.01.1980 – 1 ABR 28/78, BAGE 32, 339ff.; 27.11.1990 – 1 ABR 77/89, BB 1991, 548f.

b. Die begrenzte Regelungsbefugnis des Betriebsrats gemäß §§ 87 I, 88 BetrVG

Fraglich ist zunächst, inwieweit der Betriebsrat gemäß § 87 I BetrVG über die Einführung und Änderung von Beteiligungsprogrammen mitzubestimmen hat. Mehrere Mitbestimmungstatbestände kommen in Betracht.

Soweit die Regelung der Arbeitnehmerbeteiligung nicht der notwendigen Mitbestimmung unterliegt, wird die Befugnis der Betriebsparteien zum Abschluss freiwilliger Betriebsvereinbarungen untersucht. Dabei stellt sich erneut die Frage, ob die Betriebsparteien über die Mitbestimmungstatbestände der §§ 87, 88 BetrVG hinausgehende Regelungsbefugnisse haben und – falls sie durch tarifvertragliche Bestimmungen hierzu ermächtigt werden – Regelungen zur Arbeitnehmerbeteiligung mit Wirkung für alle Arbeitsverhältnisse innerhalb des Geltungsbereichs der Betriebsvereinbarungen erlassen können.

aa. Mitbestimmung über die Auszahlung des Arbeitsentgelts, § 87 I Nr. 4 BetrVG

Für die Arbeitnehmerkapitalbeteiligung könnte das Mitbestimmungsrecht des Betriebsrates hinsichtlich der Zeit, des Ortes und der Art der Auszahlung der Arbeitsentgelte relevant sein. Wenn die Kapitalbeteiligung im betriebsverfassungsrechtlichen Sinn Entgeltcharakter hätte, könnte das Mitbestimmungsrecht in zweifacher Hinsicht betroffen werden: Zum Einen könnte die Entscheidung über die Gewährung einer Kapitalbeteiligung anstelle einer Barlohnzahlung mitbestimmungspflichtig sein; zum Anderen könnte der Zeitpunkt des Anteilserwerbs der Mitbestimmung unterliegen.

Unter Arbeitsentgelt i.S.d. § 87 I Nr. 4 BetrVG sind neben der Vergütung im engeren Sinne sämtliche Sozialleistungen zu verstehen,[1036] wozu sowohl Geld-, als auch Sachleistungen zählen.[1037] Das Mitbestimmungsrecht umfasst nicht den Umfang der Entgeltzahlungspflicht, sondern nur die Art und Weise der Auszahlung.[1038] Bei freiwilligen Leistungen des Arbeitgebers kommt zunächst das Mitbestimmungsrecht des § 87 I Nr. 10 BetrVG zur Anwendung: Sagt der Arbeitgeber freiwillige Leistungen zu, deren Auszahlungsmodalitäten von Beginn an feststehen, bleibt kein Raum für eine Mitbestimmung nach § 87 I Nr.

1036 BAG 25.04.1989 – 1 ABR 91/87, BAGE 62, 1ff.

1037 Matthes, in: Münch Handb ArbR, § 246 Rn. 2; Richardi, BetrVG, § 87 Rn. 413.

1038 Fitting, BetrVG, § 87 Rn. 179; Moll, Die Mitbestimmung des Betriebsrates, S. 143; Richardi, BetrVG, § 87 Rn. 413.

4 BetrVG.[1039] Ermöglicht der Arbeitgeber den Arbeitnehmern im Rahmen eines Kapitalbeteiligungsprogramms die Investition von Entgeltbestandteilen in das Arbeit gebende Unternehmen, ist die Entscheidung über diese Entgeltumwandlung nicht nach § 87 I Nr. 4 BetrVG mitbestimmungspflichtig. Auch die Entgeltumwandlung nach § 1a BetrVG wird nämlich nach der herrschenden Literatur[1040] von diesem Mitbestimmungsrecht nicht erfasst.

Im Ergebnis ist die Entscheidung über die Einführung und Gestaltung eines Kapitalbeteiligungsmodells nicht Gegenstand des Mitbestimmungsrechts nach § 87 I Nr. 4 BetrVG.

bb. Mitbestimmung über Sozialeinrichtungen, § 87 I Nr. 8 BetrVG

Durch die Einführung eines Kapitalbeteiligungsprogramms könnte weiterhin das Mitbestimmungsrecht des Betriebsrates über die Form, Ausgestaltung und Verwaltung von Sozialeinrichtungen berührt werden, wenn die Beteiligungen der Arbeitnehmer – nach dem Vorbild des US-amerikanischen ESOP-Modells[1041] – von einem Sondervermögen gehalten werden. Da das Mitbestimmungsrecht des § 87 I Nr. 8 BetrVG voraussetzt, dass die Sozialeinrichtung auf den Betrieb, das Unternehmen oder den Konzern beschränkt ist, dürften Sondervermögen, die aus Kostengründen von mehreren – in der Regel kleinen oder mittelständischen – Unternehmen gemeinsam aufgelegt werden, nicht als Sozialeinrichtungen i.S.d. § 87 I Nr. 8 BetrVG anzusehen sein. Dasselbe gilt für Mitarbeiterbeteiligungsfonds nach den §§ 70 ff. InvG[1042]. Bei überbetrieblichen Anlagen handelt es sich allerdings nicht um Kapitalbeteiligung nach der hier vertretenen Definition.[1043]

Fraglich ist, ob ein betrieblicher Beteiligungsfonds eine Sozialeinrichtung i.S.d. § 87 I Nr. 8 BetrVG darstellt. Unter einer Sozialeinrichtung versteht man die Zusammenfassung sachlicher bzw. finanzieller Mittel, die auf Dauer für soziale Zwecke verselbstständigt, d.h. von dem übrigen Betriebsvermögen hinreichend abgegrenzt und damit einer gesonderten Verwaltung zugänglich und bedürftig sind.[1044] Aus laufenden Mitteln des Arbeitgebers gewährte Leistungen sind damit keine Sozialeinrichtung i.S.d. § 87 I Nr. 8 BetrVG, so dass Erfolgsbeteiligungen der Arbeitnehmer generell nicht diesem Mitbestimmungsrecht unterfallen.

1039 Wiese/Kreutz/Oetker, GK-BetrVG, § 87 Rn. 426.

1040 Richardi, BetrVG, § 87 Rn. 415.

1041 Vgl. B III 1 c.

1042 Vgl. B II 2 b.

1043 Vgl. B I 1 b).

1044 LAG Hamm 27.11.1975 – 8 TaBV 88/75, DB 1976, 201; Fitting, BetrVG, § 87 Rn. 340; Matthes, in: Münch Handb ArbR, § 249 Rn. 5.

Etwas anderes könnte für Kapitalbeteiligungen gelten. Fraglich ist zunächst, ob es der Qualifikation eines Sondervermögens als Sozialeinrichtung entgegen steht, wenn der Arbeitgeber mit dessen Einrichtung eigene Zwecke verfolgt. Die Rechtsprechung verlangt, dass die Leistungen des Arbeitgebers uneigennützig erfolgen müssen.[1045] Nach anderer Ansicht genügt es, dass die Einrichtung den begünstigten Arbeitnehmern objektiv Vorteile bringt, und dass diese Vorteile als Zweck der Einrichtung gewollt sind.[1046]

Da der Arbeitgeber durch die Kapitalbeteiligung in der Regel die Arbeitsleistung und Bindung der Arbeitnehmer an das Arbeit gebende Unternehmen steigern möchte, dient die Einrichtung eines Sondervermögens, das für die Arbeitnehmer Unternehmensanteile erwirbt und verwaltet, auch den Interessen des Arbeitgebers. Da allerdings diese Zwecke in der Regel auch durch eine unmittelbare Beteiligung der Arbeitnehmer – wie z.B. durch die Ausgabe von Belegschaftsaktien – erreicht werden könnten, erscheint es nicht sinnvoll, das Mitbestimmungsrecht bereits wegen der grundsätzlichen Motivation des Arbeitgebers für die Kapitalbeteiligung seiner Mitarbeiter entfallen zu lassen. Stattdessen könnte darauf abgestellt werden, ob gerade die Einrichtung eines Sondervermögens, das sich selbst Fremdkapital beschaffen kann, hauptsächlich der Refinanzierung des Unternehmens dient, oder der Arbeitgeber durch die Zwischenschaltung einer Beteiligungsgesellschaft Mitentscheidungsrechte der am Kapital beteiligten Arbeitnehmer gering halten möchte.[1047]

Eine Abgrenzung nach der Motivationslage des Arbeitgebers erscheint allerdings nicht sachgerecht. Diese Abgrenzung führt nicht nur zu erheblicher Rechtsunsicherheit, sondern stellt die Reichweite des Mitbestimmungsrechts in das Belieben des Arbeitgebers. Weshalb das Schutzbedürfnis der Arbeitnehmer geringer sein und ein Mitbestimmungsrecht nicht rechtfertigen soll, wenn der Arbeitgeber neben den Vorteilen für die Arbeitnehmer auch eigennützige Motive verfolgt, dürfte sich kaum begründen lassen. Daher sollte es genügen, dass das Sondervermögen objektiv auch den Interessen der am Unternehmenskapital beteiligten Arbeitnehmer entspricht.[1048] Bei der Einrichtung eines Sondervermögens zur Kapitalbeteiligung dürften regelmäßig die Arbeitnehmerinteressen überwiegen.

1045 BAG 03.02.1965 – 4 AZR 385/63, AP Nr. 12 zu § 5 TVG; LAG Baden-Württemberg 18.02.1974 – 5 TaBV 9/73, EzA § 87 BetrVG 1972 Sozialeinrichtung Nr. 1.

1046 BVerwG 24.04.1992 – 6 P 33/90, AP Nr. 1 zu § 78 LPVG Baden-Württemberg.

1047 Vgl. B II 2 a.

1048 Vgl. Dietz, § 56 Rn. 131; Schlessmann, DB 1953, 274; Weiss, BB 1953, 710.

Aus § 88 Nr. 2 BetrVG folgt, dass die Errichtung einer Sozialeinrichtung nicht der notwendigen Mitbestimmung unterliegt. Der Arbeitgeber kann frei über den Widmungszweck[1049] und das Dotierungsvolumen[1050] entscheiden und den generellen Begünstigtenkreis festlegen.[1051] Der notwendigen Mitbestimmung nach § 87 I Nr. 8 BetrVG unterliegen dagegen die innere Ausgestaltung, Form und Verwaltung der Sozialeinrichtung.[1052] Mitbestimmungspflichtig sind alle Maßnahmen,

> „die gemäß ihrer Bedeutung und ihrer zeitlichen Reihenfolge nach der grundsätzlichen Entscheidung über die Errichtung zwischen der Bestimmung der Form, insbesondere der Rechtsform, und der laufenden Verwaltung der Sozialeinrichtung liegen"[1053].

Der Betriebsrat hat über die Verfassung der Sozialeinrichtung einschließlich der Zusammensetzung ihrer Leitungsorgane mitzubestimmen.[1054] Zur Ausgestaltung zählt auch die Konkretisierung des Begünstigtenkreises und der allgemeinen Zweckbestimmung.[1055] Über die Rechtsform hat der Betriebsrat allerdings nur insoweit mitzubestimmen, als deren Mindestkapital das Dotierungsvolumen nicht überschreitet.[1056]

In rechtlich verselbstständigten Sozialeinrichtungen kann die Mitbestimmung über Verwaltungsmaßnahmen dadurch verwirklicht werden, dass die Organe der juristischen Person paritätisch besetzt sind, d.h. Arbeitgeber und Betriebsrat dieselbe Mitgliederzahl bestimmen.[1057]

Soweit das Mitbestimmungsrecht nach § 87 I Nr. 8 BetrVG reicht, hat der Betriebsrat ein Initiativrecht.[1058] Innerhalb seines Anwendungsbereichs ist der Mitbestimmungstatbestand gegenüber § 87 I Nr. 10 BetrVG lex specialis.[1059]

1049 Richardi, BetrVG, § 87 Rn. 615.

1050 BAG 13.03.1973 – 1 ABR 16/72, AP Nr. 1 zu § 87 BetrVG 1972 Werkmietwohnungen; 26.04.1988 – 3 AZR 168/86, EzA § 87 BetrVG 1972 Altersversorgung Nr. 2.

1051 BAG 14.02.1967 – 1 ABR 6/66, BAGE 19, 229; 26.04.1988 – 3 AZR 168/86, EzA § 87 BetrVG 1972 Altersversorgung Nr. 2.

1052 Löwisch/Kaiser, § 87 Rn. 183.

1053 BAG 13.03.1973 – 1 ABR 16/72, AP Nr. 1 zu § 87 BetrVG 1972 Werkmietwohnungen.

1054 Vgl. zum Umfang dieses Mitbestimmungstatbestands: Kania, in: ErfKomm, § 87 BetrVG Rn. 77.

1055 BAG 15.09.1987 – 1 ABR 31/86, NZA 1988, 104f.

1056 Galperin/Löwisch, BetrVG, § 87 Rn. 183; Richardi, BetrVG, § 87 Rn. 634.

1057 BAG 10.11.1977 – 3 AZR 705/76, DB 1978, 939ff.; 26.04.1988 – 3 AZR 168/86, § 87 BetrVG 1972 Altersversorgung Nr. 2.

1058 Wiese, Initiativrecht, S. 30, 56ff.

1059 BAG 11.07.2000 – 1 AZR 551/99, BAGE 95, 221ff.; 10.02.2009 – 1 ABR 94/07, NZA 2009, 562, 565.

Somit kommt – je nach der Ausgestaltung des Kapitalbeteiligungsmodells – ein (begrenztes) Mitbestimmungsrecht nach § 87 I Nr. 8 BetrVG in Betracht.

cc. Mitbestimmung über die Lohngestaltung, § 87 I Nr. 10 BetrVG

Für die Erfolgsbeteiligung und – soweit der Erwerb der Unternehmensanteile nicht im Rahmen eines als Sozialeinrichtung zu qualifizierenden Sondervermögens erfolgt – für die Kapitalbeteiligung gleichermaßen relevant ist das Mitbestimmungsrecht nach § 87 I Nr. 10 BetrVG. Die Vorschrift soll im Interesse der „Durchsichtigkeit des innerbetrieblichen Lohngefüges" und der Gewährleistung der „innerbetrieblichen Lohngerechtigkeit"[1060] ein umfassendes Mitbestimmungsrecht des Betriebsrates bei der betrieblichen Lohngestaltung sicherstellen.[1061]

Entsprechend weit ist die Norm auszulegen. So kommt dem Betriebsrat ein umfassendes Mitbestimmungsrecht in nahezu allen Fragen der betrieblichen Lohngestaltung zu.[1062] Soweit das Mitbestimmungsrecht des Betriebsrates reicht, hat er auch ein Initiativrecht.[1063]

1) Der Entgeltcharakter der Beteiligung

Der Lohn- bzw. Entgeltbegriff ist im weitesten Sinn zu verstehen und erfasst alle arbeitgeberseitigen vermögenswerten Leistungen.[1064] Die Erfolgsbeteiligung unterfällt daher dem betriebsverfassungsrechtlichen Entgeltbegriff, wobei es auf die genaue Bezeichnung der Beteiligung nicht ankommt.[1065]

Bei Kapitalbeteiligungen muss zwischen Kapitalanteilen am Arbeit gebenden Unternehmen und Erträgen aus einem bereits bestehenden Beteiligungsverhältnis differenziert werden.

Der Entgeltbegriff ist nicht auf Geldleistungen beschränkt; auch Sachbezüge können Entgeltcharakter haben.[1066] Aktienoptionen[1067] oder Unternehmensanteile,

---

1060 Ständige Rechtsprechung: z.B. BAG 14.11.1974 – 1 ABR 65/73, BB 1975, 420; 29.02.2000 – 1 ABR 4/99, BB 2000, 2045ff.; 15.04.2008 – 1 AZR 65/07, EzA § 87 BetrVG 2001 Betriebliche Lohngestaltung Nr. 15.

1061 BT-Drucksache VI/1786, S. 49; BAG 03.12.1991 – GS 1/90, AP Nr. 52 zu § 87 BetrVG 1972 Lohngestaltung.

1062 Matthes, in: Münch HandbArbR, § 341 Rn. 4.

1063 Matthes, in: Münch Handb ArbR, § 251 Rn. 77ff.

1064 Kania, in: ErfKomm, § 87 BetrVG Rn. 96; Richardi, BetrVG, § 87 Rn. 734; Waas, BB 2009 Beilage Nr. 1, 27.

1065 Richardi, BetrVG, § 87 Rn. 524.

1066 BAG 30.03.1982 – 1 ABR 55/80, DB 1982, 1519f.

1067 BAG 15.04.2008 – 1 AZR 65/07, NZA 2008, 888; Otto/Mückl, DB 2009, 1594, 1596ff.; Willemsem, in: FS Wiedemann, S. 645, 654ff.

wie z.B. Belegschaftsaktien,[1068] welche dem Arbeitnehmer unentgeltlich überlassen werden, haben Entgeltcharakter.

Bei der vergünstigten Überlassung von Unternehmensanteilen ist der geldwerte Vorteil, den der Arbeitnehmer durch die kostenlose oder verbilligte Überlassung der Unternehmensanteile erhält, als Arbeitsentgelt anzusehen.[1069] Zur Vermeidung von Widersprüchen im Verhältnis zu der steuerrechtlichen Beurteilung empfiehlt es sich, den „geldwerten Vorteil" wie in § 3 Nr. 38 EStG zu definieren. Soweit die Mittelaufbringung in Rede steht, wird § 87 I Nr. 10 BetrVG auch nicht von § 88 Nr. 3 BetrVG überlagert.[1070]

Erträge aus einer bestehenden Arbeitnehmerkapitalbeteiligung dürften dagegen nicht von § 87 I Nr. 10 BetrVG erfasst werden. Die Erträge werden gewährt, weil der Arbeitnehmer dem Unternehmen Kapital zur Verfügung gestellt hat, und nicht weil er Arbeitnehmer des Unternehmens ist.[1071] Daher dürften die Kapitalerträge kein Arbeitsentgelt im betriebsverfassungsrechtlichen Sinne darstellen.

2) Entlohnungsgrundsätze und -methoden

Lohngestaltung bedeutet

> „die Festlegung abstrakt-genereller Grundsätze der Lohnfindung und der Strukturformen des Entgelts einschließlich der näheren Vollziehung".[1072]

Unerheblich ist, ob die Regelung nur für einen begrenzten Zeitraum gelten soll.[1073]

Das Mitbestimmungsrecht bezieht sich insbesondere auf die Aufstellung von Entlohnungsgrundsätzen und die Einführung und Anwendung von neuen Entlohnungsmethoden sowie deren Änderung.[1074] Unter einem Entlohnungsgrundsatz versteht man das allgemeine System, nach dem das Arbeitsentgelt ermittelt werden soll.[1075] Die Entlohnungsmethoden betreffen das Verfahren zur Durchführung der Entlohnungsgrundsätze, insbesondere zur Bewertung der

---

1068 BAG 28.11.1989 – 3 AZR 118/88, BAGE 63, 267ff.; Röder/Güpfert, BB 2001, 2002.

1069 Fitting, BetrVG, § 87 Rn. 433; Kania, Nichtarbeitsrechtliche Beziehungen, S. 122; Böker, S. 246.

1070 Bender, in: Wlotzke/Preis, BetrVG, § 88 Rn. 12 m.w.N.

1071 Buschmann, Vermögensbildung, S. 76.

1072 Z.B. BAG 10.07.1979 – 1 ABR 88/77, DB 1979, 1824.

1073 BAG 10.07.1979 – 1 ABR 88/77, DB 1979, 1824; 30.03.1982 – 1 ABR 55/80, DB 1982, 1519f.

1074 BAG 18.10.2011 – 1 ABR 25/10, NZA 2012, 392, 396; 03.12.1991 – GS 1/90, AP Nr. 52 zu § 87 BetrVG 1972 Lohngestaltung.

1075 BAG 14.08.2001 – 1 AZR 619/00, BAGE 98, 323ff.; Löwisch/Kaiser, § 87 Rn. 255.

Arbeitsleistung.[1076] Aufgrund des umfassenden Charakters des Mitbestimmungsrechts ist die Differenzierung allerdings von geringer praktischer Bedeutung.

Nach der ständigen Rechtsprechung des Bundesarbeitsgerichts erfasst das Mitbestimmungsrecht nicht die Höhe des Arbeitsentgelts.[1077] Weder eine Erhöhung, noch eine Herabsetzung des Arbeitsentgelts kann im Rahmen dieses Mitbestimmungstatbestandes erreicht werden. Der Arbeitgeber kann nicht verpflichtet werden, zusätzliche Leistungen zu erbringen, auf die nicht ein anderweitig begründeter Rechtsanspruch aufgrund eines Gesetzes, einer Kollektivvereinbarung oder eines Arbeitsvertrags besteht.[1078] Der Zweck des Mitbestimmungsrechts bei der betrieblichen Lohngestaltung besteht nicht darin, absolute Lohngerechtigkeit zu gewährleisten.[1079] Die Herstellung eines gerechten Lohngefüges verlangt lediglich, dass der Betriebsrat über das Verhältnis der Löhne zueinander, nicht aber über die absolute Lohnhöhe mitbestimmt.[1080]

Gleichwohl lässt sich nicht verhindern, dass die die Betriebsparteien durch Regelungen zur Lohngestaltung auch Einfluss auf die Lohnhöhe nehmen. Dies hat das Bundesarbeitsgericht allerdings – in Abkehr von seiner ursprünglichen Haltung[1081] – für rechtmäßig befunden.[1082] Regelungen zu Entlohnungsgrundsätzen und -methoden überschreiten somit nicht bereits dann die Reichweite des Mitbestimmungstatbestands, wenn sie nur mittelbar Auswirkungen auf die Lohnhöhe haben.[1083] Die Mitbestimmung muss nicht „kostenneutral" sein.[1084]

Der Arbeitgeber kann den Dotierungsrahmen, den Zweck und den generellen Begünstigtenkreis frei bestimmen.[1085] Auch die Befristung der Leistungen

---

1076 BAG 29.03.1977 – 1 ABR 123/74, BAGE 29, 103ff.; 16.04.2002 – 1 ABR 34/01, EzA § 87 BetrVG 1972 Leistungslohn Nr. 19.

1077 BAG 29.03.1977 – 1 ABR 123/74, BAGE 29, 103ff.; 30.10.2001 – 1 ABR 8/01, NZA 2002, 919, 920; 28.03.2006 – 1 ABR 59/04, BAGE 117, 337ff.; 29.01.2008 – 3 AZR 42/06, EzA § 87 BetrVG 2001 Betriebliche Lohngestaltung Nr. 14; 30.10.2012 – 1 ABR 61/11, ZTR 2013, 281f.

1078 BAG 08.12.1981 – 1 ABR 55/79, AP Nr. 1 zu § 87 BetrVG 1972 Prämie; 13.09.1983 – 1 ABR 32/81, AP Nr. 3 zu § 87 BetrVG 1972 Prämie.

1079 Schaub/ Koch, § 235 Rn. 90.

1080 Richardi, BetrVG, § 87 Rn. 768 ff.

1081 BAG 29.03.1977 – 1 ABR 123/74, BAGE 29, 103ff.

1082 BAG 22.12.1981 – 1 ABR 38/79, BAGE 37, 255ff.

1083 Fitting, BetrVG, § 87 Rn. 425.

1084 Heinze, NZA 1986, 1, 7.

1085 BAG 09.12.1980 – 1 ABR 80/77, BAGE 34, 297ff.; 29.07.2003 – 3 ABR 34/02, EzA § 87 BetrVG 2001 Betriebliche Lohngestaltung Nr. 2; 18.11.2003 – 1 AZR 604/02, BAGE 108, 299ff.

unterliegt nicht dem Mitbestimmungsrecht.[1086] Entschließt sich der Arbeitgeber allerdings zur Gewährung zusätzlicher Leistungen, hat der Betriebsrat über deren Einführung mitzubestimmen.[1087]

Will der Arbeitgeber – im betriebsverfassungsrechtlichen Sinne – freiwillige Zulagen verringern oder einstellen, ist zu differenzieren: Durch eine Verringerung würde sich das Verhältnis zwischen obligatorischen und freiwilligen Leistungen verschieben. Damit würde die Lohnstruktur mitbestimmungspflichtig verändert.[1088] Eine völlige Abschaffung ist nur dann mitbestimmungspflichtig, wenn der Arbeitgeber nicht tarifgebunden ist und – im betriebsverfassungsrechtlichen Sinn – alle Leistungen bisher freiwillig gewährt wurden. Durch eine völlige Streichung der Zulage würden bei dieser Betrachtung die freiwilligen Leistungen nur verringert. Darin läge eine mitbestimmungspflichtige Änderung der Lohngestaltung.[1089] Bei einer Tarifbindung des Arbeitgebers wird dagegen nur die Zulage „freiwillig" erbracht. Eine völlige Streichung würde die Struktur dieses Lohnbestandteils nicht verändern und wäre daher mitbestimmungsfrei.[1090]

Die nähere Ausgestaltung der Erfolgs- bzw. Kapitalbeteiligung gehört dagegen zu den mitbestimmungspflichtigen Entlohnungsgrundsätzen.[1091] Davon ist grundsätzlich auch die Bestimmung der Bemessungsgrundlage erfasst. Wird der Handels- bzw. Steuerbilanzgewinn als Bezugsgröße gewählt, besteht das Mitbestimmungsrecht allerdings nicht hinsichtlich der Frage, unter welchen Voraussetzungen konkret von Gewinn auszugehen ist, und für welche bilanziellen Bewertungswahlrechte sich der Arbeitgeber entscheidet.[1092]

Durch Betriebsvereinbarungen zur substitutiven Arbeitnehmerbeteiligung würden die Grenzen des § 87 I Nr. 10 BetrVG überschritten: Soll ein bisher feststehend gezahlter Entgeltbestandteil in Abhängigkeit von der Entwicklung bestimmter Bezugsgrößen variabilisiert werden, wird das garantierte Mindestentgelt gesenkt. Darin liegt eine unmittelbare Regelung der absoluten Lohnhöhe. Darüber hinaus wird die Bezugsgröße für die Erfolgsbeteiligung praktisch nicht ohne den prozentualen Anteil, der insgesamt auf die Arbeitnehmer entfallen soll, festgelegt werden können. Sonst wäre für die Arbeitnehmer nicht ersichtlich, in welcher

---

1086 Wiese, NZA 1990, 793, 796f.

1087 BAG 30.03.1982 – 1 ABR 55/80, DB 1982, 1519f.

1088 BAG 26.08.2008 – 1 AZR 354/07, BAGE 127, 297ff.

1089 BAG 26.08.2008 – 1 AZR 354/07, BAGE 127, 297ff.

1090 BAG 07.02.2007 – 5 AZR 41/06, NZA 2007, 934, 936.

1091 LAG Bremen 27.10.1978 – 1 TaBV 5/78, BB 1978, 1668f; Schanz, NZA 2000, 626, 633; Wagner, BB 2005, 661ff.

1092 Wagner, BB 1997, 150, 156 zu: LAG Frankfurt/Main 10.03.1992 – 7 Sa 1019/91 n.v.

Höhe ihnen eine Erfolgsbeteiligung zufließen könnte. Dadurch müsste die Höhe der Lohnsumme, die zur Auszahlung gelangen soll, unmittelbar festgelegt werden.

Auch eine umfassende Regelung einer additiven, d.h. zusätzlich zum bisherigen Arbeitsentgelt gewährten Erfolgs- bzw. Kapitalbeteiligung würde eine unmittelbare Regelung der Entgelthöhe beinhalten und die Grenzen dieses Mitbestimmungstatbestands überschreiten. Entschließt sich der Arbeitgeber aber zur Einführung einer additiven Erfolgs- bzw. Kapitalbeteiligung, hat der Betriebsrat nach dem oben Gesagten über die Verteilungsgrundsätze mitzuentscheiden. Daher stellt sich die Frage, unter welchen weiteren Voraussetzungen das Mitbestimmungsrecht besteht.

3) Kollektiver Tatbestand

Das Mitbestimmungsrecht des Betriebsrats in Fragen der betrieblichen Lohngestaltung setzt – dies ergibt sich bereits im Umkehrschluss aus § 87 I Nr. 5 und 9 BetrVG – einen kollektiven Tatbestand voraus.[1093] Von einem kollektiven Tatbestand wird gesprochen, wenn Grund und Höhe der Leistungen von allgemeinen Merkmalen abhängig gemacht werden, die von einer Mehrzahl von Arbeitnehmern des Betriebs erfüllt werden können.[1094] Legt der Arbeitgeber abstrakte Kriterien für die Gewährung einer Arbeitnehmerbeteiligung fest, ist selbst dann von einem kollektiven Bezug auszugehen, wenn bislang nur ein Arbeitnehmer die Kriterien erfüllt.[1095] Dabei hängt das Mitbestimmungsrecht des Betriebsrates nicht vom Geltungsgrund der Entgeltleistung ab.[1096]

Betriebliche Beteiligungsmodelle sollen nach Sinn und Zweck möglichst weitgehend von der Belegschaft angenommen werden. Ein kollektiver Tatbestand wird demgemäß stets gegeben sein.

4) Beachtung gesellschaftsrechtlicher Schutzvorschriften

Grundsätzlich hat der Betriebsrat an der konkreten Gestaltung der Arbeitnehmerbeteiligung mitzuwirken.[1097] Die Kapitalbeteiligung steht jedoch unter dem Vorbehalt einer entsprechenden Gesellschafterentscheidung.

In Aktiengesellschaften ist die Hauptversammlungsautonomie zu beachten. Eine Kapitalbeteiligung der Arbeitnehmer setzt gemäß §§ 192 II Nr. 1, 2, 193 II AktG grundsätzlich einen Kapitalerhöhungsbeschluss voraus. Soweit die

1093 BAG 03.12.1991 – GS 1/90, AP Nr. 51 zu § 87 BetrVG 1972 Lohngestaltung.

1094 Wiese, RdA 1995, 355 ff.

1095 Böker, S. 144.

1096 BAG 22.06.2010 – 1 AZR 853/08, AP Nr. 136 zu § 87 BetrVG 1972.

1097 Richardi, BetrVG, § 87 Rn. 753.

Beschlüsse nur das Dotierungsvolumen und den Begünstigtenkreis festlegen, ist eine Kollision mit dem Mitbestimmungsrecht des Betriebsrates ausgeschlossen. Fraglich ist allerdings, ob Beschlüsse, welche über die Vorgaben des § 193 II AktG hinausgehen, das Mitbestimmungsrecht wirksam begrenzen können. Inhaltliche Vorgaben der Aktionäre hinsichtlich der Gestaltung der Kapitalbeteiligung muss der Vorstand gemäß §§ 82 II, 83 II AktG zwingend beachten. Fordert der Betriebsrat eine Ausgestaltung, welche diesen Vorgaben widerspricht, stellt sich die Frage, ob der Vorstand unter Missachtung seiner Pflichten gegenüber den Aktionären den Forderungen des Betriebsrates entsprechen bzw. ob sich die Einigungsstelle über den Beschluss der Hauptversammlung hinwegsetzen darf. Nach einer Ansicht fehlt den Aktionären die Rechtsmacht, um die Reichweite des Mitbestimmungsrechts zu reduzieren; gesellschaftrechtliche Vorschriften könnten nur das Ermessen der Einigungsstelle begrenzen.[1098] Nach anderer Ansicht sind die Hauptversammlungsbeschlüsse die Voraussetzung dafür, dass Unternehmensleitung und Betriebsrat über die Einführung überhaupt verhandeln, so dass das Mitbestimmungsrecht von vornherein nur im Rahmen dieser Vorgaben bestehen kann.[1099]

Die letztgenannte Ansicht verdient den Vorzug. Es kann nicht davon ausgegangen werden, dass der Gesetzgeber bei der Schaffung des § 87 I Nr. 10 BetrVG die Geschäftsleitungsorgane ermächtigen wollte, sich über Beschlüsse der Gesellschafter hinwegzusetzen. Obwohl sich im Falle eines über die Mindestanforderungen des § 193 II AktG hinausgehenden Beschlusses die Beschränkung des Mitbestimmungsrechts nicht unmittelbar aus dem Gesetz ergibt, und eine das Mitbestimmungsrecht begrenzende „gesetzliche Regelung" i.S.d. § 87 I BetrVG daher nicht besteht, ist davon auszugehen, dass bei Kapitalbeteiligungen die inhaltlichen Vorgaben des Hauptversammlungsbeschlusses das Mitbestimmungsrecht begrenzen.

Wenn die Kapitalbeteiligung zusätzlich zum bisherigen Arbeitsentgelt gewährt wird, lässt sich ein weitergehendes Mitbestimmungsrecht nicht unter dem Gesichtspunkt des Arbeitnehmerschutzes rechtfertigen. Da der Betriebsrat die Einführung völlig ablehnen darf, kann er auch Einfluss auf den Inhalt der Beteiligung nehmen.

5) Verhältnis des Mitbestimmungsrechts zu tariflichen Regelungen

Die notwendige Mitbestimmung des § 87 I Nr. 10 BetrVG wird durch eine bestehende gesetzliche oder tarifliche Regelung verdrängt, wobei ein tarifgebundener Arbeitgeber nach dem Bundesarbeitsgericht verpflichtet ist,

1098 Oetker, in: FS 50 Jahre BAG, S. 1038.

1099 Lingemann/Diller/Mengel, NZA 2000, 1191, 1197; Otto/Mückl, DB 2009, 1594, 1596.

„das tarifliche Entlohnungssystem auch gegenüber nicht tarifgebundenen Arbeitnehmern anzuwenden, soweit dessen Gegenstände der erzwingbaren Mitbestimmung unterliegen"[1100].

Soweit in Tarifverträgen nur die Lohnhöhe geregelt wird, und verschiedene Entgeltsysteme bereitgestellt werden, können die Betriebsparteien entscheiden, welches der bereitgestellten Systeme im Betrieb Anwendung findet. Legt dagegen ein Tarifvertrag ein Entgeltsystem verbindlich fest, besteht ein Mitbestimmungsrecht nur hinsichtlich „freiwilliger", übertariflicher Leistungen des Arbeitgebers.[1101] Dies gilt auch für die Kapitalbeteiligungen: Regelungen der Betriebsparteien über die Auflegung eines Aktienoptionsprogramms sollten beispielsweise nicht durch Entgeltregelungen in Tarifverträgen, welche eine Kapitalbeteiligung nicht vorsehen, als gesperrt angesehen werden.[1102] Aufgrund der beschränkten Regelungsbefugnis der Tarifvertragsparteien[1103] dürfte es regelmäßig bereits an einem dahingehenden Regelungswillen fehlen.

Schließlich unterliegt die Lohngestaltung außertariflicher Arbeitnehmer, da tarifliche Regelungen insoweit nicht bestehen, in vollem Umfang der Mitbestimmung.[1104] Ein Mitbestimmungsrecht hinsichtlich der Lohnhöhe besteht allerdings auch insoweit nicht.

dd. Mitbestimmung über leistungsbezogene Entlohnungen, § 87 I Nr. 11 BetrVG

Soweit Beteiligungsmodelle allein auf die Leistung des einzelnen Arbeitnehmers als Bezugsgröße abstellen, kann auf § 87 I Nr. 11 BetrVG zurückgegriffen werden. Danach ist die Festsetzung von Akkord- und Prämiensätzen und vergleichbaren leistungsbezogenen Entgelten einschließlich der Geldfaktoren Gegenstand der notwendigen Mitbestimmung. Eine leistungsbezogene Vergütung setzt voraus, dass das Arbeitsergebnis von den Arbeitnehmern durch deren Arbeitsleistung qualitativ bzw. quantitativ messbar beeinflusst werden kann.[1105]

Die Entscheidung über die Einführung leistungsbezogener Entgelte betrifft allerdings einen Entlohnungsgrundsatz und unterliegt daher der Mitbestimmung

---

1100 BAG 18.10.2011 - 1 ABR 25/10, NZA 2012, 392, 396.

1101 Löwisch/Kaiser, § 87 Rn. 231.

1102 Waas, BB 2009 Beilage Nr. 1, 27, 28.

1103 Vgl. C I 2 b bb.

1104 BAG 22.01.1980 - 1 ABR 48/77, BAGE 32, 350ff.; 26.10.2004 - 1 ABR 31/03, BAGE 112, 227ff.; Richardi, BetrVG, § 87 Rn. 160, 780, 864.

1105 BAG 15.05.2001 - 1 ABR 48/77, BAGE 32, 350, 364; LAG Hamm 08.10.1975 - 8 TaBV 49/75, DB 1975, 2282.

nach § 87 I Nr. 10 BetrVG.[1106] Somit hat der Betriebsrat darüber mitzubestimmen, ob die Arbeitnehmer in einem Akkord- bzw. Prämienlohnsystem vergütet werden oder einen Zeitlohn erhalten, oder ob Provisionen gezahlt werden, und in welchem Verhältnis diese Entgeltbestandteile zum Grundgehalt stehen.[1107]

§ 87 I Nr. 11 BetrVG umfasst – im Gegensatz zu § 87 I Nr. 10 BetrVG – auch die Entgelthöhe.[1108] Bei Akkordlöhnen können z.B. sowohl der Zeitfaktor, als auch der Geldfaktor mitbestimmt werden.[1109] Außer bei freiwilligen Leistungen hat der Betriebsrat ein Initiativrecht für den gesamten Mitbestimmungstatbestand.[1110]

Die Arbeitnehmerbeteiligung nach der hier vertretenen Definition[1111] ist allerdings keine Form leistungsbezogener Entgelte, da die individuelle Leistung den Erfolgsindikator nicht messbar beeinflusst. Auch eine analoge Anwendung des § 87 I Nr. 11 BetrVG auf Erfolgsbeteiligungsmodelle muss ausscheiden.[1112] Nach der Rechtsprechung besteht der Zweck des Mitbestimmungsrechts nämlich darin, den Arbeitnehmer vor den mit leistungsbezogenen Entlohnungsgrundsätzen verbundenen Gefahren, insbesondere vor der Gefahr der Überforderung, zu schützen.[1113] Soweit sich aber die individuelle Leistung der Arbeitnehmer in der Bezugsgröße der Erfolgsbeteiligung nicht messbar widerspiegelt, besteht die Gefahr der Überforderung nicht. Der Schutzzweck des § 87 I Nr. 11 BetrVG spricht gegen eine analoge Anwendung auf Arbeitnehmerbeteiligungsmodelle.

Somit sind Regelungen über die Höhe des Arbeitsentgelts nicht Gegenstand der notwendigen Mitbestimmung nach § 87 I BetrVG.

ee. Mitbestimmung über Maßnahmen der Vermögensbildung, § 88 Nr. 3 BetrVG

Über Maßnahmen zur Förderung der Vermögensbildung können die Betriebsparteien freiwillig Betriebsvereinbarungen abschließen oder Regelungsabreden[1114]

1106 BAG 06.12.1988 – 1 ABR 44/87, BAGE 60, 244ff.

1107 Küttner, § 39 Rn. 7.

1108 BAG 29.03.1977 – 1 ABR 123/74, BAGE 29, 103ff.; Kania, in: ErfKomm, § 87 BetrVG Rn. 103; a.A.: Richardi, BetrVG, § 87 Rn. 904.

1109 BAG 29.03.1977 – 1 ABR 123/74, BAGE 29, 103ff.; 13.09.1983 – 1 ABR 32/81, AP Nr. 3 zu § 87 BetrVG 1972 Prämie.

1110 BAG 20.09.1990 – 1 ABR 74/89, EzA § 80 BetrVG 1972 Nr. 39.

1111 Vgl. A I 1 a aa.

1112 Vgl. LAG Bremen 27.10.1978 – 1 TaBV 5/78, BB 1978, 1668f.

1113 BAG 15.05.2001 – 1 ABR 39/00, BAGE 97, 379ff.

1114 Zur geringen praktischen Bedeutung von Regelungsabreden im Anwendungsbereich des § 88 Nr. 3 BetrVG: Kreutz, BetrVG, § 77 Rn. 8ff.

treffen. Selbst wenn man den Betriebsparteien mit der Rechtsprechung[1115] eine umfassende, nur durch den Tarifvorbehalt des § 77 III BetrVG begrenzte Regelungsbefugnis zuerkennt, die über die in § 88 BetrVG genannten Regelungsgegenstände hinausgeht,[1116] hat die Reichweite des § 88 Nr. 3 BetrVG praktische Bedeutung. Nach herrschender Meinung findet nämlich auf dieses Mitbestimmungsrecht – trotz dessen systematischer Stellung – die Schranke des § 87 I BetrVG Anwendung.[1117]

1) Arbeitnehmerkapitalbeteiligung als Maßnahme der Vermögensbildung

Fraglich ist, ob die Arbeitnehmerkapitalbeteiligung eine Maßnahme zur Vermögensbildung im Sinne der Vorschrift ist. Nach teilweise vertretener Ansicht wird die Gewährung von Aktienoptionen von § 88 Nr. 3 BetrVG nicht erfasst, da die Arbeitgeber nicht in erster Linie die Vermögensbildung fördern, sondern personalwirtschaftliche Ziele, wie z.B. eine höhere Motivation oder Produktivität erreichen wollten; die Mitbestimmung des Betriebsrats soll sich wegen des Entgeltcharakters[1118] der Aktienoptionen generell nach § 87 I Nr. 10 BetrVG richten.[1119] Diese Ansicht würde auch im Bereich der Arbeitnehmerkapitalbeteiligung zu Abgrenzungsschwierigkeiten führen: Wann es dem Arbeitgeber vorrangig um personalwirtschaftliche Ziele geht, und wann die Vermögensbildung der Arbeitnehmer im Vordergrund steht, lässt sich kaum feststellen. Die Intention des Arbeitgebers ist für Außenstehende schwer überprüfbar. Da die Arbeitnehmerkapitalbeteiligung – unabhängig von der vorrangigen Intention des Arbeitgebers – objektiv zur Vermögensbildung führen kann, erscheint es sinnvoll, § 88 Nr. 3 BetrVG anzuwenden, soweit die jeweilige Regelung nicht bereits der notwendigen Mitbestimmung nach § 87 I Nr. 10 BetrVG unterliegt. Für ein Exklusivitätsverhältnis beider Mitbestimmungstatbestände besteht kein Anlass.

Regelbar sind nicht nur Maßnahmen zur Vermögensbildung i.S.d. Fünften Vermögensbildungsgesetzes[1120]. Selbst wenn die zu regelnden Maßnahmen die

1115 BAG 18.08.1987 – 1 ABR 30/86, BAGE 56, 18ff.; 07.11.1989 – GS 3/85, BAGE 63, 211ff.; 09.04.1991 – 1 AZR 260/92, BAGE 72, 40ff; 11.07.2000 – 1 AZR 551/99, BAGE 95, 221ff.; 12.12.2006 – 1 AZR 96/06, BAGE 120, 308ff.

1116 Vgl. Benrath, S. 98ff.

1117 Vgl. D I 1 a bb.

1118 BAG 16.01.2008 – 7 AZR 887/06, NZA 2008, 836ff.; 28.05.2008 – 10 AZR 351/07, BAGE 127, 1ff.

1119 Otto/Mückl, DB 2009, 1594, 1596.

1120 Fünftes Vermögensbildungsgesetz i.d.Fassung 04.03.1994 (BGBl. I, S. 406), zuletzt geändert durch Gesetz vom 16.07.2007 (BGBl. I, S. 1330).

Voraussetzungen für die steuer- und sozialversicherungsrechtlichen Vergünstigungen nicht erfüllen, kommt somit eine Mitbestimmung nach § 88 Nr. 3 BetrVG in Betracht.[1121] Durch freiwillige Betriebsvereinbarungen oder Regelungsabreden könnten daher auch arbeitgeberseitige Leistungen zur Arbeitnehmerkapitalbeteiligung geregelt werden.[1122]

2) Zur Sperrwirkung von Tarifverträgen

Selbst Kritiker der Verdrängung des Tarifvorbehaltes im Rahmen dieses Mitbestimmungstatbestandes räumen ein, dass viel dafür spreche, beispielweise Regelungen der Betriebsparteien über die Auflegung eines Aktienoptionsprogramms nicht durch die tariflichen bzw. tarifüblichen Entgeltregelungen als gesperrt anzusehen.[1123] Dem ist zuzustimmen. Den Betriebsparteien sollte gestattet werden, auch im Geltungsbereich von Tarifverträgen die Einführung einer Kapitalbeteiligung „on top" zu beschließen. Den Tarifvertragsparteien kann nicht der Wille unterstellt werden, durch grundsätzlich abschließende Entgeltregelungen Kapitalbeteiligungen auszuschließen. Durch den Abschluss von Betriebsvereinbarungen entsteht den Tarifvertragsparteien insoweit keine unangemessene Konkurrenz, da ihre Regelungsbefugnis in diesem Bereich ohnehin beschränkt ist.[1124]

Allerdings betrifft § 88 Nr. 3 BetrVG nur die Frage der Mittelverwendung. Die Mittelaufbringung ist dagegen nicht Gegenstand dieses Mitbestimmungstatbestandes. Eine Regelungsbefugnis hinsichtlich der Einführung substitutiver Beteiligungsmodelle dürfte sich aus § 88 Nr. 3 BetrVG erst recht nicht herleiten lassen. Die Betriebsparteien müssten dann die Substitution eines bisher feststehenden Entgeltbestandteils durch eine Kapitalbeteiligung beschließen. Ein so weitgehender Eingriff in das arbeitsvertragliche Gegenseitigkeitsverhältnis kann auf diesen Mitbestimmungstatbestand bereits nach dem Wortlaut nicht gestützt werden.

3) Zwischenergebnis

Im Ergebnis ist § 88 Nr. 3 BetrVG auf die Arbeitnehmerkapitalbeteiligung grundsätzlich anwendbar, betrifft aber nur die Mittelverwendung. Erfolgsbeteiligungsmodelle werden dagegen nur insoweit erfasst, als die Ausschüttungen investiv verwendet werden sollen. Die Variabilisierung des Arbeitsentgelts ist dagegen

---

1121 BAG 28.11.1989 – 3 AZR 118/88, BAGE 63, 267ff.

1122 Böker, S. 166.

1123 Waas, BB 2009, Beilage Nr. 1, 27, 28.

1124 Vgl. C I 2 c.

eine Frage der Mittelaufbringung und lässt sich nicht unter § 88 Nr. 3 BetrVG subsumieren.

ff. Ergebnis

Die Mitbestimmungstatbestände der §§ 87 I, 88 BetrVG ermächtigen die Betriebsparteien nur in begrenztem Umfang zum Erlass von Betriebsvereinbarungen über die Einführung und Ausgestaltung von betrieblichen Arbeitnehmerbeteiligungsprogrammen. Unmittelbare Regelungen der Höhe des Arbeitsentgelts können nicht getroffen werden; eine analoge Anwendung des § 87 I Nr. 11 BetrVG auf Arbeitnehmerbeteiligungsmodelle, bei denen die Bezugsgröße von den einzelnen Arbeitnehmern nicht messbar beeinflusst wird, kommt nicht in Betracht.

Der Betriebsrat kann die Einführung eines Beteiligungsmodells nicht erzwingen. Die notwendige Mitbestimmung bezieht sich nicht auf dessen Dotierungsvolumen, Zweck und generellen Begünstigtenkreis. Möchte ein Arbeitgeber zusätzliche Leistungen aufbringen, die im Rahmen eines Beteiligungsmodells verwendet werden sollen, hat der Betriebsrat nach § 87 I Nr. 10 BetrVG über die Einführung mitzubestimmen. Bei einem Erfolgsbeteiligungsmodell unterliegt insbesondere die Wahl der Bezugsgröße diesem Mitbestimmungstatbestand.

Die Mitbestimmung bei Kapitalbeteiligungen richtet sich nach der Art ihrer Verwaltung: Sollen die Mittel in ein selbstständig verwaltetes Sondervermögen eingestellt werden, hat der Betriebsrat über die Verwaltung, die Rechtsform und die konkrete Ausgestaltung des Sondervermögens nach § 87 I Nr. 8 BetrVG mitzubestimmen; im Übrigen richtet sich die Mitbestimmung nach §§ 87 I Nr. 10, 88 Nr. 3 BetrVG.

Bei einer Tarifbindung des Arbeitgebers bezieht sich die Regelungsbefugnis der Betriebsparteien innerhalb des persönlichen Geltungsbereichs des Tarifvertrags nur auf den übertariflichen Bestandteil, sofern der Tarifvertrag den Betriebsparteien keine weitergehende Regelung gestattet. Betriebsvereinbarungen zur substitutiven Arbeitnehmerbeteiligung können nicht unter die in den §§ 87, 88 BetrVG genannten Mitbestimmungstatbestände gefasst werden.

c. Die Annahme einer umfassenden Regelungsbefugnis der Betriebsparteien

Der Erlass von Betriebsvereinbarungen, welche die Arbeitnehmerbeteiligung – über die genannten Mitbestimmungstatbestände hinausgehend – umfassend regeln, setzt voraus, dass den Betriebsparteien gemäß §§ 77 III, 88 BetrVG eine „latente“[1125], d.h. nur durch Tarifvertrag bzw. bei Tarifüblichkeit gesperrte,

---

1125 Benrath, S. 23.

umfassende betriebsverfassungsrechtliche Regelungsbefugnis vermittelt wird, die auch unmittelbare Regelungen der Entgelthöhe zulässt.

Eine Regelungsbefugnis der Betriebsparteien würde gemäß § 77 III BetrVG nur dann bestehen, wenn der Arbeitgeber nicht tarifgebunden, und eine Regelung durch Tarifvertrag nicht üblich wäre. Bereits die Tarifüblichkeit würde die Regelungsbefugnis ausschließen, da die Betriebsparteien die ausdrücklich genannten Mitbestimmungstatbestände der §§ 87, 88 BetrVG überschritten, und die Vorrangtheorie insoweit nicht zur Anwendung käme.

Dass Tarifverträge üblicherweise Regelungen zur Höhe des Arbeitsentgelts enthalten, stünde einer Regelungsbefugnis der Betriebsparteien nicht entgegen, wenn die Beteiligung als übertarifliche Leistung gewährt würde.[1126] Angesichts der geringen Verbreitung von Tarifnormen zur Arbeitnehmerbeteiligung[1127] kann von der Tarifüblichkeit regelmäßig nicht ausgegangen werden. Praktische Relevanz hätte die Frage nach der umfassenden Regelungsbefugnis der Betriebsparteien auch für außertarifliche Arbeitnehmer.[1128]

Gestatten Tarifverträge Regelungen zur Arbeitnehmerbeteiligung, stellt sich die Frage, ob die Betriebsparteien mit Wirkung für alle betriebsangehörigen Arbeitsverhältnisse derartige Regelungen erlassen können. Jedenfalls im Bereich der Jahressonder- und Einmalzahlungen gestatten Tarifverträge zunehmend betriebliche Regelungen.[1129]

aa. Die Entscheidung des Bundesarbeitsgerichts zum „Leber-Rüthers-Kompromiss"

In der Leitentscheidung zum sog. Leber-Rüthers-Kompromiss billigte das Bundesarbeitsgericht den Betriebsparteien eine über den Katalog der §§ 87 I, 88 BetrVG hinausgehende umfassende Regelungsbefugnis hinsichtlich aller Fragen, die auch Gegenstand eines Tarifvertrags bzw. Individualarbeitsvertrags sein können, zu.[1130]

In der baden-württembergischen Metallindustrie hatten sich die Tarifparteien nach mehrwöchigen Streiks im Jahr 1984 auf eine Reduzierung der wöchentlichen Arbeitszeit geeinigt. Entsprechend dem Einigungsvorschlag der besonderen Schlichtungsstelle unterschied der Tarifvertrag für die vollzeitbeschäftigten Arbeitnehmer zwischen der betrieblichen und der individuellen Arbeitszeit. Solange die regelmäßige betriebliche Arbeitszeit, d.h. die durchschnittliche

1126 Vgl. C I 1 b cc 5).

1127 Vgl. A I.

1128 Vgl. BAG 21.01.2003 – 1 ABR 5/02, NZA 2003, 810ff.

1129 Vgl. A I.

1130 BAG 18.08.1987 – 1 ABR 30/86, BAGE 56, 18, 24 ff.

Arbeitszeit der in einem Betrieb beschäftigten Arbeitnehmer 38,5 Wochenstunden nicht überschritt, durften die Arbeitnehmer innerhalb eines Arbeitszeitkorridors zwischen 37 und 40 Wochenstunden wöchentlich beschäftigt werden. Die individuellen Arbeitszeitfestlegungen sollten durch Betriebsvereinbarung geregelt werden. Bei Streitigkeiten zwischen den Betriebsparteien sollte die individuelle regelmäßige Arbeitszeit der betriebsangehörigen Arbeitnehmer durch eine tarifliche Schlichtungsstelle festgelegt werden (§ 76 VIII BetrVG).

Das Bundesarbeitsgericht hatte zu entscheiden, ob die individuelle wöchentliche Arbeitszeit im Wege von Betriebsvereinbarungen auch mit Wirkung für nicht tarifgebundene Arbeitsverhältnisse festgelegt werden darf. Das Bundesarbeitsgericht entschied, dass Betriebsvereinbarungen über die Dauer der wöchentlichen Arbeitszeit für alle betriebsangehörigen Arbeitnehmer gelten, da die Betriebsparteien, soweit die Sperrwirkung des Tarifvertrags gemäß § 77 III 2 BetrVG aufgehoben würde, kraft eigener Regelungsmacht Betriebsvereinbarungen erließen. Aus den §§ 77 IIII, 88 BetrVG folge, dass

> „Arbeitsentgelte und sonstige Arbeitsbedingungen Gegenstand einer Betriebsvereinbarung sein [könnten].“[1131]

Daher seien

> „zur Regelung der individuellen regelmäßigen Arbeitszeit der Arbeitnehmer [...] neben den Tarifvertragsparteien auch Arbeitgeber und Betriebsrat berechtigt“.

Die betriebsverfassungsrechtliche Regelungsmacht, die durch §§ 77 III, 88 BetrVG und nicht durch die tarifvertragliche Ermächtigungsnorm vermittelt würde, erstrecke sich auf alle betriebsangehörigen Arbeitnehmer. Daher könne durch Betriebsvereinbarung auch in den Kernbereich des Arbeitsverhältnisses eingegriffen werden. Regelungen zu der von §§ 87 I Nr. 10, 11, 88 Nr. 3 BetrVG nicht erfassten Entgelthöhe könnten damit Gegenstand einer Betriebsvereinbarung sein. In späteren Entscheidungen bestätigte das Bundesarbeitsgericht, dass Betriebsvereinbarungen in den Grenzen des § 77 III BetrVG die Regelung der Arbeitsbedingungen ebenso wie Tarifverträge für sich beanspruchen könnten.[1132]

Der Rechtsprechung wird in der Literatur überwiegend zugestimmt.[1133] Von jüngeren Untersuchungen zu den Grundlagen der kollektiven Rechtsetzung

---

1131 BAG 18.08.1987 – 1 ABR 30/86, BAGE 56, 18ff.

1132 BAG 18.08.1987 – 1 ABR 30/86, BAGE 56, 18ff.; 07.11.1989 – GS 3/85, BAGE 63, 211ff.; 09.04.1991 – 1 AZR 260/92, BAGE 72, 40ff; 11.07.2000 – 1 AZR 551/99, BAGE 95, 221ff.; 12.12.2006 – 1 AZR 96/06, BAGE 120, 308ff.

1133 Berg, in: Däubler/Kittner/Klebe, BetrVG, § 77 Rn. 37 ff.; Kania, in: ErfKomm, § 77 BetrVG Rn. 36; Thüsing, in: Wiedemann, TVG, § 1 Rn. 271 ff.

wird die Rechtsprechung allerdings kritisch gesehen.[1134] Die Kritik betrifft im Wesentlichen die Verknüpfung der tarifvertraglichen mit der betrieblichen Rechtsetzung. So müssten die Betriebsparteien, wenn sie durch tarifvertragliche Ermächtigungen auch mit Wirkung für nicht tarifgebundene Arbeitnehmer Recht setzten, tarifvertragliche Vorgaben beachten. Dadurch könnten die Tarifvertragsparteien maßgeblichen Einfluss auf nicht tarifgebundene Arbeitsverhältnisse nehmen, was mit der negativen Koalitionsfreiheit schwer zu vereinbaren sei.[1135] Nach dem Bundesverfassungsgericht darf der Staat den Bürger nämlich

> „nicht schrankenlos der normsetzenden Gewalt autonomer Gremien ausliefern [...], die ihm gegenüber nicht demokratisch bzw. mitgliedschaftlich legitimiert sind"[1136].

Teilweise wird auch unter dem Gesichtspunkt der Regelungszuständigkeit der Tarifvertragsparteien eine enge Begrenzung tarifvertraglicher Ermächtigungen für notwendig befunden.[1137] Die Tarifparteien dürften sich ihrer grundrechtlich verbürgten Rechte nicht begeben.[1138] Das Bundesarbeitsgericht hatte diese Frage zwar angesprochen, wegen der für unproblematisch erachteten Fallgestaltung aber nicht näher erörtert. Auch im vorliegenden Fall umfassender betrieblicher Regelungen zur Arbeitnehmerbeteiligung ist die Diskussion von geringer Bedeutung. Wenn sich die Tarifparteien überhaupt auf eine erfolgsabhängige Flexibilisierung des Arbeitsentgelts verständigen, betrifft die Einigung nur relativ geringwertige Vergütungsbestandteile. Tarifvertragliche Ermächtigungsnormen, welche die Betriebsparteien zu einer weitergehenden Entgeltflexibilisierung berechtigen, sind derzeit nicht weit verbreitet.[1139]

bb. Keine „Friktionen"[1140] bei der Verknüpfung der tarifvertraglichen mit der betrieblichen Rechtsetzung

Die Annahme einer umfassenden, nur durch Tarifvertrag gesperrten Regelungsbefugnis würde den Tarifparteien ermöglichen, über den persönlichen Anwendungsbereich des Tarifvertrages hinaus Regelungen für alle Arbeitsverhältnisse eines

---

1134 Bayreuther, Tarifautonomie, S. 503 ff., 533 ff.; Benrath, in: FS Adomeit, 63ff.; Giesen, Tarifvertragliche Rechtsgestaltung, S. 471 f.; Waltermann, RdA 2007, 257, 260ff.

1135 Benrath, S. 20.

1136 BVerfG 24.05.1977 – 2 Bvl 11/74, AP Nr. 15 zu § 5 TVG.

1137 Däubler, in: Däubler, TVG, Einl. Rn. 146; Baumann, Die Delegation, S. 54 ff.; Henssler, ZfA 1994, 487, 497f.

1138 Vgl. C I 2 c.

1139 Vgl. A I.

1140 Benrath, S. 20.

Betriebs zu veranlassen. Kein Rechtsinhaber kann jedoch Rechte übertragen, die ihm selbst nicht zustehen.[1141] Da die Tarifvertragsparteien den Rahmen, innerhalb dessen von tarifvertraglichen Bestimmungen abgewichen werden darf, selbst festlegen, könnten sie tarifvertragliche Vorgaben faktisch auch in nicht tarifgebundenen Arbeitsverhältnissen durchsetzen. Dadurch werden nach einer Ansicht nicht tarifgebundene Arbeitnehmer in ihrer negativen Koalitionsfreiheit verletzt.[1142]

Allerdings würden die Tarifparteien, indem sie sich ihrer Regelungsbefugnis teilweise begeben, die Regelungen, soweit sie den persönlichen Geltungsbereich des Tarifvertrags überschreiten, nicht selbst treffen. Dass sich die Normwirkung einer Betriebsvereinbarung, die aufgrund einer tarifvertraglichen Delegations- bzw. Öffnungsklausel erlassen wurde, auch auf nicht tarifgebundene Arbeitsverhältnisse erstreckt, folgt nicht allein aus dem Tarifvertrag, sondern aus der umfassenden Regelungsmacht der Betriebsparteien. Dazu führte das Bundesarbeitsgericht aus:

> „Zur Regelung der individuellen regelmäßigen wöchentlichen Arbeitszeit der Arbeitnehmer sind neben den Tarifvertragsparteien auch Arbeitgeber und Betriebsrat berechtigt. Arbeitsentgelte und sonstige Arbeitsbedingungen können Gegenstand einer Betriebsvereinbarung sein. Das folgt aus §§ 77 III, 88 BetrVG."[1143]

Der Gesetzgeber verlangt von den Betriebsparteien generell die Berücksichtigung von tarifvertraglichen Bestimmungen. So sieht § 2 I BetrVG vor, dass Arbeitgeber und Betriebsrat „unter Beachtung der geltenden Tarifverträge" zusammenarbeiten. Dass von der betrieblichen Zusammenarbeit auch nicht tarifgebundene Arbeitsverhältnisse betroffen sind, hindert die Beachtung der Tarifverträge grundsätzlich nicht. Vielmehr steht die Beeinflussung aller Arbeitsverhältnisse durch die „geltenden Tarifverträge" in Einklang mit der gesetzlichen Konzeption der Betriebsverfassung. Gewisse „Friktionen"[1144] bei der Verknüpfung der tarifvertraglichen und der betrieblichen Rechtsetzung nimmt der Gesetzgeber in Kauf. Dabei wird die Wahrung der Vertrags- und Handlungsfreiheit der Arbeitnehmer durch die gerichtlich überprüfbare Bindung der Betriebsparteien an die Grundrechte und an den Verhältnismäßigkeitsgrundsatz beim Abschluss der Betriebsvereinbarungen nach Maßgabe des § 75 BetrVG sichergestellt.[1145] Die

1141 Windbichler, in: Rüthers (Hrsg.), Der Konflikt zwischen Kollektiv- und Privatautonomie im Arbeitsleben, S. 101, 102 f.

1142 Vgl. D I 1 c aa.

1143 BAG 18.08.1987 – 1 ABR 30/86, BAGE 56, 18ff.

1144 Benrath, S. 20.

1145 BAG 12.12.2006 – 1 AZR 96/06, BAGE 120, 308ff.

außerbetriebliche Lebensführung der Arbeitnehmer ist ohnehin nach allgemeiner Ansicht einer Regelung durch Betriebsvereinbarung entzogen.[1146] Dass die Betriebsautonomie in ihrer verfassungsrechtlichen Herleitung geringe Ähnlichkeiten mit der Tarifautonomie aufweist,[1147] steht der Annahme einer umfassenden Regelungsbefugnis der Betriebsparteien nicht generell entgegen.

cc. Die Beachtung des Tarifvorbehalts

Die grundsätzlich umfassende Regelungsbefugnis der Betriebsparteien wird allerdings durch den Tarifvorbehalt begrenzt. Gemäß § 77 III 1 BetrVG können Arbeitsentgelte und sonstige Arbeitsbedingungen, die durch Tarifvertrag geregelt sind oder üblicherweise geregelt werden, nicht Gegenstand eines Tarifvertrags sein. Dabei setzt eine „Regelung durch Tarifvertrag" nicht voraus, dass die Tarifnormen für die Arbeitsverhältnisse in dem Betrieb, in dem eine Betriebsvereinbarung abgeschlossen werden soll, normativ gelten.[1148] Es genügt stattdessen, dass ein Tarifvertrag über die betreffenden Arbeitsbedingungen abgeschlossen worden ist, und der Betrieb bzw. die betriebsangehörigen Arbeitnehmer in den Geltungsbereich dieses Tarifvertrags fallen.[1149] Die einzelvertragliche Inbezugnahme eines Tarifvertrags, dessen Geltungsbereich nicht eröffnet ist, führt dagegen nicht zu der Sperrwirkung des § 77 III BetrVG.[1150]

Von der Tarifüblichkeit einer Regelung ist auszugehen, wenn die Arbeitsbedingungen bereits einmal tariflich geregelt waren, und anzunehmen ist, dass sie auch künftig wieder tarifvertraglich geregelt werden.[1151] Die Tarifüblichkeit endet, wenn die Tarifvertragsparteien zu erkennen gegeben haben, dass sie zur Neuregelung eines bestimmten Gegenstandes nicht mehr willens oder in der Lage sind.[1152]

Der Begriff „Arbeitsentgelt" ist weit zu verstehen: Jede vermögenswerte Arbeitgeberleistung unterfällt dem Entgeltbegriff.[1153] Erfasst werden daher auch erfolgsbezogene Entgeltbestandteile bzw. Kapitalbeteiligungen. Da in Tarifverträgen typischerweise das Arbeitsentgelt geregelt wird, würden

1146 Fitting, BetrVG, § 77 Rn. 56f.

1147 Vgl. C I 1 b aa. 3).

1148 Wiese/Kreutz/Oetker, GK-BetrVG, § 77 Rn. 96.

1149 BAG 22.03.2005 - 1 ABR 64/03, BAGE 114, 162ff.; 26.08.2008 - 1 AZR 354/07, BAGE 127, 297ff.; Fitting, BetrVG, § 77 Rn. 75.

1150 BAG 27.01.1987 - 1 ABR 66/85, BAGE 54, 147ff.

1151 Fitting, BetrVG, § 77 Rn. 90; Preis, in: Wlotzke/Preis, BetrVG, § 77 Rn. 73.

1152 Wiese/Kreutz/Oetker, GK-BetrVG, § 77 Rn. 116.

1153 Kania, in: ErfKomm, § 77 BetrVG Rn. 44; Richardi, BetrVG, § 77 Rn. 253.

Betriebsvereinbarungen, in denen ein Beteiligungsmodell umfassend, d.h. über die Regelungsgegenstände der §§ 87 I, 88 Nr. 3 BetrVG hinausgehend geregelt wird, gegen den Tarifvorbehalt verstoßen.

Bei übertariflichen Leistungen des Arbeitgebers ist allerdings mit dem Bundesarbeitsgericht[1154] nach dem Zweck und den Anspruchsvoraussetzungen der Leistung zu differenzieren: Die Regelungssperre bezieht sich auf Zulagen, die nicht an besondere Voraussetzungen gebunden sind.[1155] § 77 III BetrVG schließt die bloße Aufstockung der Tariflöhne durch Betriebsvereinbarung aus.[1156] Verhindert werden soll eine Konkurrenz zwischen Tarifverträgen und Betriebsvereinbarungen, die das tarifliche Entgelt um gleichartige Ansprüche ergänzen.[1157] Demgegenüber können in einer Betriebsvereinbarung zusätzliche Entgeltbestandteile vorgesehen und umfassend geregelt werden, die an besondere Voraussetzungen gebunden sind, welche das tarifliche Entgeltsystem nicht berücksichtigt.[1158]

Auf den Fall der Arbeitnehmererfolgsbeteiligung übertragen bedeutet dies: Soll durch Betriebsvereinbarung ein Anspruch der Arbeitnehmer auf eine zusätzlich zum Tarifentgelt gewährte erfolgsbezogene Vergütungskomponente begründet werden, wird das tarifliche bzw. tarifübliche Entgeltsystem, das regelmäßig keine erfolgsbezogene Vergütung vorsieht, um einen an zusätzliche Voraussetzungen gebundenen variablen Entgeltbestandteil ergänzt. Wenn bei der Berechnung des Tariflohns der Unternehmenserfolg keine Berücksichtigung fand, kann eine Betriebsvereinbarung, welche eine Erfolgsbeteiligung einführt, nicht in Konkurrenz zu dem betreffenden Tarifvertrag treten. Entsprechendes gilt für Betriebsvereinbarungen zu Kapitalbeteiligungsprogrammen, die in Tarifverträgen nur sehr begrenzt regelbar sind.[1159] Substitutive Arbeitnehmerbeteiligung, durch welche das bisher feststehend gewährte Arbeitsentgelt gesenkt und stattdessen ein flexibler Entgeltbestandteil eingeführt wird, scheitert dagegen auch in nicht tarifgebundenen Arbeitsverhältnissen an der Tarifüblichkeit der Regelung.

d. Die Grenzen der betrieblichen Regelungsbefugnis gemäß § 75 BetrVG

Wie bereits dargestellt,[1160] folgt aus den Grundrechten der Arbeitnehmer oder aus Artikel 74 I Nr. 12 GG kein Verfassungsauftrag zur Einführung der betrieblichen

1154 BAG 09.12.1997 – 1 AZR 319/97, BAGE 87, 234.
1155 BAG 17.12.1985, AP Nr. 5 zu § 87 BetrVG 1972 Tarifvorrang.
1156 BAG 13.08.1990 – 5 AZR 325/78, AP Nr. 2 zu § 77 BetrVG 1972.
1157 BAG 05.03.1997 – 4 AZR 532/95, AP Nr. 10 zu § 77 BetrVG 1972 Tarifvorbehalt.
1158 BAG 09.12.1997 – 1 AZR 319/97, BAGE 87, 234.
1159 Vgl. C I 2 b bb.
1160 Vgl. C I 1 b aa 3 e).

Mitbestimmung.[1161] Die Befugnis der Betriebsparteien zur Normsetzung wird zwar von der verfassungsrechtlichen Ordnung getragen, allerdings nicht unmittelbar verfassungsrechtlich gewährleistet. Eingriffe in die Vertragsfreiheit der Arbeitnehmer durch freiwillige Betriebsvereinbarungen, zu deren Erlass der Gesetzgeber die Betriebsparteien nicht explizit ermächtigt hat, lassen sich daher nur in eng begrenztem Umfang rechtfertigen. Die betriebliche Rechtsetzung unterliegt „Binnenschranken“[1162]. Für den Erlass von die Arbeitnehmer belastenden Betriebsvereinbarungen bedarf es im Einzelfall einer hinreichend konkreten formell-gesetzlichen Ermächtigungsgrundlage.[1163]

Aus § 75 I, II 1 BetrVG folgt nicht nur die Bindung der Betriebsparteien an die Grundsätze von Recht und Billigkeit,[1164] sondern darüber hinaus die Pflicht zur Wahrung der grundrechtlich geschützten Freiheitssphäre, insbesondere der Berufsfreiheit der Arbeitnehmer.[1165] Das Verhalten der Betriebsparteien muss in Einklang mit der gesamten Rechtsordnung, die das Arbeitsverhältnis gestaltet und auf dieses einwirkt, stehen.[1166] Im Zusammenhang mit einer Stichtagsklausel für eine leistungsorientierte Vergütungskomponente entschied das Bundesarbeitsgericht:

> „Die Berufsfreiheit des Arbeitnehmers nach Art. 12 I GG schützt mit der Freiheit der Arbeitsplatzwahl auch den Entschluss des einzelnen Arbeitnehmers, an welcher Stelle er dem gewählten Beruf nachgehen möchte. Dies umfasst seine Entscheidung, eine konkrete Beschäftigungsmöglichkeit in einem gewählten Beruf beizubehalten oder aufzugeben. In dieses Freiheitsrecht dürfen die Betriebsparteien nicht in unverhältnismäßiger Weise eingreifen. Daher muss eine die Freiheit der Arbeitsplatzwahl beschränkende Regelung geeignet, erforderlich und unter Berücksichtigung der gewährleisteten Freiheitsrechte angemessen sein, um den erstrebten Zweck zu erreichen. Geeignet ist die Regelung, wenn mit ihrer Hilfe der erstrebte Erfolg gefördert werden kann. Erforderlich ist sie, wenn kein anderes, gleich wirksames, aber die Berufsfreiheit weniger einschränkendes Mittel zur Verfügung steht. Angemessen ist sie, wenn sie verhältnismäßig im engeren Sinn erscheint. Es bedarf hier einer Gesamtabwägung zwischen der Intensität des Eingriffs und dem Gewicht der

---

1161 BVerfG 01.03.1979 – 1 BvR 532/77, BVerfGE 50, 290ff.

1162 BAG 12.04.2011 – 1 AZR 412/09, NZA 2011, 989.

1163 Preis, in: Wlotzke/Preis, BetrVG, § 77 Rn. 18. Für die Anwendung des Gesetzesvorbehalts: Waltermann, Rechtsetzung durch Betriebsvereinbarung, S. 142ff., 185.

1164 BAG 07.11.1989 – GS 3/85, BAGE 63, 211; 18.07.2006 – 1 AZR 578/05, BAGE 119, 122, 130.

1165 BAG 12.04.2011 – 1 AZR 412/09, NZA 2011, 989; 29.06.2004 – 1 ABR 21/03, BAGE 111, 173.

1166 Fitting, BetrVG, § 75 Rn. 25; Kania, in: ErfKomm, § 75 BetrVG Rn. 5.

ihn rechtfertigenden Gründe; die Grenze der Zumutbarkeit darf nicht überschritten werden."[1167]

Im vorliegenden Fall der Arbeitnehmerbeteiligung bestehen daher – unabhängig von den Regelungsgrenzen der §§ 87, 88 BetrVG –[1168] Bedenken gegen eine Flexibilisierung bestehender Entgeltbestandteile durch Betriebsvereinbarung. Es fehlt an einer hinreichend konkreten, parlaments-gesetzlichen Ermächtigungsgrundlage.[1169] Soweit ein Teil des Arbeitsentgelts durch eine Kapitalbeteiligung oder eine erfolgsbezogene Vergütungskomponente ersetzt werden soll, erscheint der Eingriff in das arbeitsvertragliche Synallagma besonders schwerwiegend. Die Verfolgung personalwirtschaftlicher Ziele, wie etwa die Leistungssteigerung der Belegschaft,[1170] kann die Einführung eines substitutiven Beteiligungsmodells ohne Zustimmung der betroffenen Arbeitnehmer nicht rechtfertigen. Davon unberührt bleibt die Befugnis, einen Teil des Arbeitsentgelts neu eingestellter Arbeitnehmer variabel zu gestalten, sofern derartige betriebliche Regelungen nicht bereits aufgrund des Tarifvorrangs bzw. Tarifvorbehaltes ausgeschlossen werden.[1171] In bestehenden Arbeitsverhältnissen erstreckt sich die grundsätzlich umfassende Regelungsbefugnis der Betriebsparteien dagegen nur auf die Regelung einer zusätzlich zum bisherigen Arbeitsentgelt gewährten, d.h. additiven Arbeitnehmerbeteiligung.

e. *Ergebnis*

Die umfassende Regelungsbefugnis der Betriebsparteien erstreckt sich grundsätzlich auf die Regelung von Modellen der Erfolgs- und Kapitalbeteiligung der Arbeitnehmer. Zwar ist die Höhe des Arbeitsentgelts – außerhalb des § 87 I Nr. 11 BetrVG – nicht Gegenstand der notwendigen Mitbestimmung. In den meisten Branchen und Wirtschaftsregionen sind allerdings weder Erfolgs-, noch Kapitalbeteiligungen tarifüblich, so dass Betriebsvereinbarungen zu deren Einführung und Ausgestaltung nicht durch den Tarifvorbehalt des § 77 III BetrVG gesperrt werden. Ein auf den Ausschluss übertariflicher Arbeitgeberleistungen gerichteter Wille der Tarifvertragsparteien kann regelmäßig nicht angenommen

---

1167 BAG 12.04.2011 – 1 AZR 412/09, NZA 2011, 989; vgl. auch BAG 12.12.2006 – 1 AZR 96/06, BAGE 120, 308.

1168 Vgl. D I 1 a bb.

1169 Zum Erfordernis konkreter Ermächtigungsgrundlagen für die Arbeitnehmer belastende Betriebsvereinbarungen: Preis, in: Wlotzke/Preis, BetrVG, § 77 Rn. 18.

1170 Zu den Vorteilen der Arbeitnehmerbeteiligung: Vgl. A I.

1171 Vgl. D I 1 c cc.

werden. Tarifverträge stehen einer additiven Erfolgs- bzw. Kapitalbeteiligung somit nicht entgegen.

Dagegen lässt sich substitutive Arbeitnehmerbeteiligung in Betriebsvereinbarungen grundsätzlich nicht umfassend regeln; dies gilt auch für die Arbeitsverhältnisse außertariflicher Angestellter. Im Rahmen eines substitutiven Beteiligungsmodells würde das bislang feststehende Arbeitsentgelt gesenkt. Die Regelung der Entgelthöhe ist aber tarifüblich. Darüber hinaus darf in bestehenden Arbeitsverhältnissen – unabhängig von der Frage der Tarifüblichkeit – nicht ohne die Zustimmung der betroffenen Arbeitnehmer ein Teil des Arbeitsentgelts flexibilisiert werden; dadurch würden die „Binnenschranken"[1172] der betrieblichen Regelungsbefugnis überschritten.

2. Arbeitsvertragliche Regelungen zur Arbeitnehmerbeteiligung

Aufgrund der begrenzten Regelungsbefugnis der Betriebsparteien stellt sich die Frage nach den Rechtmäßigkeitsvoraussetzungen arbeitsvertraglicher Regelungen zur Arbeitnehmerbeteiligung – in diesem Kapitel noch unabhängig von der Günstigkeit substitutiver Beteiligungsprogramme.

Nach allgemeiner Ansicht ist die teilweise Orientierung des Arbeitsentgelts an von einzelnen Arbeitnehmern nicht messbar beeinflussbaren Bezugsgrößen nicht generell unzulässig.[1173] Arbeitsvertragliche Regelungen dürften typischerweise in Allgemeinen Geschäftsbedingungen enthalten sein, da sich das Beteiligungsprogramm meist an größere Teile der Belegschaft richtet. Individuell verhandelte variable Vergütungsmodelle für Führungskräfte bleiben insoweit außer Betracht. Ein Schwerpunkt der Untersuchung liegt daher auf der AGB-Kontrolle gemäß §§ 307ff. BGB. Vorab soll allerdings erörtert werden, wie eine möglichst betriebseinheitliche Regelung erleichtert und dadurch der administrative Aufwand für den Arbeitgeber begrenzt werden können.

a. Betriebseinheitliche Regelung durch gleichlautende Einzelverträge

Dem Betriebsverfassungsgesetz lässt sich nicht entnehmen, dass die Betriebsvereinbarung die einzige Gestaltungsform zur Regelung gemeinsamer Angelegenheiten durch die Betriebsparteien darstellt.[1174] Soweit die Betriebsparteien ihrer Einigung nicht die Form einer Betriebsvereinbarung geben können

1172 BAG 12.04.2011 – 1 AZR 412/09, NZA 2011, 989.
1173 Benrath, S. 18.
1174 Peterek, in: FS Gaul, S. 471, 472.

oder möchten, kommt der Abschluss einer Regelungsabrede[1175] in Betracht. Dass sich Regelungsabreden insbesondere auf Einzelfälle ohne Dauerwirkung beziehen,[1176] schließt nicht aus, dass die Betriebsparteien das Interesse an einer möglichst hohen Beteiligung der Arbeitnehmer am Erfolg bzw. am Kapital des Arbeit gebenden Unternehmens auch über einen längeren Zeitraum im Wege von Regelungsabreden erreichen können.

Im Unterschied zur Betriebsvereinbarung werden durch Regelungsabreden allein die vertragsschließenden Betriebsparteien, nicht aber die betriebsangehörigen Arbeitnehmer rechtlich gebunden;[1177] die Regelungsabrede entfaltet keine normative Wirkung.[1178] Es bedarf weiterer Ausführungshandlungen des Arbeitgebers durch arbeitsvertragliche Gestaltungsmittel.[1179] In Regelungsabreden zur Arbeitnehmerbeteiligung kann sich der Arbeitgeber gegenüber dem Betriebsrat nur verpflichten, den Arbeitnehmern ein Erfolg- bzw. Kapitalbeteiligungsmodell anzubieten. Da die Regelungssperre des § 77 III BetrVG nicht eingreift,[1180] kommt bei Verstößen von Betriebsvereinbarungen gegen den Tarifvorbehalt gemäß § 140 BGB deren Umdeutung in Regelungsabreden in Betracht.

Die Umsetzung einer Regelungsabrede kann durch eine Gesamtzusage erleichtert werden. Der Arbeitgeber kann allen Arbeitnehmern, die in den Begünstigtenkreis fallen, das Beteiligungsmodell durch förmliche Bekanntgabe anbieten, d.h. einseitig bekannt geben, dass er jedem Arbeitnehmer eine bestimmte Beteiligung gewährt. Das in der Bekanntgabe enthaltene Angebot kann der Arbeitnehmer annehmen, wobei – jedenfalls bei einer zusätzlich zum bisherigen Arbeitsentgelt gewährten Erfolgs- oder Kapitalbeteiligung – der Zugang der Annahmeerklärung gemäß § 151 BGB als entbehrlich angesehen werden dürfte.[1181]

Bei arbeitsvertraglich vereinbarten, betrieblichen Beteiligungsprogrammen hat der Arbeitgeber – vorbehaltlich des Eingreifens besonderer Gleichheitssätze – regelmäßig den allgemeinen arbeitsrechtlichen Gleichbehandlungsgrundsatz zu

1175 Auch Betriebsabsprache bzw. betriebliche Einigung genannt.

1176 Kania, in: ErfKomm, § 77 BetrVG Rn. 92.

1177 Ausgenommen sind ermächtigende Betriebsvereinbarungen, die dem Arbeitgeber nur das Recht und nicht die Pflicht geben, eine betriebsverfassungsrechtlich relevante Angelegenheit in bestimmter Weise zu regeln; Kania, in: ErfKomm, § 77 BetrVG Rn. 128.

1178 Richardi, BetrVG, § 77 Rn. 229.

1179 Preis, Kollektivarbeitsrecht, S. 212.

1180 Kania, in: ErfKomm, § 77 BetrVG Rn. 136 m.w.N.

1181 BAG 16.09.1986 – GS 1/82, AP Nr. 17 zu § 77 BetrVG 1972.

beachten. Der Gleichbehandlungsgrundsatz gebietet dem Arbeitgeber, Arbeitnehmer, die sich in vergleichbarer Lage befinden, bei Anwendung einer selbst gesetzten Regelung gleich zu behandeln; verboten sind eine willkürliche Schlechterstellung einzelner Arbeitnehmer innerhalb einer Gruppe und eine sachfremde Gruppenbildung.[1182] Da sich die personalwirtschaftlichen Ziele des Beteiligungsprogramms nur durch eine möglichst breite Beteiligung der Arbeitnehmer sicherstellen lassen, wird den Beteiligungsprogrammen regelmäßig ein von der Rechtsprechung gefordertes „bestimmtes erkennbares und generalisierendes Prinzip"[1183], nach dem die eingesetzten Mittel den Arbeitnehmern gewährt werden, zugrundeliegen. Der Gleichbehandlungsgrundsatz ist somit regelmäßig anwendbar. Im Zusammenhang mit einem Aktienoptionsprogramm für Führungskräfte entschied das Bundesarbeitsgericht, dass ein Arbeitgeber das Programm nur dann auf Führungskräfte bestimmter Hierarchieebenen beschränken dürfe, wenn sich die Gruppe der Bezugsberechtigten klar von der Gruppe der von dem Bezugsrecht Ausgenommenen abgrenzen lasse.[1184]

b. Inhaltskontrolle

Im Arbeitsrecht hat die richterliche Vertragskontrolle eine noch größere Bedeutung als im allgemeinen Zivilrecht, da nach dem Bundesverfassungsgericht „das Schutzbedürfnis des schwächeren Teils, nämlich des Arbeitnehmers besonders groß ist"[1185].

Der Prüfungsmaßstab der arbeitsvertraglichen Regelungen zur Arbeitnehmerbeteiligung richtet sich insbesondere danach, ob die Beteiligung individualvertraglich oder in Allgemeinen Geschäftsbedingungen vereinbart wird.

aa. Vereinbarungen zur Arbeitnehmerbeteiligung in Allgemeinen Geschäftsbedingungen

Da die Arbeitgeber die Vertragsbedingungen zur Arbeitnehmerbeteiligung typischerweise einseitig stellen, liegt der Schwerpunkt der folgenden Untersuchung auf der Regelung der Arbeitnehmerbeteiligung in Allgemeinen Geschäftsbedingungen. Die Grundlagen der AGB-Kontrolle sollen daher vorab abstrakt dargestellt werden.

1182 BAG 21.10.2009 - 10 AZR 664/08, DB 2010, 115f.

1183 BAG 15.07.2009 - 5 AZR 486/08, DB 2009, 2496.

1184 BAG 21.10.2009 - 10 AZR 664/08, DB 2010, 115f.

1185 BVerfG 19.10.1993 - 1 BvR 567/ 89, BVerfGE 89, 214ff.

1) *Keine Inhaltskontrolle anhand von Tarifverträgen und sonstigen Kollektivvereinbarungen*

Fraglich ist zunächst, ob eine Inhaltskontrolle im Sinne einer „Preiskontrolle", deren Prüfungsmaßstab Tarifverträge der jeweiligen Branche und Wirtschaftsregion oder andere kollektive Regelungen wären, stattzufinden hat. Die Regelung des § 310 IV 3 BGB führt zu einer Gleichstellung von Tarifverträgen und Betriebsvereinbarungen mit Rechtsvorschriften i.S.d. § 307 III BGB. Nach teilweise vertretener Auffassung[1186] führt § 310 IV 3 BGB zu einer Erweiterung des Prüfungsmaßstabs der Inhaltskontrolle. Arbeitsvertragliche Hauptleistungsabreden müssten dann unter Berücksichtigung der Tarifverträge der jeweiligen Branche und Wirtschaftsregion auf ihre Angemessenheit geprüft werden – unabhängig von der Tarifbindung der Arbeitsvertragsparteien.[1187]

Dieser Auffassung kann jedoch nicht gefolgt werden. Tarifverträge würden sonst faktisch mit der Wirkung einer Allgemeinverbindlicherklärung ausgestattet, ohne dass die Voraussetzungen des § 5 TVG beachtet werden müssten, oder ein Tarifvertrag durch Rechtsverordnung nach § 7 AEntG auf die jeweilige Branche erstreckt wurde. Darüber hinaus soll § 310 IV 3 BGB – ausweislich der Gesetzesbegründung[1188] – den Prüfungsgegenstand beschränken, nicht aber den Prüfungsmaßstab erweitern: Durch § 310 IV 3 BGB sollen vorformulierte Vertragsbedingungen, die tariflichen Bestimmungen entsprechen oder auf einen Tarifvertrag Bezug nehmen, von der Inhaltskontrolle des § 307 I 1 BGB ausgenommen werden.[1189]

Im Ergebnis führt § 310 IV 3 BGB somit nicht zu einer „Preiskontrolle" anhand von Tarifverträgen, deren normative Wirkung sich nicht bereits aus anderen Vorschriften ergibt.

2) *Die Überprüfbarkeit vertraglich in Bezug genommener Tarifnormen*

Von der Frage der Erweiterung des Prüfungsmaßstabs einzelvertraglicher Vergütungsregelungen zu trennen ist die Überprüfbarkeit von Bestimmungen des Tarifvertrags bei einzelvertraglicher Inbezugnahme. Enthält ein Tarifvertrag Regelungen zur Arbeitnehmerbeteiligung, in deren Rahmen ein Teil des Arbeitsentgelts flexibilisiert wird, ist fraglich, ob die Richtigkeitsvermutung des Tarifvertrags eingreift. Dann wären die von der Rechtsprechung aufgestellten Grenzen für die Übertragung des Wirtschaftsrisikos auf den Arbeitnehmer einer

---

1186 Däubler, NZA 2001, 1329, 1335.

1187 Lakies, NZA-RR 2002, 337, 344.

1188 BT-Drucks. 14/6857, S. 54.

1189 Bayreuther, RdA 2003, 81.

gerichtlichen Kontrolle entzogen. Dafür ließe sich anführen, dass gemäß § 310 IV 3 BGB Tarifverträge im Zusammenhang mit der AGB-Kontrolle Prüfungsmaßstab, nicht aber Prüfungsgegenstand sein sollen.

Durch die einzelvertragliche Inbezugnahme könnten die Arbeitsvertragsparteien erreichen, dass – entgegen der Rechtsprechung zu Änderungsvorbehalten in Allgemeinen Geschäftsbedingungen[1190] – mehr als 25% bis 30% der Gesamtvergütung variabel gestaltet werden. Soweit ersichtlich, wurden bislang keine Tarifverträge abgeschlossen, die eine so weitgehende Entgeltflexibilisierung vorsehen. Dies soll einer rechtlichen Untersuchung allerdings nicht entgegen stehen. Wenn bei einer vollständigen oder teilweisen Inbezugnahme jedes Tarifvertrags die Wirksamkeitskontrolle gemäß § 307 I, II BGB ausgeschlossen wäre, bestünde die Gefahr der missbräuchlichen Einbeziehung von Tarifnormen mit dem Ziel einer Umgehung des § 307 BGB. Mit der herrschenden Meinung[1191] ist daher keine Inhaltskontrolle vorzunehmen, wenn ein Arbeitsvertrag pauschal auf den gesamten Tarifvertrag derselben Branche verweist. Dann fehlt es erkennbar an einer Abweichung von einer Rechtsvorschrift bzw. einer dieser gleichgestellten Vorschrift, so dass der Anwendungsbereich der Inhaltskontrolle gemäß § 307 III BGB nicht eröffnet ist. Bei der Inbezugnahme auf einen branchen- oder ortsfremden Tarifvertrag scheint dagegen, ebenso wie bei Einzel- bzw. Teilverweisungen, eine Inhaltskontrolle geboten.[1192] In diesen Fällen kann nicht mehr davon ausgegangen werden, dass die durch die Einbeziehung herbeigeführte Rechtslage von Sinn und Zweck der tariflichen Regelung bzw. dem Willen der Tarifvertragsparteien gedeckt ist. Eine Angemessenheitsvermutung besteht dann nicht.[1193] Im Ergebnis erstreckt sich die Wirksamkeitskontrolle daher auch auf Inbezugnahmeklauseln, es sei denn dass global auf einen einschlägigen Tarifvertrag verwiesen wird.

3) *Der Schutz des Arbeitnehmers vor intransparenten und unangemessen benachteiligenden Beteiligungsklauseln*

Anstelle einer unmittelbaren Überprüfung der absoluten Entgelthöhe kann nur die Art und Weise der Lohnberechnung gemäß § 307 I, II BGB überprüft, d.h. der Arbeitnehmer kann nur vor intransparenten und unangemessen benachteiligenden Berechnungsmethoden geschützt werden. Das Bundesarbeitsgericht

1190 Vgl. D I 2 b cc 2) a).

1191 Gotthardt, in: Henssler/Willemsen/Kalb, ArbR, § 307 BGB Rn. 14; Herbert/ Oberrath, NJW 2005, 3745, 3750; Preis, in: ErfKomm, § 310 Rn. 14.

1192 Preis, in: ErfKomm, § 310 Rn. 13ff.

1193 Gotthardt, in: Henssler/Willemsen/Kalb, ArbR, § 310 BGB Rn. 3.

erklärte etwa die dynamische Bezugnahme auf ein vom Arbeitgeber erstelltes Regelungswerk für unzulässig, da der Arbeitnehmer nicht wissen könne, wie seine Vergütung zukünftig berechnet würde, sondern die Höhe seiner Vergütung in das Belieben des Arbeitgebers gestellt würde.[1194]

Das Transparenzgebot verlangt, dass für die an einem Erfolgsbeteiligungsmodell teilnehmenden Arbeitnehmer erkennbar ist, welche Entgelteinbußen maximal zu erwarten sind, und wie die Gesamtvergütung in Abhängigkeit von den Bezugsgrößen des Unternehmenserfolgs berechnet wird. Bei Kapitalbeteiligungen müssten die Informationen, die auch in einem Wertpapierprospekt anzugeben sind, mitgeteilt werden.

Bei vertraglichen Arbeitsbedingungen handelt es sich – da vom Arbeitgeber fast immer einseitig gestellt – typischerweise um Allgemeine Geschäftsbedingungen. Aufgrund der von der herrschen Meinung[1195] anerkannten Verbrauchereigenschaft des Arbeitnehmers beim Abschluss von Arbeitsverträgen kommt die gesetzliche Fiktion des § 310 III Nr. 1 BGB zur Anwendung, so dass sich das Vorliegen einer Allgemeinen Geschäftsbedingung leicht feststellen lässt. Im Übrigen dürften die Vereinbarungen mit allen betroffenen Arbeitnehmern gleich formuliert sein. Seit dem 01.01.2003 finden gemäß Artikel 229 § 5 EGBGB die §§ 305 ff. BGB auch auf Arbeitsverhältnisse Anwendung, die vor dem 01.01.2002 geschlossen wurden. Die Wirksamkeitskontrolle der §§ 307 ff. BGB ist damit auch in Arbeitsverträgen unabhängig vom Zeitpunkt des Vertragsschlusses eröffnet, wobei allerdings gemäß § 310 IV 2 BGB die im Arbeitsrecht geltenden Besonderheiten angemessen zu berücksichtigen sind. Bei der Auslegung der Allgemeinen Geschäftsbedingungen dürfen gemäß § 310 III Nr. 3 BGB Begleitumstände, die nicht ausschließlich die konkrete Vertragsabschlusssituation betreffen, sondern den Abschluss einer jeden vergleichbaren vertraglichen Abrede begleiten, berücksichtigt werden.[1196]

Gemäß § 307 I 1 BGB dürfen formularmäßige Vertragsklauseln, welche die Flexibilisierung eines Entgeltbestandteils zur Arbeitnehmerbeteiligung vorsehen, den Arbeitnehmer nicht unangemessen benachteiligen. Die Wirksamkeitskontrolle gemäß §§ 307 ff. BGB setzt allerdings voraus, dass durch die leistungsbezoge Vergütung bzw. die Erfolgsbeteiligung von Rechtsvorschriften abgewichen wird bzw. Rechtsvorschriften ergänzt werden. Anders als bei Widerrufsvorbehalten[1197]

1194 BAG 11.02.2009 – 10 AZR 212/08, NZA 2009, 428.

1195 BAG 25.05.2005 – 5 AZR 572/04, NJW 2005, 3305, 3308; 08.08.2007 – 7 AZR 855/06, NZA 2008, 229; Preis, in: Preis, ErfKomm, § 611 Rn. 182.

1196 BAG 15.02.2011 – 3 AZR 35/09, BB 2011, 1780.

1197 Preis, in: Preis, ErfKomm, § 310 Rn. 40.

lässt sich der Anwendungsbereich der Inhaltskontrolle nicht mit dem Hinweis auf den Rechtsgrundsatz „pacta sunt servanda" bejahen. Jedenfalls im Rahmen einer Erfolgsbeteiligung hängt die Zahlung des variablen Vergütungsbestandteils nicht mehr von einer Willenserklärung des Arbeitgebers ab, sondern bemisst sich – wie von beiden Arbeitsvertragsparteien vereinbart – nach einem bestimmten Unternehmenserfolg. Stattdessen muss auf den Grundsatz des § 615 S. 3 BGB abgestellt werden, wonach der Arbeitgeber das Wirtschaftsrisiko trägt. Von diesem Grundsatz wird durch eine am Unternehmenserfolg orientierte Vergütung abgewichen.

Eine unangemessene Benachteiligung i.S.d. § 307 I 1 BGB dürfte anzunehmen sein, wenn der variable Entgeltbestandteil einen zu großen Anteil der Gesamtvergütung ausmacht, oder – im Falle einer substitutiven Arbeitnehmerbeteiligung – von Zielgrößen abhängt, die das Unternehmen realistischerweise nicht erreichen kann. Auch Regelungen zur Laufzeit des Beteiligungsmodells können anhand des § 307 Abs. 1 Satz 1 i.V.m. Abs. 2 BGB überprüft werden.[1198]

Das besondere Klauselverbot des § 309 Nr. 9 BGB zur Laufzeit von Dauerschuldverhältnisses findet tatbestandlich keine Anwendung auf Arbeitsverträge.[1199] Selbst wenn man Arbeitsverträge grundsätzlich unter dieses Klauselverbot fassen würde, würde es nur die Laufzeit des gesamten Arbeitsverhältnisses, nicht aber die Laufzeit einzelner Arbeitsbedingungen, wie ein befristetes Modell der Entgeltflexibilisierung, betreffen.

Ebenso wenig dürfte das Klauselverbot des § 308 Nr. 4 BGB auf Erfolgsbeteiligungen anwendbar sein. Im Gegensatz zu Änderungsvorbehalten ist bei Beteiligungsmodellen nach der hier vertretenen Definition[1200] die Änderung der Vergütungshöhe nicht in das Ermessen des Arbeitgebers gestellt. Die Vergütung berechnet sich stattdessen automatisch nach zuvor festgelegten Kriterien.

Unabhängig von der Abweichung bzw. Ergänzung von Rechtsvorschriften können Allgemeine Geschäftsbedingungen nach § 307 III 2 BGB wegen eines Verstoßes gegen das Bestimmtheitsgebot gemäß § 307 I 2 BGB unwirksam sein. Nach dem Bundesarbeitsgericht verletzt eine Allgemeine Geschäftsbedingung das Bestimmtheitsgebot, wenn sie vermeidbare Unklarheiten und Spielräume enthält: Lasse sich eine Klausel unschwer so formulieren, dass das Gewollte klar zu erkennen sei, führe eine Formulierung, bei der das Gewollte allenfalls durch eine umfassende Auslegung ermittelbar ist, zu vermeidbaren Unklarheiten

1198 LAG Baden-Württemberg 18.07.2011 – 15 Sa 110/10, GWR 2011, 508.

1199 Däubler/Bonin/Deinert, AGB-Kontrolle im Arbeitsrecht, § 309 Nr. 9 Rn. 1.

1200 Vgl. B I 1.

und sei nach § 307 I 2 BGB unwirksam.[1201] Allein die Auslegungsbedürftigkeit einer Allgemeinen Geschäftsbedingung führt aber noch nicht zu deren Intransparenz.[1202] Das Bundesarbeitsgericht bejahte z.B. einen Verstoß gegen das Transparenzgebot durch eine widersprüchliche Bonusregelung, in der sich der Arbeitgeber zwar zu einer Bonuszahlung verpflichtet, aber – im Widerspruch zu dieser Verpflichtung – einen Rechtsanspruch des Arbeitnehmers auf die Bonuszahlung ausgeschlossen hatte.[1203] Wenn Sonderleistungen des Arbeitgebers in einem Formulararbeitsvertrag – sowohl im Hinblick auf ihre Voraussetzungen, als auch auf ihre Höhe – präzise formuliert würden, sei es in aller Regel widersprüchlich, diese dennoch an einen Freiwilligkeitsvorbehalt zu binden.[1204] Dies gelte insbesondere für Zahlungen, die gezielt das Verhalten des Arbeitnehmers steuern und seine Leistung beeinflussen sollten.[1205]

4) Folgen der Unwirksamkeit Allgemeiner Geschäftsbedingungen

Genügt die allgemeine Geschäftsbedingung zur Erfolgsbeteiligung des Arbeitnehmers nicht den Anforderungen des § 307 BGB, stellt sich die Frage nach den Folgen ihrer Unwirksamkeit. Eine geltungserhaltende Reduktion unzulässiger Klauseln lehnt das Bundesarbeitsgericht unter Verweis auf § 306 II BGB und die Rechtsprechung des Bundesgerichtshofs ab.[1206] Die Rechtsprechung hat es offen gelassen, ob das „alles oder nichts“-Prinzip dem Arbeitsverhältnis als Dauerschuldverhältnis mit eingeschränkter Kündigungsmöglichkeit stets gerecht wird, oder Ausnahmen zugelassen werden können.[1207]

Wertungsmäßig ist es auch im Arbeitsrecht gerechtfertigt, dem Verwender unwirksamer Klauseln das Risiko ihrer Unwirksamkeit vollständig aufzubürden.[1208] Da das Verbot der geltungserhaltenden Reduktion auch in anderen Dauerschuldverhältnissen, wie beispielsweise im Mietrecht unbestritten Anwendung findet, ließe sich vertreten, dass die im Arbeitsrecht geltenden Besonderheiten einer geltungserhaltenden Reduktion nicht entgegen stünden.

1201 BAG 17.08.2011 – 5 AZR 406/10, DB 2011, 2550f.; 14.09.2011 – 10 AZR 526/10, DB 2012, 179ff.

1202 Bonin, in: Däubler/Bonin/Deinert, AGB-Kontrolle, § 307 Rn. 157; Preis, in: ErfKomm, § 310 BGB Rn. 44.

1203 BAG 24.10.2007 – 10 AZR 825/06, BAGE 124, 259ff.; 14.09.2011 – 10 AZR 526/10, DB 2012, 179ff.

1204 BAG 30.07.2008 – 10 AZR 606/07, BAGE 127, 185ff.

1205 Thüsing, AGB-Kontrolle, S. 107 Rn. 270.

1206 BAG 14.01.2004 – 7 AZR 213/03, NZA 2004, 719, 728, 734.

1207 BAG 14.01.2004 – 7 AZR 213/03, NZA 2004, 719 ff.

1208 Herbert/ Oberrath, NJW 2005, 3745, 3746.

Der ersatzlose Wegfall einer unzulässigen Klausel zur Arbeitnehmerbeteiligung könnte sich aber dann als interessenwidrig erweisen, wenn der Arbeitnehmer – beispielweise bei einer Überschreitung der Grenzwerte für den variablen Vergütungsbestandteil – wegen einer positiven Unternehmensentwicklung von der Klausel profitieren würde. Der Arbeitgeber, dem das Unwirksamkeitsrisiko auferlegt werden soll, würde durch die Unwirksamkeit besser gestellt. In diesen Fällen lassen sich allerdings dadurch angemessene Lösungen erreichen, dass dem Arbeitgeber die Berufung auf die Unwirksamkeit wegen Treuwidrigkeit gemäß § 242 BGB verwehrt werden kann. Jedenfalls wird die Unwirksamkeitsfolge in zahlreichen Arbeitsverträgen dadurch abgemildert, dass sich die Vertragsparteien zur Verhandlung einer Regelung, die dem wirtschaftlichen Ziel am nächsten kommt, verpflichten.

bb. Die Zulässigkeit arbeitsvertraglicher Lohnverwendungsabreden

Die Zahlung von Investivlöhnen[1209] wirft die Frage nach der Zulässigkeit von Lohnverwendungsabreden auf. Soweit das Arbeitsentgelt reinvestiert wird, erwirbt der Arbeitnehmer anstelle des Barlohns Unternehmensanteile bzw. Vermögensrechte. Der Arbeitgeber ist zwar gemäß § 107 I GewO grundsätzlich verpflichtet, das Arbeitsentgelt bar auszuzahlen. Gemäß § 107 II 1 GewO kann die Gewährung von Sachbezügen allerdings – auch konkludent[1210] – vereinbart werden. § 107 II 1 GewO spricht davon, dass „Sachbezüge als Teil des Arbeitsentgelts" vereinbart werden könnten. Die ausschließliche Gewährung von Sachbezügen ist bereits aufgrund des Wortlauts unzulässig. Im Übrigen darf nach § 107 II 5 GewO der Wert der überlassenen Waren die Höhe des pfändbaren Teils des Arbeitsentgelts nicht überschreiten.

Unternehmensanteile und Vermögensrechte sind als Sachbezüge im Sinne dieser Vorschrift anzusehen. Damit wäre die Vereinbarung einer Kapitalbeteiligung anstelle eines bislang bar ausgezahlten Entgeltbestandteils grundsätzlich zulässig.

Teilweise wird die Zweckbindung von Entgeltanteilen zum Aktienerwerb als unzulässige Lohnverwendungsabrede gewertet, weil der Arbeitnehmer aufgrund der negativen Vereinigungsfreiheit gemäß Artikel 9 I GG nicht zwangweise zum Aktionär gemacht werden dürfe; rechtlich zulässig sei lediglich die Vereinbarung des Rechts zum Aktienerwerb.[1211] Dieser Ansicht kann nicht gefolgt werden. Da der Arbeitgeber gemäß § 107 I GewO nicht einseitig Sachleistungen statt des

1209 Zum Begriff „Investivlohn": Vgl. B I.

1210 Landmann/ Rohmer/ Neumann, GewO, § 107 Rn. 16.

1211 Baeck/ Diller, DB 1998, 1405, 1406.

geschuldeten Barlohns gewähren darf, kann eine investive Verwendung des Arbeitsentgelts nur bei Zustimmung des Arbeitnehmers erfolgen. Lässt sich der Arbeitnehmer allerdings auf den Erhalt von Beteiligungen am Arbeit gebenden Unternehmen ein, ist ein Verstoß gegen die negative Vereinigungsfreiheit nicht feststellbar. Im Ergebnis bestehen keine Bedenken gegen die Vereinbarkeit der Arbeitnehmerkapitalbeteiligung mit § 107 GewO.

cc. Prozentuale Untergrenzen der Mindestentgelte

Die teilweise Orientierung des Arbeitsentgelts an von dem einzelnen Arbeitnehmer nicht beeinflussbaren Erfolgsindikatoren begegnet nach allgemeiner Ansicht keinen grundsätzlichen Bedenken.[1212] Eine völlige Überwälzung des Betriebs- oder Wirtschaftsrisikos widerspricht allerdings dem gesetzlichen Leitbild des § 615 S. 3 BGB, wonach der Arbeitgeber das unternehmerische Risiko zu tragen hat. Dem Arbeitnehmer dürfen keine Risiken übertragen werden, die allein der Arbeitgeber steuern kann.[1213] Eine einseitige Verlustbeteiligung des Arbeitnehmers verstößt gegen die guten Sitten.[1214] Sittenwidrig ist auch eine Provisionsabrede, welche durch Vorschusszahlungen eine unverhältnismäßige Bindung des Arbeitnehmers herbeiführt und Umsätze voraussetzt, die der Arbeitnehmer bei realistischer Betrachtung nicht erreichen kann.[1215] Umstritten ist, in welchem Umfang das Arbeitsentgelt maximal flexibilisiert werden darf.

1) Individualabreden zur Erfolgsbeteiligung

Wegen der Disparität der Arbeitsvertragsparteien sind prozentuale Grenzwerte für den variablen Entgeltbestandteil niedriger anzusetzen als in kollektiven Regelungen. Auch wird die Spannbreite für an den individuell nicht beeinflussbaren Unternehmenserfolg anknüpfende variable Entgeltbestandteile enger zu ziehen sein, als bei leistungsorientierten Arbeitsentgelten. Schließlich kann der prozentuale Grenzwert für den variablen Entgeltbestandteil umso großzügiger ausfallen, je höher der Gesamtverdienst ist.

Die Frage, inwieweit die Arbeitsvertragsparteien Lohnbestandteile variabilisieren dürfen, wird in Rechtsprechung[1216] und Literatur[1217] im Rahmen der

---

1212 Benrath, S. 18.

1213 Brors, RdA 2004, 273, 279.

1214 BAG 10.10.1990 – 5 AZR 404/89, DB 1991, 659.

1215 BAG 20.06.1989 – 3 AZR 504/87, NZA 1989, 843; 16.02.2012 – 8 AZR 242/11, DB 2012, 1877, 1879.

1216 Z.B. BAG 10.10.1990 – 5 AZR 404/ 89, DB 1991, 659.

1217 Mauer, NZA 2002, 540, 543.

Sittenwidrigkeitskontrolle nach § 138 BGB unter dem Stichwort der „rechtlichen Äquivalenz" diskutiert. Fraglich ist daher, wann das Arbeitsentgelt in einem auffälligen Missverhältnis zur Arbeitsleistung steht bzw. „die Grenzen des rechtsethischen Minimums" unterschritten sind.[1218]

Die Auffassungen zu prozentualen Lohnuntergrenzen sind verschieden: Das Bundesarbeitsgericht hat eine unzulässige „Beeinträchtigung des Kernbereichs des Arbeitsverhältnisses"[1219] bislang nur selten angenommen. Verneint wurde dies etwa bei einer Leistungszulage in Höhe von 20%[1220] bzw. 19% bis maximal 31%[1221] des tariflichen Bruttogehalts sowie bei der Vereinbarung eines Widerrufsvorbehaltes hinsichtlich einer Provision bzw. Zulage in Höhe von 15% des Gesamteinkommens[1222]. Im Zusammenhang mit einer individualvertraglichen Zielvereinbarung[1223] hat das Bundesarbeitsgericht ein Mindestentgelt in Höhe von 71% der üblichen Vergütung nicht als sittenwidrig erachtet. Andere Gerichte gehen von einem Richtwert von zwei Dritteln des üblichen Arbeitslohns aus.[1224] In der Literatur lässt sich keine einheitliche Linie erkennen: Während der variable Entgeltbestandteil nach wohl überwiegender Ansicht maximal 33% des üblichen Lohns betragen darf,[1225] lassen andere Autoren ein Mindestentgelt von 50% genügen.[1226] Einigkeit besteht nur insoweit, als eine einseitige Verlustbeteiligung des Arbeitnehmers für unzulässig gehalten wird.[1227]

Nach dem Bundesarbeitsgericht liegt ein auffälliges Missverhältnis zwischen Leistung und Gegenleistung i.S.d. § 138 Abs. 2 BGB jedenfalls dann vor,

> „wenn die Arbeitsvergütung nicht einmal zwei Drittel eines in der betreffenden Branche und Wirtschaftsregion üblicherweise gezahlten Tariflohns bzw. des allgemeinen Lohnniveaus für die ausgeübte Tätigkeit im Wirtschaftsgebiet erreicht"[1228].

1218 Preis, Grundfragen der Vertragsgestaltung im Arbeitsrecht, S. 1976.

1219 BAG 31.01.1985 - 2 AZR 393/83, EzBAT zu § 8 BAT Direktionsrecht Nr. 3.

1220 BAG 07.01.1971 - 5 AZR 92/70, AP Nr. 12 zu § 315 BGB.

1221 BAG 13.05.1987 - 5 AZR 125/86, AP Nr. 4 zu § 305 BGB Billigkeitskontrolle Nr. 4.

1222 BAG 21.04.1993 - 7 AZR 297/92, AP Nr. 34 zu § 2 KSchG 1969.

1223 BAG 23.05.2001 - 5 AZR 527/09, ArbuR 2001, 509.

1224 SG Berlin 18.01.2002, AuR 2003, 120.

1225 Brors, RdA 2004, 273, 275; Henssler/Sittard, RdA 2007, 159; Peter, AuR 1999, 289, 293; Preis, in: ErfKomm, § 612 Rn. 3.

1226 Rieble, NZA 2000 Beilage zu Heft 3, 34, 44; Hanau, Münch Handb ArbR, § 63 Rn. 6.

1227 BAG 10.10.1990 - 5 AZR 404/98, AP Nr. 47 zu § 138 BGB.

1228 BAG 22.04.2009 - 5 AZR 436/08, BAGE 130, 338ff.

Von einem besonders groben Missverhältnis, das den Schluss auf eine verwerfliche Gesinnung des Begünstigten i.S.d. § 138 Abs. 1 BGB erlaubt, ist wiederum auszugehen, wenn

> „der Wert der Leistung (mindestens) doppelt so hoch wie der Wert der Gegenleistung [ist]"[1229].

Die Heranziehung des Tariflohns als Vergleichsmaßstab erscheint sachgerecht: Die Sittenwidrigkeitskontrolle könnte, wenn auf den Marktlohn als Vergleichsmaßstab abgestellt würde, nur dann zu einer Marktkorrektur führen, wenn der Marktlohn angemessen wäre. Die Angemessenheit von Tariflöhnen der jeweiligen Branche und Wirtschaftsregion[1230] ist aufgrund der Parität der Tarifvertragsparteien wahrscheinlicher.

Der Bundesgerichtshof bejahte – unter Anknüpfung an die vorgenannte Entscheidung des Bundesarbeitsgerichts – unangemessene Beschäftigungsbedingungen i.S.d. § 26 BORA bei einer in einer Anwaltskanzlei einem Berufsanfänger angebotenen Gesamtvergütung, die im Rahmen eines auf zwei Jahre befristeten Beschäftigungsverhältnisses nur knapp über der Hälfte des branchenüblichen Gehalts und auch nur im untersten Bereich der Vergütung für Rechtsanwalts- und RENO-Fachangestellte lag; in einem solchen Fall besteht nach dem Bundesgerichtshof regelmäßig ein auffälliges Missverhältnis zwischen Leistung und Gegenleistung i.S.d. § 138 BGB.[1231]

Fraglich ist allerdings die Übertragbarkeit dieser Rechtsprechung auf flexible Vergütungsformen. Verkürzt wäre die isolierte Betrachtung der Höhe des Mindestentgelts: Selbst wenn der variable Entgeltbestandteil einer Erfolgsbeteiligung so hoch bemessen würde, dass das feststehende Mindestentgelt in einem auffälligen Missverhältnis zu der Arbeitsleistung stünde, wäre die Vergütung nicht zwingend sittenwidrig. Denn bei der Sittenwidrigkeitskontrolle müsste berücksichtigt werden, dass der Arbeitnehmer die Chance auf eine höhere Vergütung erhält. Umgekehrt kann allerdings mit dem Bundesarbeitsgericht davon ausgegangen werden, dass eine Entgeltflexibilisierung, welche dem Arbeitnehmer als feststehenden Entgeltbestandteil wenigstens zwei Drittel des üblichen Tariflohns garantiert, grundsätzlich nicht sittenwidrig ist. Die Rechtsprechung sollte daher bei der Konzeption eines Beteiligungsmodells berücksichtigt werden.

1229 BAG 16.05.2012 – 5 AZR 268/11, DB 2012, 2048f.

1230 Zur unionsrechtskonformen Klassifikation des Wirtschaftszweigs: BAG 18.04.2012 – 5 AZR 630/10.

1231 BGH 30.11.2009 – AnwZ (B) 11/08, NZA 2010, 595ff.

2) *Erfolgsbeteiligungen in Allgemeinen Geschäftsbedingungen*

Abgesehen von variablen Vergütungsmodellen für Führungskräfte und/oder in kleinen Unternehmen, dürfte die Arbeitnehmerbeteiligung nur ausnahmsweise einzelvertraglich geregelt werden. Die von den Arbeitgebern verfolgten personalwirtschaftlichen Ziele[1232] werden sich nämlich in der Regel nur bei einer hohen Teilnehmerzahl erreichen lassen. Der mit der Einführung eines Beteiligungsprogramms einhergehende administrative und finanzielle Aufwand wird sich regelmäßig nur dann für die Arbeitgeber „rechnen". Somit werden die Modalitäten der Beteiligung für alle Arbeitnehmer gleich geregelt und den einzelnen Arbeitnehmern gemäß § 305 I 1 BGB einseitig gestellt, wobei ohnehin die Fiktion des § 310 III Nr. 1 BGB zum Vorteil des Arbeitnehmers eingreift. Von besonderer Relevanz sind deshalb die Wirksamkeitsvoraussetzungen der §§ 307 ff. BGB.

a) *Die Rechtsprechung zur Teilflexibilisierung des Arbeitsentgeltes im Rahmen von Änderungsvorbehalten*

Für die maximal zulässige Entgeltflexibilisierung könnte die Rechtsprechung des Bundesarbeitsgerichts zu den Wirksamkeitsvoraussetzungen der Widerrufs- und Freiwilligkeitsvorbehalte relevant sein.[1233] Untersucht werden muss, ob und inwieweit sich diese Grundsätze auf die vorliegende Konstellation einer erfolgsbezogenen Teilvariabilisierung, die von weiteren rechtsgeschäftlichen Handlungen des Arbeitgebers unabhängig ist, übertragen lassen. Die Rechtsprechung zu den Widerrufsvorbehalten betrifft die Teilflexibilisierung des laufenden, monatlichen Arbeitsentgelts in Allgemeinen Geschäftsbedingungen. Wird im Rahmen von Erfolgsbeteiligungen der variable Entgeltbestandteil erst zum Ende eines Geschäftsjahres gewährt, handelt es sich jedenfalls dann um laufendes Arbeitsentgelt, wenn die Erfolgsbeteiligung substitutiv ist, d.h. anstelle eines laufenden Entgeltbestandteils gewährt wird.

Nach dem Bundesarbeitsgericht kann zwar die Entstehung eines Rechtsanspruchs auf eine Sonderzahlung durch die Vereinbarung eines Freiwilligkeitsvorbehaltes wirksam verhindert werden.[1234] Laufendes Arbeitsentgelt darf allerdings nicht unter Freiwilligkeitsvorbehalt gestellt werden.[1235] Darüber hinaus benachteiligt ein vertraglicher Freiwilligkeitsvorbehalt, der alle

---

1232 Vgl. A I.

1233 BAG 12.01.2005 – 5 AZR 364/04, BAGE 113, 140ff.; 11.10.2006 – 5 AZR 721/05, BB 2007, 109ff.; 19.12.2006 – 9 AZR 294/06, DB 2007, 1253ff.; 25.04.2007 – 5 AZR 627/06, BAGE 122, 182ff.; 30.07.2008 – 10 AZR 606/07, BAGE 127, 185ff.

1234 BAG 08.12.2010 – 10 AZR 671/09, EzA BGB 2002, § 307 Nr. 51.

1235 BAG 25.04.2007 – 5 AZR 627/06, BAGE 122, 182ff.

zukünftigen Leistungen unabhängig von ihrer Art und ihrem Entstehungsgrund erfasst, den Arbeitnehmer regelmäßig unangemessen i.S.d. § 307 I S. 1, II Nr. 1, 2 BGB.[1236]

Bei Widerrufsvorbehalten ist das Bundesarbeitsgericht großzügiger. Der Eingriff in die gegenseitigen Hauptleistungspflichten wird mit Blick auf den Charakter des Arbeitsverhältnisses als Dauerschuldverhältnis dann als „Instrument der Anpassung" gebilligt und nicht als unangemessen benachteiligend i.S.d. § 307 I 1 BGB angesehen, wenn der widerrufliche Teil des Arbeitsentgeltes nicht mehr als 25% oder – wenn die Zuwendung nicht eine unmittelbare Gegenleistung für die Arbeitsleistung darstellt – nicht mehr als 30% des Gesamtverdienstes beträgt. In allen einschlägigen Urteilen des Bundesarbeitsgerichts wird gefordert, dass der Tariflohn nicht unterschritten werden darf. Unklar blieb zunächst, ob dieser „Tarifvorbehalt" auch in nicht beiderseitig tarifgebundenen Arbeitsverhältnissen gelten soll.[1237] Eine Erstreckung des Verbotes der Tariflohnunterschreitung auf Außenseiterarbeitsverhältnisse dürfte sich jedenfalls nicht mit der negativen Koalitionsfreiheit vereinbaren lassen.

Die Voraussetzung, dass der Tariflohn nicht unterschritten werden darf, kann unterschiedlich interpretiert werden: Zum Einen lässt sich die Rechtsprechung als bloße Klarstellung interpretieren, dass grundsätzlich alle Vergütungsbestandteile oberhalb des Tariflohnniveaus frei widerruflich seien.[1238] Zum Anderen kann – unter Anknüpfung an ein neueres Urteil des Bundesarbeitsgerichts[1239] – die Voraussetzung als generelles Verbot der Tariflohnunterschreitung aufgefasst werden, so dass eine Unterschreitung des Tariflohns durch den unwiderruflichen Vergütungsbestandteil unabhängig von der Gesamthöhe der Vergütung und einer Tarifbindung des Arbeitsverhältnisses ausgeschlossen wäre.[1240] Für die Durchsetzung des Tariflohns als „Mindestlohn" in den in Allgemeinen Geschäftsbedingungen enthaltenen Änderungsvorbehalten bedürfte es allerdings eines klaren Anhaltspunktes im Gesetz.[1241]

Die Wirksamkeitsvoraussetzungen von Widerrufsvorbehalten sind vorliegend nur dann relevant, wenn die Rechtsprechung auf die Arbeitnehmererfolgsbeteiligung übertragbar wäre. Dann könnte eine substitutive Erfolgsbeteiligung,

1236 BAG 14.09.2011 – 10 AZR 526/10, DB 2012, 179ff.; Boemke, Anmerkung zum Urteil, in: Juris PraxisReport; Lipinski, BB 2012, 379.

1237 Vgl. Preis/Lindemann, AuR 2005, 229, 232.

1238 Bayreuther, ZIP 2007, 2009f.

1239 BAG 18.03.2009 – 10 AZR 289/08, NZA 2009, 535.

1240 Kania, in: Küttner, Personalbuch, § 6 Rn. 5.

1241 Kania, in: Küttner, Personalbuch, § 6 Rn. 5.

bei der nicht im Voraus feststeht, dass zumindest der Tariflohn gezahlt wird, unzulässig sein.

Die Übertragbarkeit der Rechtsprechung muss bezweifelt werden. Die Wirkungsweise dieser variablen Vergütungsmodelle ist unterschiedlich: Während der Widerrufsvorbehalt dem „Alles oder nichts"-Prinzip folgt, variiert der flexible Entgeltbestandteil bei einer Arbeitnehmerbeteiligung in Abhängigkeit von der Bezugsgröße. Der maßgebliche Unterschied eines Widerrufsvorbehaltes liegt allerdings in den Anforderungen an den Widerrufsgrund. In den vorbezeichneten Urteilen hat der 5. Senat entschieden, dass der Arbeitgeber den variablen Vergütungsbestandteil widerrufen darf, wenn der Widerruf für den Arbeitnehmer, unabhängig davon, ob der Grund als „sachlich, hinreichend, triftig oder schwerwiegend"[1242] bezeichnet werden kann, „nicht unzumutbar" ist. Angeknüpft wird damit an den Wortlaut des § 308 Nr. 4 BGB, der die Wirksamkeit eines Vorbehaltes an dessen „Zumutbarkeit" für den anderen Vertragsteil bindet.

Der 9. Senat fordert für die arbeitgeberseitigen Bestimmungsrechte einen „Sachgrund"[1243]. Der 7. Senat verlangte im Zusammenhang mit der Befristung einzelner Arbeitsbedingungen ein „rechtlich anzuerkennendes Interesse" bzw. ein „berechtigtes Sachinteresse" für die Befristung.[1244] Fehlt die Angabe von Widerrufsgründen in einem vor dem 01.01.2002 abgeschlossenen Arbeitsvertrag, kommt nach dem Bundesarbeitsgericht eine ergänzende Vertragsauslegung in Betracht.[1245]

Den vorgenannten Urteilen ist zu entnehmen, dass die Stichhaltigkeit des Widerrufsgrundes und die Transparenz der Allgemeinen Geschäftsbedingung für den Arbeitnehmer relativ „großzügig" überprüft werden.[1246] Steht eine Leistung des Arbeitgebers beispielsweise unter dem Vorbehalt, dass die wirtschaftliche Entwicklung „nicht negativ" verläuft, muss nach der Rechtsprechung nicht konkretisiert werden, wann von einer negativen Entwicklung auszugehen ist.[1247] Es reiche aus, dass unter Berücksichtigung der

---

1242 BAG 11.10.2006 – 5 AZR 721/05, NZA 2007, 87.

1243 BAG 19.12.2006 – 9 AZR 294/06, DB 2007, 1253ff.

1244 BAG 18.01.2006 – 7 AZR 191/05, AP Nr. 8 zu § 305 BGB; 27.07.2005 – 7 AZR 486/04, NZA 2006, 40ff.

1245 BAG 20.04.2011 – 5 AZR 191/10, BB 2011, 1203.

1246 A.A. bei Widerrufsvorbehalten, bei denen der Arbeitnehmer keinen Einfluss auf den Eintritt der Änderungen hat: Preis/Lindemann, NZA 2006, 632, 636.

1247 Bayreuther, ZIP 2007, 2009f.

„Art und Höhe der Leistung, die widerrufen werden soll, der Höhe des verbleibenden Verdienstes und der Stellung des Arbeitnehmers im Unternehmen [...] der Widerrufsgrund den Widerruf typischerweise"

rechtfertige[1248]. Darin liegt der wesentliche Unterschied zu der Arbeitnehmererfolgsbeteiligung, bei der die Höhe der Arbeitgeberleistungen an im Voraus feststehende, konkrete Voraussetzungen geknüpft ist, und die den Arbeitnehmern somit größere Rechtssicherheit bietet. Es lässt sich verlässlicher prognostizieren, wie sich die Vergütung entwickelt, da die Bezugsgröße und die Berechnung des variablen Entgeltbestandteils in Abhängigkeit von dieser Bezugsgröße feststehen. Die Höhe des Arbeitsentgelts ist nicht in das Ermessen des Arbeitgebers gestellt.

Der Annahme einer größeren Schutzbedürftigkeit der von Widerrufsvorbehalten betroffenen Arbeitnehmer steht auch nicht entgegen, dass die Rechtsprechung neben der Wirksamkeit der Widerrufsklausel in einem zweiten Schritt prüft, ob die Ausübung des Widerrufsrechts billigem Ermessen i.S.d. § 315 III BGB entspricht. Streitig ist bereits, ob die Ausübungskontrolle weiter gehen darf als die bloße Überprüfung, ob der Widerrufsgrund tatsächlich vorliegt.[1249] So hat bereits – in einem ersten Schritt – eine Zumutbarkeitsprüfung des Widerrufsvorbehaltes stattgefunden.[1250] Darüber hinaus lässt sich das Ergebnis einer Prüfung, die anhand einer Generalklausel wie § 315 III BGB erfolgt, nur schwer vorhersagen. Der Arbeitnehmer kann bei einem Widerrufsvorbehalt die Höhe seiner Gesamtvergütung jedenfalls schwieriger einschätzen als bei einer Erfolgsbeteiligung.

Die Rechtsprechung des Bundesarbeitsgerichts ist somit nicht auf die betriebliche Erfolgsbeteiligung übertragbar. Ein Verbot substitutiver Erfolgsbeteiligung für den Fall, dass das garantierte Mindestentgelt das Tariflohnniveau unterschreitet, dürfte sich aus den Urteilen nicht ableiten lassen. Die prozentuale Grenze von 25% bis 30% kann aber immerhin als Anhaltspunkt für eine Zulässigkeitsgrenze der Entgeltflexibilisierung in Allgemeinen Geschäftsbedingungen dienen.

b) Die Rechtsprechung zu Provisionen und echten Leistungszulagen

Entsprechend der Rechtsprechung zu Widerrufsvorbehalten zog das Bundesarbeitsgericht auch bei Provisionen die Zulässigkeitsgrenze in Höhe von 25% bis

1248 BAG 12.01.2005 – 5 AZR 364/04, 5 AZR 364/04, BAGE 113, 140ff.; 19.12.2006 – 9 AZR 294/06, DB 2007, 1253ff.

1249 In diese Richtung auch Preis/Lindemann, NZA 2006, 632, 635.

1250 BAG 11.10.2006 – 5 AZR 721/05, NZA 2007, 87.

30% der Gesamtvergütung; bei einer Überschreitung sei das Gleichgewicht zwischen Leistung und Gegenleistung gestört.[1251]

3) Ergebnis

Sowohl in Einzelverträgen, als auch in Allgemeinen Geschäftsbedingungen sind der Variabilisierung des Arbeitsentgelts Grenzen gesetzt. Das Wirtschaftsrisiko muss überwiegend der Arbeitgeber tragen. Hat der Arbeitnehmer - wie vorliegend - keinen messbaren Einfluss auf Eintritt und Umfang der vorbehaltenen Änderungen, bestehen gegen die Verlagerung wirtschaftlicher Risiken größere Bedenken, soweit sich die Flexibilisierung auf Vergütungsbestandteile bezieht, die im Gegenseitigkeitsverhältnis stehen.[1252]

Während in Allgemeinen Geschäftsbedingungen ein flexibler Vergütungsbestandteil in Höhe von maximal 25% bis 30% eingeführt werden kann, dürften bei Individualabreden höhere Grenzwerte gelten. Ein generelles Verbot der Tariflohnunterschreitung durch substitutive Arbeitnehmerbeteiligung lässt sich der Rechtsprechung nicht entnehmen. Bei Widerrufsvorbehalten ist das Schutzbedürfnis des Arbeitnehmers grundsätzlich größer als bei der substitutiven Arbeitnehmerbeteiligung.

Die Sittenwidrigkeitskontrolle setzt der Tariflohnunterschreitung allerdings Grenzen. Von einem auffälligen Missverhältnis ist auszugehen, wenn die Vergütung den Tariflohn bzw,. das allgemeine Lohnniveau der betreffenden Branche und Wirtschaftsregion um mehr als 1/3 unterschreitet. Ob dem Arbeitnehmer im Falle einer Variabilisierung seines Arbeitsentgelts zumindest eine Vergütung in dieser Höhe garantiert werden muss, oder im Rahmen der Sittenwidrigkeitskontrolle die Chance auf eine höhere Vergütung berücksichtigt werden muss, ist noch ungeklärt.

Grundsätzlich wird der zulässige Anteil des flexiblen Vergütungsbestandteils an der Gesamtvergütung von der Höhe des verbleibenden Verdienstes und der Stellung des Arbeitnehmers im Unternehmen abhängen. Durch die Flexibilisierung eines Entgeltbestandteils kann in Einzelfällen sogar ein Anreiz zur Erhöhung der Mindestvergütung bestehen: Je mehr Flexibilität der Arbeitgeber anstrebt, desto höher muss er den Arbeitnehmer vergüten.

Grundlegende Bedeutung für die Gestaltung von Änderungsvorbehalten in Allgemeinen Geschäftsbedingungen hat darüber hinaus das Transparenzgebot.

1251 BAG 21.04.1993 - 7 AZR 297/92, NZA 1994, 476, 477; 19.12.2006 - 9 AZR 294/06, NZA 2007, 809, 810.

1252 Preis/Lindemann, NZA 2006, 632, 635.

Der Arbeitnehmer, dem der Änderungsvorbehalt einseitig gestellt wird, soll „ausreichend, sprachlich klar und inhaltlich richtig über seine Rechte und Pflichten aus dem Vertrag informiert werden“[1253]. Der Arbeitnehmer muss hinsichtlich der Höhe seiner Vergütung und der Art und Weise ihrer Berechnung „übersehen können, was auf ihn zukommt“[1254].

Wegen des Verbots der geltungserhaltenden Reduktion fällt eine unwirksame Klausel zur Erfolgsbeteiligung ersatzlos weg. Dem Arbeitgeber kann die Berufung auf die Unwirksamkeit im Einzelfall allerdings wegen Treuwidrigkeit verwehrt sein.

dd. Die Befristung der Entgeltflexibilisierung

Auf eine Teilübertragung des Wirtschaftsrisikos wird sich der Arbeitnehmer nur bei einer zeitlichen Begrenzung der substitutiven Beteiligung einlassen wollen: Je länger die vorgesehene Laufzeit des Beteiligungsmodells ist, desto schwieriger lassen sich die Entwicklung des Erfolgsindikators und damit auch das eingegangene Risiko einschätzen. Daher stellt sich die Frage nach der Befristung bzw. Kündbarkeit einer Beteiligungsvereinbarung. Für die Zulässigkeit eines solchen Teilkündigungsrechts müssten dieselben Voraussetzungen wie für die Befristung der Entgeltflexibilisierung gelten.

Grundsätzlich besteht bei Befristungen die Gefahr der Umgehung des Änderungskündigungsschutzes. Da die von der Rechtsprechung aufgestellten strengen Voraussetzungen für eine Änderungskündigung nach § 2 KSchG selbst bei einer negativen Unternehmensentwicklung nur selten vorliegen dürften,[1255] besteht für Arbeitgeber ein erhebliches Interesse an der Befristung von Entgeltbestandteilen. Nach der früheren Rechtsprechung des Bundesarbeitsgerichts musste dabei das Verbot der Umgehung des Änderungskündigungsschutzes gemäß § 2 KSchG – jedenfalls innerhalb des Anwendungsbereichs des KSchG[1256] – beachtet werden.[1257] Danach war für die Befristung einer Arbeitsbedingung, die im Gegenseitigkeitsverhältnis stand, ein sachlicher Grund erforderlich.[1258] Darüber hinaus durfte nicht in den Kernbereich des Arbeitsverhältnisses eingegriffen

1253 Preis/Lindemann, NZA 2006, 632, 635.

1254 Vgl. BAG 16.05.2012 – 5 AZR 331/11, NZA 2012, 908, 910; Bayreuther, ZIP 2007, 2009, 2011.

1255 Z.B. BAG 16.05.2002 – 2 AZR 292/01, NZA 2003, 147; 12.01.2006 – 2 AZR 126/05, NZA 2006, 587.

1256 Hueck/ v. Hoyningen-Huene, § 2 Rn. 587.

1257 BAG 13.06.1986 – 7 AZR 650/84, AP Nr. 19 zu § 2 KSchG 1969.

1258 BAG 21.04.1993 – 7 AZR 297/92, AP Nr. 34 zu § 2 KSchG 1969.

werden. Bei der einjährigen Befristung einer Provisionszulage in Höhe von 15% der Gesamtvergütung verneinte das Bundesarbeitsgericht einen unzulässigen Eingriff.[1259]

Auch heute erkennt das Bundesarbeitsgericht die Möglichkeit der Befristung einzelner Arbeitsbedingungen grundsätzlich an.[1260] Ob die Befristungskontrolle generell oder erst dann eingreift, wenn der Entgeltbestandteil eine kündigungsschutzrechtlich relevante Höhe erreicht, ist bislang ungeklärt.[1261] Da die Befristung einzelner Arbeitsbedingungen zu den Änderungsvorbehalten gerechnet wird,[1262] sollte allerdings – zur Vermeidung von Wertungswidersprüchen – die Rechtsprechung zu den Zulässigkeitsgrenzen von Änderungsvorbehalten grundsätzlich angewendet werden.[1263] §§ 14 ff. TzBfG können dagegen keine Anwendung finden – auch nicht analog.[1264]

Bei der Zulässigkeitsprüfung könnte generell danach unterschieden werden, ob die Befristung beim Abschluss des Arbeitsvertrags vereinbart wird, oder Arbeitsbedingungen im Laufe eines bereits bestehenden, bestandsgeschützten Arbeitsverhältnisses befristet werden.[1265] Bei befristeten Vertragsänderungen befindet sich der Arbeitnehmer nämlich in einer stärkeren Position; er kann die aus seiner Sicht unvorteilhaften Befristungsabreden leichter ablehnen.[1266] Diese Differenzierung hat das Bundesarbeitsgericht allerdings – soweit ersichtlich – noch nicht übernommen.[1267]

Wie bereits dargestellt, verlangte das Bundesarbeitsgericht bereits nach seiner alten Rechtsprechung für Befristungen einzelner Arbeitsbedingungen im Gegenseitigkeitsverhältnis einen sachlichen Grund. Allerdings wurden die Anforderungen an den sachlichen Grund gegenüber der Befristung des gesamten Arbeitsverhältnisses erleichtert.[1268]

1259 BAG 21.04.1993 – 7 AZR 297/92, AP Nr. 34 zu § 2 KSchG 1969.

1260 BAG 14.01.2004 – 7 AZR 213/03, NZA 2004, 719; 27.07.2005 – 7 AZR 486/04, NZA 2006, 40; 08.08.2007 – 7 AZR 855/06, BAGE 123, 327ff.

1261 Kolvenbach/Glaser, in: Moll, Münch Anwaltshandbuch ArbR, § 23 Rn. 60.

1262 Preis/Lindemann, NZA 2006, 632, 637.

1263 Reiserer, NZA 2007, 1249, 1252.

1264 BAG 27.07.2005 – 7 AZR 486/04, NZA 2006, 40; 02.09.2009 – 7 AZR 233/08, BAGE 132, 59ff.; für eine Wertungskongruenz: Willemsen/Grau, NZA 2005, 1137, 1141.

1265 Preis, in: ErfKomm, § 310 BGB Rn. 75.

1266 Preis/Lindemann, NZA 2006, 632, 637.

1267 BAG 02.09.2009 – 7 AZR 233/08, BAGE 132, 59ff.

1268 BAG 13.06.1986 – 7 AZR 650/84, AP Nr. 19 zu § 2 KSchG 1969.

Nach einer Ansicht muss für eine Befristung einzelner Arbeitsbedingungen sowohl bei einer Besserstellung, als auch bei einer Schlechterstellung des Arbeitnehmers ein sachlicher Grund vorliegen.[1269] Dieser Ansicht ist zuzustimmen. Bei einer Differenzierung zwischen Besser- und Schlechterstellung bestünden nämlich Abgrenzungsschwierigkeiten. Darüber hinaus entstünden Wertungswidersprüche gegenüber der Rechtsprechung zu Widerrufsvorbehalten, wenn man keinen sachlichen Grund für die Befristung verlangen würde.

Vorliegend kann dahinstehen, ob eine befristete Abrede zur Arbeitnehmerbeteiligung einen Sachgrund erfordert. Die Befristung liegt nämlich – jedenfalls bei einer substitutiven Beteiligung – regelmäßig im Interesse des Arbeitnehmers, so dass ein sachlicher Grund gegeben sein dürfte. Der Arbeitnehmer wird sich vernünftigerweise nur dann auf eine Flexibilisierung des Arbeitsentgelts einlassen, wenn er den Zeitraum, währenddessen das Arbeitsentgelt flexibilisiert werden soll, überblicken kann. Dies gilt erst recht bei der Begründung des Arbeitsverhältnisses, da der Arbeitnehmer in diesem Fall noch geringere Kenntnisse von dem Entwicklungspotential des Arbeit gebenden Unternehmens haben dürfte. Der Sachgrund für die Befristung der Entgeltflexibilisierung liegt somit im Interesse des Arbeitnehmers an einer Begrenzung der mit einer Entgeltflexibilisierung einhergehenden finanziellen Risiken.[1270]

Ergibt sich die Befristung der Erfolgsbeteiligung aus den Allgemeinen Geschäftsbedingungen des Arbeitgebers, richtet sich die Zulässigkeit nach den §§ 307 ff. BGB, da die Befristung eine kontrollfähige Nebenabrede darstellt.[1271] Somit muss das Transparenzgebot des § 307 I 2 BGB beachtet werden. Die Anforderungen müssten mangels Ausübungskontrolle noch höher als bei Widerrufsvorbehalten sein.[1272] Verlangt werden sollte, dass sowohl die Dauer als auch die eventuelle Verlängerung der Laufzeit des Beteiligungsmodells in der Abrede explizit genannt werden.

Wäre die Befristung einer Beteiligungsabrede wegen unangemessener Benachteiligung des Arbeitnehmers unwirksam, müsste die Vereinbarung gemäß § 306 I BGB im Übrigen wirksam bleiben, so dass die Erfolgsbeteiligung auf unbestimmte Zeit vereinbart wäre. Nach dem sog. „blue-pencil-Test“ dürfte sich die Befristungsabrede nämlich von den übrigen Regelungen zur

1269 Löwisch, ZfA 1986, 1, 5f.

1270 Vgl. zur befristeten Gewährung einer Gratifikation: Kolvenbach/Glaser, in: Moll, Münch Anwaltshandbuch ArbR, § 23 Rn. 56.

1271 BAG 27.07.2005 – 7 AZR 486/04, NZA 2006, 40; 08.08.2007 – 7 AZR 855/06, NZA 2008, 229.

1272 Preis/Lindemann, NZA 2006, 632, 638.

Arbeitnehmerbeteiligung ohne Schwierigkeiten trennen lassen, ohne dass die übrigen Bestimmungen ihren Sinn verlören. Die unbefristete Geltung der Beteiligungsvereinbarung dürfte dem Arbeitnehmerinteresse aber regelmäßig widersprechen. Ein Arbeitgeber, der die dem Arbeitnehmerschutz dienenden Vorgaben der §§ 307 ff. BGB missachtet, würde möglicherweise privilegiert. Allerdings dürften auch viele Arbeitgeber wegen der Gefahr einer dauerhaften Erhöhung der Arbeitskosten an einer unbefristeten Entgeltflexibilisierung nicht interessiert sein. Nach der Rechtsprechung kann zwar eine interessengerechte Lösung nicht nur gemäß § 306 II BGB durch Anwendung der gesetzlichen Vorschriften, sondern auch im Wege der ergänzenden Vertragsauslegung gefunden werden.[1273] Regelmäßig sollte aber aus Gründen der Rechtssicherheit die Beteiligungsvereinbarung ersatzlos wegfallen.

ee. Die Wahl der Bezugsgröße

In der Wahl der Bezugsgröße, nach der sich die Erfolgsbeteiligung der Arbeitnehmer bemisst, sind die Arbeitsvertragsparteien grundsätzlich frei.[1274] So kann beispielsweise – wie auch bei der Tantieme – der Reingewinn des Unternehmens bzw. eines Unternehmensteils zugrunde gelegt werden. Ob für dessen Feststellung die Handels- oder die Steuerbilanz maßgeblich ist, können die Parteien grundsätzlich frei vereinbaren.[1275] Bei willkürlicher oder böswilliger Bilanzierung kann der Arbeitnehmer zwar nicht auf Berichtigung, jedoch auf Auszahlung der ihm bei ordnungsgemäßer Bilanzierung zustehenden Beträge klagen.[1276] Ohne ausdrückliche Vereinbarung können Verluste aus den Vorjahren nicht auf den Gewinn eines Geschäftsjahres angerechnet werden.[1277] Verluste, die erst nach der Bilanzierung entstanden sind, müssen unberücksichtigt bleiben; angemessene Rücklagen können aber gewinnmindernd ausgewiesen werden.[1278]

Die Gewinnbeteiligung wird fällig, sobald die Bilanz festgestellt ist bzw. bei ordnungsgemäßem Geschäftsgang hätte festgestellt werden müssen.[1279] Beim

---

1273 BAG 25.04.2007 – 5 AZR 627/06, BAGE 122, 182ff.

1274 Kreßel, in: Münch Handb ArbR, § 68 Rn. 90; Müller-Glöge, in: MüKo BGB, § 611 Rn. 762.

1275 Vgl. B I 1 a.

1276 RG 29.03.1939 – VI 231/38, ARS 37, 44; LAG Hessen 10.03.1992 – 7 Sa 1019/91, zitiert nach iuris.

1277 Preis, in: ErfKomm, § 611 Rn. 499 m.w.N.

1278 BAG 03.06.1958 – 2 AZR 406/55, AP Nr. 9 zu § 59 HGB.

1279 BAG 03.06.1958 – 2 AZR 406/55, AP Nr. 9 zu § 59 HGB; LAG Berlin 07.10.1975 – 4 Sa 62/75, DB 1976, 636.

Ausscheiden eines Arbeitnehmers im Laufe eines Geschäftsjahres bedarf es nicht der Aufstellung einer Zwischenbilanz.[1280] Stattdessen erscheint es angemessen, dass dem Arbeitnehmer eine zeitanteilig verminderte Gewinnbeteiligung ebenfalls erst nach dem Ende des betreffenden Geschäftsjahres gewährt werden muss.

ff. Bestandsklauseln

Vergütungsbestandteile, deren Wertigkeit bei der Gewährung mit erheblichen Unsicherheiten behaftet sind, wurden nach dem Bundesarbeitsgericht als „bloße Erwerbschancen" nicht in gleichem Maße gegen einen Verfall bei einem vorzeitigen Ausscheiden des Arbeitnehmers geschützt wie Zusatzleistungen, deren Wert bestimmbar ist.[1281] Das Bundesarbeitsgericht entschied, dass die für „gesicherte Vergütungsbestandteile"[1282] geltende Rechtsprechung zu Bindungsklauseln auf Aktienoptionspläne bzw. deren schuldrechtliche Nachbildungen nicht übertragbar seien. Im Hinblick auf § 193 II Nr. 4 AktG weiche eine gegebenenfalls mehrjährige Bindung des Arbeitnehmers, der eine teilweise aktienkursbasierte Vergütung erhält, nicht von dem wesentlichen Grundgedanken einer gesetzlichen Regelung gemäß § 307 II Nr. 1 BGB ab. Für wertmäßig bestimmbare Sonderleistungen deutete das Bundesarbeitsgericht dagegen strengere Kriterien an.[1283]

Der Wert einer Erfolgs- bzw. Kapitalbeteiligung lässt sich im Voraus nicht beziffern, sondern hängt von der nicht vorhersehbaren Unternehmensentwicklung bzw. der allgemeinen Kapitalmarktentwicklung ab. Werden den Arbeitnehmern nicht Unternehmensanteile zu einem im Voraus festgelegten Wert zugesagt, sondern verpflichtet sich der Arbeitgeber zur Überlassung einer bestimmten Stückzahl, oder wird dem Arbeitnehmer ein erfolgsbezogener Vergütungsbestandteil zugesagt, dessen Wert von der ungewissen Entwicklung eines Erfolgsindikators abhängt, vereinbaren die Parteien wohl lediglich eine „Erwerbschance" im Sinne der vorgenannten Rechtsprechung. Bei diesen Beteiligungen dürfte es sich nicht um „wertmäßig gesicherte Vergütungsbestandteile"[1284] handeln.

Gleichwohl bestehen nach der neuen Rechtsprechung des Bundesarbeitsgerichts[1285] Bedenken gegen die Zulässigkeit von Bestandsklauseln für

---

1280 Ausführlich: Preis, in: ErfKomm, § 611 BGB Rn. 502 m.w.N.

1281 BAG 28.05.2008 - 10 AZR 351/07, NZA 2008, 1066, 1071ff.

1282 Lembke, NJW 2010, 321, 323.

1283 BAG 24.10.2007 - 10 AZR 825/06, NJW 2008, 680.

1284 Lembke, NJW 2010, 321, 322.

1285 BAG 12.04.2011 - 1 AZR 412/09, NZA 2011, 989; 18.01.2012 - 10 AZR 612/10, NJW-Spezial 2012, 274f.

Erfolgsbeteiligungen: Zunächst entschied das Bundesarbeitsgericht, dass die Betriebsparteien eine im Synallagma stehende, teilweise leistungsbezogene „Erfolgsvergütung“ nicht davon abhängig machen könnten, dass das Arbeitsverhältnis zu einem Auszahlungstag außerhalb des Bezugszeitraums vom Arbeitnehmer nicht gekündigt wird. Obwohl das Urteil die Regelungsbefugnis der Betriebsparteien betrifft, sind die Entscheidungsgründe auch für den vorliegenden Fall arbeitsvertraglich vereinbarter Bestandsklauseln relevant: Das Bundesarbeitsgericht urteilte, dass

> „solche Vergütungsbestandteile, die vom Erreichen persönlicher Ziele und dem Unternehmenserfolg abhängen, [...] keine anlass- und stichtagsbezogenen Sonderzuwendungen des Arbeitgebers [seien], sondern unmittelbare Gegenleistung für eine vom Arbeitnehmer zu erbringende Leistung [seien], die dieser als Arbeitsentgelt für den vereinbarten Zeitraum“[1286]

erhalte. Diese synallagmatische Verbindung werde

> „nicht durch die Abhängigkeit der Höhe der variablen Erfolgsvergütung von einem Unternehmensergebnis im maßgeblichen Bezugszeitraum in Frage gestellt. Denn auch Leistungen, die an den Unternehmenserfolg geknüpft sind [...], [würden] regelmäßig als zusätzliche Vergütung für eine im Geschäftsjahr erbrachte Arbeitsleistung des Arbeitnehmers gezahlt“.

Daraus folgerte das Bundesarbeitsgericht:

> „Der Anspruch auf die variable Erfolgsvergütung [...] entsteht mit Ablauf des monatlichen Leistungszeitraums. Sie wird in den einzelnen Monaten anteilig verdient, jedoch aufgespart und am vereinbarten Fälligkeitstag ausgezahlt.“[1287]

Bereits zuvor war entschieden worden, dass ein der Leistungs- und Motivationssteigerung dienender Vergütungsbestandteil als Gegenleistung für die gemäß der Zielvereinbarung erbrachte Arbeitsleistung geschuldet werde.[1288]

Zur Vereinbarkeit einer in Allgemeinen Geschäftsbedingungen enthaltenen Stichtagsklausel mit § 307 I 1, II Nr. 1 BGB entschied das Bundesarbeitsgericht:

> „Eine Sonderleistung mit Mischcharakter, die jedenfalls auch Vergütung für bereits erbrachte Arbeitsleistung darstellt, kann in Allgemeinen Geschäftsbedingungen nicht

---

1286 BAG 12.04.2011 - 1 AZR 412/09, NZA 2011, 989.

1287 BAG 12.04.2011 - 1 AZR 412/09, NZA 2011, 989; vgl. auch BAG 21.04.2010 - 10 AZR 178/09, AP Nr. 45 zu § 1 TVG Altersteilzeit.

1288 BAG 12.12.2007 - 10 AZR 97/07, BAGE 125, 147ff.; BSG 23.03.2006 - B 11a AL 29/05 R, NZA-RR 2007, 101ff.

vom ungekündigten Bestand des Arbeitsverhältnisses zu einem Zeitpunkt außerhalb des Bezugszeitraums abhängig gemacht werden.
Die Stichtagsklausel steht im Widerspruch zum Grundgedanken des § 611 Abs. 1 BGB, indem sie dem Arbeitnehmer bereits erarbeiteten Lohn entzieht. Sie verkürzt außerdem in nicht zu rechtfertigender Weise die nach Art. 12 Abs. 1 GG geschützte Berufsfreiheit des Arbeitnehmers, weil sie die Ausübung seines Kündigungsrechts unzulässig erschwert."[1289]

Erfolgsbeteiligungen, mit denen die erbrachte Arbeitsleistung vergütet wird, können somit nicht von dem Bestehen eines (ungekündigten) Arbeitsverhältnisses im gesamten Bezugszeitraum abhängig gemacht werden. Die Erfolgsbeteiligung ist die Gegenleistung für die erbrachte Arbeitsleistung.[1290] Scheidet z.B. ein Arbeitnehmer im laufenden Geschäftsjahr aus dem Unternehmen aus, muss ihm die Erfolgsbeteiligung zeitratierlich gewährt werden. Der Verfall der gesamten Beteiligung für den Fall des Ausscheidens oder der Eigenkündigung des Arbeitnehmers wäre eine unzulässige Kündigungserschwerung.[1291]

c. *Die Abweichung von Betriebsvereinbarungen zur Arbeitnehmerbeteiligung*

Schließlich stellt sich die Frage, ob und inwieweit die Arbeitsvertragsparteien von Betriebsvereinbarungen zur Arbeitnehmerbeteiligung abweichen dürfen. Darf ein Arbeitgeber, der sich mit dem Betriebsrat auf ein betriebliches Beteiligungsmodell verständigt hat, mit einzelnen Arbeitnehmern davon abweichende, günstigere Regelungen treffen? Die herrschende Literatur ist der Ansicht, dass das Günstigkeitsprinzip als allgemeiner Rechtsgrundsatz auch für das Verhältnis einzelvertraglicher Vereinbarungen zu den Regelungen einer Betriebsvereinbarung gilt.[1292] Die Regelung des § 77 IV BetrVG, wonach Betriebsvereinbarungen eine zwingende Wirkung zukommt, stünde dem nicht entgegen.[1293] Der Große Senat des Bundesarbeitsgerichts hat dies bestätigt.[1294]

Soweit eine Durchbrechung der von Artikel 9 III GG geschützten Normwirkung der Tarifverträge durch Einzelarbeitsverträge zulässig ist, muss dies erst recht für eine Abweichung von Betriebsnomen gelten. Einer Abweichung in

1289 BAG 18.01.2012 - 10 AZR 612/10, NJW-Spezial 2012, 274f.

1290 Vgl. B I 2 a.

1291 Zur Unzulässigkeit von Bestandsklauseln bei Tantiemen: Preis, in: Preis, Erf-Komm, § 611 BGB Rn. 503.

1292 Löwisch/ Rieble, in: Münch Handb ArbR, Bd. 3, § 327 Rn. 77 m.w.N.

1293 Richardi, BetrVG § 77 Rn. 134 f.

1294 BAG 16.09.1986 - GS 1/82, BAGE 53, 42ff.

einer Vielzahl von Arbeitsverhältnissen dürfte aber mitunter der Gleichbehandlungsgrundsatz entgegen stehen.[1295]

3. Ergebnis

Als zulässige rechtliche Gestaltungsform der betrieblichen Entgeltflexibilisierung zur Arbeitnehmerbeteiligung kommen grundsätzlich sowohl die Betriebsvereinbarung, als auch möglichst betriebseinheitlich gestaltete arbeitsvertragliche Regelungen in Betracht. Die Betriebsvereinbarung führt zwar zu einer betriebseinheitlichen Regelung des Beteiligungsmodells; die Regelungsbefugnis der Betriebsparteien ist allerdings begrenzt. Alternativ können sich die Betriebsparteien in Regelungsabreden auf inhaltliche Vorgaben verständigen, die allerdings nicht normativ wirken. Für den Betriebsrat hat dies den Vorteil, Einfluss auf Höhe und Gestaltung der Variabilisierung des Arbeitsentgelts nehmen zu können. Der Arbeitgeber wird durch eine Einbindung des Betriebsrats möglicherweise eine größere Akzeptanz des Beteiligungsmodells innerhalb der Belegschaft erreichen.

Allgemeinverbindliche Aussagen zur maximal zulässigen Höhe des flexiblen Entgeltbestandteils lassen sich schwer treffen. Jedenfalls innerhalb der prozentualen Grenzen, in denen in Allgemeinen Geschäftsbedingungen ein Widerrufsvorbehalt wirksam vereinbart werden kann, müsste auch eine am Unternehmenserfolg orientierte Vergütung oder die Gewähr von wertmäßig im Voraus nicht bezifferbaren Unternehmensanteilen zulässig sein. Dadurch würde die Bedeutung des Arbeitsentgelts als stetige, wirtschaftliche Lebensgrundlage der Arbeitnehmer nicht in Frage gestellt. Die Zulässigkeitsschranke ist, je nachdem ob die Entgeltflexibilisierung individualvertraglich oder in Allgemeinen Geschäftsbedingungen vereinbart wird, § 138 BGB oder § 307 BGB. In Allgemeinen Geschäftsbedingungen muss die Berechnung der Erfolgsbeteiligung bzw. die Zuteilung der Unternehmensanteile darüber hinaus dem Transparenzgebot entsprechen. Bestandsklauseln, welche die Auszahlung der Beteiligung vom Bestehen des Arbeitsverhältnisses im gesamten Bezugszeitraum oder am Auszahlungstag abhängig machen, sind unzulässig; zuvor ausgeschiedenen Arbeitnehmern muss – spätestens zum regulären Auszahlungstermin – die Beteiligung zeitanteilig gewährt werden. Die Beteiligungsvereinbarung kann befristet oder kündbar gestaltet werden. In der Wahl der Bezugsgröße einer Erfolgsbeteiligung sind die Parteien weitgehend frei.

1295 Vgl. D I 2 a.

II. Die Günstigkeit arbeitsvertraglicher Regelungen zur Arbeitnehmerbeteiligung

Tarifnormen, die einen Teil des Arbeitsentgelts variabel gestalten oder die Arbeitsvertrags- bzw. Betriebsparteien zu einer teilweisen Variabilisierung des Arbeitsentgelts ermächtigen, sind nur wenig verbreitet.[1296] Substitutive Arbeitnehmerbeteiligung wird in tarifgebundenen Arbeitsverhältnissen daher meist nur in Abweichung von Tarifnormen vereinbart werden können – unter der Voraussetzung, dass die Beteiligung für die betroffenen Arbeitnehmer günstiger ist, § 4 III 2. Alt. TVG.

Wie bereits festgestellt, ist das Günstigkeitsprinzip dahingehend auszulegen, dass eine individualvertragliche Abweichung von Tarifnormen, die der Arbeitnehmer mit dem Arbeitgeber selbstbestimmt herbeiführt, eine Abweichung zugunsten des Arbeitnehmers darstellt, soweit dadurch die soziale Ordnungsfunktion der Tarifautonomie nicht gefährdet wird.[1297] Ein allein quantitatives Verständnis des Günstigkeitsprinzips, wonach bereits bei Vertragsschluss feststehen muss, dass der Arbeitnehmer aufgrund der Abweichung vom Tarifvertrag messbar mehr erhält, ist somit nicht geboten.[1298] Eine Unterschreitung des Tariflohns kann sich für den Arbeitnehmer als günstiger darstellen, wenn dem Arbeitnehmer zugleich die realistische Chance auf ein übertarifliches Entgelt eröffnet wird.[1299]

Die Günstigkeitsbeurteilung muss den Umständen des Einzelfalles Rechnung tragen. Fraglich ist, unter welchen Voraussetzungen eine individualvertragliche Regelung zur substitutiven Arbeitnehmerbeteiligung, die in Abweichung von tarifvertraglichen Bestimmungen getroffen werden soll, als Ergebnis einer selbstbestimmten Vertragsgestaltung durch den Arbeitnehmer und somit als günstiger angesehen werden könnte. Wenn es gelänge, abstrakte Kriterien für die Günstigkeit einer Entgeltregelung zur substitutiven Arbeitnehmerbeteiligung zu entwickeln, ließe sich die Rechtsunsicherheit, die mit jeder Einzelfallbetrachtung verbunden ist, begrenzen. Die von den Befürwortern eines quantitativen Günstigkeitsvergleichs befürchtete Preisgabe einer „rational begründbaren und auch prognostizierbaren Spruchpraxis“[1300] ließe sich vermeiden.

1296 Vgl. A I.

1297 Vgl. C II 2 a.

1298 Vgl. C II 2 a.

1299 Vgl. C II 2 a.

1300 Dieterich, RdA 2002, 3 bezüglich der Einbeziehung der Arbeitsplatzsicherheit in den Günstigkeitsvergleich.

Bevor die Kriterien für die Günstigkeit einer Entgeltregelung zur substitutiven Arbeitnehmerbeteiligung entwickelt werden, soll zunächst der Anwendungsbereich des Günstigkeitsprinzips kurz dargestellt werden.

1. Anwendbarkeit des Günstigkeitsprinzips im Verhältnis zwischen Arbeits- und Tarifvertrag

Soweit die Normwirkung der Tarifverträge gemäß § 3 I TVG reicht, richtet sich das Verhältnis zwischen Arbeits- und Tarifvertrag nach allgemeiner Meinung[1301] nach dem Günstigkeitsprinzip des § 4 III 2. Alt. TVG. Dies gilt auch in den Fällen einer Allgemeinverbindlicherklärung nach § 5 TVG oder einer Tarifnormerstreckung nach §§ 5 I Nr. 1, 7 I 1 AEntG.[1302] Nur wenige Regelungen, wie z.B. Regelungen zur Ausübung von Gestaltungs- und Klagerechten, sind ausschließlich der Individualvereinbarung zwischen Arbeitgeber und Arbeitnehmer vorbehalten.[1303]

Die Anwendung des Günstigkeitsprinzips auf Betriebsnormen i.S.d. § 3 II TVG ist umstritten.[1304] Gegen eine Anwendung wird vorgebracht, dass Betriebsnormen formelle Arbeitsbedingungen betreffen[1305] bzw. eine betriebseinheitliche Gesamtordnung aufstellen[1306]. Die Notwendigkeit einer betriebseinheitlichen Geltung von Tarifnormen besagt allerdings nicht immer, dass die Arbeitsvertragsparteien nicht eine über den tariflichen Standard hinausgehende Stellung des Arbeitnehmers vereinbaren dürfen. Wenn sich der Arbeitgeber auf eine solche Besserstellung einlässt, bringt er gerade zum Ausdruck, dass etwa aus organisatorischen Gründen eine betriebseinheitliche Geltung nicht erforderlich ist. Dann wäre es unbillig, den Tarifvertragsparteien die Befugnis zur Vereinbarung von Höchstarbeitsbedingungen zuzuerkennen. Dasselbe gilt für betriebsverfassungsrechtliche Normen (§ 3 II 2. Alt. TVG) sowie Normen über gemeinsame Einrichtungen (§ 4 II TVG).[1307] Somit kommt auch in diesen Fällen das Günstigkeitsprinzip zur Anwendung.

1301 Vgl. Deinert, in: Däubler, TVG, § 4 Rn. 575; Franzen, in: Preis, ErfKomm, § 4 TVG Rn. 31.

1302 Franzen, in: Preis, ErfKomm, § 5 Rn. 5.

1303 Wendt, Der Günstigkeitsvergleich, S. 25.

1304 Franzen, in: ErfKomm, § 4 TVG Rn. 34; für eine Anwendung: Deinert, in Däubler, TVG, § 4 Rn. 604.

1305 Buschmann, NZA 1990, 387, 388.

1306 Linnenkohl, BB 1990, 628, 630; Zachert, DB 1990, 988.

1307 Franzen, in: ErfKomm, § 4 TVG Rn. 34.

Nehmen die Vertragsparteien in nicht tarifgebundenen Arbeitsverhältnissen die Bestimmungen des Tarifvertrags in Bezug, findet der Tarifvertrag nicht normativ, sondern kraft individueller Abrede Anwendung. Konsequenterweise misst die herrschende Meinung[1308] der arbeitsvertraglichen Bezugnahmeklausel nur schuldrechtliche Wirkung bei und lehnt eine vollständige Unterwerfung der Parteien unter den Tarifvertrag ab. Tarifvertragliche Bestimmungen finden nur insoweit Anwendung, als es die vereinbarte Bezugnahme vorsieht.[1309] Da die Tarifbestimmungen nicht unabdingbar gelten,[1310] steht es den Vertragsparteien frei, von den in Bezug genommenen Tarifverträgen abweichende Vereinbarungen zu treffen und die Inbezugnahme dadurch zu begrenzen. Durch Vertragsänderung kann die Inbezugnahme jederzeit eingeschränkt oder aufgehoben werden. Zwischen dem normativ wirkenden Tarifvertrag und den Bestimmungen des arbeitsvertraglich in Bezug genommenen Tarifvertrags findet nach herrschender Meinung[1311] das Günstigkeitsprinzip Anwendung.[1312] Begründen lässt sich dies mit einem Vergleich des Tarifvertragsgesetzes mit der Tarifvertragsverordnung von 1918. Im Gegensatz zu der Tarifvertragsverordnung enthält das Tarifvertragsgesetz keine Bestimmung, wonach Tarifbeteiligte auch diejenigen sein können, „die den Arbeitsvertrag unter Berufung auf den Tarifvertrag abgeschlossen haben“[1313]. In § 3 I TVG, der die Voraussetzungen der Normativität von Tarifverträgen regelt, wird nur noch auf die Mitgliedschaft in den Verbänden abgestellt. Ob der Inhalt des in Bezug genommenen Tarifvertrags oder die übrigen Vertragsklauseln gelten sollen, muss nach allgemeinen Auslegungsgrundsätzen entschieden werden.

Nehmen tarifgebundene Arbeitsvertragsparteien einen weiteren Tarifvertrag einzelvertraglich in Bezug, beansprucht der in Bezug genommene Tarifvertrag keine normative Geltung. Konsequenterweise ist die Kollision der Tarifverträge nicht nach den Regeln der Tarifkonkurrenz[1314], sondern nach dem Günstigkeitsprinzip zu lösen.

Im Nachwirkungszeitraum gelten die Tarifnormen gemäß § 4 V TVG weiter, bis sie durch andere Abmachungen ersetzt werden – nach ganz herrschender

---

1308 Franzen, in: ErfKomm, § 3 TVG Rn. 32.

1309 BAG 09.05.2007 – 4 AZR 319/06, DB 2008, 874.

1310 BAG 07.12.1977 – 4 AZR 474/76, AP Nr. 9 zu § 4 TVG Nachwirkung.

1311 Franzen, in: ErfKomm, § 3 TVG Rn. 32 m.w.N.

1312 BAG 29.08.2007 – 4 AZR 767/06, NZA 2008, 364ff.; Franzen, in: ErfKomm, § 4 TVG Rn. 37.

1313 § 1 II TVVO 1918.

1314 Vgl. BAG 22.10.2008 – 4 AZR 789/07, NZA 2009, 265.

Meinung[1315] allerdings nur noch unmittelbar und nicht mehr zwingend. Für eine Anwendung des Günstigkeitsprinzips bleibt somit kein Raum. Dagegen richtet sich das Verhältnis vortariflicher Abmachungen zu dem später maßgeblichen Tarifvertrag nach § 4 III 2. Alt. TVG. Tritt etwa der Arbeitnehmer eines tarifgebundenen Arbeitgebers erst nach Abschluss des Individualvertrags der tarifvertragsschließenden Gewerkschaft bei, bleiben nur solche Vertragsbestimmungen anwendbar, die sich als günstiger darstellen.

2. Methoden zur Bestimmung der Günstigkeit arbeitsvertraglicher Regelungen

Als „offene Norm"[1316] definiert § 4 III 2. Alt. TVG die Günstigkeit abweichender Abmachungen nicht selbst, sondern erfordert ein Werturteil des Rechtsanwenders.[1317] Um eine willkürliche Rechtsanwendung auszuschließen, müssen bei der Auslegung der Norm die Wertungen des Verfassungsgebers[1318] berücksichtigt werden. In Rechtsprechung[1319] und Literatur[1320] umstritten ist vor allem, wie der Gegenstand der Günstigkeitsbetrachtung bestimmt und aus wessen Sicht die Günstigkeit beurteilt wird.

a. Vergleichsgegenstand

Maßgeblich für die Günstigkeitsbeurteilung ist, welche einzelvertraglichen Regelungen in den Günstigkeitsvergleich einzustellen und miteinander zu vergleichen sind. In Betracht kommt zunächst, abweichende einzelvertragliche Regelungen isoliert zu bewerten (Einzelvergleich).[1321] Möglich ist es auch, sachlich zusammenhängende Regelungen im Arbeitsvertrag den entsprechenden Tarifnormen gemeinsam gegenüber zu stellen (Sachgruppenvergleich)[1322] oder alle Regelungen des Arbeitsvertrags zu berücksichtigen (Gesamtvergleich).[1323]

1315 BAG 03.12.1985 - 4 ABR 60/85, AP Nr. 2 zu § 74 BAT; 18.03.1992 - 4 AZR 339/91, BB 1992, 1213; Griese, in: Küttner, § 401 Rn. 27.

1316 Buchner, NZA 1996, 1304, 1305; NZA 1999, 897, 898.

1317 Belling, Das Günstigkeitsprinzip, S. 169 ff.; Wlotzke, Das Günstigkeitsprinzip, S. 72.

1318 Vgl. C II.

1319 BAG 27.01.2004 - 1 AZR 148/03, NZA 2004, 667; 05.08.2009 - 10 AZR 634/08, BeckRS 09/72269.

1320 Robert, NZA 2004, 633, 634 m.w.N.

1321 Däubler, TVG, § 4 Rn. 206.

1322 BAG 05.08.2009 - 10 AZR 634/08, BeckRS 09/72269.

1323 Heinze, NZA 1991, 329, 335; Nebeling/Arntzen, NZA 2011, 1215ff.; Schliemann, NZA 2003, 122, 123.

Würde dem Einzelvergleich gefolgt, könnte die Günstigkeit einer Regelung nicht durch kompensatorische Vereinbarungen über einen anderen Regelungsgegenstand erreicht werden.[1324]

Substitutive Beteiligungsmodelle sehen vor, das Mindestentgelt zu senken, um einen variablen Entgeltbestandteil einzuführen. Je nach der Entwicklung des Erfolgsindikators kann dies zu einem insgesamt über- oder untertariflichen Lohnniveau führen. Würde man in einer entsprechenden einzelvertraglichen Vereinbarung mehrere Regelungsgegenstände sehen, wäre diese Vereinbarung nach dem Einzelvergleich regelmäßig ungünstiger, da kompensatorische Regelungen per se ausgeschlossen wären. Da sowohl das garantierte Mindestentgelt, als auch der variable Entgeltbestandteil Teil des regelmäßigen Arbeitsentgelts sind, erscheint eine getrennte Betrachtung zwar fernliegend, aber nicht ausgeschlossen. Daher soll eingehender erörtert werden, wie der Vergleichsgegenstand zu bestimmen ist.

Die Frage des maßgeblichen Vergleichsgegenstands beschäftigte das Bundesarbeitsgericht im Zusammenhang mit betrieblichen Bündnissen für Arbeit im sogenannten „Burda-Fall“[1325]. Die Burda Druck GmbH hatte im Jahr 1996 mit dem Betriebsrat aus wirtschaftlichen Gründen folgende Abweichungen von dem maßgeblichen Tarifvertrag vereinbart: Die wöchentliche Arbeitszeit sollte von 35 auf 39 Stunden erhöht werden, wobei die 36. und 37. Stunde nicht zusätzlich vergütet werden sollten. Die Zuschläge für Nacht- und Wochenendarbeit sollten zudem gesenkt werden. Die Vereinbarung zwischen Geschäftsleitung und Betriebsrat wurde einzelvertraglich umgesetzt. Arbeitnehmern, die sich auf eine entsprechende Vertragsänderung einließen, wurde bis Ende 2000 eine Beschäftigungsgarantie gegeben. Nach Angaben der Geschäftsleitung akzeptierten 98,5% der betroffenen Arbeitnehmer die Abweichungen vom Tarifvertrag. Die damalige Gewerkschaft IG Medien klagte auf Unterlassung der tarifwidrigen Abmachungen.

Das Bundesarbeitsgericht entschied, dass zwar grundsätzlich kompensierende Vereinbarungen in den Vergleichsgegenstand einfließen könnten, wenn ein nach objektiven Gesichtspunkten festzustellender Sachzusammenhang zwischen den Regelungen gegeben ist. Im zu entscheidenden Fall wurde der betrieblich vereinbarte Lohnverzicht der Arbeitnehmer jedoch isoliert von der Beschäftigungsgarantie des Arbeitgebers gewürdigt, da beide Regelungen entgegen einer in der Literatur vertretenen Ansicht[1326] als nicht vergleichbar angesehen wurden.

1324 Belling, Günstigkeitsprinzip, S. 182.

1325 BAG 20.04.1999 – 1 ABR 72/98, BAGE 91, 210, 231.

1326 Adomeit, Regelung von Arbeitsbedingungen und ökonomische Notwendigkeiten, S. 42 ff.; Buchner, DB 1996, Beilage 12, 1 ff.; Federlin, in: FS 50 Jahre BAG, S. 645; Schliemann, NZA 2003, 122, 125.

Es handele sich um unterschiedlich geartete Regelungsgegenstände („Äpfel und Birnen"), für deren Bewertung es keinen gemeinsamen Maßstab gebe.[1327] Nach Ansicht des Bundesarbeitsgerichts hätte es einer gesetzlichen Grundlage bedurft, um eine Berücksichtigung spezieller betrieblicher Interessen in das Prüfprogramm des Günstigkeitsvergleichs aufzunehmen. Einer Einbeziehung der Beschäftigungsgarantie in den Günstigkeitsvergleich stünde ohne eine solche gesetzliche Grundlage entgegen, dass

> „die Entscheidung darüber, wie bei einer Regelung der Arbeitsbedingungen das Interesse der Arbeitnehmer an möglichst hohen Entgelten mit dem unternehmerischen Interesse an geringen Arbeitskosten um der Wettbewerbsfähigkeit willen und damit auch zur Sicherung der Arbeitsplätze in Einklang gebracht werden kann [...] zu den typischen Aufgaben der Tarifvertragsparteien gehört"[1328].

Die Gewerkschaft habe aus §§ 1004, 823 BGB i.V.m. Art. 9 III GG einen Unterlassungsanspruch,[1329] da in rechtswidriger Weise in die Tarifautonomie eingegriffen worden sei:

> „Von einem Eingriff in die Tarifautonomie kann vielmehr dann gesprochen werden, wenn eine Tarifnorm als kollektive Ordnung verdrängt und damit ihrer zentralen Funktion beraubt werden soll."[1330]

Das Bundesarbeitsgericht widersprach damit Teilen der Literatur, die eine Berücksichtigung beschäftigungssichernder Zusagen des Arbeitgebers für verfassungsrechtlich geboten halten,[1331] bzw. davon ausgehen, dass

> „ein derart geändertes Verständnis des Günstigkeitsvergleichs [...] auch von der Rechtsprechung bewältigt werden [kann]"[1332].

Das Landesarbeitsgericht Berlin-Brandenburg[1333] hat – unter Anknüpfung an den Burda-Beschluss des Bundesarbeitsgerichts – einen objektiven Zusammenhang zwischen der Arbeitszeit und dem Arbeitsentgelt bejaht:

> „Bei dem danach vorzunehmenden Günstigkeitsvergleich sind nur solche sachlich zusammenhängenden Arbeitsbedingungen vergleichbar und deshalb zu berücksichtigen,

1327 BAG 20.04.1999 – 1 ABR 72/98, BAGE 91, 210, 230.

1328 BAG 20.04.1999 – 1 ABR 72/98, BAGE 91, 210, 231.

1329 BAG 20.04.1999 – 1 ABR 72/98, BAGE 91, 210, 224ff.

1330 BAG 20.04.1999 – 1 ABR 72/98, BAGE 91, 210, 228.

1331 Freihube, DB 2000, 1022, 1027; Hromadka, DB 2003, 42, 43; Löwisch/Rieble, § 4 Rn. 331; Rieble, ZfA 2004, 1.

1332 Dieterich/Hanau, RdA 2004, 65, 69.

1333 LAG Berlin-Brandenburg 12.04.2013 – 6 Sa 2000/12.

soweit nicht der Tarifvertrag wie auch der Einzelarbeitsvertrag Anhaltspunkte für ein abweichendes Vorgehen bieten [...].
Andererseits konnte auch nicht dem Kläger darin gefolgt werden, Arbeitszeit und Entgelt isoliert zu betrachten. Vielmehr stehen Arbeitszeit und Entgelt als aufeinander bezogene Leistungsgrößen in einem sachlichen Zusammenhang zueinander [...].
Vielmehr ist zur Herstellung einer übereinstimmenden Vergleichsgrundlage das jeweilige Monatsentgelt der dafür zu erbringenden Arbeitszeit in der Weise gegenüberzustellen, dass der jeweilige Stundensatz berechnet wird. Daran zeigt sich die Wertigkeit der geschuldeten Arbeitszeit."

Im vorliegenden Fall substitutiver Arbeitnehmerbeteiligung betrifft die zu beurteilende Regelung allein das Arbeitsentgelt.[1334] Die Anwendung des Sachgruppenvergleichs würde die Zulässigkeit des Kompensationsgedankens somit nicht ausschließen.[1335] Dahin stehen kann daher die Frage, ob auch Regelungen, zwischen denen zwar kein inhaltlicher Zusammenhang in objektiver Hinsicht besteht, die aber nach dem Willen der Arbeitsvertragsparteien untrennbar verbunden sein sollen, im Rahmen des Sachgruppenvergleichs gemeinsam zu betrachten sind.[1336]

Befürworter des Einzelvergleichs[1337] argumentieren, dass nur durch die isolierte Gegenüberstellung einzelner Regelungen eine Kompensation an sich untertariflicher Arbeitsbedingungen verhindert werden könne. Sachgruppen- und Gesamtvergleich gingen davon aus, dass der Tarifvertrag dem Arbeitnehmer nur eine Gesamtposition sichern solle, die nicht unterschritten werden dürfe. Dies lasse sich der Fassung des § 4 I 1 TVG jedoch nicht entnehmen.[1338] Die grundsätzliche Zulassung einer Kompensationsmöglichkeit führe zu einer bloßen Angemessenheits- und Billigkeitskontrolle der Arbeitsverträge, die sich mit der Garantie der Tarifautonomie und der Normativität von Tarifverträgen nicht vereinbaren lasse und zu einer Gefährdung der Schutz- und Ordnungsfunktion der Tarifverträge führe.[1339]

Anders als beim Einzelvergleich werden allerdings im Rahmen des Sachgruppenvergleichs einzelne Regelungen nicht aus dem sachlichen Zusammenhang gerissen. Wegen der Zusammengehörigkeit der Regelungen können die

1334 Zum Entgeltcharakter der Erfolgs- und Kapitalbeteiligung: Vgl. B I 2.
1335 Vgl. BAG 23.05.1984 – 4 AZR 129/82, AP Nr. 9 zu § 339 BGB.
1336 Vgl. Robert, NZA 2004, 633, 634.
1337 Belling, Der Günstigkeitsvergleich, S. 181 ff.; Tech, Günstigkeitsprinzip und -beurteilung, S. 107 ff.; Tyska, Günstigkeitsprinzip, S. 109ff.
1338 Belling, Der Günstigkeitsvergleich, S. 181 ff.
1339 Vgl. Kempen, in: Kempen/ Zachert, TVG, § 4 Rn. 188.

einander gegenüber gestellten Regelungskomplexe leichter verglichen werden als im Rahmen einer isolierten Betrachtung einzelner Teile dieser Regelungen. Da einzelne Regelungen häufig nur in der Zusammenschau einen Sinn ergeben, wäre es geradezu willkürlich, diese Regelungen nicht gemeinsam in einen Günstigkeitsvergleich einfließen zu lassen. Dass Tarifverträge dem Arbeitnehmer nicht nur eine Gesamtposition verschaffen sollen, sondern entsprechend ihrer Schutzrichtung jede Tarifnorm grundsätzlich Anwendung finden soll, lässt sich dem Wortlaut des § 4 III 2. Alt. TVG nicht entnehmen. Zwar könnte man in dem Wort „nur" ein Indiz dafür sehen, dass in möglichst geringem Umfang von den Tarifnormen abgewichen werden soll. In § 4 III 2. Alt. TVG wird jedoch eine Änderung der „Regelungen zugunsten des Arbeitnehmers" für zulässig erklärt. Die Verwendung des Plurals deutet darauf hin, dass einzelne Regelungen des Arbeitsvertrags nicht isoliert voneinander betrachtet werden sollen.[1340]

Schließlich lässt sich die Gefahr einer Aushöhlung der Tarifmacht durch die Anerkennung von Kompensationsmöglichkeiten dadurch verhindern, dass zur Bestimmung des Sachzusammenhangs – wie von der Rechtsprechung gefordert – objektive Kriterien herangezogen werden. Zwar können kompensatorische Vereinbarungen die Verfolgung tariflicher Ziele und die Ordnung der Arbeitsverhältnisse erschweren.[1341] Dies lässt sich jedoch mit der möglichst weitgehenden Verwirklichung der individuellen Vertragsfreiheit rechtfertigen. Artikel 9 III 1 GG billigt den Koalitionen keine ausschließliche Zuständigkeit der Arbeitsvertragsgestaltung zu.[1342]

Das Bundesarbeitsgericht lässt Kompensationsmöglichkeiten nur im Falle eines „nach objektiven Gesichtspunkten festzustellenden Sachzusammenhangs"[1343] zu, wenn darin auch nicht die allein verfassungskonforme Auslegung des Günstigkeitsvergleichs gesehen wird.[1344] Bei der Anerkennung dieses Zusammenhangs im Einzelfall ist die Rechtsprechung allerdings zurückhaltend.[1345] Bejaht wurde der objektive Zusammenhang immerhin für Bestimmungen hinsichtlich Urlaubsdauer und Urlaubsgeld.[1346] Im Schrifttum wird eine „verhältnismäßig

1340 Wendt, Der Günstigkeitsvergleich, S. 49.

1341 Wendt, Der Günstigkeitsvergleich, S. 53.

1342 Heinze, NZA 1991, 329, 331; Bergner, Zulässigkeit kollektivvertraglicher Arbeitszeitregelungen, S. 28.

1343 BAG 20.04.1999 – 1 ABR 72/98, BAGE 91, 210, 233.

1344 BAG 20.04.1999 – 1 ABR 72/98, BAGE 91, 210, 233.

1345 Vgl. Treber, in: Schaub, Arbeitsrechtshandbuch, § 207 Rn. 44.

1346 BAG 20.07.1961 – 5 AZR 343/60, AP Nr. 3 zu § 10 UrlaubsG Hamburg.

funktionale Zuordnung“[1347] der Tarifautonomie auf der einen und der Vertragsfreiheit und Kompetenz der Arbeitsvertragsparteien auf der anderen Seite verlangt.

Gegen eine allein objektive Bestimmung des inneren Zusammenhangs zwischen den Regelungen wird teilweise vorgebracht, dass sich aus den verfassungsrechtlichen Grundlagen des Günstigkeitsprinzips ergebe, dass auch die Arbeitsvertragsparteien Regelungen, die bei objektiver Betrachtung nicht denselben „inhaltlichen Komplex“ betreffen, subjektiv verknüpfen können müssten.[1348] Das Günstigkeitsprinzip gebiete als Ausfluss der durch Artikel 12 I GG geschützten Privatautonomie, dass die Arbeitsvertragsparteien selbst festlegen können, wo die Grenzen des Sachzusammenhangs zu ziehen und kompensatorische Regelungen zuzulassen sind.[1349] Ließe sich dem Wortlaut eine subjektive Verknüpfung nicht entnehmen, müsste der Parteiwille gemäß §§ 133, 157 BGB durch Auslegung ermittelt werden.[1350]

Dann bestünde jedoch die Gefahr, dass auch Regelungen miteinander verglichen werden, die nur nach dem Willen des Arbeitgebers miteinander verknüpft werden sollen. Das Günstigkeitsprinzip, das der individuellen Selbstbestimmung des Arbeitnehmers dient, würde durch die Anerkennung eines subjektiven Zusammenhangs in sein Gegenteil verkehrt, da kompensatorische Regelungen entgegen dem Willen des Arbeitnehmers zusammen betrachtet werden könnten. In der Praxis dürfte es zudem kaum möglich sein, den subjektiven Zusammenhang zwischen arbeitsvertraglichen Regelungen festzustellen, wenn sich – was nicht selten der Fall sein dürfte – dem Wortlaut keine eindeutigen Hinweise auf die Grenzen des Sachzusammenhangs entnehmen lassen. Faktisch würde der Sachgruppenvergleich dem Gesamtvergleich angenähert.

Gegen den Gesamtvergleich wird vorgebracht, dass entgegen des Parteiwillens Regelungen verknüpft werden, und ein Vergleich mangels Vergleichbarkeit der Regelungsgegenstände praktisch kaum durchführbar ist.[1351] Je mehr abweichende Regelungen im Rahmen des Günstigkeitsvergleichs zu berücksichtigen sind, umso schwieriger lässt sich die Günstigkeit beurteilen.[1352] Daher würde der Arbeitnehmerschutz durch den Gesamtvergleich nivelliert. Würden Regelungen, die weder in sachlichem, noch in rechtlichem Zusammenhang stehen,

1347 Rieble/Klumpp, Münch Hdb ArbR, § 183 Rn. 51.

1348 Robert, NZA 2004, 633, 634.

1349 Robert, NZA 2004, 633, 635.

1350 Robert, Vereinbarkeit betrieblicher Bündnisse für Arbeit, S. 109ff.

1351 Wendt, Der Günstigkeitsvergleich, S. 44.

1352 Wlotzke, Das Günstigkeitsprinzip, S. 84.

miteinander verglichen, wäre „maßstabslose Beliebigkeit“[1353] zu befürchten. Der Gesamtvergleich ist praktisch kaum durchführbar und würde das Günstigkeitsprinzip aushöhlen.[1354] Nur für den Fall der vollständigen Inbezugnahme eines Tarifvertrags wird der Gesamtvergleich daher nach einer verbreiteteren Ansicht befürwortet.[1355] Grundsätzlich ist dem Sachgruppenvergleich zu folgen,[1356] wobei der sachliche Zusammenhang der zu vergleichenden Regelungen objektiv zu bestimmen ist.

Auch vorliegend dürfen außerrechtliche Umstände, wie etwa die positive Wirkung der Entgeltflexibilisierung auf Produktivität und Beschäftigung[1357], nicht in den Vergleich einbezogen werden. In dem „Burda-Beschluss“[1358] hat sich das Bundesarbeitsgericht gegen die Berücksichtigung von Umständen ausgesprochen, die

> „im Ermessen des Unternehmers [stünden]. Seine diesbezüglichen Erwägungen, etwa zu Gewinnzielen und -erwartungen sowie zu Kosten und Marktchancen, entziehen sich weitgehend richterlicher Kontrolle“[1359].

Die Nichtberücksichtigung beschäftigungspolitischer bzw. gesamtwirtschaftlicher Aspekte folgt bereits aus dem Wortlaut des § 4 III 2. Alt. TVG. Danach wird im Rahmen eines Günstigkeitsvergleichs die Tarifnorm der arbeitsvertraglichen Regelung gegenübergestellt. Außerrechtliche Umstände ergeben sich aber gerade nicht aus dem Arbeitsvertrag.

In der Literatur wird überwiegend vertreten, dass die tarifliche Regelung nur mit der vertraglichen Regelung und nicht mit der „sonst bestehenden Situation des Arbeitnehmers“ zu vergleichen sei.[1360] Diese Ansicht darf allerdings nicht dahin interpretiert werden, dass die Günstigkeit einer arbeitsvertraglichen Regelung nicht aufgrund einer umfassenden Einzelfallbetrachtung festzustellen ist. Auch die äußeren Umstände können Aufschluss darüber geben, ob sich der Arbeitnehmer nur unter dem Druck des Arbeitgebers auf eine bestimmte Regelung einlässt, weil sich deren Inhalt für ihn nicht als günstiger erweist.

1353 Thüsing, in: Gedächtnisschrift Heinze, S. 901, 903.

1354 Franzen, in: ErfKomm, § 4 TVG Rn. 36.

1355 Franzen, in: ErfKomm, § 4 TVG Rn. 37.

1356 A.A. Nebeling/Arntzen, NZA 2011, 1215ff.

1357 Vgl. A.

1358 BAG 20.04.1999 - 1 ABR 72/98, BAGE 91, 210ff.

1359 BAG 20.04.1999 - 1 ABR 72/98, BAGE 210, 229.

1360 Zöllner/ Loritz, Arbeitsrecht, § 36 III 3, S. 399; Courth, Günstigkeitsprinzip und -vergleich, S. 126 ff.; Wank, in: Wiedemann, TVG, § 4 Rn. 442.

b. Vergleichsinteresse

Maßgeblich für die Beurteilung der Günstigkeit individualvertraglicher Arbeitnehmerbeteiligung ist die Bestimmung des Vergleichsinteresses. Fraglich ist insoweit, aus wessen Sicht die Günstigkeit einzelvertraglicher Regelungen beurteilt werden muss. Entweder könnte ein individueller Günstigkeitsvergleich vorzunehmen sein. Dann müsste auf das Interesse des einzelnen Arbeitnehmers abgestellt werden. Wenn dagegen das Gruppeninteresse maßgeblich sein sollte, müsste die betreffende Bestimmung des Tarifvertrages mit der einzelvertraglichen Regelung in allen abweichenden Arbeitsverträgen verglichen werden (kollektiver Günstigkeitsvergleich).

Unter der Geltung der Tarifvertragsverordnung von 1918 stellten Rechtsprechung[1361] und herrschende Lehre[1362] vorrangig auf das Gesamtinteresse der Arbeitnehmerschaft ab. Die Interessen einzelner Arbeitnehmer wurden nur berücksichtigt, soweit sie dieses Gesamtinteresse nicht beeinträchtigten. Begründet wurde diese Ansicht mit dem Schutzzweck des Tarifvertrags.[1363] So wäre dessen Unabdingbarkeit gefährdet, wenn man die Unterbietung des tarifvertraglichen Standards durch einzelne Arbeitnehmer zuließe.[1364]

Teilweise wurde schon damals das Sonderinteresse des einzelnen Arbeitnehmers für maßgeblich gehalten.[1365] So erlaube der Wortlaut des § 1 I 2 TVVO Abweichungen vom Tarifvertrag zugunsten „des Arbeitnehmers". Da einzelvertragliche Abreden, die den Arbeitnehmer aus seiner Sicht begünstigten, den Bestand des Tarifvertrags unberührt ließen, könne ein kollektiver Günstigkeitsvergleich mit der unmittelbaren Gefährdung der Tarifautonomie nicht gerechtfertigt werden.[1366] Die Tarifnorm bliebe gerade als Mindeststandard erhalten. Ein kollektiver Beurteilungsmaßstab würde Abweichungen von Tarifverträgen praktisch verhindern, da nie ausgeschlossen werden könne, dass für einzelne Arbeitnehmer günstigere Abreden mittelbar Nachteile für das Gesamtinteresse nach sich zögen.[1367]

1361 RG 27.11.1925 – III 621/24, JW 1927, 241 f.

1362 Baum, JW 1919, 70 ff.; Kronenberg, Ausnahmen von der Unabdingbarkeit, 1929, S. 35 ff.

1363 Thüsing, in: Gedächstnisschrift Heinze, 901, 902; Wendt, Der Günstigkeitsvergleich, S. 56.

1364 Nipperdey, Beiträge zum Tarifrecht, S. 9.

1365 Nipperdey, Beiträge zum Tarifrecht, S. 9.

1366 Nipperdey, Beiträge zum Tarifrecht, S. 9.

1367 Nipperdey, Beiträge zum Tarifrecht, S. 9.

Unter der Geltung des Tarifvertragsgesetzes vertritt die herrschende Lehre[1368] den individuellen Günstigkeitsvergleich. Begründet wird dies erneut mit dem Wortlaut des Gesetzes. Der in § 4 III 2. Alt. TVG verwendete Singular „zugunsten des Arbeitnehmers" lässt auf die Maßgeblichkeit des individuellen Vergleichsinteresses schließen. Nur bei Betriebsnormen, welche gemäß § 3 II TVG für die gesamte Belegschaft gelten, sei auf deren Interesse abzustellen.[1369]

Auch die Rechtsprechung vertritt grundsätzlich den individuellen Günstigkeitsvergleich.[1370] Auf das Gesamtinteresse der Belegschaft bzw. das Interesse einzelner Arbeitnehmergruppen wird nur dann abgestellt, wenn die betreffende Tarifnorm der Belegschaft oder einer Beschäftigtengruppe ein Recht einräumt. Die Maßgeblichkeit des kollektiven Interesses erscheint in diesen Fällen sachgerecht. Betriebsnormen i.S.d. § 3 II TVG sollen nach dem Willen der Tarifparteien regelmäßig für alle Arbeitnehmer einheitlich gelten.[1371] Dann ist davon auszugehen, dass die Besserstellung des Einzelnen nur einen „Reflex" der Besserstellung der gesamten Belegschaft darstellt.[1372]

Eine weitere Ausnahme hat das Bundesarbeitsgericht für ablösende Betriebsvereinbarungen zugelassen, die durch vertragliche Einheitsregelung, Gesamtzusage oder betriebliche Übung begründete Ansprüche auf betriebliche Sozialleistungen verändern.[1373] Das Bundesarbeitsgericht schuf das Rechtsinstitut des „kollektiven Günstigkeitsvergleichs". Nachdem das Ordnungsprinzip mangels „Gleichwertigkeit" der Regelungen zur Lösung des Konflikts abgelehnt worden war, wurde ein kollektiver Günstigkeitsvergleich durchgeführt. Dabei ergab sich, dass die Betriebsvereinbarung bei gleichbleibendem Leistungsvolumen die Sozialleistungen lediglich umstrukturierte. Daher konnte sie die bestehende vertragliche Regelung ablösen.[1374]

Gegen diese Rechtsprechung bestehen erhebliche Bedenken:[1375] Trotz der Betriebseinheitlichkeit werden die Sozialleistungen einzelvertraglich gewährt. Daher werden nicht der gesamten Belegschaft, sondern einzelnen Arbeitnehmern Rechte verliehen. Auch arbeitsvertragliche Einheitsregelungen in Betrieben sind

---

1368 Wendt, Der Günstigkeitsvergleich, S. 58.

1369 Franzen, in: ErfKomm, § 4 Rn. 35.

1370 Z.B. BAG 07.11.1989 – GS 3/85, NZA 1990, 816 ff.

1371 Kempen, in: Kempen/Zachert, TVG, § 3 Rn. 13.

1372 Robert, S. 85.

1373 BAG 16.09.1986 – GS 1/82, DB 1987, 383; 21.04.2010 – 4 AZR 768/08, BeckRS 2010, 72499; 16.11.2011 – 10 AZR 60/11, BB 2012, 252.

1374 BAG 23.10.2001 – 3 AZR 74/01, NZA 2003, 986.

1375 Vgl. Robert, S. 87ff.

Bestandteil des jeweiligen Individualarbeitsvertrages und lösen ausschließlich individuelle Rechte aus. Unproblematisch erscheint die Ablösung einer vertraglichen Einheitsregelung durch eine nur bei kollektiver Betrachtung günstigere Betriebsvereinbarung ausschließlich dann, wenn die vertragliche Regelung einen kollektiven Änderungsvorbehalt enthält.[1376]

Das Bundesarbeitsgericht begründet den kollektiven Günstigkeitsvergleich mit der wechselseitigen Abhängigkeit der Ansprüche der Arbeitnehmer: Die einzelvertraglichen Ansprüche auf Sozialleistungen bildeten ein Bezugssystem.[1377] Daher wendet das Bundesarbeitsgericht den kollektiven Günstigkeitsvergleich auch bei der betrieblichen Altersversorgung an.[1378]

Die Bedeutung dieser Rechtsprechung für die betriebliche Arbeitnehmerbeteiligung ist allerdings begrenzt, obwohl dem Interesse des Arbeitgebers an der Einführung von Gewinn- bzw. Kapitalbeteiligungsmodellen wegen deren administrativem und finanziellem Aufwand regelmäßig wohl nur dann entsprochen werden kann, wenn sich möglichst viele Arbeitnehmer auf eine Teilflexibilisierung des Arbeitsentgelts einlassen. Zwar ist auch vorliegend ein kollektiver Bezug gegeben, allerdings können durch Betriebsvereinbarung Beteiligungsmodelle grundsätzlich nur dann umfassend geregelt werden, wenn die Tarifvertragsparteien die Betriebsparteien zu diesen Regelungen nach § 77 III 2 BetrVG ermächtigen.[1379] Ablösende Betriebsvereinbarungen zur Arbeitnehmerbeteiligung sind somit selten.

Wie bereits unter der Geltung der Tarifvertragsverordnung wird dem individuellen Günstigkeitsvergleich entgegen gehalten, dass die Maßgeblichkeit der Individualinteressen dem Arbeitnehmer gestatten würde, eigene Sonderinteressen auf Kosten der Allgemeinheit durchzusetzen.[1380] Diese Auffassung verkennt jedoch, dass das Günstigkeitsprinzip nicht der möglichst weiten Verbreitung von Mindestarbeitsbedingungen, sondern der Verwirklichung der individuellen Handlungs- und Vertragsfreiheit dient.[1381] Angesichts des verfassungsrechtlichen Schutzes des Günstigkeitsprinzips verbietet es sich, durch einen kollektiven Beurteilungsmaßstab einzelvertragliche Abweichungen von Tarifverträgen massiv zu erschweren.

1376 BAG 19.02.2008 – 3 AZR 61/06, AP Nr. 52 zu § 1 BetrAVG; LAG Hessen 26.09.2001 – 8 Sa 1804/00, NZA-RR 2002, 377.

1377 Vgl. BAG 21.09.1989 – 1 AZR 454/88, DB 1990, 692; 28.03.2000 – 1 AZR 366/99, NZA 2001, 49.

1378 BAG 23.10.2001 – 3 AZR 74/01, NZA 2003, 986.

1379 Vgl. D I 1 b ee.

1380 Kaskel, Arbeitsrecht, S. 38 f.

1381 Vgl. C II 1 b cc.

c. *Vergleichsperspektive*

Nach dem allgemeinen Sprachgebrauch ist günstiger, was „wohlwollend, vorteilhaft oder einer Sache förderlich ist“[1382]. Da eine Günstigkeitsbewertung stets ein Werturteil voraussetzt, ist entscheidend, aus wessen Sicht die Günstigkeit beurteilt werden muss.

Obwohl sich die Günstigkeit abweichender Abmachungen nach den individuellen Interessen der Arbeitnehmer richtet, wird dadurch die Berücksichtigung der Interessen der Tarifvertragsparteien noch nicht ausgeschlossen. Maßgeblich ist nämlich, aus wessen Perspektive die individuellen Arbeitnehmerinteressen festgestellt werden. Möglich wäre es zunächst, auf die subjektive, gegebenenfalls wechselnde Einschätzung des betroffenen Arbeitnehmers abzustellen.[1383] Begründen ließe sich dieser „subjektiv-reale Bewertungsmaßstab“[1384] mit dem Zweck des Günstigkeitsprinzips, der in der Sicherstellung der individuellen Privatautonomie besteht.[1385] Gegen diesen subjektiven Ansatz wird teilweise eingewandt, dass es gegen Artikel 97 I GG verstieße, wenn der Richter an den Willen der Parteien statt an das Gesetz gebunden wäre.[1386] Dieser Einwand verkennt jedoch, dass der subjektive Beurteilungsmaßstab eine Auslegung des § 4 III 2. Alt. TVG darstellt. Dass die Interessen der Vertragsparteien bei der Beurteilung der Günstigkeit aus deren Perspektive zu bestimmen sind, folgt somit aus dem Gesetz.

Die Befürworter einer allein subjektiven Interessenbewertung berufen sich auf den Wortlaut des § 4 III 2. Alt. TVG.[1387] Der Wortlaut verlangt jedoch nur, dass das Interesse des einzelnen Arbeitnehmers maßgebliches Vergleichsinteresse ist.[1388] Aus wessen Sicht dieses Interesse bestimmt werden muss, regelt § 4 III 2. Alt. TVG nicht.

Der „subjektiv-reale Bewertungsmaßstab“ ist nicht zwingend, sondern sieht sich durchgreifenden Bedenken ausgesetzt. Unter Berufung auf die allein maßgebliche Sicht des einzelnen Arbeitnehmers könnte nämlich die

---

1382 Vgl. Freihube, DB 2000, 1022, 1023.

1383 Adomeit, NJW 1984, 26, 27; Heinze, NZA 1991, 332, 333; Krauss, Günstigkeitsprinzip, S. 110 f.

1384 Adomeit, NJW 1984, 26, 27; Heinze, NZA 1991, 332, 333; Krauss, Günstigkeitsprinzip, S. 110 f.

1385 Vgl. C II 1 b cc.

1386 Wendt, Der Günstigkeitsvergleich, S. 77 m.w.N.

1387 Robert, S. 137.

1388 Vgl. D II 1 b.

Unabdingbarkeitswirkung des Tarifvertrags weitgehend ausgehebelt werden.[1389] Da die Bewertung der Günstigkeit einzelvertraglicher Abweichungen ein Werturteil voraussetzt,[1390] würde sich die Bewertung faktisch einer gerichtlichen Kontrolle entziehen. Ob untertarifliche Arbeitsbedingungen tatsächlich durch übertarifliche Regelungen kompensiert werden, lässt sich kaum abstrakt beurteilen. Die Tarifnormen hätten damit nur noch Empfehlungscharakter.[1391] Der Geltungsvorrang tarifvertraglicher Normen wird gerade damit begründet, dass der Einzelarbeitsvertrag wegen der Disparität der Vertragsparteien keine Angemessenheitsvermutung für die vereinbarten Arbeitsbedingungen bietet.[1392] Der subjektiv-reale Bewertungsmaßstab liefe jedoch auf eine Angemessenheitsvermutung des Arbeitsvertrags hinaus. Die Normwirkung des Tarifvertrags könnte ihren Zweck, den Arbeitnehmer vor Fremdbestimmung durch den Arbeitgeber zu schützen,[1393] nicht mehr erfüllen. Die Gerichte wären an die vermeintlich selbstbestimmte Entscheidung des Arbeitnehmers gebunden. Mit der bloßen Behauptung, dass die betreffende Regelung günstig sei, könnte der Arbeitnehmer entgegen § 4 IV TVG auf tarifliche Rechte verzichten.[1394] Darüber hinaus ließe sich keine Rechtssicherheit erreichen, wenn Änderungen in der Bewertung der abweichenden Abmachung durch den betroffenen Arbeitnehmer jederzeit berücksichtigt werden müssten.[1395] Die richterliche Entscheidung wäre immer von der Behauptung des betroffenen Arbeitnehmers abhängig, ob er die Regelung noch als günstiger empfindet. Selbst Verfechter eines subjektiv-realen Prüfungsmaßstabs räumen daher ein, dass die subjektive Einschätzung des betroffenen Arbeitnehmers einer „objektiv-hypothetischen Kontrollbewertung" unterzogen werden muss.[1396]

Teilweise wird vorgeschlagen, die Günstigkeit aus Sicht der Tarifvertragsparteien zu beurteilen,[1397] da die tarifgebundenen Arbeitsvertragsparteien deren Interessen kraft mitgliedschaftlicher Legitimation verpflichtet seien.[1398] Da das Günstigkeitsprinzip jedoch der Verwirklichung der individuellen

---

1389 Löwisch/ Rieble, Münch Hdb ArbR, § 4 Rn. 203.
1390 Belling, Günstigkeitsvergleich, S. 169.
1391 Richardi, ZfA 1990, 233.
1392 Rüthers, RdA 1994, 176.
1393 Vgl. C I 1 b bb 4).
1394 Robert, NZA 2004, 633, 638.
1395 Robert, S. 145.
1396 Schweibert, Die Verkürzung der Wochenarbeitszeit, S. 208 f.
1397 Käppler, NZA 1991, 745, 753.
1398 Stein, Tarifvertragsrecht, Rd. 603.

Privatautonomie durch die Begrenzung der Tarifmacht dient, könnte eine Bewertung des Arbeitnehmerinteresses allein aus Sicht der Tarifvertragsparteien den Zweck des Günstigkeitsprinzips gefährden. Die Interessen der Arbeitsvertrags- und der Tarifparteien stimmen nicht notwendigerweise überein.[1399] Der konkrete Inhalt von Tarifnormen kann auch nicht auf den freiwilligen Koalitionsbeitritt zurückgeführt werden.[1400] Nicht selten lässt die abweichende arbeitsvertragliche Regelung gerade auf eine andere Interessenbewertung des Arbeitnehmers schließen.[1401] Würde man das Arbeitnehmerinteresse aus Sicht der Tarifvertragsparteien bewerten, bestünde die Gefahr einer Nivellierung des Günstigkeitsprinzips.

Rechtsprechung[1402] und herrschende Literatur[1403] vertreten einen „objektiv-hypothetischen Maßstab", d.h. sie stellen auf „die objektive Sicht eines verständigen Arbeitnehmers"[1404] unter Berücksichtigung der Anschauungen seines Berufsstandes und der Verkehrsanschauung ab. Dabei käme den subjektiven Anschauungen des betroffenen Arbeitnehmers lediglich Indizwirkung zu.[1405] Ein objektiver Beurteilungsmaßstab der individuellen Arbeitnehmerinteressen unter Berücksichtigung äußerer Umstände, wie der Arbeitsrechtsordnung und die Verkehrsanschauung könnte zum Einen verhindern, dass die Interessen der Tarifvertragsparteien vollständig ausgeblendet werden. Zum Anderen könnte das Günstigkeitsprinzip dadurch vor Nivellierung bewahrt werden, dass die Interessen des „verständigen Arbeitnehmers" nicht mit denen der Tarifparteien gleichgesetzt werden. Gleichwohl besteht bei einem objektiv-hypothetischen Beurteilungsmaßstab die Gefahr, dass die konkreten Umstände des Einzelfalls, welche die Selbstbestimmtheit der Arbeitnehmerentscheidung wesentlich bedingen, nicht hinreichend Berücksichtigung finden. Der „verständige Arbeitnehmer" könnte als Begründungsansatz für oktroyierte Interessenerwägungen genutzt werden, denen eine „entmündigende Tendenz"[1406] innewohnt.[1407] Nicht

1399 Vgl. C II 1 b.

1400 Vgl. C II 1 b.

1401 Schliemann, NZA 2003, 122, 127.

1402 BAG 20.04.1999 - 1 ABR 72/98, BAGE 91, 210, 232; LAG München 04.05.1990 - 2 Sa 128/90, LAGE Nr. 3 zu § 4 TVG Günstigkeitsprinzip.

1403 Annuß, RdA 2000, 287, 296f.; Brecht/Höland/Reim, AuR 2002, 127, 129; Franzen, in: ErfKomm, § 4 TVG Rn. 39; Gamillscheg, Kollektives Arbeitsrecht I, S. 855; Heise, in: FS 50 Jahre BAG, S. 657.

1404 Wlotzke, Günstigkeitsprinzip, S. 79.

1405 Kempen, in: Kempen/ Zachert, TVG, § 4 Rn. 187.

1406 Picker, Die Tarifautonomie in der deutschen Arbeitsverfassung, S. 64 f.; Käppler, NZA 1991, 745, 751.

1407 Schliemann, NZA 2003, 122, 127.

selten hängt die Günstigkeit von der privaten Lebensgestaltung des einzelnen Arbeitnehmers ab und lässt sich aus Sicht eines „verständigen" Dritten nicht interessengerecht beurteilen.[1408]

Nach einer Ansicht bilden die Grundsätze der Arbeitsrechtsordnung und die Verkehrsanschauung daher nur eine äußerste Grenze der Günstigkeitsbeurteilung.[1409] Ansonsten müsse anhand der Umstände des Einzelfalls festgestellt werden, ob sich der Arbeitnehmer freiwillig auf die abweichende Vertragsgestaltung eingelassen habe. Die sich aus der Arbeitsrechtsordnung und der Verkehrsanschauung ergebenden Interessen des „typischen" Arbeitnehmers fungierten als Elemente einer „Rationalitätskontrolle"[1410]. Im Übrigen gelte ein „Individualvorbehalt"[1411].

Der Eingriff in die Vertragsfreiheit ist nur dann gerechtfertigt, wenn eine besondere Interessen- bzw. Willensbeeinträchtigung beim Arbeitnehmer zu befürchten ist oder durch den Geltungsvorrang der individuell ausgehandelten Arbeitsbedingungen die Tarifautonomie in ihrer Funktionsfähigkeit beeinträchtigt wird. Über die Heranziehung eines typisierten Vergleichsinteresses kann daher nicht ohne die vorherige Feststellung der besonderen Schutzbedürftigkeit des Arbeitnehmers in dem konkreten Fall entschieden werden. Das Günstigkeitsprinzip gebietet, möglichst weitgehend auf die Sicht des einzelnen Arbeitnehmers abzustellen, ohne allerdings die Schutzrichtung des Günstigkeitsprinzips, die in der Durchsetzung der individuellen Privatautonomie besteht, in ihr Gegenteil zu verkehren. Selbst Kritiker einer gesetzlichen Korrektur des Günstigkeitsvergleichs zur Ermöglichung betrieblicher Bündnisse für Arbeit räumen ein, dass

> „den Parteien des Arbeitsvertrags [...] nicht die Freiheit genommen werden [soll], die tariflich festgeschriebenen Standards zu Gunsten der Arbeitnehmer abzuändern. Der Grundgedanke ist scheinbar banal: Nur so viel kollektivvertraglicher Zwang wie nötig, aber so viel individualvertragliche Freiheit wie möglich."[1412]

Ein „objektiv-konkreter Beurteilungsmaßstab", der erst im Rahmen einer Rationalitätskontrolle verobjektivierte Interessen berücksichtigt, würde allerdings zu großer Rechtsunsicherheit führen. Worin die aus Sicht eines objektiven Dritten durchgeführte Rationalitätskontrolle bestehen soll, bleibt unklar. Würde man

1408 Rieble/Klumpp, Münch Hdb ArbR, § 183 Rn. 57.

1409 Wendt, Der Günstigkeitsvergleich, S. 81 ff.

1410 Martens, in: FS Zeuner, S. 101, 106 f.

1411 Rieble, RdA 1996, 151, 156.

1412 Dieterich, RdA 2002, 1, 3.

die Grenzen des „Individualvorbehalts“[1413] zu weit ziehen, käme im Ergebnis der „subjektiv-reale Bewertungsmaßstab“ zur Anwendung. Dem objektiv-hypothetischen Maßstab ist daher zu folgen.

Der objektiv-hypothetische Beurteilungsmaßstab ließe sich mit der Forderung nach einer möglichst weitgehenden Verwirklichung der individuellen Privatautonomie vereinbaren, wenn es gelänge, abstrakte Kriterien zu entwickeln, die auf eine selbstbestimmte Entscheidung des Arbeitnehmers schließen lassen.[1414] Da sich ein Arbeitnehmer nur dann freiwillig auf eine von Tarifnormen abweichende arbeitsvertragliche Regelung einlassen wird, wenn sie ihm vorteilhaft erscheint, könnten die Kriterien auch als Vermutung für die Günstigkeit der Regelung herangezogen werden. Umgekehrt wäre eine abweichende Abmachung, welche die Kriterien nicht erfüllt, als eine Vereinbarung anzusehen, die der Arbeitnehmer nur auf Druck des Arbeitgebers eingegangen ist, weil sie für ihn nicht günstiger ist.

d. Vergleichszeitpunkt

Weitgehende Einigkeit besteht darüber, dass bei der Beurteilung der Günstigkeit der abweichenden individualvertraglichen Regelung auf den Zeitpunkt abgestellt werden muss, in dem beide Regelungen erstmals einander gegenüberstehen.[1415] Abzustellen ist daher regelmäßig auf den Zeitpunkt des Vertragsschlusses.[1416] Dann muss entschieden werden, ob die Tarifnorm oder die von ihr abweichende arbeitsvertragliche Abmachung gilt. Eine Korrektur des Günstigkeitsvergleichs aufgrund von Umständen, die erst nach Vertragsschluss eintreten, würde zu nicht hinnehmbarer Rechtsunsicherheit führen. Nur Änderungen der miteinander zu vergleichenden Regelungen müssen jederzeit berücksichtigt werden.[1417]

Für den Fall der erfolgsorientierten Berechnung eines Bestandteils des Arbeitsentgelts bedeutet dies, dass bei Vertragsschluss prognostiziert werden muss, wie sich der Erfolgsindikator in dem Referenzzeitraum voraussichtlich entwickelt. Die tatsächliche Entwicklung muss dagegen außer Betracht bleiben.

1413 Rieble, RdA 1996, 151, 156.

1414 Vgl. Robert, S. 146ff.

1415 BAG 25.11.1970 – 4 AZR 534/69, AP Nr. 12 zu § 4 TVG; 12.04.1972 – 4 AZR 211/71, BAGE 24, 228; LAG München 04.05.1990 – 2 Sa 128/90, ZTR 1990, 477f.; LAG Berlin-Brandenburg 12.04.2013 – 6 Sa 2000/12; Löwisch/ Rieble, in: Münch Hdb ArbR, § 272 Rn. 57.

1416 Deinert, in Däubler, TVG, § 4 Rn. 692; Franzen, in: ErfKomm, § 4 TVG Rn. 42.

1417 LAG Berlin-Brandenburg 12.04.2013 – 6 Sa 2000/12; Löwisch/ Rieble, Münch Hdb ArbR, § 272 Rn. 57.

3. Kriterien zur Bestimmung der Günstigkeit materieller Arbeitnehmerbeteiligung

Da der Günstigkeitsvergleich eine wertende Stellungnahme voraussetzt, können keine allgemeinverbindlichen Kriterien entwickelt werden, bei deren Vorliegen unwiderlegbar von der Günstigkeit der arbeitsvertraglichen Regelung auszugehen ist. Stattdessen sollen Indizien gefunden werden, die mit hoher Wahrscheinlichkeit eine freiwillige Abweichung von der Tarifnorm und somit eine privatautonome Vertragsgestaltung des Arbeitnehmers erwarten lassen, wobei durch eine hinreichende Verobjektivierung der Günstigkeitskriterien sichergestellt werden muss, dass es nicht zu einer mit Artikel 9 III 1 GG unvereinbaren „staatlichen Tarifzensur" durch die Rechtsprechung kommt.[1418] Somit stellt sich die Frage, wo die Grenze eines „günstigkeitsfesten tariflichen Arbeitnehmerschutzes"[1419] verläuft.

a. Substitutive Arbeitnehmerbeteiligung als „ambivalente"[1420] Vereinbarung

Die herrschende Literatur[1421] und die Rechtsprechung[1422] nehmen an, dass im Rahmen des Günstigkeitsprinzips ein an quantitativen Maßstäben orientierter Günstigkeitsvergleich zwischen den Arbeitsbedingungen des Tarifvertrags und denen des abweichenden Arbeitsvertrags zu erfolgen habe.[1423] Ein quantitatives Verständnis des Günstigkeitsprinzips verlangt, dass dem Arbeitnehmer mit Sicherheit messbar mehr an Leistungen zukommt, als er nach der tarifvertraglichen Regelung erhalten würde.[1424] Demgemäß werden „ambivalente" Vereinbarungen, also Vereinbarungen, bei denen der Arbeitnehmer quantitativ mehr oder weniger als den Tariflohn erhalten kann, ohne dass dies bei Abschluss der Vereinbarung sicher vorhersehbar ist, generell abgelehnt.[1425] Danach wäre ein substitutives Erfolgsbeteiligungsmodell, das neben einem geringeren feststehenden Entgeltbestandteil die Chance auf eine Erfolgsbeteiligung einräumt, per se unzulässig. Bestünde lediglich die Chance auf ein höheres Arbeitsentgelt, und wäre somit eine Unterschreitung des Tariflohns nicht ausgeschlossen, ließe sich

---

1418 Wendt, Der Günstigkeitsvergleich, S. 219.

1419 Löwisch/ Rieble, in: Münchener Handbuch zum Arbeitsrecht, Bd. 3, § 272, Rn. 53.

1420 BAG 17.04.2002 - 5 AZR 644/00, DB 2002, 1455, 1457.

1421 Deinert, in: Däubler, TVG, § 4 Rn. 636ff.; Löwisch/ Rieble, TVG, § 4 Rn. 199 ff.

1422 Z.B. BAG 7.11.1989 - GS 3/85, BAGE 63, 211ff.

1423 Kehr, S. 115f.; 126ff.

1424 Wank, in: Wiedemann, TVG § 4, Rn. 433.

1425 Hueck/ Nipperdey, Arbeitsrecht II 1, § 30 X 5, S. 615.

zur Zeit der Vereinbarung nämlich nicht garantieren, dass der Arbeitnehmer tatsächlich messbar mehr erhält. Auch Kapitalbeteiligungsmodelle, in deren Rahmen ein Teil des Barlohns in eine Kapitalbeteiligung zu einem bei Vertragsschluss festgesetzten Verkehrswert umgewandelt wird, müssten nach dem quantitativen Verständnis konsequenterweise abgelehnt werden. Wenn nämlich während der Laufzeit des Kapitalbeteiligungsmodells der Wert der Unternehmensanteile sinken würde, erhielte der Arbeitnehmer geringere Leistungen. Nur bei Wertsteigerungen würde die Barlohnumwandlung dem Arbeitnehmer dagegen messbar mehr Leistungen verschaffen.

Wie bereits dargestellt, ist nach der hier vertretenen Ansicht ein allein an quantitativen Maßstäben orientiertes, „formalisiertes“[1426] Günstigkeitsverständnis im Hinblick auf die weitgehende Beschränkung der Privatautonomie der Arbeitsvertragsparteien abzulehnen.[1427] Ob der Arbeitnehmer mit Sicherheit quantitativ mehr erhält, kann nicht das einzige Kriterium für eine privatautonome Entscheidung sein. Stattdessen sind weitere Umstände in die Beurteilung der Günstigkeit mit einzubeziehen. Die aus Sicht eines quantitativen Verständnisses „ambivalenten“ Bedingungen dürfen nicht per se für unzulässig erklärt werden.

Die individuelle Vertragsfreiheit des Arbeitnehmers verlangt, dass die sich aus den „ambivalenten“ Bedingungen ergebenden Chancen und Risiken einander gegenüber gestellt und aus Sicht eines „verständigen Arbeitnehmers“ beurteilt werden. Die mit der teilweisen Übertragung des Wirtschaftsrisikos einhergehenden Nachteile dürfen nicht außer Verhältnis zu den Vorteilen stehen, die eine erfolgsbezogene Lohnkomponente für den Arbeitnehmer in seiner konkreten Situation bietet. Teilweise wird in diesem Zusammenhang auch von einer „Einschätzungsprärogative“[1428] der Arbeitsvertragsparteien gesprochen. Nur bei konkreten Anhaltspunkten für ein für den Arbeitnehmer unverhältnismäßiges Risiko kann aus Sicht eines „verständigen Arbeitnehmers“ nicht mehr von einer privatautonomen Entscheidung des Arbeitnehmers ausgegangen werden. Unverhältnismäßige Risiken deuten darauf hin, dass sich der Arbeitnehmer des Risikos entweder nicht bewusst war oder das Risiko unter dem Druck des Arbeitgebers eingegangen ist.

Auch substitutive Beteiligungsmodelle können daher für die Arbeitnehmer grundsätzlich günstiger sein, solange sie dem Arbeitnehmer die realistische

1426 Deinert, in: Däubler, TVG, § 4 Rn. 634.

1427 Vgl. C II 2 a.

1428 Martens, in: FS Zeuner, S. 101, 112.

Chance eröffnen, dass seine Gesamtvergütung das Tarifentgelt überschreiten wird. Andernfalls würde der Arbeitnehmer einseitig am Verlust beteiligt.[1429]

b. Günstigkeit durch Einräumung eines Wahlrechts für den Arbeitnehmer[1430]

Zunächst könnte die Einräumung eines Wahlrechts zwischen der tariflichen und der abweichenden arbeitsvertraglichen Regelung deren Günstigkeit begründen.

Der Große Senat des Bundesarbeitsgerichts bewertete eine einzelvertragliche Regelung zu einer freiwilligen, längeren Lebensarbeitszeit gegenüber der Tarifnorm, die eine kürzere Lebensarbeitszeit vorsah, als günstiger, weil dem Arbeitnehmer ein Wahlrecht eingeräumt werde.[1431] Dem Arbeitnehmer stehe es nach der arbeitsvertraglichen Vereinbarung frei, sich auf die längere einzelvertragliche Arbeitszeit einzulassen oder das Arbeitsverhältnis durch Ausübung des ihm zustehenden Kündigungsrechts bereits bei Erreichen der tariflich vorgesehenen Altersgrenze zu beenden. Das Wahlrecht begründe daher die Günstigkeit der Regelung:

> „Die Möglichkeit, über das Ende des Arbeitsverhältnisses, und im Fall der Einführung einer Altersgrenze praktisch über das Ende des Berufslebens entscheiden zu können, ist ein rechtlicher Vorteil. Eine Altersgrenzenregelung ist für den Arbeitnehmer umso günstiger, je länger er die Wahlmöglichkeit zwischen Arbeit und Ruhestand hat. Jede Verkürzung der Wahlmöglichkeit ist ungünstiger."[1432]

Auch bezüglich einer Regelung zur freiwilligen Erhöhung der Wochenarbeitszeit deutete das Bundesarbeitsgericht in einem Revisionsverfahren gegen ein Urteil des Landesarbeitsgerichts Stuttgart in der mündlichen Verhandlung am 29.11.1989 an, die Regelung aufgrund des dem Arbeitnehmer eingeräumten Wahlrechts als günstiger bewerten zu wollen.[1433] Zu einer Entscheidung kam es jedoch wegen eines Klageverzichts nicht mehr.

Im Jahr 1993 hielt das Bundesarbeitsgericht – damals im Zusammenhang mit tarifvertraglichen Altersgrenzen – an dem Wahlrecht des Arbeitnehmers als einem Kriterium für die Günstigkeit der abweichenden Abmachung fest.[1434]

1429 Vgl. D I 2 b cc 1).

1430 Vgl. zur Günstigkeit im Zusammenhang mit der Arbeitszeitverlängerung und Beschäftigungssicherung: Kehr, Das Wahlrecht des Arbeitnehmers, S. 189.

1431 BAG 07.11.1989 – GS 3/85, BAGE 63, 211ff.

1432 BAG 07.11.1989 – GS 3/85, BAGE 63, 211ff.

1433 Rüthers, Handelsblatt vom 19./20.01.1990; Buchner, DB 1990, 1715, 1720.

1434 BAG 20.10.1993 – 7 AZR 135/93, NJW 1994, 538 ff.

Die vorgenannten Entscheidungen lassen sich jedoch nicht ohne weiteres dahingehend verallgemeinern, dass die Einräumung eines Wahlrechts automatisch zur Günstigkeit der individualvertraglichen Regelung führt, selbst wenn die Regelung für sich betrachtet ungünstiger ist. Grundsätzlich besteht die Gefahr, dass der Arbeitnehmer das eingeräumte Wahlrecht nicht autonom ausüben kann und sich nur unter dem Druck des Arbeitgebers auf die für ihn ungünstigeren Arbeitsbedingungen einlässt. Bei den verfahrensgegenständlichen, einzelvertraglichen Regelungen zur freiwilligen Verlängerung der tariflichen Lebensarbeitszeit konnte von einer selbstbestimmten Entscheidung ausgegangen werden, weil der Arbeitnehmer durch Ausübung seines Kündigungsrechts kraft privatautonomer Entscheidung jederzeit zu der tarifvertraglichen Regelung zurückkehren konnte. Die Situation am Ende einer Erwerbstätigkeit hat zudem die Besonderheit, dass ein Arbeitnehmer, der gegen den Willen des Arbeitgebers aus dessen Betrieb unter Beibehaltung bzw. bei Rückkehr zu der tariflichen Regelung ausscheidet, dessen Weisungen nicht mehr unterworfen ist. Der Arbeitgeber kann Anreize für die Fortsetzung des Arbeitsverhältnisses setzen. Trotz seiner strukturellen Überlegenheit kann er den Verbleib des Arbeitnehmers im Unternehmen auch faktisch nicht erzwingen. In dieser besonderen Konstellation kann davon ausgegangen werden, dass die Ausübung des Wahlrechts tatsächlich Ausdruck einer freiwilligen Entscheidung des Arbeitnehmers und nicht auf den Druck des Arbeitgebers zurückzuführen ist. Hinsichtlich der Verlängerung der wöchentlichen Arbeitszeit bleibt abzuwarten, unter welchen Voraussetzungen die Rechtsprechung die Günstigkeit annimmt.

In der Literatur wird ein „echtes Wahlrecht" als zusätzliche, für den Arbeitnehmer günstige Option bewertet,

> „wenn der unabdingbare Arbeitnehmerschutz dadurch nicht unterlaufen wird"[1435].

Auch die Vertreter des Optionsmodells[1436] räumen allerdings ein, dass noch vor der Bewertung des Vertragsinhalts geprüft werden müsse, ob sich Arbeitnehmer und Arbeitgeber mit der jeweiligen Macht zur Selbstbestimmung gegenüber stehen, oder ob durch ein Machtgefälle zugunsten des Arbeitgebers statt der beiderseitigen Selbstbestimmung eine Fremdbestimmung des Arbeitnehmers eingetreten ist.[1437]

1435 Buchner, ZfA 2004, 229, 241; a.A. Deinert, in: Däubler, TVG, § 4 Rn. 691; für die Annahme der Günstigkeit bei günstigkeitsneutralen Regelungen: Franzen, in: ErfKomm, § 4 TVG Rn. 40.

1436 Bengelsdorf, ZfA 1990, 563 ff.; Buchner, DB 1990, 1715, 1720.

1437 Heinze, NZA 1991, 329, 330 ff.

Ein „echtes Wahlrecht“ setzt eine jederzeitige Rückkehroption zu den tariflichen Regelungen voraus.[1438] Andernfalls erschöpfe sich das Wahlrecht in einer Subjektivierung des Vergleichsmaßstabs[1439]. Das Wahlrechtskriterium darf somit nicht mit einer Wahlschuld i.S.d. §§ 262 ff. BGB verwechselt werden. Eine Wahlschuld setzt voraus, dass dem Gläubiger mehrere verschiedene Leistungen in der Weise geschuldet werden, dass nach der Ausübung des Wahlrechts nur eine Leistung zu erbringen ist; es besteht ein Anspruch mit alternativem Inhalt.[1440] Das Wahlrecht i.S.d. § 262 BGB betrifft den Leistungsgegenstand bzw. die Modalitäten der Erfüllung und kann als Gestaltungsrecht nur einmalig ausgeübt werden.[1441] Die Wahl soll nicht widerrufen werden können.[1442] Im vorliegenden Fall dagegen wurde die Option hinsichtlich der Verlängerung der Lebensarbeitszeit gerade deshalb für günstiger befunden, weil bis zum Erreichen der einzelvertraglichen Altersgrenze ein „Rückkehrrecht“ des Arbeitnehmers zur tariflichen Regelung bestand. Darüber hinaus betrifft das Wahlrecht in der Rechtsprechung des Bundesarbeitsgerichts nicht nur den Leistungsinhalt der arbeitgeberseitigen Pflicht zur Zahlung des Arbeitsentgelts, sondern die Fortsetzung des gesamten Arbeitsverhältnisses, d.h. auch die Pflicht des Arbeitnehmers.

Anders als bei der Regelung der freiwillig verlängerbaren Lebensarbeitszeit kann als Mindestvoraussetzung für die Freiwilligkeit einer Teilvariabilisierung des Arbeitsentgelts nicht verlangt werden, dass der Arbeitnehmer jederzeit zu dem Regelungsinhalt des Tarifvertrags zurückkehren darf[1443] – eine Voraussetzung, die im Zusammenhang mit der tarifwidrigen Erhöhung der wöchentlichen Arbeitszeit diskutiert wurde[1444]. Der Sinn der Arbeitnehmerbeteiligung besteht gerade darin, den Arbeitnehmer an der Unternehmensentwicklung zu beteiligen. Arbeitgeber übertragen das Wirtschaftsrisiko zu einem gewissen Teil auf die Arbeitnehmer und eröffnen ihnen im Gegenzug die Chance auf Teilhabe am Unternehmenserfolg. Könnte der Arbeitnehmer jederzeit zur tarifvertraglichen Regelung zurückkehren, verbliebe das Risiko einer negativen Entwicklung allein beim Arbeitgeber. Daher muss auf andere Weise als durch die jederzeitige Rückkehrbarkeit zu der tarifvertraglichen Regelung vermieden werden, dass der

1438 Franzen, in: ErfKomm, § 4 TVG Rn. 41.

1439 Franzen, in: ErfKomm, § 4 TVG Rn. 41.

1440 Heinrichs, in: Palandt, BGB, § 262 Rn. 1.

1441 Heinrichs, in: Palandt, BGB, § 262 Rn. 2.

1442 OLG Celle, VIZ 1996, 104.

1443 Hromadka, DB 1992, 1042, 1047; Heinze, NZA 1991, 329, 335.

1444 Linnenkohl/ Rauschenberg/ Reh, BB 1990, 628, 630; Kehr, Das Wahlrecht des Arbeitnehmers im Kontext des tarifrechtlichen Günstigkeitsprinzips, S. 260.

Arbeitnehmer durch die einmalige Ausübung des „Wahlrechts" tarifvertragliche Rechtspositionen dauerhaft verliert.

Aus Gründen der Planungssicherheit für den Arbeitgeber wird auch für die Rückkehroption des Arbeitnehmers zu der tariflichen Wochenarbeitszeit verlangt, dass gewisse Kündigungsfristen eingehalten werden.[1445] Teilweise wird eine Orientierung an der vierwöchigen Kündigungsfrist der §§ 622 I, 16 I BEEG für sachdienlich befunden.[1446] Eine andere Auffassung hält eine sechsmonatige Kündigungsfrist für zulässig, damit der Arbeitgeber die notwendigen organisatorischen Anpassungen im Betrieb treffen kann,[1447] wobei § 622 VI BGB der Länge dieser Kündigungsfrist für den Arbeitnehmer jedenfalls nicht entgegen stehen dürfte, da die Frist nicht die Kündigung des gesamten Arbeitsverhältnisses, sondern einzelner Arbeitsbedingungen betrifft. Im Zusammenhang mit betrieblichen Bündnissen für Arbeit wird schließlich eine Bindungsdauer von mindestens 1 Jahr für erforderlich gehalten.[1448]

Die Vorschläge veranschaulichen, dass zeitliche Einschränkungen der Rückkehroption zu den tariflichen Arbeitsbedingungen der Indizwirkung der Wahloption für die Selbstbestimmtheit der Arbeitnehmerentscheidung nicht generell entgegen stehen. Wenn eine gewisse Bindungswirkung – auch gegen den späteren Willen des Arbeitnehmers – für zulässig gehalten wird, könnte das fortgeltende Wahlrecht durch eine Befristung der Abrede ersetzt werden. Dies würde sich jedenfalls mit dem Interesse des Arbeitgebers an einer teilweisen Übertragung des Wirtschaftsrisikos auf den Arbeitnehmer vereinbaren lassen. Nach dem Ablauf der Frist könnte der Arbeitnehmer erneut entscheiden, ob er weiterhin an einem betrieblichen Beteiligungsprogramm teilnimmt.

Um die Selbstbestimmtheit dieser späteren Entscheidung zu gewährleisten, sollte eine erneute Annahmeerklärung des Arbeitnehmers gemäß §§ 146 ff. BGB verlangt werden. Dagegen sollte die automatische Verlängerung der Abrede unter der Bedingung, dass der Arbeitnehmer nicht rechtzeitig widerspricht, nicht genügen.

Von einer Wahloption des Arbeitnehmers kann realistischerweise nur dann gesprochen werden, wenn für den Arbeitnehmer bereits die tarifliche Entgeltregelung gilt. Das Wahlrecht besteht in der Wahl zwischen der Fortgeltung der tariflichen Entgeltregelung und der arbeitsvertraglichen Teilvariabilisierung

---

1445 Rieble, Arbeitsmarkt und Wettbewerb, S. 486 Rn. 1608.

1446 Rieble, Arbeitsmarkt und Wettbewerb, S. 486 Rn. 1608.

1447 Löwisch, BB 1991, 59, 63.

1448 Robert, NZA 2004, 633, 638.

des Arbeitsentgelts. Von einem „echten Wahlrecht“[1449] dürfte daher regelmäßig nur in bestehenden Arbeitsverhältnissen auszugehen sein. Bei Begründung des Arbeitsverhältnisses besteht dagegen die Gefahr, dass der Arbeitgeber die Teilnahme an dem Beteiligungsmodell faktisch zur Einstellungsvoraussetzung erhebt. Der Zugang zu der tariflichen Entgeltregelung bliebe dem Arbeitnehmer dann von vornherein verwehrt.

Im Ergebnis kann eine Wahloption des Arbeitnehmers jedenfalls im bestehenden Arbeitsverhältnis ein Kriterium für die Günstigkeit der von einer Tarifnorm abweichenden, variablen Entgeltregelung im Arbeitsvertrag sein, selbst wenn das Mindestentgelt unterhalb des tariflichen Arbeitsentgelts liegt. Die Wahloption darf sich nicht in ihrer einmaligen Ausübung erschöpfen. Der Arbeitnehmer muss – jedenfalls nach einer gewissen Dauer – zu der tarifvertraglichen Regelung zurückkehren können. Dies lässt sich auf verschiedene Weise sicherstellen: Eine Möglichkeit besteht in der Einführung eines Änderungskündigungsrechts nach einer bestimmten Mindestlaufzeit oder in bestimmten Intervallen.[1450] Eine andere Möglichkeit ist die unten[1451] näher dargestellte Befristung des substitutiven Beteiligungsmodells.

c. *Prozentuale Lohnuntergrenzen in Erfolgsbeteiligungsmodellen*[1452]

Obwohl nach der hier vertretenen Auffassung die Chance auf ein übertarifliches Arbeitsentgelt geringere Mindestentgelte und damit eine tatsächlich geringere Vergütung rechtfertigen kann, darf das Mindestentgelt einen bestimmten prozentualen Anteil an der tariflichen Gesamtvergütung nicht unterschreiten, damit die Entgeltflexibilisierung noch als günstiger angesehen werden kann. Unterschreitet das garantierte Mindestentgelt einen bestimmten prozentualen Wert, erscheint die Übertragung des Wirtschaftsrisikos auf den Arbeitnehmer, dessen Arbeitsentgelt die wirtschaftliche Lebensgrundlage sichern soll, nicht mehr zumutbar. Im Zusammenhang mit Gehaltsumwandlungen zur betrieblichen Altersvorsorge wird vertreten, dass es für den Arbeitnehmer nicht mehr zumutbar sein kann, wenn er zur Umwandlung von Lohnbestandteilen verpflichtet wird, die er zur Sicherung seiner wirtschaftlichen Lebensgrundlage benötigt.[1453] Die

1449 Buchner, ZfA 2004, 229, 241.

1450 Vgl. Löwisch, ZfA 1996, 293, 310.

1451 Vgl. D II 3 d).

1452 Vgl. zur Günstigkeit im Zusammenhang mit betrieblichen Bündnissen: Robert, S. 156 ff.

1453 Heither, Ergänzende Altersvorsorge durch Direktversicherung nach Gehaltsumwandlung, S. 83 f.

Sicherstellung der wirtschaftlichen Lebensgrundlage verlangt, dass ein gewisser Anteil der Vergütung mit Sicherheit zur Auszahlung kommt.

Die Forderung nach einer „Zumutbarkeitsgrenze“ erinnert an die Diskussion um das Wahlrechtskriterium.[1454] Dessen Befürworter verlangen ebenfalls, dass dem Arbeitnehmer durch die Einräumung des Wahlrechts nicht Arbeitsbedingungen angeboten werden, die den unabdingbaren Arbeitnehmerschutz verletzen.[1455]

Bei der Auslegung des Günstigkeitsbegriffs ist darüber hinaus der Gewährleistungsgehalt des Artikels 9 III 1 GG zu beachten.[1456] Die Funktionsfähigkeit der Tarifautonomie darf nicht gefährdet,[1457] und das kollektivvertragliche Regelungskonzept darf nicht auf die Funktion von Richtlinien beschränkt werden.[1458] Würde man die maximale Tariflohnunterschreitung auf einen bestimmten prozentualen Wert beschränken, müsste sich das Beteiligungsmodell unmittelbar an der Höhe des Tariflohns orientieren. Auch die Tariflohnentwicklung während der Laufzeit des Beteiligungsmodells müsste berücksichtigt werden.

Die Bestimmung eines Grenzwerts ist eine Frage des Einzelfalls. Generell dürfte der prozentuale Grenzwert umso niedriger anzusetzen sein, je höher das Mindestentgelt ist. Die bisher diskutierten Grenzwerte der Entgeltflexibilisierung können kaum als Orientierung dienen: Für Entgeltflexibilisierungen im Rahmen Allgemeiner Geschäftsbedingungen ergeben sich die Grenzen zulässiger Entgeltflexibilisierung grundsätzlich aus §§ 307 I 1, II 310 IV BGB, wonach zumindest eine Flexibilisierung in Höhe von 25% der Gesamtvergütung noch als dem Arbeitnehmer zumutbar anzusehen ist.[1459] Bei Individualabreden zur Entgeltflexibilisierung besteht Uneinigkeit hinsichtlich des maximalen prozentualen Anteils des variablen Entgeltbestandteils an der Gesamtvergütung eines Arbeitnehmers.[1460] Während der variable Entgeltbestandteil teilweise auf 33% begrenzt wird,[1461] lassen andere Autoren ein Mindestentgelt von 50% genügen.[1462] Jedenfalls darf der branchen- und regionenübliche Tariflohn nicht um mehr als 1/3 unterschritten werden.[1463] Diese Diskussion steht allerdings unter dem „Stichwort der

---

1454 Vgl. D II 3 b.

1455 Vgl. Rieble/Klumpp, Münch Hdb ArbR, § 183 Rn. 60.

1456 Vgl. C II 1 b.

1457 Vgl. C II 1 b bb 2).

1458 Dieterich, RdA 2002, 1, 3.

1459 Vgl. D I 2 b cc 2).

1460 Vgl. D I 2 b cc 2).

1461 Brors, RdA 2004, 273, 275.

1462 Rieble, NZA 2000, Beilage zu Heft 3, 34, 44; Hanau, Münch Hdb ArbR, § 63 Rn. 6.

1463 Vgl. D I 2 b cc 1).

rechtlichen Äquivalenz" und betrifft somit die Sittenwidrigkeitskontrolle flexibler Vergütungsmodelle. Die vorgenannten Ansichten betreffen die Frage, wann das Arbeitsentgelt in einem auffälligen Missverhältnis zur erbrachten Arbeitsleitung steht bzw. die Grenzen des rechtsethischen Minimums unterschritten sind.[1464]

Für die Bewertung der Günstigkeit einer von Tarifnormen abweichenden einzelvertraglichen Entgeltregelung müssen dagegen strengere Maßstäbe gelten. In Rede steht nämlich nicht die Vereinbarkeit einer einzelvertraglichen Vergütungsregelung mit dem von dem Gesetzgeber als unabdingbar angesehenen Schutzstandard, sondern die Widerlegung der Richtigkeitsvermutung des Tarifvertrags.

Im Zusammenhang mit betrieblichen Bündnissen für Arbeit wird teilweise eine maximale Tariflohnunterschreitung von 10% bis zum Eintritt des Sanierungserfolgs als mit dem Günstigkeitsprinzip noch vereinbar angesehen, wenn die Tariflohnunterschreitung voraussichtlich zum Erhalt des Arbeitsplatzes beiträgt.[1465] Diese Ansicht kann auf den vorliegenden Fall allerdings nicht übertragen werden, da mit der erfolgsbezogenen Entgeltflexibilisierung andere Ziele verfolgt werden.

Eine allgemeingültige Untergrenze dürfte sich nicht ziehen lassen. Grundsätzlich dürfte bei der Bestimmung der maximalen Tariflohnunterschreitung ein umso großzügigerer Maßstab anzulegen sein, je höher der Arbeitnehmer vergütet wird. Ein Indiz für die Günstigkeit könnte auch darin liegen, dass die maximal zu erzielende Tariflohnüberschreitung höher als die maximal zu erleidende Tariflohnunterschreitung ist.

d. Befristung der Entgeltflexibilisierung

Neben der Sicherstellung einer selbstbestimmten Ausübung des Wahlrechts[1466] lassen sich durch eine Befristung die Risiken der Entgeltflexibilisierung für den Arbeitnehmer begrenzen: Prognosen hinsichtlich der zukünftigen Unternehmensentwicklung sind stets mit Unsicherheiten verbunden. Nur bei einer Befristung der abweichenden Abmachung wird der Arbeitnehmer überhaupt zu einer Einschätzung der Auswirkungen eines substitutiven Beteiligungsmodells auf den eigenen Entgeltanspruch gelangen können. Soweit die Zulässigkeit einer befristeten Entgeltflexibilisierung einen sachlichen Grund voraussetzt, ist dieser Befristungsgrund vorliegend jedenfalls gegeben.[1467]

1464 Preis, Grundfragen der Vertragsgestaltung im Arbeitsrecht, S. 1976.

1465 Lesch, DB 2000, 322, 325; Müller, DB 1999, 2310, 2314.

1466 Vgl. D II 3 b.

1467 Vgl. D I 2 b dd.

Wie bereits dargestellt, kommt alternativ zu einer Befristung der Entgeltflexibilisierung die Vereinbarung eines Teilkündigungsrechts in Betracht. Da die Kündbarkeit vorliegend im Interesse des Arbeitnehmers liegt, bestehen keine Bedenken gegen deren Zulässigkeit.[1468]

Die genaue zulässige Höchstdauer von Vereinbarungen zur Entgeltflexibilisierung lässt sich nicht abstrakt bestimmen. Nach einer zur Arbeitnehmerkapitalbeteiligung vertretenen Ansicht sollte nach drei bis fünf Jahren über Änderungen bzw. Anpassungen des Beteiligungsmodells verhandelt werden.[1469] In Anlehnung an die zur Zulässigkeit betrieblicher Bündnisse für Arbeit entwickelten Kriterien[1470] wird zu fordern sein, dass die Dauer eines Beteiligungsmodells umso länger bemessen sein darf, je geringer die Teilvariabilisierung des Arbeitsentgelts ausfällt.

e. *Berücksichtigung der Tariflohnentwicklung während der Laufzeit*

Regelmäßig stehen sich die zu vergleichenden Regelungen – Tarifnorm und arbeitsvertragliche Regelung der Arbeitnehmerbeteiligung – erstmals nach Abschluss der Vergütungsabrede gegenüber.[1471] Die Günstigkeitsbeurteilung erfolgt dann aus ex-ante Sicht.[1472]

Allerdings stellt sich die Frage, ob die während der Laufzeit eines Beteiligungsprogramms eintretenden Veränderungen des tariflichen Arbeitsentgelts zu berücksichtigen sind. Selbst bei einer kürzeren Laufzeit erscheint es – jedenfalls bei substitutiven Beteiligungsmodellen – unbillig, Tariferhöhungen erst am Laufzeitende an die Arbeitnehmer weiterzugeben. Dann würde von den Arbeitnehmern nämlich gefordert, vor dem Abschluss der Vergütungsabrede zu beurteilen, wie sich die Tariflöhne während der Laufzeit des Beteiligungsmodells entwickeln. Daher sollte verlangt werden, dass in die Vereinbarung zur Arbeitnehmerbeteiligung die Verpflichtung des Arbeitgebers aufgenommen wird, das garantierte Mindestentgelt entsprechend der Tariflohnentwicklung während der Laufzeit des Beteiligungsmodells automatisch anzuheben. In der Berücksichtigung der Tariflohnentwicklung liegt daher ein weiteres Indiz für die Günstigkeit einer arbeitsvertraglichen Regelung zur substitutiven Arbeitnehmerbeteiligung.

1468 Vgl. D I 2 b dd.

1469 Wagner, BB 2005, 661, 665.

1470 Robert, S. 156.

1471 Löwisch/Rieble, MünchHdbArbR, § 265 Rn. 56.

1472 Vgl. D II 2 d.

Anders beurteilt sich dagegen – im Rahmen additiver Beteiligungsmodelle – die Frage nach der Anrechenbarkeit übertariflicher Arbeitsentgelte auf Tariflohnerhöhungen. Da ein Arbeitnehmer bei einer Anrechnung keine nominalen Einkommensverluste hinnehmen muss, kann nach der Rechtsprechung des Bundesarbeitsgerichts von der grundsätzlichen Zulässigkeit von Anrechnungsvorbehalten ausgegangen werden.[1473] Im Zweifel wird bei der Gewährung übertariflicher Zulagen von der Anrechenbarkeit auszugehen sein.[1474]

Behält sich der Arbeitgeber die Anrechnung in Allgemeinen Geschäftsbedingungen vor, ist das Transparenzgebot des § 307 I 2 BGB zu beachten. Der Arbeitnehmer muss erkennen können, dass seine übertariflichen Lohnbestandteile nur solange effektiv wirken, bis eine Tariflohnerhöhung erfolgt.[1475]

Verschiedene Gestaltungsformen der Anrechnung sind denkbar: Zum Einen können Tariferhöhungen automatisch vollzogen werden,[1476] zum Anderen kann ein Gestaltungsakt des Arbeitgebers zur Absenkung des übertariflichen Entgelts, dessen Ausübung den Anforderungen des § 315 II, III BGB entsprechen muss, vorausgesetzt werden.[1477] Aus Gründen der Praktikabilität sollte von einer automatischen Vollziehung der Anrechnung ausgegangen werden, wenn nichts Abweichendes vereinbart wurde. Wenn die Anrechnung von Tariferhöhungen auf übertarifliche Leistungen des Arbeitgebers wirksam vereinbart wurde, ist die Notwendigkeit einer Ausübungskontrolle nämlich nicht ersichtlich.

f. Mehrheitliche Zustimmung der Belegschaft[1478]

Fraglich ist, ob in der Zustimmung der Belegschaft ein Kriterium für die Günstigkeit der Entgeltflexibilisierung gesehen werden kann. Möglicherweise lässt sich eine Parallele zu betrieblichen Bündnissen für Arbeit ziehen, deren Zulässigkeit nach vielfach vertretener Ansicht[1479] ein entsprechendes Votum der Belegschaft voraussetzt. Das Erfordernis eines Mehrheitsbeschlusses wird dort u.a. mit dem

---

1473 BAG 01.03.2006 – 5 AZR 363/05, BAGE 117, 155ff.; 30.05.2006 – 1 AZR 111/05, BAGE 118, 211ff.; 27.08.2008 – 5 AZR 820/07, NZA 2009, 49.

1474 BAG 03.06.1998 – 5 AZR 616/97, NZA 1999, 208; Kreitner, in: Küttner, Personalbuch, § 16 Rn. 2.

1475 Preis, Individualarbeitsrecht, S. 522.

1476 BAG 28.10.1987 – 4 AZR 242/87, BB 1988, 702 ff.

1477 Vgl. BAG 07.09.1994 – 10 AZR 716/93, AP Nr. 11 zu § 611 BGB Lohnzuschläge.

1478 Vgl. zur Günstigkeit im Zusammenhang mit betrieblichen Bündnissen für Arbeit: Robert, S. 154f.

1479 Böker, Tarifunterschreitung, S. 91 f.; Emmert, Betriebsvereinbarungen, S. 286 f.; Zachert, RdA 1996, 140, 148.

Zusammenhang zwischen der Sanierungschance des Unternehmens und einer hohen Beteiligung der Arbeitnehmer an der abweichenden Abmachung begründet.[1480] Erklären sich nur wenige Arbeitnehmer zur Beteiligung an dem betrieblichen Bündnis bereit, ist die Auswirkung auf die wirtschaftliche Situation des Arbeitgebers so gering, dass kein nennenswerter Beitrag zur Sanierung geleistet werden kann. Die Partizipationsrate innerhalb der Arbeitnehmerschaft bedingt den Erfolg des betrieblichen Bündnisses für Arbeit. Da die Zustimmungsrate in einer geheimen Abstimmung Aufschluss über die spätere Partizipation innerhalb der Belegschaft geben kann, haben die teilnehmenden Arbeitnehmer ein Interesse daran, dass eine Abstimmung durchgeführt und ihnen das Ergebnis bekannt gegeben wird, bevor sie sich auf Lohnverzicht bzw. Arbeitszeitverlängerung einlassen.

Auch vorliegend lässt sich das Zustimmungserfordernis mit der Bedeutung einer hohen Partizipation der Arbeitnehmer für die Verwirklichung der Ziele des Arbeitgebers rechtfertigen. Dient beispielsweise ein substitutives Gewinnbeteiligungsmodell auch der Abmilderung der wirtschaftlichen Risiken von Absatzschwankungen, macht dessen Einführung nur im Falle einer hohen Teilnehmerzahl unter den Arbeitnehmern Sinn. Im Übrigen wird sich der administrative und finanzielle Aufwand, der mit der Einführung eines betrieblichen Beteiligungsmodells verbunden ist, für den Arbeitgeber nur „rechnen", wenn sich die Arbeitnehmer zahlreich beteiligen. Zwar wird an der „Günstigkeitsfiktion" aufgrund eines Mehrheitsbeschlusses teilweise kritisiert, dass „ein Mehrheitsvotum der Belegschaft – selbst aus Sicht der zustimmenden Arbeitnehmer – nur ein Indiz für einen objektivierbaren Vorteil, aber kein individuelles Einverständnis des Arbeitnehmers sein" könne, wohingegen „das Günstigkeitsprinzip „Ausdruck des Vorrangs der Privatautonomie des Arbeitnehmers" sei.[1481] Die verobjektivierte Vorteilhaftigkeit einer Regelung ist aber nach dem hypothetisch-objektiven Bewertungsmaßstab gerade das maßgebliche Kriterium für die Feststellung der Freiwilligkeit einer Abweichung vom Tarifvertrag.[1482]

An dem Zustimmungserfordernis im Rahmen betrieblicher Bündnisse für Arbeit wurde kritisiert, dass die Urteilsfähigkeit des einzelnen Arbeitnehmers von der Mehrheit der Belegschaft abhängig gemacht werde.[1483] Angesichts der Disparität der Vertragsparteien kann das Erfordernis der Zustimmung durch die Belegschaft jedoch sicherstellen, dass sich ein einzelner Arbeitnehmer nicht unter dem Druck des Arbeitgebers auf Arbeitsbedingungen einlässt, die sich

---

1480 Robert, S. 154f. m.w.N.

1481 Dieterich/Hanau, RdA 2004, 65, 69.

1482 Vgl. D II 2 c.

1483 Söllner, Sonderbeilage zu NZA 24/2000, 36.

aus seiner Sicht als unvorteilhaft darstellen. Auch können Fehler in der Bewertung des arbeitgeberseitigen Angebots durch den einzelnen Arbeitnehmer mithilfe der Befragung möglichst vieler Arbeitnehmer neutralisiert werden. Wie auch der Einschätzung des Betriebsrats kommt einer geheimen Abstimmung durch die gesamte Belegschaft – eine hohe Partizipation vorausgesetzt – eine größere Richtigkeitsgewähr als der individuellen Einschätzung eines einzelnen Arbeitnehmers zu. Bei dem Zustimmungserfordernis handelt es sich daher nicht um eine „merkwürdig systemwidrige Konstruktion von Individualinteresse und Belegschaftsvotum“[1484], sondern um ein aussagekräftiges Kriterium für das Vorliegen einer selbstbestimmten Arbeitnehmerentscheidung.

Fraglich ist, wie hoch das erforderliche Quorum angesetzt werden muss. Für betriebliche Bündnisse für Arbeit sollte beispielsweise das Quorum nach Vorstellungen der FDP-Bundestagsfraktion in einem Gesetzesvorschlag aus dem Jahre 2000[1485] 75% betragen.[1486]

Eine allgemein gültige Prozentzahl lässt sich vorliegend nicht bestimmen. Der Anteil zustimmender Arbeitnehmer wird jedenfalls umso höher ausfallen müssen, je weniger Arbeitnehmer in einem Betrieb beschäftigt sind. Nur dadurch kann sichergestellt werden, dass dem oben genannten Kontrollzweck entsprochen wird. Wenn auch die Durchsetzbarkeit der Belegschaft gegenüber dem Arbeitgeber nicht überbewertet werden darf, liegt in einer hohen Zustimmungsrate zumindest ein Indiz für die Günstigkeit der von dem Arbeitgeber vorgeschlagenen abweichenden Entgeltregelung. Unabhängig von der Frage der Günstigkeit wird der Arbeitgeber den administrativen und finanziellen Aufwand eines Beteiligungsmodells nur dann für sinnvoll halten, wenn sich viele Arbeitnehmer auf die teilweise Entgeltvariabilisierung einlassen.

4. Die Behandlung von Zweifelsfällen[1487]

Häufig wird sich nicht eindeutig feststellen lassen, dass die individualvertragliche Regelung günstiger als die tarifliche Regelung ist. Daher muss zwischen den beiden folgenden Konstellationen differenziert werden: Zum Einen kann zweifelhaft sein, welche Regelung für den Arbeitnehmer günstiger ist. Zum Anderen können sich beide Regelungen als gleichwertig erweisen, auch wenn dies in der Praxis selten vorkommen dürfte.

1484 Dieterich, RdA 2002, 1, 14.

1485 BT-Drucksache 14/2612.

1486 Vgl. E I.

1487 Vgl. zum Ganzen: Robert, S. 159 ff.

a. *Zweifel hinsichtlich der Günstigkeit*

Für den Fall, dass nicht zweifelsfrei ermittelt werden kann, welche Regelung günstiger ist, wird den Arbeitsvertragsparteien teilweise eine Einschätzungsprärogative zuerkannt, da der Arbeitnehmer mangels erwiesener Ungünstigkeit nicht schutzbedürftig sei.[1488] Da jedoch in Zweifelsfällen gerade nicht ausgeschlossen werden kann, dass der Arbeitnehmer gegenüber der Tarifnorm benachteiligt wird, ist die Annahme einer fehlenden Schutzbedürftigkeit des Arbeitnehmers schwer vertretbar und mit dem Wortlaut des Gesetzes darüber hinaus nicht vereinbar. Nach § 4 III 2. Alt. TVG darf von Tarifnormen nämlich nur abgewichen werden, soweit die abweichenden Abmachungen Änderungen der Regelungen zugunsten des Arbeitnehmers enthalten. Somit muss positiv feststehen, dass die arbeitsvertragliche Regelung günstiger ist. Zweifel bei der Günstigkeitsbeurteilung müssen daher zu Lasten der arbeitsvertraglichen Regelung gehen. Andernfalls würde der Arbeitnehmer den Schutz des Tarifvertrags verlieren, ohne dass seine Schutzbedürftigkeit ausgeschlossen werden könnte.

b. *Gleichwertigkeit der arbeitsvertraglichen und tariflichen Regelungen*

Aufgrund des Erfordernisses einer wertenden Betrachtung und der Vielzahl der zu beachtenden Kriterien wird nur selten damit zu rechnen sein, dass ein Günstigkeitsvergleich die völlige Gleichwertigkeit der individualvertraglichen und der tariflichen Entgeltregelungen ergibt. Ausgeschlossen ist der Fall günstigkeitsneutraler Abweichungen jedoch nicht.

§ 4 III 2. Alt. TVG bestimmt, individualvertragliche Abweichungen nur dann anzuwenden, wenn sie günstiger sind. Man könnte argumentieren, dass bei Gleichwertigkeit jedoch keine die Unabdingbarkeitswirkung des Tarifvertrags und damit die Beschränkung der Arbeitsvertragsfreiheit rechtfertigende Schutzbedürftigkeit des Arbeitnehmers besteht;[1489] ein Festhalten am Wortlaut wird daher teilweise als reiner Formalismus bewertet.[1490] Eine Abweichungsbefugnis auch bei gleichwertigen individualvertraglichen Regelungen könne zu einer „wohldosierten“ Flexibilisierung des Arbeitsrechts führen, ohne die Tarifautonomie in Frage zu stellen.[1491] Gleichwohl findet nach der Rechtsprechung des Bundesarbeitsgerichts im Falle günstigkeitsneutraler Abreden die

---

1488 Mayer, Verhältnis, S. 125; Joost, ZfA 1984, 173, 182.

1489 Vgl. Buchner, NZA 1999, 897, 901; Heinze, NZA 1991, 329ff.

1490 Tech, Günstigkeitsprinzip, S. 158 f.

1491 Zöllner, ZfA 1988, 265, 287.

tarifliche Regelung Anwendung.[1492] Auch Teile der Literatur sehen in diesen Fällen keinen Grund für einen Vorrang der individuellen Privatautonomie.[1493] Mit dem Gesetzeswortlaut lässt sich diese Auslegung allerdings nicht vereinbaren.

5. Ergebnis

Die Günstigkeit einer arbeitsvertraglichen Regelung, die von Tarifnormen abweicht, bestimmt sich nach dem Interesse des betroffenen Arbeitnehmers zur Zeit des Vertragsschlusses. Zu vergleichen sind nur Regelungen, die in rechtlichem oder sachlichem Zusammenhang stehen. Die Bewertung des individuellen Arbeitnehmerinteresses erfolgt aus Sicht eines „verständigen Arbeitnehmers" (objektiv-hypothetischer Beurteilungsmaßstab).

Ein allein quantitativer Vergleich zwischen der tarifvertraglichen und arbeitsvertraglichen Regelung stellt nach der hier vertretenen Auffassung keinen verfassungsmäßigen Ausgleich zwischen der Tarifautonomie und der Berufsfreiheit dar. Die Günstigkeit muss – unter Inkaufnahme einer gewissen Rechtsunsicherheit – anhand einer umfassenden Einzelfallbetrachtung festgestellt werden. Gleichwohl setzt die Günstigkeit der Entgeltregelung zwingend voraus, dass ein bestimmtes Mindestentgelt nicht unterschritten wird.

Ein wichtiges Kriterium für die Annahme der Günstigkeit einer abweichenden arbeitsvertraglichen Regelung ist die Einräumung eines Wahlrechts für den Arbeitnehmer. Für den Fall der substitutiven Arbeitnehmerbeteiligung bedeutet dies, dass dem Arbeitnehmer ermöglicht werden muss, zwischen der tarifvertraglichen und der arbeitsvertraglichen Entgeltregelung frei zu wählen. Von einer „echten" Wahloption kann regelmäßig nur in bereits bestehenden Arbeitsverhältnissen ausgegangen werden. Mit der Ausübung dieses Wahlrechts darf der Arbeitnehmer den Schutz des Tarifvertrags nicht dauerhaft verlieren. Die abweichende Regelung muss daher befristet oder kündbar sein. Ein weiteres Kriterium für die Günstigkeit der arbeitsvertraglichen Regelung ist die Zustimmung eines hohen Quorums der Belegschaft.

Die arbeitsvertragliche Abweichung muss erwiesenermaßen günstiger sein. In Zweifelsfällen findet somit die tarifvertragliche Entgeltregelung Anwendung.

1492 BAG 12.04.1972 – 4 AZR 211/71, AP Nr. 13 zu § 4 TVG Günstigkeitsprinzip.

1493 Adomeit, NJW 1984, 26f., Buchner, NZA 1999, 897, 901; Gamillscheg, KollArbR I, S. 857; Heinze, NZA 1991, 329; a.A. Raab, ZfA 2004, 371, 391. Für den Vorrang der arbeitsvertraglichen Regelung bei Einräumung eines Wahlrechts für den Arbeitnehmer: Franzen, in: ErfKomm, § 4 TVG Rn. 40.

6. Beispiel für eine Vereinbarung zur substitutiven Arbeitnehmererfolgsbeteiligung[1494]

Zwischen [...] (im Nachfolgenden: Arbeitgeber) und [...] (im Nachfolgenden: Arbeitnehmer) wird folgende zusätzliche Vereinbarung zum Arbeitsvertrag getroffen:

I.
Der Arbeitnehmer erklärt sich mit einer Verringerung seines tariflichen Grundgehaltes um 10% auf [...] einverstanden.

II.
Im Gegenzug verpflichtet sich der Arbeitgeber, dem Arbeitnehmer eine erfolgsabhängige Vergütung zu zahlen, die sich wie folgt bemisst:

1. Bemessungsgrundlage
Bemessungsgrundlage ist das ausschüttungsfähige Ergebnis des Jahresabschlusses der Gesellschaft einschließlich der Jahresüberschüsse/-fehlbeträge der Tochtergesellschaften jeweils nach Rechnungslegungsvorschriften gemäß International Accounting Standard (IAS), bereinigt um Aufwendungen und/oder Erträge aus dem Kauf von Unternehmen bzw. Verkauf von Beteiligungsunternehmen bzw. Tochtergesellschaften.

2. Ausschüttungsvolumen
Liegt die Bemessungsgrundlage zwischen [...] € und [...] €, beträgt die zu zahlende Erfolgsbeteiligung an die teilnehmenden Arbeitnehmer insgesamt [...] €. Erreicht bzw. überschreitet die Bemessungsgrundlage [...] €, wird eine Erfolgsbeteiligung von insgesamt [...] € an die Arbeitnehmer ausgeschüttet.

3. Berechnung der Erfolgsbeteiligung
Das Beteiligungsprogramm steht maximal [...] Arbeitnehmern offen. Der Anteil des Arbeitnehmers an dem Ausschüttungsvolumen nach Ziff. 2 entspricht seinem Anteil an der aus den tariflichen Grundgehältern der teilnahmeberechtigten Arbeitnehmer errechneten Lohnsumme.

Bei einer Beendigung des Arbeitsverhältnisses innerhalb eines laufenden Geschäftsjahres wird die Erfolgsbeteiligung zeitratierlich, d.h. entsprechend der Dauer des Bestands des Arbeitsverhältnisses in diesem Jahr gewährt.

1494 In Anlehnung an Wisswede, in: Hümmerich/Lücke/Mauer, Arbeitsrecht Formularbuch, § 1 Rn. 158.

4. Fälligkeit
Die Erfolgsbeteiligung ist für das jeweils abgelaufene Geschäftsjahr einen Monat nach der Feststellung des Jahresabschlusses durch die Hauptversammlung fällig und zahlbar.

5. Dauer und Beendigung
Diese Vereinbarung gilt vorbehaltlich einer späteren Verlängerung für die Geschäftsjahre [...].

6. Aufschiebende Bedingung
Diese Vereinbarung steht unter der aufschiebenden Bedingung, dass innerhalb von zwei Wochen nach ihrem Abschluss mit mindestens 60% der Beschäftigten des [...] (Betriebsbezeichnung) gleichlautende Vereinbarungen getroffen werden. Als Beschäftigte gelten alle Arbeitnehmer i.S.d. § 5 BetrVG.

7. Berechnungsbeispiel
In den vergangenen drei Jahren betrug die Bemessungsgrundlage [...] €.

Somit wären [...] € an die Arbeitnehmer ausgeschüttet worden.

Die Erfolgsbeteiligung des Arbeitnehmers hätte – ausgehend von [...] teilnahmeberechtigten Arbeitnehmern – somit [...] € betragen. Das tarifliche Grundgehalt wäre überschritten worden.

III. Die Zuständigkeit der Arbeitsgerichte für Rechtsstreitigkeiten im Zusammenhang mit der Arbeitnehmerbeteiligung

Abschließend stellt sich die Frage nach der Zuständigkeit der Arbeitsgerichte für Rechtsstreitigkeiten im Zusammenhang mit Arbeitnehmerbeteiligungsprogrammen. Typischer Streitgegenstand dürften Zahlungsansprüche der Arbeitnehmer sein. Zu differenzieren ist zwischen Klagen im Zusammenhang mit der Gewährung einer Erfolgs- bzw. Kapitalbeteiligung und Klagen, die Erträge aus einer bestehenden Kapitalbeteiligung betreffen.

1. Klagen im Zusammenhang mit der Gewährung einer Erfolgs- bzw. Kapitalbeteiligung

Gemäß § 2 I Nr. 3a ArbGG sind die Arbeitsgerichte für Vergütungsansprüche der Arbeitnehmer zuständig. Da Erfolgsbeteiligungen Vergütungscharakter haben,[1495] lassen sich die entsprechenden Zahlungsansprüche ohne Weiteres unter diese Zuständigkeitsnorm fassen.

Bei Kapitalbeteiligungen lässt sich der Entgeltcharakter nur insoweit bejahen, als den Arbeitnehmern die Beteiligung unentgeltlich bzw. vergünstigt überlassen wird; Entgeltcharakter hat damit nur der geldwerte Vorteil.[1496] Entsprechendes gilt für Aktienoptionen. Da das angerufene Gericht den Rechtsstreit allerdings aus Praktikabilitätsgründen umfassend entscheiden muss, sollte die Zuständigkeit nach § 2 I Nr. 3a ArbGG bereits dann bejaht werden, wenn die Kapitalbeteiligung bzw. Option überwiegend Entgeltcharakter hat.

Im Ergebnis kann die Abgrenzung zwischen einer überwiegend unentgeltlichen bzw. entgeltlichen Überlassung von Kapitalanteilen sogar dahinstehen, da die Zuständigkeit der Arbeitsgerichte jedenfalls nach § 2 I Nr. 4a ArbGG eröffnet ist. Die Norm setzt einen rechtlichen oder unmittelbar wirtschaftlichen Zusammenhang des in Streit stehenden Anspruchs mit dem Arbeitsverhältnis voraus. Von einem unmittelbaren wirtschaftlichen Zusammenhang ist auszugehen, wenn der Anspruch auf demselben wirtschaftlichen Verhältnis beruht oder wirtschaftliche Folge desselben Tatbestands ist; die Ansprüche müssen eng zusammengehören.[1497] Die Rechtsprechung bejaht einen unmittelbar wirtschaftlichen Zusammenhang, wenn eine nicht aus dem Arbeitsverhältnis resultierende Leistung im Hinblick auf das Arbeitsverhältnis erbracht wird oder beansprucht werden kann.[1498]

Selbst wenn Arbeitnehmern Kapitalbeteiligungen zum Marktpreis überlassen würden, und die Arbeitnehmer damit keinen geldwerten Vorteil erhielten, würde der Arbeitgeber die Arbeitnehmer wohl regelmäßig mit Rücksicht auf das Arbeitsverhältnis an dem Arbeit gebenden Unternehmen beteiligen. Von einem wirtschaftlichen Zusammenhang wäre somit auszugehen.

Im Ergebnis sind die Arbeitsgerichte für Klagen der Arbeitnehmer, die mit der Gewährung einer Erfolgs- bzw. Kapitalbeteiligung in Zusammenhang stehen, regelmäßig ausschließlich zuständig.

2. Klagen im Zusammenhang mit Erträgen aus einem bestehenden Beteiligungsverhältnis

Die am weitesten verbreitete Klage im Zusammenhang mit einem bereits begründeten Beteiligungsverhältnis dürfte die Klage des Arbeitnehmers auf Zahlung bzw. Gutschrift von Kapitalerträgen sein.

1495 Vgl. B I 2 a.

1496 Vgl. B I 2 b.

1497 Koch, in: ErfKomm, § 2 ArbGG Rn. 23.

1498 BAG 24.09.2004 – 5 AZB 46/04, NZA-RR 2005, 49f.

Kapitalerträge aus einem bereits bestehenden Beteiligungsverhältnis haben ihren rechtlichen Grund nicht unmittelbar im Arbeitsverhältnis. Eine ausschließliche Zuständigkeit der Arbeitsgerichte nach § 2 I Nr. 3a ArbGG kommt daher nicht in Betracht. Da die Errichtung der Sozialeinrichtungen durch den Arbeitgeber allerdings in engem Zusammenhang mit den Arbeitsverhältnissen steht, dürften die Arbeitsgerichte gemäß § 2 I Nr. 4a ArbGG zuständig sein.

Werden die Kapitalanteile von einer Sozialeinrichtung gehalten,[1499] kann die Zuständigkeit der Arbeitsgerichte für einen Rechtsstreit zwischen den Arbeitgebern bzw. Arbeitnehmers einerseits und den Sozialeinrichtungen andererseits darüber hinaus aus § 2 I Nr. 4b, 6 ArbGG resultieren. Dabei werden Sozialeinrichtungen – ähnlich der Definition der Sozialeinrichtungen gemäß § 87 I Nr. 8 BetrVG[1500] – als von einem oder mehreren Arbeitgebern errichtete Einrichtungen, die eine soziale Leistung nach allgemeinen Richtlinien aus einer abgesonderten, besonders zu verwaltenden Vermögensmasse erbringen und der Verbesserung der sozialen Lebensbedingungen dienen, definiert.[1501]

1499 Vgl. D I 1 b bb.

1500 Kania, in: ErfKomm, § 87 BetrVG Rn. 68.

1501 Koch, in: ErfKomm, § 2 ArbGG Rn. 25.

E. Die Verfassungsmäßigkeit gesetzlicher Änderungen zur Erleichterung substitutiver Arbeitnehmererfolgsbeteiligung

Eine weitergehende Verbreitung der Arbeitnehmererfolgsbeteiligung lässt sich ohne eine erhebliche Erhöhung der Arbeitskosten nur erreichen, wenn Teile des bisherigen Arbeitsentgelts bzw. zukünftige Tariflohnerhöhungen für eine erfolgsbezogene Vergütung verwendet werden. Durch substitutive Arbeitnehmerbeteiligung wird jedoch die tarifvertragliche Normwirkung durchbrochen. Angesichts der Seltenheit tarifvertraglicher Öffnungsklauseln kann innerhalb des bestehenden Tarifvertragssystems nur im Rahmen des Günstigkeitsprinzips gemäß § 4 III 2. Alt. TVG einzelvertraglich von tariflichen Entgeltregelungen abgewichen werden, wobei – wie gesehen[1502] – die Günstigkeitsbeurteilung mit erheblichen Unsicherheiten verbunden ist. Für Kapitalbeteiligungsmodelle ist diese Frage kaum relevant, da die Beteiligung meist vergünstigt gewährt wird,[1503] und somit feststeht, dass der Arbeitnehmer messbar mehr erhält.

Einzelvertragliche Abweichungen haben für den Arbeitgeber, der ein Beteiligungsmodell einführen möchte, darüber hinaus den Nachteil, dass er mit jedem Arbeitnehmer, der sich für eine Teilnahme an dem Beteiligungsmodell entscheidet, eine Vertragsänderung herbeiführen muss. Durch den Abschluss von Betriebsvereinbarungen ließe sich eine betriebseinheitliche Geltung mit wesentlich geringerem Aufwand erreichen.

Daher soll zum Einen untersucht werden, ob der Gesetzgeber auf verfassungsrechtlich zulässige Weise allgemeinverbindliche Kriterien definieren kann, bei deren Vorliegen die Günstigkeit einer Vergütungsabrede zumindest widerleglich vermutet wird. Dadurch ließe sich größere Rechtssicherheit für die Arbeitsvertragsparteien erreichen. Soweit sich die Durchbrechungen der tarifvertraglichen Normwirkung mit Artikel 9 III 1 GG vereinbaren lassen, soll ein eigener Gesetzesvorschlag erarbeitet werden. Zum Anderen soll geprüft werden, ob durch eine Einschränkung des Tarifvorbehalts in § 77 III 1 BetrVG Betriebsvereinbarungen zur substitutiven Arbeitnehmerbeteiligung gesetzlich gestattet, und Arbeitnehmerbeteiligungsmodelle auch ohne Zustimmung der betroffenen Arbeitnehmer zugelassen werden können. Die Untersuchung weist erhebliche Ähnlichkeiten

1502 Vgl. D II 3.
1503 Vgl. B I 2 b.

zu der Debatte über die Einführung betrieblicher Bündnisse für Arbeit auf.[1504] Zunächst soll daher ein Überblick über die wichtigsten Reformvorschläge der vergangenen Jahre gegeben werden.

I. Gegenstand der Reformvorschläge

Mehrfach wurden dem Tarifvertragsrecht und der Tarifvertragspraxis „Funktionsstörungen und Fehlleistungen“ bescheinigt.[1505] Insbesondere dem Verbandstarifvertrag wurden „eine übermäßige Kartellwirkung und eine damit verbundene Beschäftigungsfeindlichkeit“ vorgeworfen.[1506] Die Kompetenzverteilung zwischen Tarif- und Betriebsparteien wurde teilweise als überholt angesehen.[1507] Unter dem Stichwort „Verbetrieblichung der Tarifvertragsnormen“[1508] wurde seit Ende der 1980er Jahre gefordert, dass mehr Kompetenzen auf die betriebliche Ebene übertragen werden.[1509] Hintergrund dieser Forderungen war die während mehrerer Jahrzehnte gestiegene strukturelle Massenerwerbslosigkeit,[1510] welche insbesondere auf die im internationalen Vergleich hohen Lohnkosten in Deutschland zurückgeführt wurde.[1511] Das bestehende Tarifvertragssystem wurde teilweise als zu unflexibel empfunden.[1512] Kritisiert wurde, dass die in Flächentarifverträgen vereinbarten Entgelte für viele Arbeitgeber nicht mehr tragbar seien.[1513] Diese Kritik mündete in die Forderung, dass insbesondere in Krisensituationen eine Unterschreitung der Tariflöhne durch Vereinbarungen der Arbeitgeber mit den Betriebsräten bzw. Belegschaften, sogenannten „Betrieblichen Bündnissen für Arbeit“, zugelassen werden sollten, da der Abschluss von Sanierungs- bzw. Standortsicherungstarifverträgen zu viel Zeit in Anspruch nehme.[1514] Teilweise wurde sogar dafür plädiert, die gesamte Tarifvertragssperre für Betriebsvereinbarungen abzuschaffen

---

1504 Vgl. zum Ganzen: Burkiczak; Drohsel; Wagner.

1505 Dieterich/Hanau u.a., RdA 2004, 65.

1506 Dieterich/Hanau u.a., RdA 2004, 65.

1507 Wank, in: Wiedemann, TVG, § 4 Rn. 598.

1508 Dieterich/Hanau u.a., RdA 2002, 65, 69.

1509 Nachweise bei Berg/Platow, DB 1999, 2362, 2367.

1510 Burkiczak, S. 68f.; Sachverständigenrat, Jahresgutachten 2002/2003, S. 373, Schaubild 60.

1511 Wagner, S. 29

1512 Wissenschaftliche Beirat beim Bundesministerium für Wirtschaft und Arbeit, Tarifautonomie auf dem Prüfstand, S. 25ff.

1513 Ehmann/Schmidt, NZA 1996, 193f.; Rieble, ZfA 2004, 1ff.; Wagner, S. 38.

1514 Möschel, 2003, 1953 ff.; Wagner, S. 182.

und den „Arbeitskampf mit allen Konsequenzen auf der betrieblichen Ebene" stattfinden zu lassen.[1515]

Neben den arbeitsrechtlichen Reformvorschlägen wurde auch ein unternehmensrechtlicher Ansatz verfolgt, um die Sanierung von Unternehmen in Krisensituation zu erleichtern: Sanierungsbedürftigen, aber erhaltenswürdigen Unternehmen sollte mit einem besonderen „Reorganisationsverfahren" nach dem Vorbild des Chapter 11 des US-amerikanischen Bankruptcy-Code eine Lockerung der Tarifbindung und Tarifsperre ermöglicht werden.[1516] Die Arbeitnehmer hätten dann – wie alle Eigen- und Fremdkapitalgeber – „in angemessener Weise zur Erhaltung des Unternehmens und seiner Arbeitsplätze beitragen"[1517] müssen.

Auf dem 61. Deutschen Juristentag war eine „Neuordnung der Regelungsbefugnisse der Tarifparteien im Verhältnis zu den Betriebsparteien" diskutiert und schließlich verworfen worden.[1518] Dadurch ebbten die Forderungen nach einer Flexibilisierung des Tarifvertragsrechts allerdings nicht ab. Im Jahre 2004 stellte etwa die „Arbeitsgruppe Tarifvertragsrecht" erneut umfangreichere Vorschläge zur Flexibilisierung des Tarifvertragsrechts vor.[1519]

Die Reformvorschläge waren zum Einen darauf gerichtet, dass der Gesetzgeber entweder generell[1520], oder in bestimmten Fällen[1521] gesetzliche Öffnungsklauseln vorsieht, damit von Tarifnormen abweichende Abmachungen auch durch Betriebsvereinbarung getroffen werden können (kollektivrechtliche Lösung).[1522] Zum anderen sollte eine gesetzliche Definition des Günstigkeitsprinzips arbeitsvertragliche Abweichungen von Tarifverträgen erleichtern (individualrechtliche Lösung).[1523]

Durch den Rückgang der Massenerwerbslosigkeit in den letzten Jahren[1524] hat die Diskussion an politischer Aufmerksamkeit und praktischer Bedeutung

1515 Berthold, Bitburger Gespräche 1998, S. 35.
1516 Dieterich/Hanau, RdA 2004, 65, 68.
1517 Dieterich/Hanau, RdA 2004, 65, 68.
1518 Beschlüsse des 61. Deutschen Juristentages Karlsruhe 1996 – Abteilung Arbeitsrecht, NZA 1996, 1277.
1519 Arbeitsgruppe Tarifvertragsrecht, Empfehlungen, RdA 2003, 193f.; 2004, 65ff.
1520 Arbeitsgemeinschaft selbstständiger Unternehmer, zitiert nach Henssler, ZfA 1994, 487, 496.
1521 Weyand, AuR 1989, 193 ff.
1522 Ehmann/Schmidt, NZA 1996, 193ff.; Ehmann/Lambrich, NZA 1996, 346ff.
1523 Buchner, ZfA 2004, 229ff.; Burkiczak, S. 106; Heise, Günstigkeitsprinzip, S. 657ff.; Rieble, ZfA 2004, S. 1ff.; Schliemann, NZA 2003, 122ff.
1524 Die Arbeitslosenquote (ILO) sank von 11,1% (2005) auf 5,4% (Februar 2013).

verloren. Gleichwohl sind die Reformvorschläge, die das Verhältnis der Tarifautonomie zur betrieblichen Mitbestimmung und zum Arbeitsvertrag neu justiert hätten, für die vorliegende Untersuchung von Interesse.

1. Die wichtigsten Gesetzentwürfe

In den Jahren 2000 bis 2005 wurden mehrere Gesetzentwürfe zur Dezentralisierung des Tarifvertragssystems eingebracht. Zur Vermeidung von Wiederholungen werden im Folgenden nur die in der Öffentlichkeit meistbeachteten Vorschläge erläutert.

Zunächst brachte die FDP-Bundestagsfraktion in der 14. Legislaturperiode einen Antrag zur Änderung des Tarifvertragsrechts in den Bundestag ein, wonach u.a.

- „§ 77 Abs. 3 BetrVG in der Weise zu ändern ist, dass alle Vereinbarungen auf betrieblicher Ebene zwischen Unternehmen und Belegschaftsvertretung möglich sind, die freiwillig geschlossen werden und denen 75% der abstimmenden Mitarbeiter des Unternehmens zugestimmt haben;
- § 4 Abs. 3 TVG in der Weise ergänzt wird, dass das Günstigkeitsprinzip so erweitert wird, dass sich ein Lohnverzicht der Arbeitnehmer oder eine längere Arbeitszeit dann als günstiger darstellen, wenn dies den Erhalt des Arbeitsplatzes sichert, und 75% der abstimmenden Mitarbeiter dem zugestimmt haben“[1525].

In dem „Entwurf eines Gesetzes zur Sicherung betrieblicher Bündnisse für Arbeit“[1526], der in der 15. Legislaturperiode erneut in den Bundestag eingebracht wurde,[1527] verlangte die FDP-Bundestagsfraktion, § 4 III TVG dahingehend zu ergänzen, dass

> „eine Regelung zugunsten des Arbeitnehmers auch dann vorliegen [könne], wenn dieser gegen Aufgabe und Einschränkung einzelner tarifvertraglich festgelegter Positionen die Aufnahme in ein Arbeitsverhältnis oder den Verzicht des Arbeitgebers auf betriebsbedingte Kündigungen“

erlange. Der Entwurf lautet:

> „Von der Günstigkeit einer solchen Abrede ist auszugehen, wenn
> a) der Arbeitnehmer jederzeit unter Wahrung einer seiner gesetzlichen Kündigungsfrist entsprechenden Ankündigungsfrist die Tarifbedingungen in Anspruch nehmen kann, oder

1525 BT-Drucksache 14/2612; zustimmend: Adomeit, NJW 2000, 1918f.
1526 BT-Drucksache 14/6548.
1527 BT-Drucksache 15/1225.

b) ihr der Betriebsrat oder 75 vom Hundert der mit einem entsprechenden Angebot des Arbeitgebers bedachten Arbeitnehmer des Betriebs zustimmen."[1528]

Im Laufe der 15. Legislaturperiode wurden weitere Gesetzentwürfe vorgelegt: Ein Entwurf des Freistaats Bayern zur „Flexibilisierung des Arbeitsrechts"[1529], der mit dem Gesetzentwurf der CDU/CSU-Bundestagsfraktion vom 18.06.2003[1530] übereinstimmt, sah die Einfügung eines neuen § 88a in das BetrVG vor – mit folgendem Inhalt:

„(1) Der Betriebsrat oder, falls kein Betriebsrat vorhanden ist, ein von den im Betrieb beschäftigten Arbeitnehmern Beauftragter kann mit dem Arbeitgeber eine Vereinbarung zur Beschäftigungssicherung treffen und dabei von einem im Unternehmen geltenden Tarifvertrag abweichen. Die Vereinbarung wird wirksam, wenn
- mindestens zwei Drittel der im Betrieb beschäftigten Arbeitnehmer zustimmen,
- die Vereinbarung jeder Tarifvertragspartei angezeigt wurde,
- keine Tarifvertragspartei der Vereinbarung innerhalb von vier Wochen, nachdem ihr die Mitteilung gemäß Spiegelstrich zwei zugegangen ist, unter Nennung der Gründe widerspricht.

(2) Wird eine Zustimmung vor Ablauf von vier Wochen von beiden Tarifvertragsparteien erteilt, wird die Vereinbarung sofort wirksam. Die Zustimmung bedarf der Schriftform."[1531]

Weder dem Gesetzentwurf, noch dessen Begründung lässt sich ein Hinweis darauf entnehmen, ob die „Vereinbarung" eine Betriebsvereinbarung oder eine Regelungsabrede sein, und ob sie für alle Arbeitgeber unabhängig von deren Tarifbindung gelten soll.[1532]

Der Gesetzentwurf der CDU/CSU-Bundestagsfraktion[1533] ergänzte den vorstehenden Entwurf um einen Änderungsvorschlag zu § 4 TVG, in den ein neuer Absatz 2a eingefügt werden sollte, der es gestattete, bei der Einstellung eines Erwerbslosen während der Probezeit die tarifvertraglichen Entgeltregelungen um bis zu 10% zu unterschreiten. Darüber hinaus sollte § 4 III TVG wie folgt ergänzt werden:

„Bei dem Günstigkeitsvergleich sind die Beschäftigungsaussichten zu berücksichtigen. Eine abweichende Vereinbarung gilt als günstiger für den Arbeitnehmer, wenn der

1528 BT-Drucksache 14/6548.

1529 BT-Drucksache 15/406. Nach der Arbeit slosenquote in den Bundesländern differenzierend: Entwurf eines „Gesetzes zum Abbau von Hemmnissen auf dem Arbeitsmarkt" des Freistaats Sachsen (BR-Drucksache 158/03).

1530 BT-Drucksache 15/1182.

1531 BT-Drucksache 15/406, S. 5; zustimmend: Thüsing, NJW 2003, 1989, 1991; ablehnend: Wolter, NZA 2003, 1317ff.

1532 Dieterich/Hanau, RdA 2004, 65, 71.

1533 BT-Drucksache 15/1182.

> Betriebsrat und die Belegschaft mit Zwei-Drittel-Mehrheit einer solchen Abweichung zustimmen und diese Abweichung nicht über die Laufzeit des Tarifvertrags hinausreicht, von dem abgewichen wird."[1534]

Gemeinsam ist den Reformvorschlägen, dass Abweichungen von Tarifnormen durch freiwillige Vereinbarungen in den Betrieben erleichtert werden sollen. Die Abweichungsbefugnis wird nicht auf betriebliche Notsituationen beschränkt. Die Vereinbarungen sollen von einem hohen Quorum auf Arbeitnehmerseite getragen werden. Nach dem Modell der CDU/CSU-Bundestagsfraktion wird den Tarifvertragsparteien ein Widerspruchsrecht hinsichtlich abweichender Betriebsvereinbarungen eingeräumt. Dass die Abweichungsbefugnis der Betriebsparteien damit in das Belieben der Tarifvertragsparteien gestellt wird, vermindert zwar die Schwere des Eingriffs in die Tarifautonomie, hätte aber vermutlich den Abschluss derartiger Vereinbarungen in der Praxis massiv erschwert. Durch das Widerspruchsrecht sollte aber wohl der besonderen Gefahr einer Durchbrechung der tarifvertraglichen Normwirkung durch normativ wirkende Betriebsvereinbarungen Rechnung getragen werden. Wie eingangs erläutert, könnte nämlich der Arbeitgeber durch eine Vereinbarung mit dem Betriebsrat mit geringem Aufwand betriebseinheitlich von Tarifnormen abweichen – auch gegen den Willen der betroffenen Arbeitnehmer.

Die arbeitsvertraglichen Abweichungen von Tarifnormen sollen nach den Reformvorschlägen durch eine Neudefinition des Günstigkeitsbegriffs ermöglicht werden, der nicht mehr auf dem Sachgruppenvergleich nach dem Verständnis des Bundesarbeitsgerichts[1535] beruht: Teil des Günstigkeitsvergleichs sollen nämlich die Beschäftigungsperspektiven der betroffenen Arbeitnehmer sein.

2. Die rechtspolitische Diskussion

Die Reformvorschläge bleiben umstritten:[1536] Während eine Ansicht eine inhaltlich und zeitlich determinierte Flexibilisierung des Tarifvertragsrechts als erforderlich ansieht, „um den schwerfälligen Koloss Tarifautonomie lebensfähig zu halten"[1537], und die Zulassung betrieblicher Bündnisse für Arbeit für eine verfassungsmäßige Auflösung der Kollision von Koalitionsfreiheit und Berufsausübungsfreiheit

1534 BT-Drucksache 15/1182, S. 5.

1535 BAG 20.04.1999 – 1 ABR 72/98, BAGE 91, 210ff.

1536 Dafür: Burkiczak, S. 80ff.; Höfling/Burkiczak, NJW 2005, 469 ff.; Hromadka, NJW 2003, 1273 ff.

1537 Henssler, ZfA 1994, 511.

hält[1538], ist nach anderer Auffassung die Forderung nach umfassenden gesetzlichen Öffnungsklauseln ohne eine Verfassungsänderung „schlicht unhaltbar“[1539]. Teilweise wird für den Fall einer Umsetzung der Gesetzentwürfe eine Zerstörung der Funktionsfähigkeit des Tarifvertragssystems befürchtet.[1540] Die Vorschläge träfen die Tarifautonomie „im Kern“[1541]. Gerade die existenzielle Angewiesenheit auf Arbeitsmöglichkeiten begründe das Schutzbedürfnis, das durch kollektive Interessenwahrung aufgefangen werden solle und nur mithilfe zwingender Regelungen abzusichern sei. Könnte deren zwingende Wirkung generell durchbrochen werden, sobald sich das Arbeitsplatzrisiko aktualisiere, würden Tarifverträge zu „unverbindlichen Richtlinien“[1542] und hätte nur noch „Empfehlungscharakter“[1543]. Schließlich wird generell gegen eine gesetzliche „Günstigkeitsfiktion“ vorgebracht, dass das Günstigkeitsprinzip „zur Regelung von Sachverhalten, die den Betrieb oder die Belegschaft als Ganzes betreffen, [...] weder gedacht noch geeignet sei“[1544].

Schließlich wird bemängelt, dass sich schwer überprüfen lasse, ob die Verbesserung der Beschäftigungsaussichten tatsächlich eine Abweichung von einem Tarifvertrag erfordere. Mit der „Rücksicht auf Beschäftigungsaussichten“ würde keine justiziable Sachvoraussetzung formuliert.[1545] Der Richter hätte eine „nahezu unbegrenzte Freiheit, die arbeitsvertragliche Vereinbarung der tarifvertraglichen vorzuziehen“[1546].

3. Relevanz für die substitutive Arbeitnehmerbeteiligung

Während die vorstehenden Reformvorschläge dem Erhalt von Arbeitsplätzen dienen sollen, besteht das Ziel einer Durchbrechung der Normwirkung im vorliegenden Fall in der unmittelbaren Teilhabe der Arbeitnehmer an der wirtschaftlichen Entwicklung des Arbeit gebenden Unternehmens. Wenngleich der Arbeitnehmerbeteiligung langfristig eine beschäftigungssichernde Wirkung

1538 Hromadka, NZA 1996, 1233; DB 2003, 42, 44; NJW 2003, 1273, 1277; Adomeit, Regelung von Arbeitsbedingungen, S. 70f.

1539 Walker, ZfA 1996, 370; ebenso: Dieterich, RdA 2002, 1ff.; Wolter, NZA 2003, 1317ff.; Zachert, AuR 2004, 121ff.

1540 Dieterich, RdA 2002, 1, 15, 17; Wolter, NZA 2003, 1317, 1319.

1541 Dieterich, in: ErfKomm, Artikel 9 Rn. 65.

1542 Dieterich, DB 2001, 2398, 2402.

1543 Däubler, in: Däubler, TVG, Einleitung Rn. 137; Waltermann, in: FS Söllner, S. 1251, 1272.

1544 Dieterich/Hanau, RdA 2004, 65, 69.

1545 Dieterich/Hanau', RdA 2004, 65, 67.

1546 Thüsing, in: Gedächtnisschrift Heinze, S. 917.

beigemessen wird,[1547] dient sie – jedenfalls kurzfristig – nicht arbeitsmarktpoltischen Zwecken. Anders als bei dem drohendem Verlust des Arbeitsplatzes streitet vorliegend nicht die Sicherung der wirtschaftlichen Lebensgrundlage der Arbeitnehmer für Eingriffe in die Tarifautonomie. Dies wird nicht ohne Auswirkung auf die Verhältnismäßigkeitsprüfung bleiben.

Mangels allgemein gültiger Kriterien lässt sich die Günstigkeit einer einzelvertraglichen Entgeltflexibilisierung nur schwer ermitteln. So konnten nur Indizien entwickelt werden, die auf die Vereinbarkeit einer einzelvertraglichen Regelung mit § 4 III 2. Alt. TVG schließen lassen. Zu größerer Rechtssicherheit könnte daher eine gesetzliche Definition des Günstigkeitsbegriffs beitragen, die im Zusammenhang mit betrieblichen Bündnissen für Arbeit seit längerem diskutiert wird.[1548] Diese Definition hätte auch im vorliegenden Fall die Wirkung einer gesetzlichen Öffnungsklausel.

Wegen der Heterogenität der Unternehmen können nur auf betrieblicher Ebene Beteiligungsmodelle eingeführt werden, die den wirtschaftlichen Rahmenbedingungen des einzelnen Unternehmens Rechnung tragen.[1549] Da außerhalb der nach wie vor seltenen tarifvertraglichen Öffnungsklauseln nach § 77 III 2 BetrVG das Arbeitsentgelt nicht im Wege von Betriebsvereinbarungen variabilisiert werden kann, um etwa eine substitutive Arbeitnehmererfolgsbeteiligung einzuführen, muss nach geltendem Recht auf einzelvertragliche Gestaltungsformen zurückgegriffen werden. Es läge im Interesse einer größeren Verbreitung materieller Arbeitnehmerbeteiligung, Arbeitgebern die betriebseinheitliche Implementierung von substitutiven Beteiligungsmodellen im Wege von Betriebsvereinbarungen zu erleichtern. Eine so umfassende betriebliche Regelungsbefugnis würde allerdings nicht nur den Tarifvorbehalt einschränken, sondern die Vertragsfreiheit der Arbeitnehmer nicht unerheblich beeinträchtigen. Daher stellt sich auch die Frage nach der Zulässigkeit einer entsprechenden Erweiterung der betrieblichen Regelungsbefugnis.

II. Die Verfassungsmäßigkeit einer gesetzlichen Definition des Günstigkeitsbegriffs

Als „offene Norm“[1550] definiert § 4 III 2. Alt. TVG die Günstigkeit abweichender Abmachungen nicht selbst. Die Günstigkeit einer Regelung bestimmt sich zwar

1547 Vgl. B.

1548 Dieterich u.a., RdA 2002, 65, 69; Henssler, ZfA 1994, 487, 506.

1549 Vgl. A.

1550 Buchner, NZA 1996, S. 1304 f.

nach dem Individualinteresse des Betroffenen.[1551] Dessen Interesse wird jedoch aus der objektiven Sicht eines verständigen Arbeitnehmers unter Berücksichtigung der Anschauungen seines Berufsstandes und der Verkehrsauffassung bewertet, wobei den subjektiven Anschauungen des betroffenen Arbeitnehmers immerhin Indizwirkung zugesprochen wird.[1552] Lehnt man mit der hier vertretenen Rechtsauffassung ein allein quantitatives Verständnis des Günstigkeitsprinzips ab,[1553] ist die substitutive Arbeitnehmerbeteiligung auch in tarifgebundenen Arbeitsverhältnissen nicht per se unzulässig.

Die Schwierigkeit der Günstigkeitsbeurteilung im geltenden Recht besteht jedoch darin, die Günstigkeit einer Regelung – wenngleich aus Sicht eines objektiven Dritten[1554] – aufgrund einer umfassenden Einzelfallbetrachtung anhand unterschiedlicher Kriterien zu bestimmen.[1555] Eine rechtssichere, verlässliche Beurteilung wird dadurch erschwert. Tarifgebundene Arbeitsvertragsparteien, die sich auf ein substitutives Beteiligungsmodell verständigt haben, würden sich einem nicht unerheblichen Prozessrisiko aussetzen. Solange bei Vertragsschluss nicht feststeht, dass der Arbeitnehmer messbar mehr erhält, lehnt die herrschende Meinung nämlich die Günstigkeit einer arbeitsvertraglichen Entgeltregelung ab.[1556] Eine wesentliche Erleichterung für die Einführung einer betrieblichen Arbeitnehmerbeteiligung wäre daher eine gesetzliche Definition des Günstigkeitsbegriffs.

Wenn mit der hier vertretenen Auffassung[1557] bereits nach geltendem Recht der Günstigkeitsbegriff unter Berücksichtigung seiner verfassungsrechtlichen Grundlagen dahin auszulegen ist, dass selbst Entgeltregelungen, die eine Tariflohnunterschreitung mit sich bringen können, nicht generell als unzulässig zu betrachten sind, stellt sich die Frage, ob eine gesetzliche Regelung, welche diese Auslegungskriterien aufgreift, überhaupt einen weitergehenden Eingriff in die Tarifautonomie darstellt. Anders als die Gesetzentwürfe zu betrieblichen Bündnissen für Arbeit würde eine gesetzliche Regelung vorliegend den Günstigkeitsbegriff nicht zwingend erweitern: Während in den dargestellten Gesetzentwürfen unter Aufgabe der Rechtsprechung des Bundesarbeitsgerichts zum

1551 Vgl. D II 2 b.
1552 Vgl. C II 1.
1553 Vgl. C II 2 a.
1554 Vgl. D II 2 c.
1555 Vgl. D II 3.
1556 Vgl. C II 2 a.
1557 Vgl. C II 2 a.

Sachgruppenvergleich[1558] der Bestand des Arbeitsplatzes in den Günstigkeitsvergleich einbezogen wurde, steht vorliegend allein die arbeitsvertragliche Entgeltregelung in Rede. Um es mit den Worten des Bundesarbeitsgerichts zu sagen: Äpfel müssten vorliegend nicht mit Birnen verglichen werden.

Eine gesetzliche Regelung zur substitutiven Arbeitnehmerbeteiligung, die hinreichende Rechtssicherheit bieten soll, müsste allerdings zumindest eine widerlegliche Vermutung für die Günstigkeit einer vertraglichen Entgeltregelung im Vergleich zur Tarifnorm formulieren. Diese gesetzliche Vermutung würde eingreifen, wenn die dargestellten objektiven Kriterien[1559] erfüllt sind. Damit würde eine gesetzliche Günstigkeitsdefinition über die Regelung des § 4 III 2. Alt. TVG nicht unerheblich hinausgehen: Nach geltendem Recht muss die Günstigkeit einer Regelung positiv feststehen, damit von der Tarifnorm abgewichen werden darf. Die gesetzliche Definition der Günstigkeit würde die Beweislast umkehren und bedeutete somit eine Erweiterung der Abweichungsbefugnis von Tarifnormen. Auch im vorliegenden Fall stellt sich daher die Frage nach der verfassungsrechtlichen Rechtfertigung einer Erweiterung des § 4 III 2. Alt. TVG.

1. Betroffene Grundrechtspositionen

Eine Durchbrechung der Normwirkung des Tarifvertrags betrifft den objektivrechtlichen Gehalt des Artikels 9 III 1 GG und bedeutet daher einen Eingriff in die Tarifautonomie,[1560] welche nur durch kollidierende Grundrechte oder andere Rechtsgüter mit Verfassungsrang beschränkt werden kann.[1561] Diese Rechtsgüter sollen im Folgenden dargestellt werden.

a. Grundrechtspositionen der Tarifvertragsparteien

Eine Verletzung der durch Artikel 9 III 1 GG geschützten Tarifautonomie[1562] könnte sich daraus ergeben, dass durch eine gesetzliche Definition des Günstigkeitsprinzips bzw. durch eine Vermutung der Günstigkeit die Normwirkung der Tarifverträge in größerem Umfang als unter Geltung des § 4 III 2. Alt. TVG durchbrochen werden könnte. Da die kollektive Koalitionsfreiheit neben der individuellen Koalitionsfreiheit unmittelbar durch Artikel 9 III 1 GG geschützt und nicht lediglich gemäß Artikel 19 III GG aus der individuellen Koalitionsfreiheit

1558 BAG 20.04.1999 - 1 ABR 72/98, BAGE 91, 210ff.
1559 Vgl. D II 3.
1560 Vgl. C II 1 b aa 2).
1561 Vgl. C II 1 b bb 1).
1562 Vgl. C I 1 b. bb. 3).

abgeleitet wird,[1563] muss man den Koalitionen konsequenterweise einen von den Grundrechtspositionen ihrer Mitglieder losgelösten Anspruch auf die zwingende Wirkung der Tarifverträge zuerkennen.

Wie bereits dargestellt,[1564] ist die tarifvertragliche Normwirkung allerdings nicht Teil einer Institutsgarantie und gesetzgeberischen Eingriffen daher nicht prinzipiell entzogen. Der Gesetzgeber hat bei Eingriffen nicht nur tatsächliche oder grundrechtliche Positionen der Koalitionen zu berücksichtigen, sondern ebenso verfassungsrechtlich geschützte kollidierende Interessen der Koalitionsmitglieder und sonstiger Dritter.[1565]

In den dargestellten Gesetzentwürfen wird die Gültigkeit von Tarifverträgen davon abhängig gemacht, dass die Betriebsparteien bzw. die Belegschaft abweichenden Abmachungen nicht mehrheitlich zustimmen. Dies bedeutet einen weitreichenden Engriff in die Normsetzungsprärogative der Tarifparteien. Unerheblich ist dabei, dass sich die Modelle auf das Günstigkeitsprinzip stützen. Ob die einfachgesetzliche Ausgestaltung des Ausgleichs zwischen der Koalitionsfreiheit und der Arbeitsvertragsfreiheit verfassungsmäßig vorgenommen wird, muss in jedem konkreten Fall geprüft werden.

Ein bloßer Verweis auf das Günstigkeitsprinzip kann den Eingriff in die Tarifautonomie nicht legitimieren. Das Günstigkeitsprinzip soll dem einzelnen Arbeitnehmer eine Verbesserung seiner individuellen Situation ermöglichen.[1566] Ausschließlich auf die Zustimmung eines Kollektivs, wie des Betriebsrates bzw. der Belegschaft abzustellen, würde dem individuellen Charakter des Günstigkeitsprinzips daher nicht gerecht. Die fehlende inhaltliche Determinierung der Abweichungsbefugnis der Arbeitsvertragsparteien kann auch durch hohe Verfahrensanforderungen nicht vollständig kompensiert werden.[1567] Dies schließt allerdings eine gesetzliche Definition des Günstigkeitsbegriffs nicht aus, die neben objektivierbaren individuellen Vorteilen für den jeweiligen Arbeitnehmer an ein Zustimmungserfordernis anknüpft und somit inhaltliche und formale Anforderungen kombiniert.

Als Schranke der Tarifautonomie kann vorliegend – wie auch im Fall beschäftigungssichernder betrieblicher Bündnisse für Arbeit – die von der Berufsausübungsfreiheit umfasste Freiheit der Gründung und Führung der Unternehmen

1563 BVerfG 18.11.1954 – 1 BvR 629/52, BVerfGE 4, 96, 101f.; 03.04.2011 – 1 BvL 32/97, BVerfGE 103, 293, 304; Wiedemann, in: Wiedemann, TVG, Einl. Rn. 88ff.

1564 Vgl. C II 1 b bb 3).

1565 Vgl. C II 1 b cc.

1566 Dieterich u.a., RdA 2002, 65, 69.

1567 Möschel, BB 2003, 1953.

(Unternehmensfreiheit)[1568] herangezogen werden. Die gesetzlichen Öffnungsklauseln haben zwar nicht den Zweck, ein rentables Wirtschaften der Unternehmen kurzfristig wieder zu ermöglichen, aber auch die Entscheidung über die Teilhabe der Arbeitnehmer am Unternehmenserfolg wird von der Unternehmerfreiheit umfasst.[1569] Dagegen scheidet eine Berufung auf die von Artikel 12 I GG geschützte Wettbewerbsfreiheit bereits deshalb aus, weil die Entscheidung zum Abschluss von Tarifverträgen bei den Unternehmen selbst liegt.[1570]

Im Gegensatz zu beschäftigungssichernden betrieblichen Bündnissen für Arbeit[1571] kann im vorliegenden Fall der Arbeitnehmerbeteiligung das Sozialstaatsprinzip gemäß Artikel 20 I GG nicht als Schranke herangezogen werden. Obwohl eine unmittelbare Teilhabe der Arbeitnehmer am Unternehmenserfolg beschäftigungs- und sozialpolitisch sinnvoll sein mag,[1572] sind existenzielle Belange, wie etwa die wirtschaftliche Lebensgrundlage eines von Erwerbslosigkeit bedrohten Arbeitnehmers, vorliegend nicht betroffen. Im Übrigen ist aufgrund seiner Unbestimmtheit grundsätzlich ein zurückhaltender Umgang mit dem Sozialstaatsprinzip geboten.[1573]

Sowohl für betriebliche Bündnisse für Arbeit, als auch für betriebliche Arbeitnehmerbeteiligungsmodelle relevant ist der Beschluss des Bundesverfassungsgerichts zu den Lohnabstandsklauseln[1574]. Das Bundesverfassungsgericht hatte über staatliche Zuschüsse für Arbeitsbeschaffungsmaßnahmen zu entscheiden, die an die Vereinbarung untertariflicher Entgelte anknüpften. In voller Höhe wurde der Zuschuss nur geleistet, wenn das vereinbarte Arbeitsentgelt 80% der Tariflöhne für vergleichbare Tätigkeiten nicht überschritt. Höhere Entgelte führten zu einer entsprechenden Verringerung des Zuschusses. Das Bundesverfassungsgericht billigte die gesetzliche Regelung, weil die Intensität des Eingriffs in die Tarifautonomie für vergleichsweise gering befunden wurde, die Geltungsdauer der Regelung zeitlich befristet war, und die Gefahr eines Durchschlagens des Lohnabstandsgebots auf den allgemeinen Arbeitsmarkt nicht bestand. Das Bundesverfassungsgericht entschied:

1568 BVerfG 01.03.1979 - 1 BvR 532/77, BVerfGE 50, 290, 363.

1569 Vgl. C I 2 b.

1570 Drohsel, S. 191.

1571 Gröschner, in: Dreier, GG II, Art. 20 Rn. 28; Neumann, DVBl. 1997, 92, 98f.; Wieland, VDStRL 59 (2000), 13, 31, 41.

1572 Vgl. A I.

1573 Oetker, ZF 1998, 155, 162; gegen eine eingriffslegitimierende Funktion außerhalb bestehender Gesetzesvorbehalte: Sachs, in: Stern, Staatsrecht III/2, S. 577 m.w.N.

1574 BVerfG 27.04.1999 - 1 BvR 2203/93 und 1 BvR 897/95, BVerfGE 100, 271ff.

„Der Eingriff ist aber zum Schutz von Gemeinwohlbelangen, denen gleichermaßen verfassungsrechtlicher Rang gebührt, gerechtfertigt. [...] Verhandlungen über Tarife in Strukturanpassungsmaßnahmen unterscheiden sich grundlegend von normalen Tarifverhandlungen. Anders als auf dem allgemeinen Arbeitsmarkt geht es bei der Vergütung von Arbeit in Arbeitsbeschaffungsmaßnahmen nicht in erster Linie um eine Beteiligung des Arbeitnehmers an dem durch Arbeit zu erwirtschaftenden Ergebnis. Infolge der Beschränkung dieser Maßnahmen auf nicht profitable Tätigkeitsbereiche entsteht in der Regel erst durch den Zuschuss der Bundesanstalt ein Interesse eines Arbeitgebers an der Arbeitsleistung. Ohne diese Mittel würde er die Maßnahme gar nicht oder erst zu einem späteren Zeitpunkt durchführen. Dies gehört zu den unverzichtbaren Voraussetzungen für die Zulässigkeit eines durch Lohnabstandsklauseln bewirkten Eingriffs in die Tarifautonomie. [...] Demgegenüber wiegen bei einer Zahl von rund vier Millionen Arbeitslosen die Gründe für die Rechtfertigung der Regelungen schwer. Die Schaffung von Arbeitsplätzen und die Förderung schwer zu vermittelnder Langzeitarbeitsloser sind ein hochrangiges soziales Anliegen. [...] Schließlich fällt auch ins Gewicht, dass die Geltungsdauer des Lohnanpassungsgebots bis zum Jahre 2002 beschränkt ist. Diese Befristung zwingt den Gesetzgeber dazu, sich in angemessener Zeit zu vergewissern, ob die tatsächlichen Voraussetzungen, die ihn zu seiner Regelung veranlasst haben, noch fortbestehen und die Ziele, die er mit der Lohnabstandsklausel verfolgt, auch wirklich erreicht worden sind.“[1575]

Dem vorstehenden Urteil lässt sich nicht entnehmen, dass Eingriffe in die Tarifautonomie auf dem ersten Arbeitsmarkt generell unzulässig sind. Zwar erklärte das Bundesverfassungsgericht in dem zu entscheidenden Fall zur Zulässigkeit des Eingriffs in die tarifvertragliche Normwirkung, dass nur Arbeitsplätze betroffen werden, die ohne den Eingriff nicht bestünden. Erst durch den Zuschuss entstand nämlich in dem der Entscheidung zugrunde liegenden Fall ein wirtschaftliches Interesse des jeweiligen Arbeitgebers an der Arbeitsleistung. Daraus lässt sich im Umkehrschluss allerdings nicht folgern, dass jede Gestattung einer Durchbrechung der tarifvertraglichen Normwirkung durch die Arbeitsvertragsparteien auf dem allgemeinen Arbeitsmarkt unzulässig wäre. In dem zu entscheidenden Fall griff der Gesetzgeber nämlich unmittelbar in die Tarifverhandlungen ein. Die klagende Gewerkschaft sah ihre Verhandlungsposition geschwächt, weil sie die

„festgelegte Lohnobergrenze [...] bei Verhandlungen mit Arbeitgebern über den Abschluss von Tarifverträgen für Arbeitnehmer, die in Arbeitsbeschaffungsmaßnahmen beschäftigt seien, zu beachten [habe], wenn sie einen Tarifabschluss erreichen wolle. [...] Mit der Festlegung eines Lohnabstandsgebots als Subventionskriterium habe der Gesetzgeber faktisch Lohnleitlinien geschaffen, die das Ergebnis künftiger Tarifverhandlungen vorgäben.“[1576]

1575 BVerfG 27.04.1999 – 1 BvR 2203/93 und 1 BvR 897/95, BVerfGE 100, 271ff.

1576 BVerfG 27.04.1999 – 1 BvR 2203/93 und 1 BvR 897/95, BVerfGE 100, 271ff.

Im vorliegenden Fall ist die Eingriffsintensität geringer: Der Gesetzgeber erlaubt für den eng umrissenen Fall der Arbeitnehmerbeteiligung eine Tariflohnunterschreitung in gewissem Umfang; er erklärt sie jedoch nicht zur Voraussetzung für die Gewährung staatlicher Subventionen und steuert nicht unmittelbar die Tarifverhandlungen. Die ausdrückliche Gestattung der substitutiven Arbeitnehmerbeteiligung in tarifgebundenen Arbeitsverhältnissen würde nur dazu führen, dass die Tariflohnunterschreitung die Günstigkeit der arbeitsvertraglichen Regelung und damit die Abweichungsbefugnis der Arbeitsvertragsparteien nicht generell ausschließt, wenn mehrere Kriterien, die auf eine selbstbestimmte Arbeitnehmerentscheidung schließen lassen, erfüllt sind, und der Arbeitnehmer die Chance auf eine übertarifliche Vergütung hat. In dem der Entscheidung zugrunde liegenden Fall waren von den Lohnabstandsklauseln ehemalige Langzeitarbeitslose betroffen, welche auf dem allgemeinen Arbeitsmarkt kaum Vermittlungschancen hatten. Von einer selbstbestimmten Arbeitnehmerentscheidung konnte bereits deshalb nicht ausgegangen werden.

Eine gesetzliche Öffnungsklausel zur substitutiven Arbeitnehmererfolgsbeteiligung könnte unter Berücksichtigung der Kriterien des Bundesverfassungsgerichts verfassungsgemäß gestaltet werden. Die Befugnis der Arbeitsvertragsparteien zur Abweichung von Tarifnormen im Rahmen substitutiver Beteiligungsmodelle könnte befristet werden. Es könnte zur Voraussetzung für die Zulässigkeit einer abweichenden Entgeltregelung erklärt werden, dass eine bestimmte Lohnuntergrenze nicht unterschritten wird, und die Belegschaft mehrheitlich der abweichenden Entgeltregelung zugestimmt hat. Die Lohnuntergrenzen könnten zudem mit einer Pflicht zur Berücksichtigung von Tariferhöhungen während der Laufzeit der Abweichung verknüpft werden.[1577] Durch die begriffliche Anknüpfung an das Günstigkeitsprinzip würde zum Ausdruck gebracht, dass die Abweichungen nur im Interesse des einzelnen Arbeitnehmers erfolgen dürfen, und die Abweichungsbefugnis der Arbeitsvertragsparteien von den anwendbaren Tarifnormen daher begrenzt ist.

In dem vorstehenden Urteil begründete das Bundesverfassungsgericht die Zulässigkeit der Lohnabstandsklauseln auch mit dem begrenzten Anwendungsbereich des gesetzgeberischen Eingriffs in die tarifliche Entgeltfindung. Vorliegend wäre eine gesetzliche Öffnungsklausel auf den Bereich der substitutiven Arbeitnehmerbeteiligung beschränkt. Der Anwendungsbereich wäre somit ebenfalls eng umrissen.

1577 Vgl. C II 2 e.

Mit der Einführung einer derartigen Öffnungsklausel könnte Rechtsklarheit geschaffen und eine entscheidende Hürde für die größere Verbreitung substitutiver Arbeitnehmerbeteiligung in Deutschland überwunden werden. In seinem Urteil zum Lohnabstandsgebot betonte auch das Bundesverfassungsgericht den hohen Stellenwert einer Teilhabe der Arbeitnehmer am wirtschaftlichen Erfolg der Unternehmen. Aufgrund der inhaltlichen Determinierung und des begrenzten Anwendungsbereichs einer solchen Öffnungsklausel wäre nicht zu befürchten, dass die Tarifverträge den Charakter von „unverbindlichen Richtlinien"[1578] annähmen und nur noch „Empfehlungscharakter"[1579] hätten.[1580]

Im Ergebnis ließe sich eine gesetzliche Günstigkeitsdefinition, welche substitutive Arbeitnehmerbeteiligung ausdrücklich gestattet, in Einklang mit der Tarifautonomie gestalten.

b. Grundrechtspositionen der Arbeitnehmer

Fraglich ist darüber hinaus die Vereinbarkeit einer gesetzlichen Öffnungsklausel mit den Grundrechten der betroffenen Arbeitnehmer. Durch eine gesetzliche Definition des Günstigkeitsprinzips erfahren die Arbeitnehmer insoweit (mittelbar) eine Minderung ihrer Rechte, als tarifvertragliche Ansprüche bei einer abweichenden arbeitsvertraglichen Regelung entfallen, und bei einer negativen Unternehmensentwicklung tarifliche Standards unterschritten werden. Fraglich ist, welche Grundrechtspositionen dadurch betroffen werden.

Die Normwirkung des Tarifvertrags, die durch eine gesetzliche Öffnungsklausel durchbrochen würde, wird nicht durch die individuelle Koalitionsfreiheit gemäß Artikel 9 III 1 GG geschützt. Ein Koalitionsmitglied hat keinen verfassungsrechtlich gewährleisteten Anspruch auf die normative Geltung der Tarifverträge, die seine Koalition verhandelt hat. Die Normwirkung der Tarifverträge ist vielmehr Bestandteil der Tarifautonomie und damit der kollektiven Koalitionsfreiheit.[1581]

Gegen die Betroffenheit der Arbeitsvertragsfreiheit gemäß Artikel 12 I GG wird teilweise eingewandt, dass die Arbeitnehmer, würden sie von Tarifnormen abweichen, gerade in Ausübung ihrer individuellen Privatautonomie handelten.[1582] Diese Ansicht verkennt, dass nicht stets von einem selbstbestimmten

1578 Dieterich, DB 2001, 2398, 2402.

1579 Däubler, in: Däubler, TVG, Einl. Rn. 137; Waltermann, in: FS Söllner, S. 1251, 1272.

1580 Vgl. Thüsing, in: Gedächtnisschrift Heinze, S. 913.

1581 Vgl. C I 1 b. bb. 4).

1582 Höfling/ Burkiczak, NJW 2005, 469, 472.

Verhalten des Arbeitnehmers bei Vertragsschluss ausgegangen werden kann. Daher besteht gerade das Bedürfnis nach einer kollektiven Interessendurchsetzung. Der Ansicht ist allerdings zuzugeben, dass das „oft diagnostizierte Ungleichgewicht“[1583] der Arbeitsvertragsparteien im Hinblick auf gesetzliche Öffnungsklauseln im Rahmen des Artikels 12 I GG nicht unmittelbar grundrechtliche Bedeutung erlangt. Die Arbeitsvertragsfreiheit kann die Normwirkung der Tarifverträge nicht begründen – auch nicht mit der strukturellen Unterlegenheit der Arbeitnehmer beim Abschluss des Arbeitsvertrags. Die Disparität der Arbeitsvertragsparteien erlangt nur zur Begründung der Betätigungsgarantie der Koalitionen im Rahmen des Artikels 9 III 1 GG grundrechtliche Relevanz.[1584]

Grundrechtspositionen der Arbeitnehmer werden durch eine gesetzliche Erweiterung der Günstigkeitsdefinition somit nicht negativ betroffen.

2. Eigener Gesetzesvorschlag

Im Folgenden wird ein eigener Vorschlag mit einer widerleglichen Vermutung der Günstigkeit abweichender Vergütungsabreden dargestellt, der sich nach der hier vertretenen Rechtsauffassung mit den Grundrechtspositionen der Tarifvertragsparteien vereinbaren ließe. Gegenstand dieses Vorschlags wäre die Ergänzung des § 4 TVG um den folgenden Absatz:

Satz 1:
Es wird widerleglich vermutet, dass eine arbeitsvertragliche Vergütungsabrede in einem bestehenden Arbeitsverhältnis, mit der ein Teil des Arbeitsentgelts in Abhängigkeit von dem Unternehmenserfolg flexibilisiert wird (Arbeitnehmererfolgsbeteiligung), eine Änderung der Regelungen zugunsten des Arbeitnehmers enthält, wenn

a) das dem Arbeitnehmer garantierte Mindestentgelt nicht weniger als 90% des Tariflohns, der dem Arbeitnehmer ohne die Entgeltregelung in demselben Zeitraum zustünde, beträgt, wobei während der Laufzeit des Beteiligungsmodells jede Tariflohnerhöhung berücksichtigt werden muss;

b) gemessen an der Entwicklung des Erfolgsindikators und der Höhe des Ausschüttungsvolumens an die Arbeitnehmer im Durchschnitt der letzten 3 Geschäftsjahre der Tariflohn durch die Erfolgsbeteiligung überschritten wird;

c) die Laufzeit der Vergütungsabrede 24 Monate nicht überschreitet, oder der Arbeitnehmer die Vergütungsabrede spätestens zu dieser Zeit ordentlich kündigen kann, wobei sich die Laufzeit, wenn der Arbeitnehmer das Kündigungsrecht nicht ausübt, jeweils höchstens um weitere 24 Monate verlängern darf;

1583 Höfling/ Burkiczak, NJW 2005, 469, 472.
1584 Vgl. C I 1 b 2).

d) – bei einer zwei- oder mehrjährigen Laufzeit – die Beteiligung am Ende jedes Geschäftsjahres zur Auszahlung kommt, wenn keine kürzeren Ausschüttungszeiträume vereinbart werden, und

e) 80%, in Betrieben mit weniger als 50 beschäftigten Arbeitnehmern (§ 23 I 4 KSchG) 90% der teilnahmeberechtigten Arbeitnehmer in geheimer Abstimmung zugestimmt haben.

Satz 2:
Die beabsichtigte Vergütungsabrede ist den Tarifvertragsparteien, von deren Tarifvertrag abgewichen werden soll, unverzüglich nach der Abstimmung nach Satz 1 e) schriftlich mitzuteilen; dabei ist die Beachtung der Voraussetzungen nach Satz 1 darzulegen.

Satz 3:
Die Vergütungsabrede wird zwei Wochen nach dem Zugang der Mitteilung nach Satz 2 wirksam.

Der vorstehende Entwurf greift die Kriterien auf, die zur Feststellung der Günstigkeit einer arbeitsvertraglichen Regelung entwickelt wurden.[1585] Durch diese Kodifikation wird ein allein quantitatives Günstigkeitsverständnis ausdrücklich ausgeschlossen und – für den Bereich der (substitutiven) Arbeitnehmererfolgsbeteiligung – bestimmt, wie der Günstigkeitsvergleich anhand einer typisierten Einzelfallbetrachtung zu erfolgen hat. Dem Willen der Arbeitsvertragsparteien wird der Vorrang eingeräumt, soweit die Vertragsparität nicht gestört ist. Der Entwurf geht insoweit über § 4 III 2. Alt. TVG hinaus, als Satz 1 des Entwurfs eine widerlegliche Vermutung der Günstigkeit für den Fall, dass die gesetzlichen Kriterien erfüllt sind, aufstellt. Im Gegensatz zu § 4 III TVG findet in Zweifelsfällen die von der Tarifnorm abweichende, arbeitsvertragliche Regelung Anwendung. Dadurch soll den Arbeitsvertragsparteien bei der Einführung von Beteiligungsmodellen, die den gesetzlichen Kriterien entsprechen, größere Rechtssicherheit gegeben werden. Eine Rückkehr zu der tariflichen Entgeltregelung kommt nach dem Entwurf nur noch in Betracht, wenn aufgrund der Besonderheiten des Einzelfalls die gesetzliche Vermutung widerlegt ist.

Unter den vorgenannten Kriterien ist die mehrheitliche Zustimmung der Belegschaft von besonderer Bedeutung. Da allein anhand materieller Kriterien die Günstigkeit einer tarifwidrigen Regelung nur schwer mit der nötigen Verlässlichkeit bestimmt werden kann, ist die Einführung dieses formalen Kriteriums sinnvoll. Eine hohe Zustimmungsquote innerhalb der Belegschaft ist ein aussagekräftiges Kriterium dafür, dass die Vergütungsabrede den teilnahmeberechtigten Arbeitnehmern Vorteile bringt. Die Freiheit der Abstimmung soll durch deren Geheimhaltung gesichert werden. Anforderungen an den Ablauf

1585 Vgl. D II 3.

der Abstimmung wurden in diesem Gesetzentwurf nicht für erforderlich gehalten, weil der Arbeitgeber, wenn er sich in einem gerichtlichen Verfahren auf die Günstigkeit der Regelung berufen will, die Einhaltung der in Satz 1 genannten Kriterien darzulegen und zu beweisen hat. Es wurde davon ausgegangen, dass der Arbeitgeber – um sich in einer späteren gerichtlichen Auseinandersetzung auf die gesetzliche Vermutung berufen zu können – im eigenen Interesse selbst Sorge für die Geheimheit der Abstimmung der Arbeitnehmer trägt.

Die Zustimmung der Belegschaft ersetzt in dem Entwurf nicht den individuellen Günstigkeitsvergleich. Durch Satz 1 Nr. 1a wird die maximale Tariflohnunterschreitung begrenzt. Dadurch wird sichergestellt, dass sich auch im Falle einer Teilflexibilisierung die Bemessung des Arbeitsentgelts an einschlägigen Tarifnormen orientiert, und den Tarifverträgen nicht nur „Empfehlungscharakter“[1586] zukommt. Die Höhe der maximal zulässigen Tariflohnunterschreitung bewegt sich in dem Bereich, der bereits in einigen Entwürfen im Zusammenhang mit betrieblichen Bündnissen für Arbeit enthalten ist.[1587] Bezieht sich das Beteiligungsmodell auf einen Zeitraum, der die Laufzeit der anwendbaren Tarifverträge überschreitet, muss der Arbeitgeber entweder von Anfang an ein so hohes Mindestentgelt gewähren, dass nach einer Erhöhung des Tariflohns die Untergrenze nach Satz 1 Nr. 1a noch immer eingehalten wird, oder während der Laufzeit das Beteiligungsmodell anpassen.

Satz 1 Nr. 1d stellt sicher, dass die Arbeitnehmer bei einer mehrjährigen Laufzeit regelmäßig Ausschüttungen aus einer Erfolgsbeteiligung erhalten; das Insolvenzrisiko soll dadurch in zeitlicher Hinsicht begrenzt, und dem Umstand Rechnung getragen werden, dass das Arbeitseinkommen der Sicherung der Lebensgrundlage dient und den Arbeitnehmern regelmäßig ausgezahlt werden muss.

Der vorstehende Gesetzentwurf enthält einen im Vergleich zu den beschäftigungspolitisch motivierten Entwürfen gesetzlicher Öffnungsklauseln geringeren Eingriff in die Tarifautonomie, da er das Prinzip des Sachgruppenvergleichs nicht aufhebt. Der Vergleichsmaßstab wird nur dann verändert, wenn man § 4 III 2. Alt. TVG bislang im Sinne eines quantitativen Günstigkeitsverständnisses ausgelegt hat.

Durch die Einführung abstrakter Kriterien könnte der Eindruck entstehen, dass sich der Entwurf von dem individuellen Günstigkeitsvergleich distanziert. Satz 1 enthält aber lediglich eine gesetzliche Vermutung für einen Fall, in dem

1586 Däubler, in: Däubler, TVG, Einl. Rn. 137; Waltermann, in: FS Söllner, S. 1251, 1272.
1587 Vgl. Henssler, ZfA 1994, 487, 513; Thüsing, in: Gedächtnisschrift Heinze, S. 918.

typischerweise von der Günstigkeit einer Regelung ausgegangen werden kann. Diese typisierende Betrachtung schließt es nicht aus, die Besonderheiten der jeweiligen Arbeitsverhältnisse zu berücksichtigen und die gesetzliche Vermutung zu widerlegen.

Um die Tarifautonomie vor einer rechtswidrigen Anwendung des Satzes 1 effektiv zu schützen, werden tarifgebundene Arbeitgeber nach Satz 2 verpflichtet, den Tarifvertragsparteien, von deren normativ geltenden Tarifverträgen abgewichen werden soll, die Vergütungsabrede zur Prüfung vorzulegen. Damit das Vorliegen der Voraussetzungen nach Satz 1 geprüft werden kann, hat der Arbeitgeber die erforderlichen Nachweise zu erbringen.

Kommt eine Tarifvertragspartei zu dem Ergebnis, dass die beabsichtigte Vergütungsabrede die Kriterien des Satzes 1 nicht erfüllt, könnte sie ggf. analog §§ 1004, 823 BGB i.V.m. Art. 9 III 1 GG[1588] die Unterlassung des tarifwidrigen Beteiligungsmodells verlangen.

Um den Arbeitgeber zur möglichst frühzeitigen Mitteilung der Tarifvertragsparteien anzuhalten, wurde der Zugang der Mitteilung in Satz 3 zur Wirksamkeitsvoraussetzung erhoben.

III. Die Verfassungswidrigkeit einer Einschränkung des Tarifvorbehalts

Die §§ 87, 88 BetrVG vermitteln den Betriebsparteien eine umfassende Regelungsmacht,[1589] die allerdings durch den Tarifvorrang gemäß §§ 77 III, 87 I BetrVG gesperrt wird und gewissen Binnenschranken[1590] unterliegt. Ganz überwiegend wird die Anwendung des Günstigkeitsprinzips im Verhältnis der kollektiven Regelungen untereinander abgelehnt.[1591] In tarifgebundenen oder solchen Arbeitsverhältnissen, für die – je nach Branche und Wirtschaftsregion – Entgeltregelungen tarifüblich sind, ist die Einführung substitutiver Beteiligungsmodelle durch Betriebsvereinbarungen nach geltendem Recht ausgeschlossen, es sei denn der jeweilige Tarifvertrag lässt derartige Betriebsvereinbarungen ausdrücklich zu.[1592] Ermächtigungen der Betriebsparteien zur Einführung einer Erfolgsbeteiligung auf betrieblicher Ebene finden sich in den Tarifverträgen

1588 Zum Unterlassungsanspruch: BAG 20.04.1999 – 1 ABR 72/98, BAGE 91, 210ff.; LAG Baden-Württemberg, 7.12.2007 – 20 TaBV 7/06, BeckRS 2008, 50125.

1589 Vgl. D I 1 c.

1590 Vgl. D I 1 d.

1591 Vgl. C I 1 a aa.

1592 Vgl. D I e.

allerdings nur vereinzelt.[1593] Daher stellt sich die Frage nach der Einschränkbarkeit des Tarifvorbehaltes, die im Zusammenhang mit betrieblichen Bündnissen für Arbeit bereits diskutiert wurde.[1594] Die Ausweitung der betrieblichen Regelungsbefugnisse läge im Interesse einer größeren Verbreitung der betrieblichen Arbeitnehmerbeteiligung.

1. Grundsätzliche Bedenken gegen eine Einschränkung des Tarifvorbehaltes

Das Bundesverfassungsgericht betrachtet die Regelung des Arbeitsentgelts und der anderen materiellen Arbeitsbedingungen als das „Hausgut"[1595] der Koalitionen. Durch den Tarifvorbehalt soll eine konkurrierende Lohnpolitik auf betrieblicher Ebene verhindert werden.[1596] § 77 III BetrVG dient der Sicherung der ausgeübten und aktualisierten Tarifautonomie.[1597] Wo die Tarifvertragsparteien von ihrer Normsetzungsbefugnis Gebrauch gemacht haben bzw. üblicherweise Gebrauch machen, soll eine entsprechende Befugnis der Betriebsparteien entfallen.[1598]

Zunächst soll die Konkurrenz im übertariflichen Bereich eingedämmt werden, d.h. der Nachweis, dass die Betriebsräte mehr „herausholen" können als die Gewerkschaften, soll vermieden werden. Dann bestünde nämlich die Gefahr, dass die Bereitschaft der Arbeitnehmer, sich betriebs- bzw. unternehmensübergreifend in Gewerkschaften zu organisieren, nachließe. § 77 III BetrVG soll die Attraktivität des Nichteintritts bzw. Austritts aus den Tarifparteien dadurch verringern, dass die Regelung tariflicher Arbeitsbedingungen durch Betriebsvereinbarung verhindert wird.[1599] Dadurch sollen die Koalitionen, insbesondere die Gewerkschaften, in ihrem Bestand geschützt,[1600] und ihre Funktionsfähigkeit soll erhalten und gestärkt werden.[1601]

1593 Vgl. A I.
1594 Vgl. E I.
1595 BVerfG 27.04.1999 - 1 BvR 2203/93, BVerfGE 100, 271, 282; 03.04.2001 - 1 BvL 32/97, BVerfGE 103, 293.
1596 Vgl. C III.
1597 BAG 22.03.2005 - 1 ABR 64/03, BAGE 114, 162ff.; 12.12.2006 - 1 AZR 96/06, BAGE 120, 308ff.
1598 Löwisch/ Rieble, in: Münch Handb ArbR, § 327 Rn. 59.
1599 Kania, in: ErfKomm, § 77 BetrVG Rn. 41.
1600 Vgl. C III.
1601 Biedenkopf, Grenzen der Tarifautonomie, S. 280ff.; Dieterich, DB 2001, 2398, 2402; Hromadka, DB 2003, 42, 43f., der die Gefährdung der Funktionsfähigkeit

Eine umfassende betriebliche Regelung der Arbeitsbedingungen – ohne entsprechende Ermächtigung durch die Tarifvertragsparteien – könnte die Gewerkschaften nach teilweise vertretener Auffassung sogar in ihrem Bestand gefährden.[1602] Selbst wenn die Gewerkschaften über organisierte Betriebsratsmitglieder Einfluss auf entsprechende Betriebsvereinbarungen nehmen könnten, würden sie aus Sicht der Belegschaften an Bedeutung verlieren, da die Betriebspartner zur Entscheidung über abweichende Regelungen über die Entgelthöhe berufen wären.

Nach der Rechtsprechung des Bundesverfassungsgerichts[1603] und der herrschenden Literatur[1604] schützt Artikel 9 III 1 GG den Bestand der Koalitionen. Der Staat ist zwar nicht verpflichtet, einen hinreichenden Mitgliederbestand der Koalitionen sicherzustellen.[1605] Allerdings ist es dem Staat nach den Entscheidungen des Bundesverfassungsgerichts zu den Arbeitnehmerkammern[1606] und Innungen[1607] verwehrt, Vertretungskörperschaften in dem Bereich zu errichten, in dem die Gewerkschaften selbst tätig sind, wenn derartige Körperschaften die Wirkungsmöglichkeiten oder den Bestand der Gewerkschaften beeinträchtigen.[1608]

Ohne den Tarifvorbehalt des § 77 III BetrVG wäre der Arbeitgeber selbst dann, wenn er Tarifvertragspartei wäre, nur solange an den Tarifvertrag gebunden, bis er den Betriebsrat davon überzeugt hätte, dass es zweckmäßiger wäre, die tariflich veranlassten Kosten zu senken.[1609] Der Arbeitgeber wäre somit der Nutznießer eines direkten Konkurrenzverhältnisses zwischen der tarifvertragsschließenden Gewerkschaft und dem Betriebsrat.

Wenn man mit der Rechtsprechung[1610] eine umfassende Regelungskompetenz der Betriebsparteien annimmt, muss man zwar konsequenterweise eine

---

für den Fall der Zulassung betrieblicher Bündnisse für Arbeit allerdings verneint; Wiese/Kreutz/Oetker, GK-BetrVG, § 77 Rn. 78.

1602 Dieterich, DB 2001, 2398, 2402.

1603 BVerfG 18.10.1961 – 1 BvR 730/57, BVerfGE 13, 174; 26.05.1970 – 2 BvR 664/65, BVerfGE 28, 295, 304; 18.12.1974 – 1 BvR 430/65, BVerfGE 38, 281, 302f.; 01.03.1979 – 1 BvR 532/77, BVerfGE 50, 290, 367; 17.02.1981 – 2 BvR 384/78, BVerfGE 57, 220, 245.

1604 Schaub, in: Schaub/ Koch/ Linck, Handbuch des ArbR, § 188 Rn. 13.

1605 Krings, Schutzansprüche, S. 259.

1606 BVerfG 18.12.1974 – 1 BvR 430/65, BVerfGE 38, 281, 306.

1607 BVerfG 19.10.1966 – 1 BvL 24/65, BVerfGE 20, 312, 320.

1608 BVerfG 18.12.1974 – 1 BvR 430/65, BVerfGE 38, 281, 306.

1609 Dieterich u.a., RdA 2002, 65, 70.

1610 BAG 07.11.1989 – GS 3/85, BAGE 63, 211; 11.07.2000 1 AZR 551/99, BAGE 95, 221; 12.12.2006 – 1 AZR 96/06, BAGE, 120, 308ff.

weitgehende Normunterwerfung der Arbeitsvertragsparteien unter die in Wahrnehmung dieser Regelungskompetenz zustande gekommenen Betriebsvereinbarungen als zumutbar ansehen. Da die vorstehende Rechtsprechung aber nur die Frage der Übertragbarkeit der Regelungskompetenz durch die Tarifvertragsparteien betrifft, kann sie nicht zur Begründung einer umfassenden Abweichungsbefugnis von Tarifnormen herangezogen werden. In den zu entscheidenden Fällen war eine Gefährdung der Tarifautonomie nicht zu befürchten, da sich die Tarifvertragsparteien selbst ihrer Regelungskompetenz begeben hatten.

Der Schutzzweck des § 77 III BetrVG ist weiterhin darauf gerichtet, Konflikten zwischen den Betriebsparteien über Fragen der Arbeitsentgelte sowie der sonstigen Arbeitsbedingungen vorzubeugen.[1611] Die grundsätzlich konfliktförmig ausgetragene Verhandlung der Entgeltbedingungen durch einen sich zur „Betriebsgewerkschaft" aufschwingenden Betriebsrat wäre mit dem betriebsverfassungsrechtlichen Konzept der vertrauensvollen Zusammenarbeit gemäß § 2 I BetrVG unvereinbar. Dies hat der Gesetzgeber mit dem Verbot von Arbeitskämpfen und sonstigen Maßnahmen, die den Arbeitsablauf bzw. Betriebsfrieden beeinträchtigen, in § 74 II 1 BetrVG nochmals klargestellt. Die Fähigkeit zur Führung eines Arbeitskampfes wird jedoch als wichtiges Kriterium für die Parität der Tarifvertragsparteien angesehen.[1612] Daher wäre zu befürchten, dass Betriebsräte nicht mit hinreichender Durchsetzungsfähigkeit die Entgeltbedingungen erstreiten würden. Zwar besteht im Bereich der paritätischen Mitbestimmung ein Verfahren der „Zwangsschlichtung"; Lohnhöhe und Arbeitszeitdauer gehören aber gemäß § 87 I BetrVG grundsätzlich nicht zu den Sachbereichen, deren Regelung durch einen Spruch der Einigungsstelle von einer Betriebspartei erzwungen werden kann.[1613] Nach der Rechtsprechung des Bundesarbeitsgerichts können Interessenvereinigungen nur dann

> „am Zustandekommen eines angemessenen, sozial befriedenden Interessenausgleichs" [mitwirken], wenn sie auf die Arbeitgeberseite so viel Druck ausüben" […], „dass diese sich veranlasst sieht, sich auf Verhandlungen über tarifvertraglich regelbare Arbeitsbedingungen einzulassen"[1614].

Die Tariffähigkeit einer Gewerkschaft verlangt, dass sie

1611 Preis, in: Wlotzke/Preis, BetrVG, § 77 Rn. 58.

1612 Vgl. C II 1b bb. 2).

1613 So auch Dieterich/Hanau, RdA 2004, 65, 71.

1614 BAG 05.10.2010 – 1 ABR 88/09, DB 2011, 481; 28.03.2006 – 1 ABR 58/04, BAGE 117, 308.

„vom sozialen Gegner ernst genommen wird, und deshalb die Regelung der Arbeitsbedingungen nicht einem Diktat der Arbeitgeberseite entspringt“[1615].

§ 77 III BetrVG ist allerdings nicht unabänderlich von der Verfassung geboten.[1616] Nach vielfach vertretener Auffassung[1617] ist eine Flexibilisierung des Arbeitsrechts erforderlich, um die „Selbstbestimmung und Anpassungsfähigkeit“[1618] zu erhöhen.

Die Befürworter einer umfassenden betrieblichen Regelungsmacht im Rahmen betrieblicher Bündnisse für Arbeit verweisen darauf, dass die Gewerkschaften durch die Ausübung ihrer Unterstützungs- und Überwachungsrechte gegenüber den Betriebsparteien noch immer auf die Wahrung und Förderung der Arbeits- und Wirtschaftsbedingungen hinwirken könnten.[1619] Ihnen verbliebe ein weitreichender Einfluss auf die Wahl, Zusammensetzung und Arbeitsweise des Betriebsrats, den sie beim Abschluss von Betriebsvereinbarungen unterstützen könnten.[1620] Die Gewerkschaften hätten etwa Sorge dafür zu tragen, dass Betriebsräte gebildet werden, und könnten zu diesem Zweck gemäß § 16 II BetrVG sogar beim Arbeitsgericht die Bestellung eines Wahlvorstands beantragen. Darüber hinaus könnten die Gewerkschaften gemäß § 43 IV BetrVG Betriebsversammlungen einberufen und gemäß § 46 I BetrVG an diesen teilnehmen. Von der Betätigungsgarantie seien zudem die Rechte, über die Gewerkschafttätigkeit zu unterrichten,[1621] Mitglieder zu werben,[1622] Vertrauensleute zu bestellen[1623] sowie bei den Betriebsratswahlen für Mitgliederlisten zu werben,[1624] erfasst. Durch die Schulungen der Betriebsratsmitglieder gemäß § 37 VI, VII BetrVG könnten sie in die Lage zur effektiven Wahrnehmung der Arbeitnehmerinteressen versetzt werden.

Die vom Bundesverfassungsgericht geforderte Fähigkeit der Koalitionen zur „kraftvollen Betätigung“ kann allerdings nicht allein durch die Wahrnehmung

1615 BAG 05.10.2010 – 1 ABR 88/09; BVerfG 20.10.1981 – 1 BvR 404/78, BVerfGE 58, 233.

1616 Löwisch, Münch Hand ArbR, § 246 Rn. 213; Wiese/Kreutz/Oetker, GK-BetrVG, § 77 Rn. 80.

1617 Henssler, ZfA 1994, 511; Zöllner, ZfA 1988, 274.

1618 Zöllner, ZfA 1988, 274.

1619 Wagner, S. 143.

1620 Hromadka/Maschmann, Kollektivarbeitsrecht, § 16 Rn. 120.

1621 BAG 26.01.1982 – 1 AZR 610/80, BAGE 41, 1ff.

1622 BVerfG 26.05.1970 – 2 BvR 664/65, BVerfGE 28, 295, 305.

1623 BAG 08.12.1978 – 1 AZR 303/77, AP Nr. 28 zu Art. 9 GG.

1624 BAG 14.02.1967 – 1 AZR 494/65, AP Nr. 10 zu Art. 9 GG.

der vorstehenden Unterstützungs- und Überwachungsrechte sichergestellt werden. Den Koalitionen muss die Befugnis erhalten bleiben, die Arbeits- und Wirtschaftsbedingungen selbst normativ zu regeln.

Für eine Deregulierung der Tarifautonomie wird weiterhin angeführt, dass bislang nicht die Einschränkung der tarifvertraglichen Normwirkung, sondern die Tarifpolitik der Koalitionen zum Mitgliederverlust geführt hätte, und in der teilweisen Deregulierung auch eine Chance für eine steigende Akzeptanz und damit eine Bestandssicherung der Koalitionen liege.[1625] Einer derartigen Einschränkung der Normwirkung im „wohlverstandenen Interesse" der Koalitionen steht aber bereits der Subsidiaritätsgrundsatz entgegen: Dem Staat ist es grundsätzlich verwehrt, in die Tarifpolitik einzugreifen. Wenn sich die Koalitionen also selbstverschuldet geschwächt hätten, wäre es ihre eigene Aufgabe, durch Veränderungen ihrer bisherigen Tarifpolitik verloren gegangene Akzeptanz zurückzugewinnen und Mitglieder an sich zu binden.

Aufgrund der eingangs erwähnten besonderen Gefahr einer Ausweitung der betrieblichen Rechtssetzung für den Bestand und die Funktionsfähigkeit der Tarifautonomie sind an die Durchbrechung der Normwirkung höhere Anforderungen zu stellen als an einzelvertragliche Abweichungen. Hinzu kommt, dass sich die Betriebsparteien bei der Abweichung von Tarifverträgen – anders als die Arbeitsvertragsparteien – nicht unmittelbar auf verfassungsrechtliche Gewährleistungen stützen können.[1626] Insoweit wird nicht die Vertragsfreiheit der betriebsangehörigen Arbeitnehmer verwirklicht.[1627] Trotz der demokratischen Legitimation der Betriebsräte stellen sich Betriebsvereinbarungen nicht als Akte kollektiver Privatautonomie dar.[1628] Nicht ohne Grund wird eine Anwendung des Günstigkeitsprinzips im Verhältnis der kollektiven Regelungsebenen abgelehnt.[1629]

Würde man den Betriebsparteien vorbehaltlos gestatten, durch „günstigere" Betriebsvereinbarungen von Tarifnormen abzuweichen, könnte die Tarifautonomie ihre Sozialstaatsfunktion[1630] nicht mehr erfüllen. Eine ungleiche Lohnbehandlung würde zum Prinzip erhoben.[1631] Konsequenterweise muss die Befugnis des Gesetzgebers, den Anwendungsbereich des § 77 III BetrVG generell

---

1625 Burkiczak, S. 223f.
1626 Vgl. C I 1 b aa 3).
1627 Vgl. C I 1 b aa 3) cc).
1628 Vgl. C I 1 b aa 3).
1629 Richardi, ZfA 1990, 230.
1630 Vgl. C I 1 b bb 3).
1631 Wagner, S. 142.

einzuschränken, verneint werden.[1632] Darin läge ein unverhältnismäßiger Eingriff in die Tarifautonomie.[1633]

2. Die Einschränkung des Tarifvorbehaltes zur Ermöglichung substitutiver Arbeitnehmerbeteiligung

Die Befugnis der Betriebsparteien zur Abweichung von Tarifverträgen im Zusammenhang mit der Einführung substitutiver Arbeitnehmerbeteiligungsmodelle könnte allerdings inhaltlich so eng begrenzt werden,[1634] dass eine Erosion des Tarifvertragssystems und eine Bestandsgefährdung der Koalitionen nicht zu befürchten wären.

Die Existenz des § 112 I 4 BetrVG beweist, dass dem Betriebsverfassungsgesetz eine punktuelle Durchbrechung des Tarifvorbehaltes nicht fremd ist und die Koalitionen nach Auffassung des Gesetzgebers nicht ihrer Fähigkeit zur Wahrnehmung ihres verfassungsmäßigen Auftrags beraubt. Darüber hinaus verleiht § 87 I Nr. 11 BetrVG für den Bereich der leistungsbezogenen Entgeltsysteme – wenngleich diese Regelung der besonderen Gefährdungssituation eines leistungsbezogen vergüteten Arbeitnehmers Rechnung tragen soll[1635] – den Betriebsparteien die Befugnis, die Vergütung einschließlich der Entgelthöhe umfassend zu regeln, soweit tarifvertragliche Regelungen nicht bestehen.[1636]

Auch vorliegend ließe sich vertreten, dass es mit der Tarifautonomie vereinbar ist, den Betriebsparteien den Abschluss von Betriebsvereinbarungen zur Arbeitnehmerbeteiligung zu gestatten, soweit eine tarifliche Regelung nicht besteht. Wenn die bloße Tarifüblichkeit den Abschluss der Betriebsvereinbarungen nicht mehr sperrte, wären auch Betriebsvereinbarungen zur substitutiven Arbeitnehmerbeteiligung denkbar, in denen ein Teil des bislang feststehend gewährten Arbeitsentgelts flexibilisiert wird. Im geltenden Betriebsverfassungsrecht kann dagegen gemäß § 77 III 1 BetrVG regelmäßig keine Entgeltsenkung vorgenommen und im Gegenzug eine erfolgsbezogene Vergütungskomponente eingeführt werden, da die Regelung des zu verringernden Festgehalts tarifüblich ist.[1637] Eine Einschränkung des § 77 III 1 BetrVG, welche in nicht tarifgebundenen

1632 A.A. Burkiczak, S. 252. Zur Befugnis der Betriebsparteien zur vorübergehenden Herabsetzung tariflicher Leistungen in betrieblichen Notsituationen: Hromadka, NZA 1996, 1233.

1633 Zur Vereinbarkeit mit der Arbeitsvertragsfreiheit der Arbeitnehmer: Vgl. E III 3.

1634 Vgl. E II 1 a.

1635 Vgl. D I 1 b dd.

1636 Vgl. D I 1 b dd.

1637 Vgl. D I c cc.

Arbeitsverhältnissen Betriebsvereinbarungen zur substitutiven Arbeitnehmerbeteiligung zuließe, wäre nach der hier vertretenen Ansicht mit der Tarifautonomie vereinbar. Darin läge ein verfassungsmäßiger Ausgleich der Tarifautonomie mit der Wertentscheidung des Verfassungsgebers für die Betriebsverfassung.

3. Bedenken gegen die Einführung substitutiver Arbeitnehmerbeteiligung ohne Zustimmung der betroffenen Arbeitnehmer

Fraglich ist allerdings, ob durch eine so weitreichende Regelungsbefugnis, die Eingriffe in das arbeitsvertragliche Synallagma gestattet, Grundrechte der Arbeitnehmer verletzt würden. Im geltenden Recht unterliegt die grundsätzlich umfassende Regelungsbefugnis der Betriebsparteien gewissen „Binnenschranken“[1638]. Die betriebliche Rechtsetzung muss die grundrechtlich geschützten Freiheitsrechte der regelungsunterworfenen Arbeitnehmer wahren.[1639] Dazu zählt insbesondere die durch Artikel 12 I GG geschützte Arbeitsvertragsfreiheit. Da die Normunterwerfung unter Betriebsvereinbarungen – anders als unter Tarifverträge – nicht auf einem privatautonomen Entschluss des Arbeitnehmers im Rahmen eines freiwilligen Beitritts basiert, wird das Auftreten des Betriebsrates als „Betriebsgewerkschaft“ auch im Verhältnis zu den betriebsangehörigen Arbeitnehmern kritisch gesehen.[1640]

Wie bereits dargestellt, können die Betriebsparteien nach geltendem Recht das bislang feststehend gewährte Arbeitsentgelt nicht ohne die Zustimmung der betroffenen Arbeitnehmer flexibilisieren.[1641] Der Gesetzgeber müsste, wenn er einen zusätzlichen Mitbestimmungstatbestand zur Einführung substitutiver Beteiligungsmodelle schaffen wollte, bei der damit einhergehenden Beschränkung der Arbeitsvertragsfreiheit den Grundsatz der Verhältnismäßigkeit wahren.[1642]

Betriebsvereinbarungen, die einen Teil der Vergütung durch flexible Entgeltbestandteile ersetzen, greifen unmittelbar in das arbeitsvertragliche Synallagma ein und berühren die wirtschaftliche Lebensgrundlage der regelungsunterworfenen Arbeitnehmer. Das Arbeitsverhältnis bedingt ihre längerfristige

---

1638 BAG 12.04.2011 – 1 AZR 412/09, NZA 2011, 989ff.

1639 Vgl. D I 1 d.

1640 Vgl. D I 1 c.

1641 Vgl. D I 1 d.

1642 BVerfG 04.11.1992 – 1 BvR 78/85, BVerfGE 87, 287; Mann, in: Sachs, GG, Art. 12 Rn. 142ff.

Lebensplanung.[1643] Die Arbeitnehmer müssen daher selbst entscheiden können, inwieweit ihnen das Wirtschaftsrisiko übertragen wird, wenn die erfolgsbezogene Vergütungskomponente nicht zusätzlich gewährt wird, sondern an die Stelle eines bisher feststehend gewährten Entgeltbestandteils tritt.

Unabhängig von der Zulässigkeit einer Einschränkung des Tarifvorbehaltes bestehen unter dem Gesichtspunkt der individuellen Privatautonomie der Arbeitnehmer durchgreifende Bedenken gegen die gesetzliche Gestattung von Betriebsvereinbarungen zur substitutiven Arbeitnehmerbeteiligung – auch in nicht tarifgebundenen Arbeitsverhältnissen.

IV. Ergebnis

Eine gesetzliche Definition des Günstigkeitsprinzips würde die erfolgsbezogene Flexibilisierung bestehender Entgeltbestandteile wesentlich erleichtern. Durch eine widerlegliche Vermutung der Günstigkeit der von Tarifnormen abweichenden Vergütungsabrede könnte den Arbeitsvertragsparteien größere Rechtssicherheit geboten werden.

In das Verfahren zur Einführung solcher Vergütungsabreden könnten die Tarifvertragsparteien frühzeitig eingebunden werden, damit sie sich gegen eine rechtsmissbräuchliche bzw. rechtswidrige Anwendung der gesetzlichen Günstigkeitsdefinition wehren könnten. Durch eine inhaltlich eng begrenzte Durchbrechung der Normwirkung der Tarifverträge vergleichbar dem eigenen Gesetzesvorschlag würde das Tarifvertragssystem nicht seiner Funktionsfähigkeit beraubt; die Koalitionen würden nicht in ihrem Bestand gefährdet. Eine gesetzliche Definition des Günstigkeitsprinzips ließe sich daher in verfassungsrechtlich zulässiger Weise gestalten.

Gegen die verfassungsrechtliche Zulässigkeit betrieblicher Regelungen zur substitutiven Arbeitnehmerbeteiligung, mit denen Entgeltbestandteile ohne Zustimmung der betroffenen Arbeitnehmer flexibilisiert werden könnten, bestehen dagegen erhebliche Bedenken. Entsprechende gesetzliche Öffnungsklauseln dürften gegen Artikel 12 I GG verstoßen.

1643 Preis/Lindemann, NZA 2006, 632, 638.

F. Zusammenfassung in Thesenform

I. Vergleichsweise geringe Verbreitung der Arbeitnehmerbeteiligung in Deutschland

1. In Deutschland ist die Beteiligung der Arbeitnehmer an dem Erfolg und/oder Kapital der Arbeit gebenden Unternehmen zwar seit dem 18. Jahrhundert bekannt, im Vergleich der „alten" EU-Mitgliedsstaaten aber nur unterdurchschnittlich verbreitet. Positive betriebswirtschaftliche und verteilungspolitische Effekte der Arbeitnehmerbeteiligung bleiben dadurch ungenutzt.
2. Größerer Beliebtheit erfreuen sich variable Vergütungssysteme, die durch einseitige Zielvorgaben des Arbeitgebers oder den Abschluss von Zielvereinbarungen zumindest teilweise an die individuelle Leistung des Arbeitnehmers anknüpfen. Leistungsbezogene variable Vergütungssysteme sind jedoch keine Arbeitnehmerbeteiligung nach der in dieser Dissertation vertretenen Definition.
3. Die unterdurchschnittliche Verbreitung der Arbeitnehmerbeteiligung hierzulande resultiert neben der relativ geringen staatlichen Förderung und einer anderen Mitbestimmungskultur (Unternehmensmitbestimmung, Betriebsverfassung) aus der Zurückhaltung der Sozialpartner. Das „Mitarbeiterkapitalbeteiligungsgesetz" aus dem Jahr 2009 war der vorerst letzte (zaghafte) Versuch, der Kapitalbeteiligung der Arbeitnehmer zu einer größeren Verbreitung zu verhelfen.

II. Beteiligungsprogramme auf Unternehmensebene innerhalb des bestehenden Tarifvertragssystems

1. Beteiligungsmodelle, die der wirtschaftlichen Situation des jeweiligen Unternehmens Rechnung tragen, können am Praxisgerechtesten auf Unternehmensebene implementiert werden. Innerhalb des bestehenden Tarifvertragssystems muss sich eine dezentrale „produktivitätsorientierte Lohnpolitik" allerdings mit der Normativität des Tarifvertrags vereinbaren lassen. Insbesondere die erfolgsbezogene Flexibilisierung und/oder die investive

Verwendung des tariflichen Arbeitsentgelts (substitutive Arbeitnehmerbeteiligung) können mit der Normsetzungsprärogative der Tarifvertragsparteien kollidieren.

2. Mithin stellt sich die für die vorliegende Dissertation zentrale Frage, ob ein Beteiligungsmodell, das den Arbeitnehmern zwar nur ein untertarifliches Mindestentgelt garantiert, aber – je nach der wirtschaftlichen Entwicklung des Unternehmens – die Chance auf ein übertarifliches Entgelt eröffnet, im Sinne von § 4 Abs. 3 Alt. 2 TVG „günstiger" sein und damit Geltungsvorrang vor den grundsätzlich anwendbaren tariflichen Regelungen beanspruchen kann. Weiterhin stellt sich die Frage, ob und inwieweit Beteiligungsprogramme gemäß §§ 77, 87, 88 BetrVG durch Betriebsvereinbarungen gestaltet werden dürfen. Bei der Auslegung dieser Bestimmungen sind die verfassungsrechtlichen Implikationen der Tarif- und der Betriebsautonomie sowie des Günstigkeitsprinzips zu beachten.

III. Verfassungsrechtliche Grundlagen der Tarifautonomie und der Betriebsautonomie

1. Als Doppelgrundrecht garantiert Artikel 9 Abs. 3 GG zunächst das Recht des Einzelnen, sich mit anderen zu einer Koalition zusammenzuschließen, einer bestehenden Koalition beizutreten und – in seiner negativen Ausprägung – aus ihr auszutreten und ihr fernzubleiben. Der persönliche Schutzbereich erstreckt sich darüber hinaus auf die Koalitionen, ohne dass es eines Rückgriffs auf Artikel 19 Abs. 3 GG bedarf.
2. Dem verfassungsrechtlichen Koalitionsbegriff unterfallen nur freiwillig gebildete, überbetriebliche Vereinigungen. Die Betriebsparteien sind daher keine „Koalitionen" im Sinne von Artikel 9 Abs. 3 GG. Die staatliche Anerkennung der Normwirkung von Betriebsvereinbarungen lässt sich allerdings mit dem Bekenntnis des Verfassungsgebers zum Sozialstaat (Artikel 20 Abs. 1, 3 GG) und zur betrieblichen Mitbestimmung (Artikel 74 Abs. 1 Nr. 12 GG) rechtfertigen, ist aber nicht im Sinne einer Einrichtungsgarantie verfassungsrechtlich geboten.
3. Artikel 9 Abs. 3 Satz 1 GG statuiert eine Betätigungsgarantie für die Koalitionen zur Wahrung und Förderung der Arbeits- und Wirtschaftsbedingungen. Der verfassungsrechtliche Schutz ist nicht auf die Betätigung innerhalb eines Kernbereichs beschränkt. Verfassungsrechtlich geschützte Betätigungen müssen für den Bestand und die Wahrnehmung des Schutzauftrags der Koalition nicht unerlässlich sein.

4. Der Abschluss von Tarifverträgen ist zentraler Bestandteil der Betätigungsgarantie. Die Normativität des Tarifvertrags partizipiert am Schutz der Tarifautonomie, da ein Tarifvertragssystem ohne die Anerkennung der Normwirkung seine soziale Ordnungsfunktion, die im Ausgleich der strukturellen Unterlegenheit der Arbeitnehmer besteht, nicht wirksam erfüllen könnte.

IV. Zur Regelung der Arbeitnehmerbeteiligung in Tarifverträgen

1. Eine Beteiligung der Arbeitnehmer am Unternehmenserfolg gehört zum Regelungsgegenstand von Tarifverträgen. Grenzen der Regelungsbefugnis können sich daraus ergeben, dass den Unternehmen aus der Wahl der Bezugsgröße oder des Verteilungsschlüssels keine unverhältnismäßigen, existenzvernichtenden Belastungen erwachsen dürfen, und dass durch die Flexibilisierung des Arbeitsentgelts die verlässliche Sicherung der wirtschaftlichen Lebensgrundlage der Arbeitnehmer nicht gefährdet werden darf.
2. Tarifvertragliche Delegations- und Öffnungsklauseln zur Arbeitnehmererfolgsbeteiligung sind zulässig, soweit die Betriebsparteien nicht in größerem Umfang zur Regelung des Arbeitsentgelts ermächtigt werden; dieser Vorbehalt besteht bei einer Ermächtigung der Arbeitsvertragsparteien dagegen nicht.
3. Die Befugnis der Tarifvertragsparteien zur Regelung der Arbeitnehmerkapitalbeteiligung ist begrenzter. Tarifvertragliche Regelungen, die eine verpflichtende Beteiligung der Arbeitnehmer am Kapital des Arbeit gebenden Unternehmens vorsehen, verletzen die von Artikel 12 Abs. 1 GG gewährleistete Arbeitsvertragsfreiheit. Auch die von Artikel 14 Abs. 1 GG gewährleistete Eigentumsfreiheit der Gesellschafter bzw. Aktionäre steht einer Regelung der Kapitalbeteiligung in Tarifverträgen grundsätzlich entgegen. Die Entscheidung über die wesentliche Kapitalstruktur im Unternehmen muss dem Zugriff der Tarifvertragsparteien entzogen bleiben. Regelungen über die Ausschüttung und Verwendung von Kapitalerträgen entziehen sich erst recht der tariflichen Regelungsbefugnis.

V. Verfassungsrechtliche Grundlagen des Günstigkeitsprinzips

1. In Fällen fehlender sozialer Schutzbedürftigkeit des Arbeitnehmers gewährleistet das Günstigkeitsprinzip den Vorrang der individuellen Privatautonomie, ohne die soziale Ordnungsfunktion der Koalitionen in Frage zu stellen.

2. Das Günstigkeitsprinzip dient der Herstellung praktischer Konkordanz zwischen der kollektiven Koalitionsfreiheit und der Arbeitsvertragsfreiheit und ist verfassungsrechtlich geschützt.
3. Eine verfassungskonforme Auslegung des § 4 Abs. 3 Alt. 2 TVG verlangt, dass eine individualvertragliche Abweichung von Tarifverträgen, auf die sich der Arbeitnehmer freiwillig, d.h. ohne Beeinträchtigung seiner Privatautonomie durch den strukturell überlegenen Arbeitgeber einlässt, grundsätzlich als eine Abweichung zugunsten des Arbeitnehmers anzusehen ist, soweit dadurch die Funktionsfähigkeit des Tarifvertragssystems und dessen soziale Ordnungsfunktion nicht beeinträchtigt werden.
4. Ein allein „quantitativer" Vergleich zwischen einer tarifvertraglichen und der inhaltlich mit ihr korrespondierenden arbeitsvertraglichen Regelung stellt keinen verfassungsmäßigen Ausgleich zwischen der kollektiven Koalitionsfreiheit und der Arbeitsvertragsfreiheit dar. Unter Inkaufnahme einer gewissen Rechtsunsicherheit muss die Günstigkeit einer von einer Tarifnorm abweichenden vertraglichen Regelung anhand einer umfassenden Einzelfallbetrachtung festgestellt werden. Substitutive Arbeitnehmerbeteiligung ist im Geltungsbereich von Tarifverträgen somit nicht generell unzulässig. Die verobjektivierte Freiwilligkeitskontrolle verlangt allerdings, dass ein bestimmtes Mindestentgelt nicht unterschritten wird.

VI. Die Regelung der Arbeitnehmerbeteiligung durch die Betriebsparteien

1. Gegen die Orientierung variabler Entgeltbestandteile am individuell nicht beeinflussbaren Unternehmenserfolg bestehen keine generellen Bedenken. Prozentuale Grenzwerte für variable Entgeltbestandteile könnten aufgrund des geringeren Machtgefälles zwischen dem Arbeitgeber und den von einem Betriebsrat vertretenen Arbeitnehmern sogar niedriger als in Arbeitsverträgen anzusetzen sein.
2. Die (umfassende) Regelungsbefugnis der Betriebsparteien wird gemäß § 77 Abs. 3 Satz 1 BetrVG durch den Tarifvorbehalt begrenzt. Im Verhältnis zwischen Tarifverträgen und Betriebsvereinbarungen findet das Günstigkeitsprinzip keine Anwendung. Nach der Vorrangtheorie wird im Bereich der notwendigen Mitbestimmung (§ 87 BetrVG) und bei Maßnahmen zur Förderung der Vermögensbildung (§ 88 Nr. 3 BetrVG) der Tarifvorbehalt durch den Tarifvorrang gemäß § 87 Abs. 1 BetrVG verdrängt; die Tarifüblichkeit einer Regelung sperrt insoweit nicht die Regelung durch eine Betriebsvereinbarung.

3. Die gesetzlichen Mitbestimmungstatbestände vermitteln den Betriebsparteien keine umfassende Regelungsbefugnis im Bereich der Arbeitnehmerbeteiligung. Der Betriebsrat kann die Einführung eines Beteiligungsmodells nicht erzwingen.
4. Aus § 87 Abs. 1 Nr. 10 BetrVG (betriebliche Lohngestaltung) folgt keine umfassende Regelungsbefugnis der Betriebsparteien zur Einführung und Gestaltung eines betrieblichen Arbeitnehmerbeteiligungsprogramms. Zwar hat der Betriebsrat über den Erfolgsindikator und den Verteilungsschlüssel mitzubestimmen. Unmittelbare Regelungen zur Höhe des Arbeitsentgelts können aber nicht getroffen werden; eine analoge Anwendung des § 87 Abs. 1 Nr. 11 BetrVG auf Arbeitnehmerbeteiligungsmodelle, bei denen die Bezugsgröße von den einzelnen Arbeitnehmern nicht messbar beeinflusst wird, kommt nicht in Betracht.
5. Die Reichweite der Mitbestimmung bei Kapitalbeteiligungen richtet sich nach der Art ihrer Verwaltung: Sollen die Mittel in ein selbstständig verwaltetes Sondervermögen eingestellt werden, hat der Betriebsrat über die Verwaltung, die Rechtsform und die konkrete Ausgestaltung des Sondervermögens nach § 87 Abs. 1 Nr. 8 BetrVG (Sozialeinrichtung) mitzubestimmen. Werden die für die Kapitalbeteiligung verwendeten Mittel nicht in einer Sozialeinrichtung zusammengefasst, richtet sich die Mitbestimmung – unabhängig von der steuerlichen Förderfähigkeit der Beteiligung – vor allem nach § 88 Nr. 3 BetrVG (Vermögensbildung). Diese Mitbestimmungstatbestände betreffen allerdings nur die Mittelverwendung, nicht aber die Mittelaufbringung.
6. Der Tarifvorbehalt schließt übertarifliche Zulagen, die an besondere Voraussetzungen gebunden sind und die Tariflöhne nicht lediglich aufstocken, nicht aus. Da in den meisten Branchen und Wirtschaftsregionen Erfolgs- und Kapitalbeteiligungen nicht tarifüblich sind, dürfen Arbeitnehmerbeteiligungsprogramme, die den Arbeitnehmern „on top" gewährt werden, grundsätzlich durch Betriebsvereinbarungen eingeführt werden.
7. Die betriebliche Normsetzung unterliegt gemäß § 75 BetrVG Binnenschranken. Betriebsvereinbarungen, die Arbeitnehmer belasten, bedürfen einer konkreten Ermächtigungsgrundlage. In einer Betriebsvereinbarung können daher – unabhängig von einer tarifvertraglichen Sperrwirkung – bestehende Entgeltbestandteile nicht flexibilisiert werden (substitutive Arbeitnehmerbeteiligung). Gegen die Regelung einer „on top" gewährten Arbeitnehmerbeteiligung bestehen dagegen keine Bedenken.

VII. Arbeitsvertragliche Regelungen zur Arbeitnehmerbeteiligung

1. Eine Beteiligung der Arbeitnehmer am Erfolg und/oder Kapital des Arbeit gebenden Unternehmens kann grundsätzlich arbeitsvertraglich wirksam vereinbart werden – typischerweise in Allgemeinen Geschäftsbedingungen. Die Kapitalbeteiligung ist eine in den Grenzen des § 107 Abs. 2 Satz 5 GewO zulässige Vergütung aus Anlass des Arbeitsverhältnisses.
2. Das Transparenzgebot des § 307 Abs. 1 Satz 2 BGB verlangt, dass ein verständiger Arbeitnehmer die Berechnung der ihm zustehenden Beteiligung und – im Falle einer substitutiven Beteiligung – die maximal zu befürchtenden finanziellen Einbußen erkennen kann.
3. Die vollständige Übertragung des Betriebs- oder Wirtschaftsrisikos auf den Arbeitnehmer widerspricht dem gesetzlichen Leitbild der §§ 611, 615 BGB und verstößt daher gegen § 307 Abs. 1, 2 Nr. 1 BGB. Dem Arbeitnehmer dürfen weiterhin keine Risiken übertragen werden, die allein der Arbeitgeber steuern kann. Der variable Entgeltbestandteil darf nicht von Zielgrößen abhängen, die das Unternehmen realistischerweise nicht erreichen kann. Eine einseitige Verlustbeteiligung des Arbeitnehmers ist sittenwidrig.
4. In der Flexibilisierung liegt eine kontrollfähige Nebenabrede. Inwieweit das Arbeitsentgelt maximal flexibilisiert werden darf, richtet sich insbesondere nach der Höhe der Gesamtvergütung und der Stellung des Arbeitnehmers im Arbeit gebenden Unternehmen. Dass für die Bestimmung der maximal zulässigen Höhe des flexiblen Entgeltbestandteils die Rechtsprechung des Bundesarbeitsgerichts zu Widerrufsvorbehalten herangezogen werden kann, ist zweifelhaft. Bei Widerrufsvorbehalten ist das Schutzbedürfnis des Arbeitnehmers größer als bei einer erfolgsbezogenen Variabilisierung unter im Voraus festgelegten Voraussetzungen.
5. Wenn der feststehende Entgeltbestandteil zumindest zwei Drittel eines in der betreffenden Branche und Wirtschaftsregion üblicherweise gezahlten Tariflohns beträgt, ist nicht von einem auffälligen Missverhältnis zwischen Leistung und Gegenleistung auszugehen, das zur Sittenwidrigkeit der Entgeltabrede führen könnte.
6. Beteiligungsprogramme können zeitlich befristet werden. Als kontrollfähige Nebenabrede ist die Befristung an den §§ 307 ff. BGB zu messen. Bei der Begründung des Arbeitsverhältnisses sollte für die Befristung einzelner Arbeitsbedingungen generell ein Sachgrund verlangt werden. Vorliegend besteht der Sachgrund in der Risikobegrenzung für den Arbeitnehmer. Die Befristung liegt in seinem Interesse.

7. Erfolgs- und Kapitalbeteiligungen können aufgrund ihres Entgeltcharakters grundsätzlich nicht von dem Bestehen eines (ungekündigten) Arbeitsverhältnisses in dem gesamten Bezugszeitraum abhängig gemacht werden. Die Unwirksamkeit entsprechender Bestandsklauseln folgt aus §§ 138 Abs. 1, 307 Abs. 1 BGB. Scheidet ein Arbeitnehmer im laufenden Geschäftsjahr aus dem Unternehmen aus, muss ihm die Erfolgs- bzw. Kapitalbeteiligung daher zumindest zeitanteilig gewährt werden.
8. Die Günstigkeit einer arbeitsvertraglichen Regelung zur Arbeitnehmerbeteiligung bestimmt sich nach dem Interesse eines verständigen Arbeitnehmers zur Zeit des Vertragsschlusses (objektiv-hypothetischer Maßstab). Der Günstigkeitsvergleich erfordert eine umfassende Einzelfallbetrachtung. In Zweifelsfällen bleibt es bei der tarifvertraglichen Entgeltregelung. Die arbeitsvertragliche Abweichung muss gemäß § 4 Abs. 3 Alt. 2 TVG erwiesenermaßen günstiger sein.
9. Ein wichtiges Kriterium für die Günstigkeit einer arbeitsvertraglichen Regelung ist die Einräumung eines Wahlrechts zwischen der tarifvertraglichen und der arbeitsvertraglichen Entgeltregelung für den betroffenen Arbeitnehmer. Von einer „echten" Wahloption kann realistischerweise nur in einem bereits bestehenden Arbeitsverhältnis ausgegangen werden. Darüber hinaus darf der Arbeitnehmer mit der Ausübung des Wahlrechts den Schutz des Tarifvertrags nicht dauerhaft verlieren. Die abweichende Regelung muss daher befristet oder ordentlich kündbar sein. Ein weiteres Kriterium für die Günstigkeit ist die mehrheitliche Zustimmung der Belegschaft.

VIII. Zur verfassungsrechtlichen Zulässigkeit weitergehender Eingriffe in die Tarifautonomie zwecks Erleichterung betrieblicher Arbeitnehmerbeteiligungsprogramme

1. Durch eine widerlegliche Vermutung der Günstigkeit in Fällen, in denen bestimmte objektive Kriterien erfüllt sind, ließe sich für die Arbeitsvertragsparteien größere Rechtssicherheit schaffen. Diese widerlegliche Vermutung bedeutete einen Eingriff in die Tarifautonomie, die allerdings mit der Arbeitsvertragsfreiheit gerechtfertigt werden könnte.
2. § 77 Abs. 3 BetrVG sichert den Tarifparteien eine „Primärzuständigkeit" auf dem Gebiet der Arbeits- und Wirtschaftsbedingungen. In einer gesetzlichen Einschränkung des Tarifvorbehalts zu dem Zweck, freiwillige Betriebsvereinbarungen zur substitutiven Arbeitnehmerbeteiligung zu ermöglichen, läge zwar ein verfassungsmäßiger Ausgleich der Tarifautonomie

mit der Wertentscheidung des Verfassungsgebers für die Betriebsverfassung. Die Ermächtigung der Betriebsparteien zur Flexibilisierung bisher feststehender Entgeltbestandteile ohne Zustimmung der betroffenen Arbeitnehmer bedeutete allerdings einen unverhältnismäßigen Eingriff in deren Arbeitsvertragsfreiheit.

G. Literaturverzeichnis

Adomeit, Klaus: Das Günstigkeitsprinzip - neu verstanden, NJW 1984, 26 ff. Der Tarifvertrag – liberal revidiert, NJW 2000, 1918 ff. Regelung von Arbeitsbedingungen und ökonomische Notwendigkeiten, 1996.

Aksu, Mustafa: Die Regelungsbefugnis der Betriebsparteien durch Betriebsvereinbarungen, 2000.

Annuß, Georg: Schutz der Gewerkschaften vor tarifwidrigem Handeln der Betriebsparteien?, RdA 2000, 287 ff.

Anschütz, Gerhard: Die Verfassung des Deutschen Reiches vom 11. August 1919. Ein Kommentar für Wissenschaft und Praxis, 1960.

Arbeitsgemeinschaft selbstständiger Unternehmer: Zitiert nach Henssler: Flexibilisierung der Arbeitsmarktordnung – Überleitung zur Weiterentwicklung tariflicher Regelungsmacht, ZfA 1994, 487 ff.

Arbeitskreis GmbH-Reform, Thesen.

Backes-Gellner, Uschi / Kay, Rosemarie / Schröer, Sanita / Wolff, Karin: Mitarbeiterbeteiligung in kleinen und mittleren Unternehmen. Verbreitung, Effekte, Voraussetzungen. Schriften zur Mittelstandsforschung Nr. 92, 2002.

Badura, Peter: In: Isensee, Josef / Kirchhof, Paul: Handbuch des Staatsrechts, Band VII, 3. Auflage 2009, § 163.

Baeck, Ulrich/ Diller, Martin: Arbeitsrechtliche Probleme bei Aktienoptionen und Belegschaftsaktien, DB 1998, 1405 ff.

Battis, Ulrich / Gusy, Christoph: Einführung in das Staatsrecht, 5. Auflage 2011.

Bauer, Hartmut: In: Dreier, Horst / Wittreck, Fabian, Grundgesetz, 7. Auflage 2012, Artikel 9.

Baum, Georg: Das Recht des Arbeitstarifvertrages in der sozialistischen Republik, JW 1919, 70 ff.

Baumann, Thomas: Die Delegation tariflicher Rechtsetzungsbefugnisse, 1992.

Bayreuther, Frank: Die Rolle des Tarifvertrags bei der AGB-Kontrolle von Arbeitsverträgen – Ein Beitrag zur Herausbildung normativer Beurteilungsmaßstäbe bei der Angemessenheitskontrolle von allgemeinen Geschäftsbedingungen in Arbeitsverträgen, RdA 2003, 81 ff. Tarifautonomie als kollektiv ausgeübte Privatautonomie, 2005. Widerrufs-, Freiwilligkeits- und Anrechnungsvorbehalte – geklärte und ungeklärte Fragen der aktuellen Rechtsprechung des BAG zu arbeitsrechtlichen Vorbehalten, ZIP 2007, 2009 f.

Belling, Detlev W.: Das Günstigkeitsprinzip im Arbeitsrecht, 1984.

Bellmann, Lutz / Möller, Iris: Gewinn- und Kapitalbeteiligung in Deutschland haben Nachholbedarf – Die Betriebe in Deutschland haben Nachholbedarf, Bundesagentur für Arbeit, IAB Kurzbericht 13/2006. Finanzielle Mitarbeiterbeteiligung: Selbst die Finanzkrise sorgt nicht für stärkere Verbreitung, Bundesagentur für Arbeit, IAB Kurzbericht 17/2011.

Bender, Wolfgang: In: Wlotzke, Otfried /Preis, Ulrich / Kreft, Burghardt: Betriebsverfassungsgesetz Kommentar, 4. Auflage 2009, § 88.

Bengelsdorf, Peter: Tarifliche Arbeitszeitbestimmungen und Günstigkeitsprinzip, ZfA 1990, 563 ff.

Benrath, Gerd: In: Festschrift Adomeit, 2008: Neues zur Rechtsprechung durch Betriebsvereinbarung?, S. 63 ff. Tarifvertragliche Öffnungsklauseln zur Einführung variabler Entgeltbestandteile durch Betriebsvereinbarung, 2007.

Berg, Peter: In: Festschrift Däubler, 1999, Tarifwidrige Arbeitsbedingungen im Betrieb – Überlegungen zur Begründung eines Unterlassungsanspruchs der Gewerkschaft, S. 495 ff. In: Däubler, Wolfgang / Kittner, Michael / Klebe, Thomas / Wedde, Peter, Betriebsverfassungsgesetz, 12. Auflage 2010, § 77.

Berg, Peter / Platow, Helmut: Unterlassungsanspruch der Gewerkschaften gegen tarifwidrige betriebliche Regelungen – Anmerkung zum BAG-Beschluss vom 20.04.1999 – 1 ABR 72/98, DB 1999, 2362 ff.

Bergmann, Reinhard: In: Hömig, Dieter, Grundgesetz, 10. Auflage 2013, Artikel 9.

Bergner, Ralf: Die Zulässigkeit kollektivvertraglicher Arbeitszeitregelungen und ihr Verhältnis zu abweichenden individualvertraglichen Vereinbarungen im Lichte des Günstigkeitsprinzips, 1995.

Berthold, Norbert: In: Bitburger Gespräche 1998, Endzeit der Flächentarife, S. 19 ff.

Bieback, Karl-Jürgen: Staatliches Besoldungsrecht und die Arbeitsvertragsfreiheit öffentlich Bediensteter, ZfA 1979, 453ff.

Biedenkopf, Kurt: Grenzen der Tarifautonomie, 1964.

Birk, Rolf: Die arbeitsrechtliche Leitungsmacht, 1973.

Blaurock, Uwe: Handbuch Stille Gesellschaft, 7. Auflage 2009.

Blomeyer, Wolfgang: Das Günstigkeitsprinzip in der Betriebsvereinbarung – Die Betriebsvereinbarung zwischen Individual- und Tarifvertrag, NZA 1996, 337 ff.

Blum, U.: Produktivitäts- und Beschäftigungseffekte der Mitarbeiterbeteiligung, Wirtschaft im Wandel 9 (2006), 274 ff.

Böckenförde, Ernst-Wolfgang / Greiffenhagen, Gottfried: Der praktische Fall. Öffentliches Recht: Der Stellvertreter-Fall, JuS 1966, 359 ff.

Böhmert, Viktor: Die Gewinnbeteiligung der Arbeitnehmer in Deutschland, Österreich und der Schweiz, 1902.

Boehmke, Burkhard: Sonderzahlung Freiwilligkeitsvorbehalt – Anmerkung zum Urteil des BAG vom 14.09.2011 – 10 AZR 526/10, Juris PraxisReport.

Böker, Arndt: Grundlagen der Arbeitnehmerkapitalbeteiligung, 2006.

Böker, Herbert: Tarifunterschreitung durch Betriebsvereinbarung und Arbeitsvertrag, 2001.

Brecht, Holger / Höland, Armin / Reim, Uwe: Die Zukunft betrieblicher Bündnisse für Arbeit, ArbuR 2002, 127 ff.

Breinersdorfer, Stefan: Praktische Aspekte des neuen Mitarbeiterkapitalbeteiligungsgesetzes, DStR 2009, 453 ff.

Brinck, Stefan: Mitarbeiterbeteiligung: Ein Weg zu höherer Produktivität, Innovation, Beschäftigung und Rentabilität. Zusammenfassung verschiedener neuerer wissenschaftlicher Untersuchungen, 2003.

Brors, Christiane: Die individualrechtliche Zulässigkeit von Zielvereinbarungen, RdA 2004, 273 ff.

Buchner, Herbert: Tarifliche Arbeitszeitbestimmung und Günstigkeitsprinzip, DB 1990, 1715 ff. Beschäftigungssicherung unter dem Günstigkeitsprinzip, DB 1996 Beilage Nr. 12, 1 ff. Betriebsräte auf schwierigem Terrain – die Viessmann-Entscheidung des Arbeitsgerichts Marburg, NZA 1996, 1304 ff. Der Unterlassungsanspruch der Gewerkschaft – Stabilisierung oder Ende des Verbandstarifvertrags?, NZA 1999, 897 ff. Tarifverträge und Wettbewerb, ZfA 2004, 229 ff.

Bundesministerium der Finanzen: Monatsbericht September 2008.

Bundespräsidialamt: Bundespräsident Horst Köhler im Gespräch mit dem STERN. Pressemitteilung vom 29.12.2005.

Bundesvereinigung der Deutschen Arbeitgeberverbände: Info-Leitfaden zum Mitarbeiterkapitalbeteiligungsgesetz Stellungnahme zum Mitarbeiterkapitalbeteiligungsgesetz vom 04.04.2007.

Burkiczak, Christian: Grundgesetz und Deregulierung des Tarifvertragsrechts, 2006. Grundrechtsbindung der Tarifvertragsparteien oder Relevanz grundrechtlicher Schutzpflichten - Erfurter Einerlei?, RdA 2007, 17 ff.

Buschmann, Barbara: Vermögensbildung durch Kollektivvereinbarung - Die Gewinn- und Kapitalbeteiligung der Mitarbeiter eines Unternehmens als Gegenstand von Tarifvertrag und Betriebsvereinbarung, 1983.

Buschmann, Rudolf: Die Günstigkeit der Nachtarbeit, NZA 1990, 387 ff.

Courth, Paul: Günstigkeitsprinzip und -vergleich im Spannungsfeld zwischen Individual- und Kollektivrecht, 1969.

Däubler, Wolfgang: Die Auswirkungen der Schuldrechtsmodernisierung auf das Arbeitsrecht, NZA 2001, 1329 ff. In: Däubler, Tarifvertragsgesetz Kommentar, 3. Auflage 2012, Einleitung. In: Festschrift Wlotzke, 1996, Betriebsräte und Gewerkschaften, S. 257 ff. Mitbestimmung des Betriebsrates, AuA 2010, 55 ff.

Däubler, Wolfgang / Bonin, Birger / Deinert, Olaf: AGB-Kontrolle im Arbeitsrecht, 3. Auflage 2010.

Deimel, Klaus: Shareholder Value-Kennzahlen und wertorientierte Unternehmenssteuerung, Das Wirtschaftsstudium (WISU) 4/2002, S. 506 ff.

Deinert, Olaf: In: Däubler, Wolfgang, Tarifvertragsgesetz Kommentar, 3. Auflage 2012, § 4.

Der Parlamentarische Rat, Band 5/I und Band 5/II.

Dersch, Hermann: Arbeitsrecht, 1957.

Deutscher Gewerkschaftsbund: Stellungnahme zum Regierungsentwurf eines Gesetzes zur steuerlichen Förderung der Mitarbeiterkapitalbeteiligung vom 03.11.2008.

Deutscher Juristentag: Beschlüsse der Abteilung Arbeitsrecht 1996, NZA 1996, 1277.

Dieterich, Thomas: Die veränderte Betriebsverfassung, ArbuR 2001, 285 ff. Betriebliche Bündnisse für Arbeit und Tarifautonomie, DB 2001, 2398 ff. Flexibilisiertes Tarifrecht und Grundgesetz, RdA 2002, 1 ff. In: Müller-Glöge, Rudi/ Preis, Ulrich/ Schmidt, Ingrid: Erfurter Kommentar zum Arbeitsrecht, 13. Auflage 2013, Artikel 9 GG. In: Festschrift Richardi, 2007, Tarif- und Betriebsautonomie - ein Spannungsverhältnis, S. 124 ff. In: Festschrift Schaub,

1998: Die Grundrechtsbindung von Tarifverträgen, S. 117 ff. In: Festschrift Wiedemann, 2002: Die grundrechtsdogmatischen Grenzen der Tarifautonomie in der Rechtsprechung des Bundesarbeitsgerichts, S. 229 ff.

Dieterich, Thomas /Hanau, Peter / Henssler, Martin, u.a.: Empfehlungen zur Entwicklung des Tarifvertragsrechts, RdA 2004, 65 ff.

Dietlein, Johannes: In Stern: Staatsrecht, Band IV/1, 3. Auflage 2006, § 112 (Die arbeits- und wirtschaftsrechtliche Vereinigungsfreiheit).

Dietz, Rolf: Die Betriebsvereinbarung im heutigen Arbeitsrecht, RdA 1949, 161 ff.

Dreier, Horst: In: Dreier, Horst / Wittreck, Fabian, Grundgesetz, 7. Auflage 2013, Vorbemerkung.

Drohsel, Franziska: Vereinbarkeit gesetzlicher Öffnungsklauseln mit der Koalitionsfreiheit aus Art. 9 Abs. 3 GG, 2010.

Drukarczyk, Jochen: Theorie und Politik der Finanzierung, 2. Auflage 1993.

Edenfeld, Stefan: Die Tarifsperre des § 77 Abs. 3 BetrVG im Gemeinschaftsbetrieb, Der Betrieb 2012, 575 ff.

Ehmann, Horst: Empfiehlt es sich, die Regelungsbefugnisse der Tarifparteien im Verhältnis zu den Betriebsparteien neu zu ordnen?, ZRP 1996, 314 ff.

Ehmann, Horst / Lambrich, Thomas: Vorrang der Betriebs- vor der Tarifautonomie kraft des Subsidiaritätsprinzips,NZA 1996, 346 ff.

Ehmann, Horst / Schmidt, Thomas Benedikt: Betriebsvereinbarungen und Tarifverträge – Grenzen des Tarifvorrangs, NZA 1996, 193 ff. Eichler, Gerald: Die Gewinnbeteiligung der Arbeitnehmer in Frankreich, unter besonderer Berücksichtigung der Ordnonance n° 67-693 vom 17. August 1967, 1970.

Emmert, Angela Sabine: Betriebsvereinbarungen über den Zeitlohn, 2001.

Empfehlungen zur Entwicklung des Tarifvertragsrechts, RdA 2003, 193 ff.

Erdmann, Gerhard: In: Festschrift Sitzler, 1956: Die soziale Selbstverwaltung in ihrer rechts- und staatspolitischen Bedeutung, S. 43 ff.

EU-Kommission: Mitteilung der Kommission über das Aktionsprogramm hinsichtlich der Umsetzung der Grundrechtecharta der Gemeinschaft vom 29.11.1989. Mitteilung der Kommission zur Umsetzung des Lissabon-Programms der Gemeinschaft für Wachstum und Beschäftigung, Unternehmensübertragung – Kontinuität durch Neuanfang vom 14.03.2006.

Europäisches Parlament: Bericht Nr. A5-0150/2003 des Ausschusses für Arbeit und Soziales über die Mitteilung der KOM über „Rahmenbedingungen für die Förderung der finanziellen Beteiligung der Arbeitnehmer".

Europäischer Rat: Zusammenfassung zum Lissabon-Treffen vom 23./24.03.2000.

Federlin, Gerd: In: Festschrift 50 Jahre BAG, 2004, Die Zukunft der betrieblichen Bündnisse für Arbeit, S. 645 ff.

Engels, Gerd / Schmidt, Ingrid / Trebinger, Yvonne / Linsenmaier, Wolfgang, Fitting, Betriebsverfassungsgesetz Handkommentar, 26. Auflage 2012.

Franzen, Martin: In: Müller-Glöge, Rudi/ Preis, Ulrich/ Schmidt, Ingrid: Erfurter Kommentar zum Arbeitsrecht, 13. Auflage 2013, §§ 1, 3, 4, 5 TVG.

Freihube, Dirk: Die einzelvertragliche Umsetzung von Beschäftigungsbündnissen, DB 2000, 1022 ff.

Frey, Bruno S. / Osterloh, Margit: Managing Motivation, 2000.

Friedrich, Hans-Wolf: In: Hümmerich, Klaus / Boecken, Winfried /Düwell, Franz-Josef, Kommentar Arbeitsrecht, 2. Auflage 2010, § 1 TVG.

Friese, Birgit: Kollektive Koalitionsfreiheit und Betriebsverfassung, 2000.

Gamillscheg, Franz: Grundrechtsbindung der Tarifvertragsparteien – Vorübergehende Reduzierung der regelmäßigen wöchentlichen Arbeitszeit von 38,5 Stunden auf 30,5 Stunden durch Firmentarifvertrag zur Beschäftigungssicherung, ArbuR 2001, 226 ff. Kollektives Arbeitsrecht, Band I, 1997.

Gast, Wolfgang: Zu Fragen von Tarifvorbehalt und -vorrang, BB 1987, 1249 f.

Gellermann, Martin: Grundrechte im einfachgesetzlichen Gewande, 2000.

Gerlach, Knut: In: Sadowski, Dieter / Schneider, Martin, Vorschläge zu einer neuen Lohnpolkitik. Optionen für mehr Beschäftigung, 1997, Beschäftigungsförderung durch Gewinnbeteiligung?, S. 311 ff.

Giese, Friedrich: Die Verfassung des Deutschen Reichs, 8. Auflage 1930.

Giesen, Richard: Tarifvertragliche Rechtsgestaltung für den Betrieb, 2001.

Gilman, Nicholas Paine: Die Teilung des Geschäftsgewinns zwischen Unternehmern und Angestellten – Ein Praktischer Beitrag zur Arbeiter- und Lohnfrage, 1891.

Gneiting, Jürgen: In: Umbach, Dieter / Clemens, Thomas, Grundgesetz Mitarbeiterkommentar in 2 Bänden, 2002, Artikel 9.

Goldschmidt, Bernhardt: Gewinnbeteiligung der Arbeitnehmer, 1922.

Gotthardt, Michael: In: Henssler, Martin / Willemsen, Heinz Josef / Kalb, Heinz-Jürgen, Handbuch zum Arbeitsrecht, 5. Auflage 2012, § 307 BGB.

Graf, Annika: Erfolgsbeteiligungen in der Industrie – Boni fürs Volk, Spiegel Online vom 04.04.2013.

Griese, Thomas: In: Röller, Jürgen, Personalbuch, 20. Auflage 2013, § 401 (Tarifvertrag).

Gröschner, Rolf: in: Dreier, Horst / Wittreck, Fabian, Grundgesetz, 7. Auflage 2013, Artikel 20.

Grüneberg, Christian: In: Palandt, Bürgerliches Gesetzbuch, 72. Auflage 2013, §§ 262, 307.

Gusy, Christoph: Die Weimarer Reichsverfassung, 1997.

Häberle, Peter: Die Wesensgehaltsgarantie des Artikels 19 Absatz 2 Grundgesetz, 3. Auflage 1983.

Hanau, Peter: Der Grundsatz der Verhältnismäßigkeit. In: Richardi, Reinhard / Wlotze, Otfried, Münchener Handbuch für Arbeitsrecht, Band I, 1. Auflage 1992, § 63 (Grundlagen des Arbeitsentgelts). Die Deregulierung von Tarifverträgen durch Betriebsvereinbarung als Problem der Koalitionsfreiheit, RdA 1993, 1 ff.

Hanau, Peter / Thüsing, Gregor: Tarifverträge zur Beschäftigungssicherung – Grenzen und Perspektiven, ZTR 2001, 1 ff.

Harrer, Herbert: Mitarbeiterbeteiligungen und Stock-Option-Pläne, 2000.

Heinze, Meinhard: In: FS Weinspach, 2002, Anforderungen an einen zukunftsfähigen Flächentarifvertrag – Brauchen wir ein neues Tarifrecht?, S. 103 ff. Die Mitbestimmungsrechte des Betriebsrates bei Provisionsentscheidungen, NZA 1986, 1 ff. Tarifautonomie und sogenanntes Günstigkeitsprinzip, NZA 1991, 329 ff. Gibt es eine Alternative zur Tarifautonomie, DB 1996, 729 ff.

Heise, Dietmar: In: FS 50 Jahre BAG, 2004: Günstigkeitsprinzip und betriebliche Bündnisse für Arbeit, S. 657ff. Heither, Ulrike: Ergänzende Altersvorsorge durch Direktversicherung nach Gehaltsumwandlung, 1993.

Henssler, Martin: Flexibilisierung der Arbeitsmarktordnung, ZfA 1994, 487 ff. Tarifautonomie und Gesetzgebung, ZfA 1998, 3 ff.

Henssler, Martin / Sittard, Ulrich: Flexibler Mindestlohn durch Konkretisierung des Sittenwidrigkeitstatbestandes, RdA 2007, 159 ff.

Herbert, Manfred / Oberrath, Jörg-Dieter: Arbeitsrecht nach der Schuldrechtsreform – eine Zwischenbilanz, NJW 2005, 3745 ff.

Herschel, Wilhelm: In: FS Bogs, 1959: Zur Rechtsnatur der Allgemeinverbindlichkeit von Tarifverträgen, S. 125ff. Zur Entstehung des Tarifvertragsgesetzes, ZfA 1973, 183 ff.

Höfling, Wolfram: In: Sachs, Grundgesetz Kommentar, 6. Auflage 2011, Artikel 9. erfassungsmäßigkeit des sogenannten Lohnabstandsgebotes bei Arbeitsbeschaffungsmaßnahmen, JZ 2000, 44 ff.

Höfling, Wolfram / Burkiczak, Christian: Die unmittelbare Drittwirkung gemäß Artikel 9 Abs. 3 Satz 2 GG, RdA 2004, 268 ff. Das Günstigkeitsprinzip – ein grundrechtsdogmatischer Zwischenruf, NJW 2005, 469 ff. Hoffmann-Riem, Wolfgang: Grundrechtsanwendung unter Rationalitätsanspruch, Der Staat 43, 203 ff.

Hromadka, Wolfgang: Privatautonomie versus Tarifautonomie – Ein Beitrag zur Arbeitszeitdiskussion, DB 1992, 1042 ff. Bündnisse für Arbeit – Angriff auf die Tarifautonomie, DB 2003, 42 ff. Gesetzliche Tariföffnungsklauseln – Unzulässige Einschränkung der Koalitionsfreiheit oder Funktionsbedingung der Berufsfreiheit, NJW 2003, 1273 ff. Mehr Flexibilität für die Betriebe – Ein Gesetzesvorschlag, NZA 1996, 1233 ff.

Hromadka, Wolfgang / Maschmann, Frank: Arbeitsrecht, Band 2 Kollektivarbeitsrecht und Arbeitsstreitigkeiten, 6. Auflage 2013.

Hueck, Alfred / Nipperdey, Hans Carl: Lehrbuch des Arbeitsrechts, Zweiter Band, Erster Halbband, 7. Auflage 1967.

Hufen, Friedhelm: Staatsrecht II, 3. Auflage 2011.

Ipsen, Jörn: Staatsrecht II Grundrechte, 16. Auflage 2013.

Isensee, Josef: In: Die Zukunft der sozialen Partnerschaft, Veröffentlichungen der Walter-Raymond-Stiftung, Band 24, 1986, Die verfassungsrechtliche Verankerung der Tarifautonomie, S. 159 ff.

Jarass, Hans D.: In: Jarass, Hans D. / Pieroth, Bodo, Grundgesetz für die BRD Kommentar, 12. Auflage 2012, Artikel 9.

Joost, Detlev: Tarifliche Grenzen der Verkürzung der Wochenarbeitszeit – Das Günstigkeitsprinzip als Schranke der Kollektivmacht, ZfA 1984, 173 ff.

Käppler, Renate: Tarifvertragliche Regelungsmacht, NZA 1991, 745 ff.

Kahl, Wolfgang: Neuere Entwicklungslinien der Grundrechtsdogmatik, AöR 131 (2006), 579 ff.

Kania, Thomas: In: Müller-Glöge, Rudi/ Preis, Ulrich/ Schmidt, Ingrid: Erfurter Kommentar zum Arbeitsrecht, 13. Auflage 2013, § 77 BetrVG. In: Röller,

Personalbuch 20 Auflage 2013, §§ 6, 90 (Änderungsvorbehalte, Befristetes Arbeitsverhältnis). Nichtarbeitsrechtliche Beziehungen zwischen Arbeitgeber und Arbeitnehmer, 1990.

Kannengießer, Christoph: In: Schmidt-Bleibtreu, Bruno / Hofmann, Hans / Hopfauf, Axel, Kommentar zum Grundgesetz, 12. Auflage 2011, Artikel 9.

Kehr, Grischa: Das Wahlrecht des Arbeitnehmers im Kontext des tarifrechtlichen Günstigkeitsprinzips, 2005.

Kempen, Otto-Ernst: In: Kempen, Otto-Ernst / Zachert, Ulrich: Tarifvertragsgesetz – Kommentar für die Praxis, 5. Auflage 2013, Grundlagen.

Kemper, Michael: In: von Mangoldt, Hermann / Klein, Friedrich / Starck, Christian: Kommentar zum Grundgesetz, Band I, 6. Auflage 2010, Artikel 9. Die Bestimmung des Schutzbereichs der Koalitionsfreiheit, 1990.

Kirchhof, Ferdinand: Private Rechtsetzung, 1987.

Kissel, Otto Rudolf: Das Spannungsfeld zwischen Betriebsvereinbarung und Tarifvertrag, NZA 1986, 73 ff. Arbeitsrecht und Staatsvertrag, NZA 1990, 545 ff.

Klinkhammer, Heiner / Welslau, Dietmar: Mitbestimmung in Deutschland und Europa, 1996.

Koch, Ulrich: In: Müller-Glöge, Rudi/ Preis, Ulrich/ Schmidt, Ingrid, Erfurter Kommentar zum Arbeitsrecht, 13. Auflage 2013, § 2 ArbGG. In: Schaub, Günther / Koch, Ulrich / Linck, Rüdiger / Treber, Jürgen, Arbeitsrechts-Handbuch, 14. Auflage 2011, § 231 (Betriebsvereinbarung und Regelungsabrede).

Koch, Thorsten: Der Grundrechtsschutz des Drittbetroffenen, 2000.

Kolvenbach, Dirk / Glaser, Regina: In: Moll, Wilhelm, Münchener Anwaltshandbuch Arbeitsrecht, 3. Auflage 2012, § 23 (Änderung und Flexibilisierung von Entgeltzahlungen).

Körner, Marita: Das französische Modell der Mitarbeiterbeteiligung, BB 2009 Beilage Nr. 1, S. 8 ff.

Krause, Rüdiger: In: Richardi, Reinhard / Wißmann, Hellmut / Oetker, Hartmut / Wlotzke, Otfried, Münchener Handbuch zum Arbeitsrecht, Band 1, 3. Auflage 2009, § 58 (Erfolgsabhängige Leistungsentgelte).

Kreis, Werner: Die Zulässigkeit von Höchstarbeitsbedingungen, RdA 1961, 97 ff.

Kreitner, Jochen: In: Röller, Personalbuch 20. Auflage 2013, §§ 16, 419 (Anrechnung übertariflicher Entgelte, Unterlassungsanspruch).

Kreutz, Peter: In: Wiese, Günther / Kreutz, Peter / Oetker, Hartmut u.a., Gemeinschaftskommentar zum Betriebsverfassungsgesetz, Band 2, 9. Auflage 2010, § 77.

Krings, Günter: Grund und Grenzen grundrechtlicher Schutzansprüche, 2003.

Kuhn, Jörn: Europa setzt auf ESOP, FAZ vom 13.09.2012 – Beilage.

Kutsch, Alexander / Kersting, Anna-Lena: Mitarbeiterbeteiligung zur Finanzierung und Sanierung, BB 2011, 373 ff.

Lakies, Thomas: Inhaltskontrolle von Vergütungsvereinbarungen im Arbeitsrecht, NZA-RR 2002, 337 ff.

Lambrich, Thomas: Tarif- und Betriebsautonomie – Ein Beitrag zu den Voraussetzungen und Grenzen des Tarifvorbehalts, insbesondere dem Erfordernis der Tarifbindung des Arbeitgebers, 1999.

Landmann/Rohmer: Kommentar zur Gewerbeordnung, 63. Auflage 2013.

Lefebvre: Memento Fiscal.

Leinemann, Wolfgang: Wirkungen von Tarifverträgen und Betriebsvereinbarungen auf das Arbeitsverhältnis, DB 1990, 732 ff.

Lembke, Mark: In: Henssler, Martin / Willemsen, Heinz Josef /Kalb, Heinz Jürgen, Arbeitsrecht Kommentar, 5. Auflage 2012, § 107 GewO. Die Ausgestaltung von Aktienoptionsplänen in arbeitsrechtlicher Hinsicht, BB 2001, 1469 ff. Die Gestaltung von Vergütungsvereinbarungen Teil I, NJW 2010, 257ff. Die Gestaltung von Vergütungsvereinbarungen Teil II, NJW 2010, 321ff.

Lenz, Sebastian: Vorbehaltlose Freiheitsrechte, 2006.

Lerche, Peter: In: Isensee/Kirchhof, Handbuch des Staatsrechts, Band V, 3. Auflage 2007, § 121. Verfassungsrechtliche Zentralfragen des Arbeitskampfes, 1968.

Lesch, Hagen: Dezentralisierung der Tarifpolitik und Reform des Tarifrechts, DB 2000, 322 ff.

Lezius, Michael: Mitarbeiterbeteiligung als Motor für Deutschlands Familienunternehmen, Wirtschaftsdient 86 (2), S. 85 ff.

Lieb, Manfred / Jacobs, Matthias: Arbeitsrecht, 9. Auflage 2006.

Linck, Rüdiger: In: Schaub, Günter / Koch, Ulrich / Linck, Rüdiger, Arbeitsrechts-Handbuch, 14 Auflage 2011, § 186 (Baugewerbe).

Lingemann, Stefan / Diller, Martin / Mengel, Anja: Aktienoptionen im internationalen Konzern – ein arbeitsrechtsfreier Raum, NZA 2000, 1191 ff.

Linnenkohl, Karl / Rauschenberg, Hans-Jürgen / Reh, Dirk: Abschied vom „Leber-Kompromiss" durch das Günstigkeitsprinzip, BB 1990, 628 ff.

Lipinski, Wolfgang: Freiwilligkeitsvorbehalt vor dem Aus, BB 2012, 379.

Litzig, Sonja: In: Kittner, Michael / Zwanziger, Betram / Deinert, Olaf, Arbeitsrecht Handbuch für die Praxis, 7. Auflage 2013, § 59.

Löwer, Wolfgang: In: von Münch, Ingo / Kunig, Philip, Grundgesetz Kommentar, Band 1, 6. Auflage 2012, Artikel 9.

Löwisch, Manfred: Die Voraussetzungen der Tariffähigkeit, ZfA 1970, 295 ff. Die Befristung einzelner Bedingungen des Arbeitsvertrags, ZfA 1986, 1 ff. Schutz der Selbstbestimmung durch Fremdbestimmung – zur verfassungsrechtlichen Ambivalenz des Arbeitnehmerschutzes, ZfA 1996, 293 ff. Zur Zulässigkeit freiwilliger Samstagsarbeit nach dem Günstigkeitsprinzip, DB 1989, 1185 ff. Die Freiheit zu arbeiten – nach dem Günstigkeitsprinzip, BB 1991, 59 ff.

Löwisch, Manfred / Kaiser, Dagmar: Kommentar zum Betriebsverfassungsgesetz, 6. Auflage 2010.

Löwisch, Manfred / Rieble, Volker: Tarifvertragsgesetz Kommentar, 3. Auflage 2012.

Loritz, Karl-Georg: Die Beteiligung der Nichtselbstständigen am Produktivvermögen, ZfA 1998, 543ff. In: FS Kissel 1994, Investivlohnmodell und Arbeitsrecht, S. 687 ff.

Lowitzsch, Jens: Mitarbeiterbeteiligung für ein neues soziales Europa, 2008.

Ludwig, Pascal M. / Rhein, Michael: Starr, flexibel, Mindestlohn? Aktuelle Gestaltungs- und Rechtsfragen des Arbeitsentgelts, NZA 2010, 865 ff.

Lübbe-Wolf, Gertrude: Die Grundrechte als Eingriffsabwehrrechte. Struktur und Reichweite der Eingriffsdogmatik im Bereich staatlicher Leistungen, 1988.

Lüdicke, Jochen / Sistermann, Christian: Unternehmenssteuerrecht – Gründung, Finanzierung, Umstrukturierung, Übertragung, 2008.

Lutter, Marcus: Aktienoptionen für Führungskräfte – de lege lata und de lege feranda, ZIP 1997, 1 ff.

Mager, Ute: Einrichtungsgarantien – Entstehung, Wurzeln, Wandlungen und grundgesetzgemäße Neubestimmung einer dogmatischen Figur des Verfassungsrechts, 2002.

Mann, Thomas: In: Sachs, Grundgesetz Kommentar, 6. Auflage 2011, Artikel 12.

Martens, Klaus-Peter: In: FS Zeuner, 1994, Das tarifliche Günstigkeitsprinzip und der Günstigkeitsvergleich, S. 101 ff.

Matthes, Hans-Christoph: In: Richardi, Reinhard / Wißmann, Hellmut / Wlotzke, Ottfried / Oetker, Hartmut, Münchener Handbuch Arbeitsrecht, 3. Auflage 2009, §§ 246, 251 (Mitbestimmung bei Zahlung des Arbeitsentgelts, Mitbestimmung beim Arbeitsentgelt).

Matz, Werner: In: von Doemming, Klaus-Berto / Füsslein, Rudolf Werner / Matz, Werner, Entstehungsgeschichte der Artikel des Grundgesetzes, Jahrbuch des öffentliches Rechts der Gegenwart, 1951, Artikel 9, S. 116 ff.

Mauer, Reinhold: Zielbonusvereinbarungen als Vergütungsgrundlage im Arbeitsverhältnis, NZA 2002, 540 ff.

Mayer, Ralf Erhard: Das Verhältnis des Tarifvertrags zu früheren und späteren günstigeren arbeitsvertraglichen Absprachen, 1986.

Möller, Iris: Mitarbeiterbeteiligung – Ein Weg zu höherer Produktivität, Bundesagentur für Arbeit, IAB Kurzbericht 13/2006.

Möschel, Weinhard: Dezentrale Lohnfindung und Tarifautonomie, BB 2003, 1953 ff.

Möstl, Markus: Zur Bindungswirkung der Grundrechte bei Tarifverträgen, JZ 1999, 202 ff.

Moll, Wilhelm: Altersgrenzen in Kollektivverträgen, DB 1992, 475 ff. Die Mitbestimmung des Betriebsrats beim Entgelt, 1977.

Müller, Hans-Peter: Privatautonomie gegen Kollektivgewalt, DB 1999, 2310 ff.
Müller, Franz: Der Gewerkschaftsbegriff im Betriebsverfassungsgesetz, 1988.

Müller-Franken, Sebastian: Die Befugnis zu Eingriffen in die Rechtsstellung des Einzelnen durch Betriebsverinbarungen, 1997.

Müller-Glöge, Rudi: In: Säcker, Franz Jürgen / Rixecker, Roland, Münchener Kommentar zum Bürgerlichen Gesetzbuch, Band 4, 6. Auflage 2012, § 611.

Natzel, Ivo: Gesetzliche Öffnungsklausel im Kommen? Ein Alternativmodell zur Diskussion um eine Neujustierung des Tarifvertragssystems, NZA 2005, 904.

Nebeling, Martin / Arntzen, Marina: Das Günstigkeitsprinzip – Der Tarifvertrag als „Gesamtwerk", NZA 2011, 1215 ff.

Neumann, Volker: Sozialstaatsprinzip und Grundrechtsdogmatik, DVBl. 1997, 92 ff.

Ney, Rudolf: Das Verhältnis der Tarifautonomie zur arbeitsrechtlichen Bundesgesetzgebung, 1966.

Nierhaus, Michael: Grundrechte aus der Hand des Gesetzgebers? Ein Beitrag zur Dogmatik des Art. 1 Abs. 3 GG, AöR 1991, 72 ff.

Nipperdey, Hans Carl: Beiträge zum Tarifrecht, 1924. In: Nipperdey, Die Grundrechte und Grundpflichten der Reichsverfassung. Kommentar zum zweiten Teil der Reichsverfassung, Dritter Band: Artikel 143 – 165, 1930.

Oetker, Hartmut: In: FS 50 Jahre BAG, 2004, Hauptversammlungsautonomie und Mitbestimmungsrecht des Betriebsrates bei Aktienoptionsplänen, S. 1017 ff. In: Wiedemann, Herbert, Tarifvertragsgesetz, 7. Auflage 2007, § 2. Gesetz und Tarifvertrag als komplementäre Instrumente zur Regulierung des Arbeitsrechts, ZG 1998, 155 ff.

Office for National Statistics: UK Bussiness: Activity, Size and Location, 2005.

Ossenbühl, Fritz / Cornils, Matthias: In: BMAS, Forschungsbericht 280, 2000, Tarifautonomie und staatliche Gesetzgebung. Verfassungsmäßigkeit von § 1 Abs. 3a des Arbeitnehmerentsendegesetzes.

Otto, Björn / Mückl, Patrick: Grenzen der Mitbestimmung des Betriebsrates bei Aktienoptionsplänen, DB 2009, 1594 ff.

Otto, Björn / Walk, Werner: Entgeltflexibilisierung als Weg aus der Krise, BB 2010, 373 ff.

Papier, Hans-Jürgen: Der verfassungsrechtliche Rahmen für Privatautonomie im Arbeitsrecht, RdA 1989, 137 ff. In: Maunz, Theodor / Dürig, Günter: Grundgesetz Kommentar, 64. Auflage 2012, Artikel 14.

Pendleton, A. / MacDonald, J. / Robinson, A. / Wilson, N.: Patterns of employee participation and industrial democracy in UK employee share ownership plans, centre for economic performance: discussion paper n° 249, 1995. Does employee ownership weaken trade unions?. The Perception and Effects of Share Ownership.

Pérotin, Virginie: Employee paticipation in profit and ownership: A review of the issues and evidences, 2002.

Peter, Gabriele: Rechtsschutz für „Niedriglöhner“ durch Mindestlohn, AuR 1999, 289 ff. In: Däubler, Wolfgang, Tarifvertragsgesetz, 3. Auflage 2012, § 2.

Peterek, Rainer: In: FS Gaul, 1992, Fragen zur Regelungsabrede, S. 471 ff.

Peters, Hans / Ossenbühl, Fritz: Die Übertragung von öffentlich-rechtlichen Befugnissen auf die Sozialpartner unter besonderer Berücksichtigung des Arbeitszeitschutzes, 1967.

Pett, David: Employee Share Schemes, Volume I, 20. Auflage 2005.

Pfromm, Hans-Adam: Solidarische Lohnpolitik, 1982.

Picker, Eduard: Die Tarifautonomie in der deutschen Arbeitsverfassung, 2000. In: FS 50 Jahre BAG, 2004, Die Tarifautonomie am Scheideweg von Selbstbestimmung und Fremdbestimmung im Arbeitsleben, S. 795 ff. Tarifautonomie – Betriebsautonomie – Privatautonomie, NZA 2002, 761 ff.

Pieroth, Bodo: In: FS 50 Jahre BVerfG, Zweiter Band, 2001, Koalitionsfreiheit, Tarifautonomie und Mitbestimmung, S. 293 ff.

Pieroth, Bodo / Schlink, Bernhard: Grundrechte Staatsrecht, 28. Auflage 2012.

Pohl, Toralf: Mitbestimmung des Betriebsrates bei Fragen der Ordnung des Betriebs und des Verhaltens der Arbeitnehmer im Betrieb, 2006.

Preis, Ulrich: Grundfragen der Vertragsgestaltung im Arbeitsrecht, 1993. Individualarbeitsrecht Lehrbuch für Studium und Praxis, 4. Auflage 2012. Kollektivarbeitsrecht Lehrbuch für Studium und Praxis, 3. Auflage 2012. In: Müller-Glöge, Rudi/ Preis, Ulrich/ Schmidt, Ingrid, Erfurter Kommentar zum Arbeitsrecht, 13. Auflage 2013, §§ 305-310, 611, 612 BGB. In: Wlotzke, Otfried / Preis, Ulrich: Betriebsverfassungsgesetz Kommentar, 4. Auflage 2009, § 77.

Preis, Ulrich / Lindemann, Viola: Änderungsvorbehalt in einem Formulararbeitsvertrag, AuR 2005, 229, 232. Änderungsvorbehalte – Das BAG durchschlägt den gordischen Knoten, NZA 2006, 632ff.

Raab, Thomas: Betriebliche Bündnisse für Arbeit – Königsweg aus der Beschäftigungskrise?, ZfA 2004, 371 ff.

Radke, Olaf: In: FS Brenner, 1967, Das Koalitionsrecht als Ausdruck der Freiheit, S. 139 ff.

Rebhahn, Robert: Flächen- und Unternehmenstarifvertrag – eine rechtsvergleichende Umschau, NZA Beilage 2011, Nr. 2, S. 64 ff.

Recktenwald, Stefan: Mitarbeiterbeteiligung und Altersvorsorge, BetrAVG 2007, S. 447 ff.

Reichold, Hermann: Betriebsverfassung als Sozialprivatrecht – Historisch-dogmatische Grundlagen von 1848 bis zur Gegenwart, 1995.

Reiserer, Kerstin: Flexible Vergütungsmodelle – AGB-Kontrolle, Gestaltungsvarianten, NZA 2007, 1249 ff.

Reuter, Dieter: In: FS Hattenauer 2003, Der praktische Nutzen der Rechtsgeschichte für das kollektive Arbeitsrecht, S. 409 ff. Möglichkeiten und Grenzen einer Auflockerung des Tarifvorbehalts, ZfA 1995, 1 ff.

Richardi, Reinhard: Koalitionsgewalt und individuelle Koalitionsfreiheit, AöR 93 (1968), 243 ff. Ablösung arbeitsvertraglicher Vereinbarungen durch Betriebsvereinbarung, NZA 1990, 331ff. Kollektivvertragliche Arbeitszeitregelung, ZfA 1990, 230ff. In: FS 50 Jahre BAG, 2004, Der Beitrag des Bundesarbeitsgerichts zur Sicherung des Arbeitsvertrages in der Betriebsverfassung, S. 1041 ff. Kollektivgewalt und Individualwille bei der Gestaltung des Arbeitsvertrages, 1968. In: Richardi, Reinhard / Wißmann, Hellmut / Wlotze, Ottfried / Oetker, Hartmut, Münchener Handbuch zum Arbeitsrecht, Band I, 3. Auflage 2009, §§ 9, 12 (Gleichbehandlungsgrundsatz, Grundrechte im Arbeitsverhältnis). In: Richardi, Reinhard, Kommentar zum Betriebsverfassungsgesetz, 13. Auflage 2012, § 77.

Ricken, Oliver: Autonomie und tarifliche Rechtsetzung, 2006. Gewinnbeteiligungen im Arbeitsverhältnis, NZA 1999, 236ff.

Rieble, Volker; Arbeitsmarkt und Wettbewerb, 1996. Krise des Flächentarifvertrags? RdA 1996, 151 ff. Flexible Gestaltung von Entgelt und Arbeitszeit im Arbeitsvertrag, NZA 2000 Beilage zu Heft 3, 34 ff. Der Tarifvertrag als kollektiv-privatautonomer Vertrag, ZfA 2000, 5 ff. Tarifvertrag und Beschäftigung, ZfA 2004, 1 ff.

Rieble, Volker / Klumpp, Steffen: In: Richardi, Reinhard / Wißmann, Hellmut / Wlotze, Ottfried / Oetker, Hartmut, Münchener Handbuch zum Arbeitsrecht, Band II, 3. Auflage 2009, § 183 (Günstigkeitsprinzip).

Ritter, Thomas: AGB-Kontrolle kirchlicher Arbeitsvertragsrichtlinien, NZA 2005, 447ff.

Robert, Lars: Vereinbarkeit betrieblicher Bündnisse für Arbeit mit dem Günstigkeitsprinzip, 2003. Betriebliche Bündnisse für Arbeit versus Tarifautonomie?, NZA 2004, 633 ff.

Röder, Gehard: Die Beteiligung von Arbeitnehmern am Unternehmen, NZA 1987, 799 ff.

Röder, Gerhard / Güpfert, Burkhard: Aktien statt Gehalt – Aktienoptionszusagen und Festgehalt nach dem Kurseinbruch am Neuen Markt, BB 2001, 2002.

Roggemann, Herwig: Das Mitarbeiterbeteiligungsgesetz von 2009, ZRP 2011, 49 ff.

Rosen, Rüdiger von: Auf niedrigem Niveau – Belegschaftsaktien bieten zahlreiche Vorteile, werden aber noch non zu wenigen Unternehmen angeboten, FAZ vom 09.06.2011 – Beilage.

Rüfner, Wolfgang: Zur Gemeinwohlbindung der Tarifvertragsparteien, RdA 1985, 193 ff.

Rüthers, Bernd: Dikussionsbeitrag, RdA 1994, 176 f.

Sachs, Michael: In: Sachs, Grundgesetz Kommentar, 6. Auflage 2011, Vor Artikel 1, Artikel 20. Verfassungsrecht, 3. Auflage 2010.

Sachverständigenrat zur Begutachtung der gesamtwirtschaftlichen Entwicklung: Jahresgutachten 2001/2002 „Für Stetigkeit – gegen Aktionismus", 2001. Jahresgutachten 2002/2003 „Zwanzig Punkte für Beschäftigung und Wachstum", 2002.

Säcker, Fanz-Jürgen: Grundprobleme der kollektiven Koalitionsfreiheit, 1969. Gruppenautonomie und Übermachtkontrolleim Arbeitsrecht, 1972.

Säcker, Franz-Jürgen / Oetker, Hartmut: Grundlagen und Grenzen der Tarifautonomie, 1992.

Schanz, Kay-Michael: Mitarbeiterbeteiligungsprogramme, NZA 2000, 626 ff.

Schefceyk, Michael: Finanzieren mit vermögenswirksamen Leistungen, 2000.

Schlessmann: DB 1953, 274.

Schliemann, Harald: Arbeitsgerichtliche Kontrolle von Tarifverträgen, ZTR 2000,198 ff. Tarifliches Günstigkeitsprinzip und Bindung der Rechtsprechung, NZA 2003, 122 ff.

Schmidt, Thomas Benedikt: Das Günstigkeitsprinzip im Tarifvertrags- und Betriebsverfassungsrecht, 1994.

Schmidt, Marlene: Steuerliche Förderung riskanter Kapitalanlagen, BB Beilage 2009 Nr. 1, S. 23.

Schmidt, Walter: In: FS Mallmann, 1978: Die Vereinigungsfreiheit von Vereinigungen als allgemeine Eingriffsfreiheit, S. 233 ff.

Schmitt, Carl: In: Schmitt, Verfassungsrechtliche Aufsätze aus den Jahren 1924 – 1954, Materialien zu einer Verfassungslehre, 1958: Grundrechte und Grundpflichten, S. 181 ff.

Schneider, Hans-J. / Zander, Ernst: Erfolgs- und Kapitalbeteiligung der Mitarbeiter in Klein- und Mittelbetrieben, 4. Auflage 1993.

Schnorr, Gerhard: Bundesverfassungsgericht und kollektives Arbeitsrecht, RdA 1955, 3 ff.

Scholz, Rupert: In: Isensee, Josef / Kirchhoff, Paul, Handbuch des Staatsrechts, Band VI, 3. Auflage 2009,§ 151. In: Maunz, Theodor / Dürig, Günter,

Grundgesetz Kommentar, 64. Auflage 2012, Artikel 9. Die Koalitionsfreiheit als Verfassungsproblem, 1971.

Schrinner, Axel: Steuerliche Probleme der Altersvorsorge und der Vermögensbildung, 1999.

Schwarze, Roland: Tarifvertragliche Rechtsgestaltung für den Betrieb oder Vom Beruf des Gesetzgebers für das Tarifvertragsrecht, ZfA 2003, 447 ff.

Schweibert, Ulrike: Die Verkürzung der Wochenarbeitszeit durch Tarifvertrag, 1994.

Schwerdtfeger, Gunter: Individuelle und kollektive Koalitionsfreiheit – Rechtliche Ausgestaltung, Betätigungsbereich, Umfeld, 1981.

Seifert, Achim: Umfang und Grenzen der Zulässigkeit von tarifabweichenden Betriebsvereinbarungen. Zugleich ein Beitrag zur Bestimmung des Verhältnisses von Tarifvertrag und Betriebsvereinbarung nach den §§ 77 III, 87 ES BetrVG, § 4 TVG und Art. 9 III GG, 2000.

Sinn, Hans-Werner,Kapitalbeteiligung und Lohndifferenzierung – ein Vorschlag zur Lösung der Beschäftigungskrise, MittAB 1997, 822 ff.

Sinzheimer, Hugo: Der korporative Arbeitsnormenvertrag – eine privatrechtliche Untersuchung, Teil 2, 1908.

Sitzler, Friedrich: Soziale Selbstverwaltung unter besonderer Berücksichtigung des Einigungswesens, Soziale Selbstverwaltung im demokratischen Staat 1952, 10 ff.

Söllner, Alfred: Grenzen des Tarifvertrags, NZA 1996, 897 ff. Tarifmacht – Grenzen und Grenzverschiebungen, NZA 2000, Sonderbeilage zu Heft 24, 24ff.

SPD-Parteivorstand und Bundestagsfraktion, Deutschlandfonds für Arbeitnehmerinnen und Arbeitnehmer.

Stehr, Christoph: Variable Vergütung – mit Bonus ins Plus, Spiegel-online vom 15.04.2012.

Stein, Axel: Tarifvertragsrecht, 1997.

Steinle, Rudolf: Die Beteiligung der Mitarbeiter am arbeitgebenden Unternehmen – Eine finanzwirtschaftliche Wirkungsanalyse, 1985.

Stelling, Rainer: Das Erfordernis der Überbetrieblichkeit – ein Anachronismus des modernen Gewerkschaftsbegriffs, NZA 1998, 920 ff.

Stern, Klaus: In: Isensee, Josef / Kirchhoff, Paul, Handbuch des Staatsrechts, Band V, 1992, § 109.

Stern, Klaus / Sachs, Michael: Das Staatsrecht der Bundesrepublik Deutschland, Band III/2, 1994.

Stockum, Reinhard / Bender, Bodo: Steuerliche Rahmenbedingungen für Mitarbeiterbeteiligung in Deutschland – erste praktische Erfahrungen mit dem neuen Mitarbeiterkapitalbeteiligungsgesetz, BB 2009, 1948 ff.

Stracke, Stefan / Martins, Erko: Mitarbeiterbeteiligung und Investivlohn – Eine Literaturstudie, 2007.

Süddeutsche Zeitung: Mitarbeiterbeteiligung. Nicht mehr als ein Flop., in: Ausgabe vom 07.01.2010.

Tech, Karsten: Günstigkeitsprinzip und Günstigekeitsbeurteilung im Arbeitsrecht, 1987.

Thüsing, Gregor: AGB-Kontrolle im Arbeitsrecht, 2007. Mitgliederwerbung im Betrieb und Kernbereichslehre, EzA Nr. 60 zu Artikel 9 GG, S. 9. Arbeitsrecht als Arbeitsplatzschutzrecht, NJW 2003, 1989 ff. Zum Entwurf eines Gesetzes zur steuerlichen Förderung der Mitarbeiterkapitalbeteiligung – Kritische Anmerkungen und praktische Folgen, BB 2009, Beilage Nr. 1, S. 6 ff. In: FS 50 Jahre BAG, 2004, Tarifautonomie und Gemeinwohl, S. 889 ff. In: Gedächtnisschrift Heinze, 2005, Vom verfassungsrechtlichen Schutz des Günstigkeitsprinzips, S. 901 ff. In: Henssler / Willemsen / Kalb, Arbeitsrecht Kommentar, 5. Auflage 2012, § 611 BGB. In: Wiedemann, Herbert, Tarifvertragsgesetz Kommentar, 7. Auflage 2007, § 1.

Tofaute, Hartmut: Rückenwind für die Mitarbeiterbeteiligung durch die Tarifpartner, Wirtschaftsdienst 86 (2), S. 79 ff.

Trappehl, Bernhard / Lambrich, Thomas: Unterlassungsanspruch der Gewerkschaft – das Ende für betriebliche Bündnisse für Arbeit, NJW 1999, 3217 ff.

Treber, Jürgen: In: Schaub, Günter / Koch, Ulrich / Linck, Rüdiger, Arbeitsrechts-Handbuch, 14 Auflage 2011, § 207 (Wirkung und Schutz der normativen Tarifbestimmungen).

Tyska, Hans-Joachim: Die Zulässigkeit untertariflicher Löhne unter dem Blickpunkt von Tariföffnungsklausel und Günstigkeitsprinzip, ArbuR 1985, 276 ff.

Tzschentke, Dietmar: Mitarbeiterbeteiligung und deren Besteuerung in Deutschland, Frankreich und Großbritannien, 2010.

Ulber, Daniel: Neues zur Tariffähigkeit, RdA 2011, 353 ff.

Viol, Marion: Die Anwendbarkeit des Europäischen Kartellrechts auf Tarifverträge, 2005.

Vogelsang, Hinrich: Schaub, Günter / Koch, Ulrich / Linck, Rüdiger, Arbeitsrechts-Handbuch, 14 Auflage 2011, § 76 (Gewinnbeteiligung).

Volz, Peter: Mitarbeiterbeteiligung in Europa, Japan und den USA, 2008.

von Hoyningen-Huene, Gerrick: Betriebsverfassungsrecht, 6. Auflage 2007.

Von Hoyningen-Huene, Gerrick / Meier-Krenz, Ulrich: Mitbestimmung trotz Tarifvertrags? Tarifvorbehalt und Tarifvorrang in § 77 III BetrVG, NZA 1987, 793 ff.

Voßkuhle, Andreas / Kaiser, Anna-Bettina: Grundwissen Öffentliches Recht: Der Grundrechtseingriff, JuS 2009, 314 ff.

Waas, Bernd: Tarifvertrags- und betriebsverfassungsrechtliche Implikationen und Defizite von Mitarbeiterkapitalbeteiligungen, BB 2009 Beilage Nr. 1, S. 27 ff.

Wagner, Klaus R.Kapitalbeteiligung von Mitarbeitern und Führungskräften – Möglichkeiten, Chancen, Visionen, 1999. Mitarbeiterbeteiligung in Deutschland – ein Überblick, NJW 2003, 3081ff. Rechtliche Fragen des Investivlohns, BB Beilage 1998 Nr. 11, S. 1 ff. Renaissance der Mitarbeiterbeteiligung, BB Beilage 1995 Nr. 7, S. 1 ff. Ergebnisorientierte, variable Vergütungen, BB 1997, 150 ff. Formen der Mitarbeiterbeteiligung, BB 2000, 42 ff. Konzeption eines Mitarbeiterbeteiligungsmodells in einem mittelständischen Unternehmen, BB 2005, 661 ff.

Wagner, Christian-David: Betriebliche Bündnisse für Arbeit – Retter der Tarifautonomie?, 2009.

Walker, Wolf-Dietrich: Möglichkeiten und Grenzen einer flexibleren Gestaltung von Arbeitsbedingungen, ZfA 1996, 353 ff.

Waltermann, Raimund: Arbeitsrecht, 16. Auflage 2012. In: FS Söllner, 2000, Zu den Grundlagen der Rechtsetzung durch Tarifvertrag, S. 1251 ff. Rechtsetzung durch Betriebsvereinbarung zwischen Privatautonomie und Tarifautonomie, 1996. Zuständigkeiten und Regelungsbefugnisse im Spannungsfeld von Tarif- und Betriebsautonomie, RdA 1996, 1129 ff. Zu den Grundlagen Tarifautonomie, ZfA 2000, 53, ff. Umfassende Regelungsbefugnisse der Betriebsparteien?, RdA 2007, 257 ff.

Wank, Rolf: In: Wiedemann, Herbert, Tarifvertragsgesetz, 7. Auflage 2007, § 4. Tarifautonomie oder betriebliche Mitbestimmung? Zur Verteidigung der Zwei-Schranken-Theorie, RdA 1991, 129 ff.

Weiss: BB 1953, 710 ff.

Weitzman, Martin L.: Some Macroeconomic Implications of Alternative Compensation Systems, Economic Journal 93/1983, S. 763 ff.

Wendt, Oliver: Der Günstigkeitsvergleich im Verhältnis Einzelarbeitsvertrag zu Tarifvertrag – mit einem Ausblick auf das Verhältnis Einzelarbeitsvertrag zu Gesetz am Beispiel der Entgeltfortzahlung, 2000.

Wenger, Ekkehard / Knoll, Leonhard: Aktienkursgebundene Management-Anreize: Erkenntnisse der Theorie und Defizite der Praxis, Betriebswirtschaftliche Forschung und Praxis (BFuP) 1999, 565 ff.

Werner, Rudolph: Probleme betrieblicher Interessenvertretung in Frankreich am Beispiel des Rechts der Arbeitnehmer auf Mitsprache im Betrieb, 1995.

Weyand, Joachim: Möglichkeiten und Grenzen der Verlagerung tariflicher Regelungskompetenzen auf die Betriebsebene, AuR 1989, 193 ff.

Wickert, Heiko: Monetäre Erfolgsbeteiligungssysteme in Großbritannien und Frankreich, 2005.

Wiedemann, Herbert: In: FS Stahlhacke, 1995, Tarifautonomie und staatliches Gesetz, S. 675 ff. In: Wiedemann, Herbert, Tarifvertragsgesetz Kommentar, 7. Auflage 2007, Einleitung.

Wieland, Joachim: Zur Belastung wirtschaftsverwaltungsrechtlicher Erlaubnisse mit Abgaben, Berlin 1991. Arbeitsmarkt und staatliche Lenkung, VVDStRL 59 (2000), 13, 31 ff.

Wiese, Günther: Zur Mitbestimmung des Betriebsrates bei freiwilligen, jederzeit widerruflichen Zulagen und/oder auf diese anrechenbaren Tariflohnerhöhungen, NZA 1990, 793 ff. Mitbestimmungspflichtige kollektive Tatbestände bei der Anrechnung von Zulagen auf Tariflohnerhöhungen, RdA 1995, 335 ff. Individuum und Kollektiv im Recht der Koalitionen, ZfA 2008, 317 ff. Mitbestimmung bei der Anwendung des Absenkungserlasses, AP Nr. 3 zu § 87 BetrVG 1972 Initiativrecht.

Wiese, Günther / Kreutz, Peter / Oetker, Hartmut: Gemeinschaftskommentar zum Betriebsverfassungsgesetz, 9. Auflage 2010.

Willemsen, Heinz-Josef: In: FS Wiedemann, 2002, Einbeziehung nicht arbeitsrechtlicher Verträge in das Arbeitsverhältnis, S. 645 ff.

Willemsen, Heinz-Josef / Grau, Timon: Alternative Instrumente zur Entgeltflexibilisierung im Standardarbeitsvertrag, NZA 2005, 1137 ff.

Windbichler, Christine: In: Rüthers, Der Konflikt zwischen Kollektiv- und Privatautonomie im Arbeitsleben: Das Spannungsverhältnis zwischen Kollektiv- und =Privatautonomie im Arbeitsleben, S. 101 ff.

Winter, Regine: In: Däubler, Wolfgang, Tarifvertragsgesetz Kommentar, 3. Auflage 2012, § 1.

Wissenschaftlicher Beirat beim Bundesministerium für Wirtschaft und Arbeit:„Tarifautonomie auf dem Prüfstand", 2003.

Wisswede, Udo: In: Hümmerich, Klaus / Lücke, Oliver / Mauer, Reinhold, Arbeitsrecht Formularbuch, 7. Auflage 2011, § 1 (Verträge mit Arbeitnehmern, freien Mitarbeitern und Gesellschaftsorganen).

Wlotzke, Otfried: Das Günstigkeitsprinzip im Verhältnis des Tarifvertrags zum Einzelarbeitsvertrag und zur Betriebsvereinbarung, 1957.

Wolter, Henner: Richtungswechsel im Tarifvertragsrecht – Betriebliche Bündnisse für Arbeit und Tarifvorrang, NZA 2003, 1317 ff.

Zachert, Ulrich: Aufhebung der Tarifautonomie durch freiwillige Regelungen im Arbeitsverhältnis, DB 1990, 986 ff. Krise des Flächentarifvertrags, RdA 1996, 140 ff. Tarifvertrag, Günstigkeitsprinzip und Vefassungsrecht, ArbuR 2004, 121 ff.

Zöllner, Wolfgang: In: FS 25 Jahre BAG, 1979: Die Stellung des Arbeitnehmers im Betrieb und Unternehmen, S. 745 ff. Tarifmacht und Außenseiter, RdA 1962, 453 ff. Das Wesen der Tarifnormen, RdA 1964, 443 ff. Die Rechtsprechung des Bundesverfassungsgerichts zu Artikel 9 Abs. 3 GG, AöR 98 (1973), 71 ff.

Zöllner, Wolfgang / Loritz, Karl-Georg / Hergenröder, Curt Wolfgang: Arbeitsrecht, 6. Auflage 2008.

Zwanziger, Bertram: In: Däubler, Wolfgang, Tarifvertragsgesetz, 3. Auflage 2012, § 4.

Schriften zum Deutschen und Europäischen Arbeits- und Sozialrecht

Herausgegeben von Ulrich Preis

Band 1 Ulrich Preis / Felipe Temming: Die Urlaubs- und Lohnausgleichskasse im Kontext des Gemeinschaftsrechts. 2006.

Band 2 Einiko B. Franz: Der Abschluss eines Aufhebungsvertrags. Schutz des Arbeitnehmer-Verbrauchers und seine Grenzen. Insbesondere das Widerrufsrecht gem. §§ 312, 355 BGB. 2006.

Band 3 Klaus Tenbrock: Die betriebliche Altersversorgung im Betriebsübergang bei konkurrierenden Versorgungszusagen. 2006.

Band 4 Christoph Nießen: Fehlerhafte Betriebsratswahlen. Eine am Gang des Wahlverfahrens orientierte Untersuchung der Folgen von Rechtsverstößen bei der Betriebsratswahl unter besonderer Berücksichtigung deren Relevanz für die Gewährung von einstweiligem Rechtsschutz zur Verhinderung einer fehlerhaften Betriebsratswahl. 2006.

Band 5 Klaus Linde: Übertragung von Aufgaben des Betriebsrats auf Arbeitsgruppen gemäß § 28a BetrVG. 2006.

Band 6 Petra M. Knorr: Der Vergleich der Invaliditätsrenten in Deutschland und den Niederlanden. 2006.

Band 7 Jan Botterweck: Gewerkschaftspluralismus im Betrieb. 2007.

Band 8 Patrizia Chwalisz: Die Transformation des polnischen Arbeitsrechts und die Gewerkschaften. Eine Analyse aus dem Blickwinkel des Arbeitsrechts der ehemaligen Deutschen Demokratischen Republik und der Bundesrepublik Deutschland. 2007.

Band 9 Wiebke Brose: Der präventive Kündigungsschutz bei betriebsbedingten Kündigungen. Vergleich von Entwicklung und Stellenwert im deutschen und französischen Kündigungsrecht. 2007.

Band 10 Oliver Reinartz: Der Firmentarifvertrag als Flexibilisierungsinstrument. Unter besonderer Berücksichtigung des sogenannten tariflichen Sozialplans. 2008.

Band 11 Sebastian Maiß: Die Entsendung von Arbeitnehmern aus den MOE-Staaten auf Werkvertragsbasis nach der EU-Osterweiterung. Eine Untersuchung der grenzüberschreitenden Beschäftigungsmöglichkeiten von Staatsangehörigen aus den Beitrittsstaaten – insbesondere im Baugewerbe – im Kontext der Übergangsbestimmungen zur Arbeitnehmerfreizügigkeit, der Dienstleistungsfreiheit und des Niederlassungsrechts. 2008.

Band 12 Tilman Isenhardt: Relative Tariffähigkeit. 2008.

Band 13 Mirjam Roesgen: Die betriebsbedingte Kündigung im öffentlichen Dienst. 2008.

Band 14 Philipp Schütt: Die Vertragskontrolle von Ausgleichsquittungen. 2008.

Band 15 Astrid Weber: Ist die Rotkreuzschwester Arbeitnehmerin ihrer Schwesternschaft? Zugleich eine Untersuchung der Arbeitnehmereigenschaft mithilfe der AGB-Kontrolle. 2009.

Band 16 Ute Heinemann: Medizinische Begutachtung in der privaten und sozialen Pflegeversicherung. Gemeinsamkeiten und Unterschiede. 2009.

Band 17 Cindy Hümmerich: Die Zuständigkeitsabgrenzung zwischen Gesamtbetriebsrat und Einzelbetriebsräten. 2010.

Band 18 Sven Wolf: Das moralische Risiko der GKV im Spannungsfeld zwischen Solidarität und Eigenverantwortung. 2010.

Band 19 Frank Zaumseil: Die Minderleistung als Kündigungsgrund. Zugleich ein Beitrag zur Bestimmung der Arbeitspflicht. 2010.

Band 20 Dieter Fabisch: Die unmittelbare Drittwirkung der Grundrechte im Arbeitsrecht. Die Auswirkungen der von Hans Carl Nipperdey begründeten Lehre auf die Rechtsprechung des Bundesarbeitsgerichts. 2010.

Band 21 Martin Begiebing: Contractual Trust Arrangement (CTA) – Insolvenzfestigkeit und Verwertungsbefugnisse im Pfandrechtsmodell. 2011.

Band 22 Sofia Davilla: Die Eigenverantwortung im SGB III und SGB II. Obliegenheiten und Sanktionen zur Beendigung von Arbeitslosigkeit und Hilfebedürftigkeit. 2011.

Band 23 Tanja Hiebert: Verfahrensprobleme im Rahmen des Sonderkündigungsschutzes für schwerbehinderte Menschen nach den §§ 85 bis 92 SGB IX. 2011.

Band 24 Sebastian Schröder: Das Verhältnis von Direktionsrecht und Änderungskündigung. 2012.

Band 25 Julian Wölfel: Die Sozialplanabfindung. Differenzierungskriterien und Ausgestaltungen. 2012.

Band 26 David Kruchen: Telekommunikationskontrolle zur Prävention und Aufdeckung von Straftaten im Arbeitsverhältnis. Private Arbeitgeber im Spannungsverhältnis zwischen Datenschutz und Compliance. 2013.

Band 27 Annette Aßmuth: Die Beteiligungsrechte des Betriebsrates bei Bagatellspaltungen gemäß § 111 Satz 3 Nr. 3, 2. Alt. BetrVG. 2013.

Band 28 Sebastian Skocki: Der transnationale Konzerntarifvertrag. 2013.

Band 29 Patrick Esser: Die Begünstigung von Mitgliedern des Betriebsrats. 2014.

Band 30 Karl Schindeldecker: Die paritätisch mitbestimmte GmbH. 2014.

Band 31 Christoph Römer: Entgeltflexibilisierung zur Arbeitnehmerbeteiligung. 2014

www.peterlang.com

www.ingramcontent.com/pod-product-compliance
Ingram Content Group UK Ltd.
Pitfield, Milton Keynes, MK11 3LW, UK
UKHW021837290926
8980IPUK00004B/502

9 783631 655993